agenda Zeitlupe 18

Hans-Hermann Höhmann, Hans-Henning Schröder (Hrsg.)

# Russland unter neuer Führung

Politik, Wirtschaft und Gesellschaft
am Beginn des 21. Jahrhunderts

Hans-Hermann Höhmann
Hans-Henning Schröder
(Hrsg.)

# Russland unter neuer Führung

## Politik, Wirtschaft und Gesellschaft am Beginn des 21. Jahrhunderts

agenda Verlag

*Liebe Leserin! Lieber Leser!*

Die Landeszentrale für politische Bildung Nordrhein-Westfalen fördert die politisch bildende Literatur, indem sie entsprechende Buchprojekte initiiert, sie konzeptionell und redaktionell begleitet und finanziell unterstützt.
Auch dieses Buch ist mit maßgeblicher Beteiligung der Landeszentrale entstanden.

*Landeszentrale für politische Bildung NRW*

Die Deutsche Bibliothek – CIP-Einheitsaufnahme

Russland unter neuer Führung :
Politik, Wirtschaft und Gesellschaft am Beginn des 21. Jahrhunderts /
Hans-Hermann Höhmann ; Hans-Henning Schröder (Hrsg.). –
Münster : Agenda-Verl., 2001
(Agenda Zeitlupe ; 18)
ISBN 3-89688-088-8


Hammer Str. 223, D-48153 Münster
Tel. +49–(0)251–79 96 10, Fax –79 95 19
info@agenda.de
www.agenda.de

Lektorat: Ulrike Sommer, Michael Alfs, Anne Lippers-Hollmann
Umschlaggestaltung und Satz: Christian Huppert
Druck und Verarbeitung: Krips B.V., Meppel/NL

ISBN 3-89688-088-8

# Inhalt

# Vorwort

Russland bleibt ein wichtiger Nachbar Deutschlands in Europa und einer der Hauptpartner deutscher und europäischer Politik. Im Gegensatz zu den 80er Jahren, als die Perestrojka alle in den Bann zog, und dem Aufbruch zu Beginn der 90er Jahre mit den ersten Transformationsschritten hat es gegenwärtig jedoch den Anschein, als habe die deutsche Öffentlichkeit dem großen Land im europäischen Osten den Rücken gekehrt. Die schwierigen, oft widersprüchlichen Prozesse, die Russland durchmacht, werden zwar in wissenschaftlichen Analysen ausführlich behandelt, doch gehen deren Ergebnisse nur unzureichend in die öffentliche Diskussion ein. Hier herrscht eine kurzfristige Sichtweise vor. Politik wird in starkem Maße mit den handelnden Personen verbunden, und oft genug sind es nur noch Skandale und Kriminalgeschichten, die in der Öffentlichkeit auf Interesse stoßen. Eine solche Verengung des Blicks wird der komplexen und vieldeutigen Entwicklung in Russland jedoch in keiner Weise gerecht.

Zehn Jahre nach dem Zusammenbruch des Kommunismus in der Sowjetunion befindet sich Russland in einer zwiespältigen Situation. Einerseits hat die Transformation Fortschritte gemacht. Die Gesellschaftsstruktur des Landes ist gründlich verändert, demokratische Institutionen beginnen sich zu verwurzeln, ein Aufschwung der Wirtschaft zeichnet sich ab, und es ist eine im Grundsatz marktwirtschaftliche Wirtschaftsordnung entstanden. Andererseits erweist sich der Weg zu Demokratie und Marktwirtschaft als ein äußerst schwieriger, wiederholt verzögerter und immer wieder von tiefen Krisen bedrohter Prozess. Keine der eingeleiteten Umgestaltungen, weder die politische noch die gesellschaftliche, ist abgeschlossen, und die noch nicht überwundenen ökonomischen Strukturprobleme begrenzen die Ressourcen einer erfolgreichen Transformationspolitik. Ökologische und technische Katastrophen sind weitere Kennzeichen einer labilen Gesamtlage und steigern die Skepsis der Bevölkerung.

Kann es unter Führung des neuen Präsidenten Wladimir Putin gelingen, die „unfertige" Transformation Russlands erfolgreich fortzusetzen? Unverkennbar bemüht sich Putin, einen energischen Führungsstil zu zeigen und neue politische Inhalte in der Innen-, Wirtschafts- und Außenpolitik herauszustellen. Leitidee ist die Wiederherstellung eines starken und international respektierten Russlands. Die bisher erkennbaren Konzepte Putins sind allerdings ebenso ambivalent wie seine ersten Schritte in der Politik. Es blieb bisher offen, ob der politische Kurs Russlands mehr in eine demokratische oder autoritäre, eine marktwirtschaftliche oder interventionistische, eine außenpolitisch kooperative oder konfliktorientierte Richtung geht. Doch wie immer Russland sich zukünftig entwickeln wird: Die Suche nach partnerschaftlichen Beziehungen bleibt deutsche und europäische Aufgabe.

Partnerschaft setzt Wissen voraus. Sowohl die Akteure als auch die Beobachter der politischen Szene müssen sich gründlich mit der politisch-ökonomischen Gegenwart Russlands beschäftigen, mag es in Anbetracht der Labilität, Gegensätzlichkeit und ungesicherten Zukunft des Landes auch schwierig sein, ein verlässliches Bild zu gewinnen.

Zu mehr Kenntnis und Urteilssicherheit über Russland soll dieses Buch einen Beitrag leisten. 25 Fachwissenschaftlerinnen und Fachwissenschaftler aus Russland, Finnland und Deutschland behandeln die politische, gesellschaftliche und wirtschaftliche Entwicklung des Landes. Dabei wird zunächst über die wichtigsten Fakten und Geschehnisse informiert. Das Bemühen der Autorinnen und Autoren richtet sich zudem darauf, Probleme und Zusammenhänge zu verdeutlichen, treibende und retardierende Kräfte des Wandels sichtbar zu machen und eine Einschätzung der Konsolidierungschancen der russischen Transformation zu ermöglichen. Dies bedeutet, Ereignisse in den strukturellen und historischen Kontext einzuordnen, längerfristige Interdependenzen zu berücksichtigen sowie unzulässige Personalisierungen und eine Überschätzung spektakulärer Einzelereignisse zu vermeiden.

Die Aufsätze des Bandes wurden in der Mehrzahl im Herbst 2000 abgeschlossen. Der wissenschaftliche Apparat wurde bewusst beschränkt. Eine kurze Liste mit weiterführender Literatur findet sich im Anhang, der auch knapp gehaltene statistische Informationen, Kurzbiografien wichtiger politischer Akteure, Angaben zur Chronologie und Internetadressen enthält.

Die Herausgeber danken den Autorinnen und Autoren für die Bereitschaft, den notwendigerweise rigiden Vorgaben in puncto Termin und Umfang zu folgen. Ein besonderer Dank gilt Ulrike Sommer von der Landeszentrale für politische Bildung Nordrhein-Westfalen, die diesen Band angeregt und konzeptionell begleitet hat und selbst einen nicht unbeträchtlichen Teil der Redaktionsarbeiten übernahm, sowie Michael Alfs vom agenda Verlag, der als Lektor die Entstehung des Bandes höchst professionell und engagiert betreut hat.

Köln, im März 2001

Hans-Hermann Höhmann　　　　　　　　　　Hans-Henning Schröder

# Teil 1

## Landeskundliche Grundlagen und historisches Erbe

# Russland – Naturraum, Ressourcen und Bevölkerung eines Großraums

JÖRG STADELBAUER

Mit 17,1 Mio. km$^2$ ist Russland der größte Flächenstaat der Erde. Diese Fläche kontinentalen Ausmaßes umfasst eine Vielzahl unterschiedlicher Natur- und Kulturräume, die vielfältige Ressourcen, aber auch sehr verschiedenartige Nutzungen aufweisen. Ihre räumliche Verteilung folgt zwei Grundprinzipien: Die Verteilung der Bodenschätze entspricht im Wesentlichen dem geologischen Großbau, die agrarwirtschaftliche Nutzbarkeit vor allem klimatischen Gegebenheiten.[1] Dabei entspricht die Verteilung der Bevölkerung eher den Agrarräumen, wird aber durch das Netz der Großstädte modifiziert, das entlang historischer Erschließungslinien entstanden ist.

Es wäre jedoch verfehlt, in eine zu einfache – geodeterministische – Argumentation zu verfallen: Vielmehr müssen jeweils auch politische und demographische, soziale und ökonomische Zusammenhänge beachtet werden, wenn es um die Bewertung der natürlichen Grundlagen und ihre Inwertsetzung geht. Dies bedeutet, dass die jeweilige politische Ordnung, die räumliche Verteilung der Bevölkerung und deren Dynamik, die soziale Situation und die gesellschaftliche Differenzierung, aber auch die wirtschaftlichen Produktionsfaktoren Erfolg oder Scheitern räumlicher Erschließungsmaßnahmen ganz entscheidend mitbestimmen. Die Bevölkerung Russlands konzentriert sich trotz jahrhundertelanger Erschließungs- und Besiedlungsmaßnahmen im europäischen Teil des Landes, während weite Teile Russisch-Asiens derzeit eher Abwanderungstendenzen zeigen. Die ethnische Differenzierung der Bevölkerung wirft administrative und politische Fragen auf, die aktuell in der Tschetschenien-Problematik kulminieren. Die russische Gesellschaft ist – nicht erst seit dem Ende der kommunistischen Dominanz – durch eine ausgeprägte Polarisierung gekennzeichnet, die das wirtschaftliche Handeln beeinflusst. Der folgende Beitrag will Muster und Prozesse in Bezug auf den Naturraum wie bei der Inwertsetzung der Ressourcen und bei der Bevölkerungsverteilung deutlich machen.

1 Über die geografischen Grundlagen informieren etliche jüngere Darstellungen, die bereits die Veränderungen nach der Auflösung der Sowjetunion berücksichtigen. Umfassendere Darstellungen: James H. Bater: Russia and the Post-Soviet Scene: A Geographical Perspective, London u.a. 1996; Jean Radvanyi: La nouvelle Russie, Paris 1996; Denis J.B. Shaw: Russia in the Modern World: A New Geography, Oxford 1999; Jörg Stadelbauer: Die Nachfolgestaaten der Sowjetunion, Darmstadt 1996. Ergänzend heranzuziehen: Paul Lydolph: Geography of the U.S.S.R.: Topical Analysis, Elkhart Lake 1979; Adolf Karger: Sowjetunion, Frankfurt/M. 1987. Aktuelle Materialsammlung: Isolde Brade, Monika Schulze: Rußland – aktuell, Leipzig 1997.

## *Naturräumliche Gegebenheiten und Potenziale*

Bevölkerung, Wirtschaft und Raumordnung Russlands müssen sich mit den naturräumlichen Gegebenheiten auseinander setzen, die sich teils – gerade unter den heutigen Rahmenbedingungen – förderlich, teils aber auch hemmend auf innere Entwicklungen auswirken. Die geradezu sprichwörtliche Weite des Landes und daraus resultierende Entfernungen, der geologische Bau und die klimatischen Verhältnisse können als wichtigste Faktoren herausgegriffen werden.

Die *räumliche Weite* mag heute an Bedeutung verloren haben, bleibt aber dennoch eine Barriere, die umso spürbarer wird, je mehr die Staatsführung wieder versucht, einen zentralistischen Weg zu gehen. Dabei müssen nicht nur die großen Distanzen zwischen den entlegenen räumlichen Peripherien des Landes mit hohem Kostenaufwand überwunden werden, sondern auch innere Peripherien harren noch einer Erschließung. Die Weitmaschigkeit aller Verkehrsnetze, der mangelhafte Ausbauzustand der Straßen im ländlichen Raum, die relativ weiten Entfernungen zwischen den Großstädten sowie die starke Diskrepanz zwischen städtischen Zentren und ländlichen Gemeinden machen den ländlichen Raum noch immer zu einer Raumkategorie zweiter Wahl. Mangelnder Ausbau der Infrastruktur, Versorgungsengpässe und fehlende Attraktivität für die Bevölkerung bedingen sich in peripheren Räumen wechselseitig. Daher ist es nicht verwunderlich, dass der schlecht erschlossene ländliche Raum Abwanderungsgebiet geblieben ist.

Der geologisch-tektonische Großbau bestimmt die räumliche Verteilung und die Erschließbarkeit von *Bodenschätzen*. Arm an Bodenschätzen ist die Weite der Russischen Tafel im europäischen Teil des Landes; nur im äußersten Nordosten geht sie in die Gebirgssenke vor dem Ural mit den Kohlelagerstätten von Workuta über, im Südwesten wird sie von dem Senkensystem begrenzt, in dem die Kohle des Donbass lagert. Erzvorkommen finden sich vor allem in den altgefaltenen Gebirgen (Chibinen auf der Kola-Halbinsel, Ural, Altai, Sajane sowie andere sibirische Gebirgszüge), Lagerstätten von Steinkohle in den Vorsenken dieser alten Gebirge. Unter heutigen wirtschaftlichen und technischen Rahmenbedingungen sind jedoch umfangreiche Kohlevorkommen in Sibirien wie die Lagerstätten des Tunguska-Beckens nicht nutzbar. Die relative Entfernung von den Gebieten höchster Bevölkerungsdichte bewirkte, dass die Erschließung erst relativ spät erfolgte, im Ural zu Zeiten Peters des Großen, in den sibirischen Gebirgen und ihren Vorsenken erst im Lauf des 20. Jahrhunderts. Buntmetall-Erze wurden in entlegenen Lagerstätten nur dann erschlossen, wenn wirtschafts- oder militärisch-strategische Interessen dahinter standen wie bei den Kupfer-, Kobalt- und Nickelerzen von Noril'sk. Grenzen, die durch die Auflösung der Sowjetunion zu Staatsgrenzen wurden, trennen heute vor allem den ost-ukrainischen Teil des Donbass ab und erschweren die seit den 50er Jahren aufgebaute großräumige Zusammenarbeit zwischen Ural, Kusnezker Becken und Nord-Kasachstan.

Lagerstätten von Erdöl und Erdgas sind an weitgespannte geologische Becken wie die Kaspische Senke, das westliche Uralvorland oder Westsibirien gebunden. Russland verfügt über außerordentlich umfangreiche Lagerstätten, deren Nutzung aber wegen ihrer Entlegenheit mit hohem Aufwand für die Schaffung und Aufrechterhaltung einer entsprechenden Infrastruktur verbunden ist. Der Abbau lohnt sich vor allem dann, wenn die einzelnen Lagerstätten besonders ergiebig sind. Da viele ertragreiche westsibirische Erdölvorkommen bereits erschöpft sind, bahnt sich mittelfristig eine Umwertung dieser Region an, während die Erdgasvorkommen im Hohen Norden noch länger genutzt werden können.

Schätzungen über die Menge der wirtschaftlich nutzbaren Vorräte gehen weit auseinander. Die Verfügbarkeit natürlicher Ressourcen bestimmt jedoch heute in hohem Maß Russlands Wirtschaftsaktivitäten, vor allem seit die Wirtschaftskrise der Transformationsphase auch eine partielle Deindustrialisierung bewirkt hat. Unter den exportierten Bodenschätzen sind an erster Stelle Erdöl aus dem mittleren und Erdgas aus dem nördlichen Westsibirien zu nennen. Die Erdölförderung, die 1990 noch 516 Mio. t betragen hatte, fiel bis 1998 auf 303 Mio. t zurück, während bei der Erdgasförderung (601 bzw. 564 Mrd. $m^3$) nur relativ geringe Einbußen zu verzeichnen waren. Die Erdgasregion dehnt sich derzeit sogar noch aus, weil die anhaltende westeuropäische Nachfrage einen sicheren Markt garantiert. Allerdings sind die Erschließungsarbeiten im hohen Norden mit großen Kosten verbunden. Daher wird das sowjetische Modell einer Arbeitsorganisation mit zeitlich befristeten Einsätzen, ausgehend von weiter südlich gelegenen Wohnsiedlungen, beibehalten. Die Einwohnerzahlen zahlreicher Siedlungen im Hohen Norden stagnieren dagegen oder sind sogar rückläufig.

Unter den übrigen Bodenschätzen kommt Gold und Diamanten nach wie vor eine große geoökonomische und -strategische Bedeutung zu. In der Phase verstärkter Regionalisierung verstand es die Republik Sacha-Jakutien, sich entscheidende Mitspracherechte bei Erschließung und Vermarktung der Diamantvorkommen zu sichern. Bei der Förderung der „klassischen" Bodenschätze für die Schwermetallurgie, d.h. Eisenerzen und Steinkohle, musste Russland dagegen Einbrüche hinnehmen, die sich aus veränderten Marktbedingungen, aber auch aus der Überalterung der Förder- und Verarbeitungsstätten erklären lassen. Die Kohleförderung ging zwischen 1990 und 1998 von 257 auf 153 Mio. t Steinkohle bzw. von 138 auf 78,8 Mio. t Braunkohle zurück, die Stahlerzeugung halbierte sich von 89,6 auf 43,7 Mio. t.[2]

Das *Klima* ist in den meisten Landesteilen kontinental mit großen jahreszeitlichen Temperaturschwankungen. Die räumliche Differenzierung beruht einerseits auf der Ausbildung eines winterlichen Kältehochs, das sich zeitweise von der ostsibirischen Baikalregion bis nach Westrussland ausdehnt, wo

2 Alle Zahlenangaben nach Rossijskij statističeskij ežegodnik 1999, Moskva 1999, S. 317ff.

eine relativ gleichmäßige durchschnittliche Temperaturverteilung zustande kommt. Sie beruht andererseits auf regelmäßigen Vorstößen subpolarer Tiefdruckgebiete, die vom Atlantik bis weit in das Innere Russlands vordringen und im wärmsten Monat des Sommerhalbjahrs zwischen der Südgrenze der Tundra und der Nordgrenze der Steppe nur 4° Temperaturunterschied bewirken.

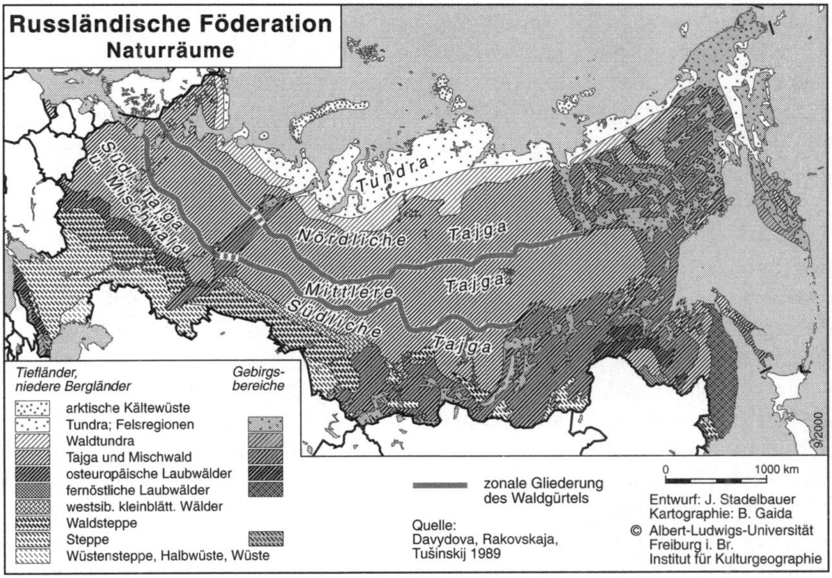


Die durchschnittlichen jährlichen Niederschlagssummen liegen in den Niederungen bei 600–800 mm, doch erschweren winterliche Schneeverwehungen, ein im Norden mehrere Monate andauernder Eisgang auf den Flüssen und die frühjährliche Auftauperiode das Leben. Für die Nicht-Schwarzerde-Zone im europäischen Teil Russlands reichen diese Niederschlagssummen bereits aus, um mineralische Nährstoffe aus dem Oberboden auszuwaschen; hierbei bildet sich der für den Nadelwald in nördlichen Klimazonen typische Podsol.[3] In Waldsteppe und Steppe, wo die Niederschlagssummen geringer als die potenzielle Verdunstung sind, führt der Wechsel von winterlicher Abkühlung und sommerlicher Erwärmung bei ausreichender Bodendurchfeuchtung zur Weiterentwicklung von fruchtbaren Schwarzerden.

3 Durch Mineralsalzverlust verarmter, unter Nadel- und Mischwäldern vorkommender Oberboden in feuchten Klimabereichen.

Eine Folge winterlicher Abkühlung ist die Verbreitung von Dauerfrostboden, der 47% der Landesfläche einnimmt und in weiten Teilen Sibiriens und des Fernen Ostens nicht nur den landwirtschaftlichen Anbau beeinträchtigt, sondern auch sämtliche Bautätigkeiten an Gebäuden und Verkehrsanlagen erschwert und verteuert. Auf dem im Sommer oberflächlich auftauenden Boden entsteht eine mobile „Schmierschicht", die Gebäude rutschen lässt, wenn sie nicht durch Pfähle, heute meist Betonpfähle, tief im Untergrund verankert und gegen Wärmeleitung (zwischen Gebäude und Boden) geschützt sind. Die wichtigste Nutzung der weithin von Tundrenvegetation oder für nördliche Klimate typischen Nadelwäldern eingenommenen Gebiete mit Dauerfrostboden stellt außer der Gewinnung von Bodenschätzen und der Rentierzucht der Holzeinschlag dar, der in den Nadelwäldern bereits zu großen Einbußen führte, da das Prinzip nachhaltigen Wirtschaftens unbeachtet blieb und Aufforstungen unterlassen wurden.

Damit bringt die Differenzierung des Klimas eine räumliche Einschränkung ausreichender Anbaubedingungen auf das sog. Agrardreieck, d.h. auf einen relativen Gunstraum, der von der europäischen Westgrenze Russlands zwischen St. Petersburg und Rostow keilförmig nach Osten zur mittleren Wolga, zum südlichen Ural und weiter in das südliche Westsibirien reicht. In den Steppen bestehen aber bereits so große Schwankungen der Niederschlagsverteilung und -menge von Jahr zu Jahr, dass große Unterschiede bei den Ernteerträgen auftreten. Hiervon betroffen sind insbesondere die Gebiete östlich der Wolga, während in Südrussland und Nordkaukasien die Erntesicherheit etwas höher ist. Während 1997 noch eine ausreichende Getreideernte von 74,5 Mio. t eingebracht werden konnte, blieb sie 1998 mit 41,9 Mio. t weit hinter dem Bedarf zurück. In dieser Krisensituation versuchten einzelne Regionen sogar, den Binnenexport von Getreide und anderen Agrargütern zu unterbinden, um die Versorgung der eigenen Bevölkerung sicher zu stellen. Die erforderlichen Importe belasten in Jahren mit niedrigen Getreideernten wie 1998 und 1999 die Außenhandelsbilanz. Im Jahr 2000 konnte wieder eine ausreichende Ernte erzielt werden. Allerdings ist zu beachten, dass die geringe agrarische Produktivität nur teilweise den von Jahr zu Jahr schwankenden Witterungsbedingungen anzulasten ist; im Ursachengeflecht sind Mängel in der Agrarstruktur, in der Organisation der landwirtschaftlichen Produktion und im Missverhältnis zwischen Aufwand und Ertrag ebenso bedeutsam.

Die großen Naturräume wurden in unterschiedlicher Weise von Transformationsfolgen erfasst: In der Tundra belebte sich bei der indigenen Bevölkerung der Rentier-Nomadismus, der in sowjetischer Zeit durch das Kolchos- und Sowchos-System verdrängt worden war. Allerdings ist es heute ein Wirtschaften an der Subsistenzgrenze. Die Nadelwälder der Taiga stehen unter Nutzungsdruck; im europäischen Norden und in Teilen Sibiriens und des Fernen Ostens hat die Nachfrage nach Holz und Holzprodukten zu übermäßigen Einschlägen geführt. Die Agrargebiete von Laubwaldkeil, Waldsteppe und Steppe leiden vor allem unter der geringen Zugänglichkeit und Erschließungsrückständen, die das Leben im ländlichen Raum wenig attraktiv erscheinen lassen. In den südlichen und kontinentalen Steppengebieten stellen Bodenerosion, Dürreperioden und Staubstürme latente Bedrohungen für die Landwirtschaft dar. Die Erschließung ausgedehnter Hochgebirgsräume ist unter den derzeitigen ökonomischen Bedingungen kaum möglich, zumal kein besonderer Bevölkerungsdruck besteht. Dadurch bleiben aber auch Potenziale für den Fremdenverkehr ungenutzt, die eine touristische Infrastruktur voraussetzen würden, die aber nur selten vorhanden ist.

### *Die Bedeutung der Erschließung in historischer Zeit für heutige Raumstrukturen*

Russlands Herrschaftsbereich entwickelte sich aus einem relativ kleinen Kerngebiet zum Weltreich. Lässt man die Kiewer Rus (9.–13. Jh.) unbeachtet und geht man vom Moskauer Reich (ab dem 14. Jh.) aus, so war zunächst das Sammeln der russischen Länder, d.h. die Unterwerfung der zahlreichen Großfürstentümer und insbesondere Nowgorods unter die Herrschaft Moskaus, der das späte Mittelalter prägende Vorgang. Die Eroberung der Wolga-Khanate von Kasan und Astrachan unter Iwan IV. bereitete nicht nur der Mongolen- und Tatarenherrschaft ein Ende, sondern brachte vor allem einen territorialen Zuwachs, der Russland zur Großmacht werden ließ und gleichzeitig das Interesse an den kontinentalen Binnenräumen Eurasiens förderte. Mit dieser Expansion wurde Russland aber auch zum Vielvölkerstaat.[4] Seit dem ausgehenden 16. Jh. erweiterten die Vorstöße nach Sibirien, dann das Vorschieben von Kosakenlinien in den nordkaukasischen und zentralasiatischen Steppen- und Wüstenraum das Reich. Mit der Eroberung des südlichen Zentralasien, des Kaukasus und mit den Gebietsgewinnen in Osteuropa im 20. Jh. entstand ein Vielvölkerstaat, dessen größtes Problem zunehmend die Regierbarkeit wurde. Das kommunistische Regime konnte den Staat noch zusammenhalten, solange eine positive Wirtschaftsentwicklung bestand; als das ethnisch-nationale Selbstbewusstsein der betroffenen Randvölker zunahm, zerbrach das Großreich ohne in die Fläche gehende innere Unruhen.

Der Gewinn an Nutzungsräumen war in den einzelnen Phasen der Expansion unterschiedlich: Während es anfangs vor allem um den Rückgewinn des von Tataro-Mongolen beherrschten Raumes der Waldsteppe ging, erfolgte mit der Eroberung der Wolga-Khanate ein Schritt in die Steppe. Die Eroberung und Erschließung Sibiriens, die im 18. Jh. über die Beringstraße nach Alaska fortgesetzt wurde, galt insbesondere den Pelztieren als wichtigem Handelsgut im Außenhandel, dann auch Möglichkeiten der bäuerlichen Kolonisation und der Nutzung von Bodenschätzen. Beide Ziele förderten den Vorstoß nach Zentralasien und in den Nordkaukasus. Der Abschluss der Gebietsgewinne in

4 Hierzu grundlegend Andreas Kappeler: Russland als Vielvölkerreich: Entstehung, Geschichte, Zerfall, München 1992.

Kaukasien und Zentralasien wurde bereits unter dem Vorzeichen einer Sicherheitspolitik betrieben, die Europa gegenüber dem Vordringen asiatischer Mächte bewahren wollte, zugleich aber eine Konsolidierung russischer Macht als Gegengewicht zur britischen Herrschaft in Südasien bezweckte.

Der mit der Herausbildung des Russischen Reiches und der Sowjetunion einhergehende Bevölkerungsgewinn mag zunächst zahlenmäßig nicht so sehr ins Gewicht fallen; entscheidend wurde, dass sich der Charakter eines Vielvölkerstaates immer mehr verstärkte. Ende der 1970er Jahre sah die französische Sozial- und Politikwissenschaftlerin Hélène Carrère d'Encausse in der Verschiebung des Bevölkerungsgewichts zu Ungunsten des Anteils der Russen bereits ein Gefährdungspotenzial für den Staatserhalt.[5]

Die Auflösung der Sowjetunion reduzierte die Gesamtfläche des von Russen unmittelbar beherrschten Gebietes auf die Hälfte, wenn auch Russland nach wie vor gewisse hegemoniale Ansprüche auf das „nahe Ausland" erhebt und innerhalb der GUS Einflussnahme in Sicherheitsfragen wünscht. Die Abspaltung der 14 nicht-russischen Nachfolgestaaten veränderte die Verteilung von natürlichen Potenzialen grundlegend: Der klimatische Gunstraum für eine sichere und ertragreiche Landwirtschaft wurde deutlich eingeschränkt, doch blieben Russland wichtige Vorkommen von Bodenschätzen erhalten.

## *Territorialer Staatsaufbau – die Suche nach der richtigen Größe von Verwaltungseinheiten*

Die Russländische Föderation übernahm die aus sowjetischer Zeit ererbte Verwaltungsgliederung nahezu unverändert, sieht man vor der Statusanhebung der meisten Autonomen Gebiete zu Republiken und der Aufteilung der vormaligen Tschetscheno-Inguschetischen Autonomen Sozialistischen Sowjetrepublik in zwei Republiken ab. 49 Verwaltungsgebiete und sechs Verwaltungsregionen (russ.: *oblast'*, *kraj*), 21 Republiken, das Autonome Gebiet der Juden im Fernen Osten sowie zehn Autonome Bezirke in dünn besiedelten Gebieten mit ethnischen Minderheiten als Titularvölkern, aber in der Regel russischer Dominanz, sowie die beiden Metropolitangebiete Moskau und St. Petersburg machen den territorialen Staatsaufbau auf mittlerer Ebene aus. Nach der Verfassung sind diese 89 Territorialeinheiten („Subjekte der Verfassung") gleichberechtigt, tatsächlich bildete sich aber eine deutliche Asymmetrie aus. Während einige Republiken sich Mitte der 90er Jahre durch Kompetenzabgrenzungsverträge Sonderrechte sichern konnten, sind die Autonomen Bezirke mit Ausnahme von Tschukotka in den Verwaltungsaufbau der jeweils übergeordneten Verwaltungsgebiete oder -regionen eingebunden, obwohl sie als gleichberechtigt gelten.[6]

5 Hélène Carrère d'Encausse: Risse im roten Imperium. Das Nationalitätenproblem in der Sowjetunion, Wien u.a. 1979.

6 Vgl. dazu den Anhang sowie denBeitrag von Andreas Heinemann-Grüder in diesem Band.

Seit Frühjahr 2000 ist mit der Gliederung Russlands in sieben Föderale Bezirke (im Jargon als 'Generalgouvernements' bezeichnet) eine neue Verwaltungsebene hinzugekommen, die insbesondere die zentralisierte Kontrolle über die regionale Peripherie garantieren und ein präsidiales Gegengewicht gegen den Machtgewinn der Gouverneure in der Dezentralisierungsphase Anfang der 90er Jahre herstellen soll. Ob sich daraus ein Konzept ergibt, das zu der immer wieder geforderten Verringerung der Anzahl von Verwaltungsgebieten führt, ist noch nicht abzusehen. Eine verstärkte Zentralisierung von Verwaltungsabläufen und eine Stärkung regionaler Metropolen (außer Moskau: St. Petersburg, Nischnij Nowgorod, Rostow, Jekaterinburg, Nowosibirsk und Chabarowsk) sind jedoch bereits spürbar. Eine Erneuerung der meist auf fünf Jahre befristeten Abkommen zur Kompetenzabgrenzung wird von der russischen Führung heute eher abgelehnt. Zumindest im ersten Jahr von Putins Präsidentschaft findet die Suche nach einem stärkeren politischen Zentrum breite Unterstützung.

Dies kann unter den Rahmenbedingungen der Transformation aber auch bedeuten, dass die großen Metropolen einen erheblichen wirtschaftlichen Zugewinn erleben, dass in ihnen die Globalisierungseffekte rasch zunehmen und dass damit die Diskrepanz zwischen den urbanen Zentren, den übrigen Städten und vor allem dem ländlichen Raum ebenfalls wächst. Ein regionales Gegengewicht zum Zentralismus, wie es aus dem westlichen Europa bekannt ist, ginge verloren oder müsste letztlich in einem Machtkampf zwischen dem Präsidenten und den Gouverneuren und Präsidenten der sog. Föderationssubjekte wieder gewonnen werden. Die ungleiche Verteilung von Ressourcen und Bevölkerung spricht jedoch dagegen.

### *Bevölkerung: Ungleiche Verteilung und Entwicklung*

Russland ist durchschnittlich dünn besiedelt. Aus der Umrechnung der Bevölkerungszahl (1999: 146,7 Mio.[7]) ergibt sich eine durchschnittliche Bevölkerungsdichte von nur 8,6 Personen/km$^2$. Bezogen auf die mittleren Verwaltungseinheiten, die 89 „Subjekte der Verfassung", bestehen bei der Dichte – von den beiden Metropolitanregionen Moskau und St. Petersburg abgesehen – Unterschiede zwischen 74,4 Einw./km$^2$ (Tschuwaschien) und 0,03 Einw./km$^2$ (Autonomer Bezirk der Ewenken in Ostsibirien).

Nur partiell spiegelt die Bevölkerungsverteilung die Gunsträume der Agrarwirtschaft wider. In der Sowjetzeit wurde eine massive Verstädterungspolitik betrieben, die dazu führte, dass heute 73% der Bevölkerung in städtischen Siedlungen leben. Ein Netz von 167 Städten mit 100 000 und mehr Einwohnern, in denen rund 45% der gesamten russländischen Bevölkerung leben, überzieht das Land. Da zahlreiche dieser Städte höhere Verwaltungs-

7 Die Bevölkerungszahlen in der Sowjetunion betrugen 1990 286,7 Mio., in Russland 1990: 148,0; 1995: 148,3 und 1999: 146,7 Mio.

funktionen ausüben und damit nicht zu ungleich verteilt sein dürfen, ergeben sich relativ weite Entfernungen zwischen den städtischen Zentren.[8] Obwohl die Vorteile moderner Kommunikationstechnologie genutzt werden, bleiben Probleme, weil die ausgeprägte Zentralisierung der Verkehrsverbindungen auf Moskau und einige wenige andere Großzentren bisweilen weite Umwege erforderlich macht. Auch sind die Kosten für den Infrastrukturausbau je Einwohner wesentlich höher als in dichter besiedelten Staaten. Die aktuellen Angaben zur Bevölkerung beruhen auf den Zählungsergebnissen von 1989, einem Mikrozensus im Jahr 1994 und der Fortschreibung. Eine neue Bevölkerungszählung, die eigentlich für 1999 geplant war, wurde mehrfach verschoben, nicht zuletzt aus finanziellen Gründen.

Die natürliche Bevölkerungsbewegung war seit Ende der 80er Jahre und der mehrere Jahre andauernden Wirtschaftskrise durch niedrige Geburtenraten, steigende Sterberaten und eine sinkende Lebenserwartung gekennzeichnet. Erst kurz vor der Jahrhundertwende kehrte sich dieser Trend etwas um. Die eher überalterte ländliche Bevölkerung ist von diesen relativen Bevölkerungsverlusten besonders betroffen.[9] Trotz leichten Rückgangs dieser negativen Salden kann die demographische Krise noch lange nicht als überwunden gelten. Im Altersaufbau sind die hohen Verluste der Stalinzeit und des Zweiten Weltkriegs nach wie vor sichtbar; sie führten auch in der Folgegeneration der heute etwa 30-Jährigen zu unterdurchschnittlichen Anteilen. In der Gegenwart überlagern sich die Folgen dieser Ausfälle mit den Folgen der Geburtenregelung und den Geburtenausfällen, die durch die sozioökonomische Lage bedingt sind. Damit ist abzusehen, dass sich der Bevölkerungsrückgang zunächst fortsetzen wird. Er betrifft die russische Bevölkerung meist mehr als die nicht-russische, bei der in der Regel höhere natürliche Zuwachsraten festzustellen sind.

## *Ethnische Vielfalt als Ursache territorialer Konflikte?*

Als einziger Nachfolgestaat der Sowjetunion begreift sich die Russländische Föderation als Vielvölkerstaat. Im Gegensatz zu den Verhältnissen in der Sowjetunion droht in Russland jedoch keine nicht-russische Überfremdung: Einem russischen Bevölkerungsanteil von 83% standen nach den Mikrozensusergebnissen von 1994 3,8% Tataren, 2,3% Ukrainer, 1,2% Tschuwaschen und 0,9% Baschkiren als nächstgrößere Gruppen gegenüber. Die anderen ethnischen Gruppen in der Russländischen Föderation haben jeweils weniger als 0,7% Anteil an der Gesamtbevölkerung. Die üblichen Darstellungen, die die Verwaltungsgebiete mit nicht-russischer Titularnation als nicht-russische Gebiete nachzuweisen versuchen, stellen nur die halbe Wahrheit dar. Tatsächlich ist das russische Bevölkerungselement in allen städtischen und industriell ge-

8 Neue Analyse des Städtesystems der Russländischen Föderation: Georgij M. Lappo, Fritz W. Hönsch: Urbanisierung Rußlands, Berlin/Stuttgart 2000.

9 Demografičeskij ežegodnik Rossii, Moskva 1999, S. 50ff.

prägten Räumen landesweit dominant. Besonders deutlich wird dies im Autonomen Bezirk der Jamal-Nenzen und dem der Chanten und Mansen (beide dem Verwaltungsgebiet Tjumen' in Westsibirien zugeordnet), wo die jeweiligen Titularvölker 1989 gerade einmal 4,2 bzw. zusammen 1,4% der Bevölkerung ausmachten, Russen jedoch 59,2 bzw. 66,3%.

Dies schließt, wie bereits gesagt wurde, nicht aus, dass einzelne Territorien unter Hinweis auf ihre ethnische Sonderstellung auch politische Sonderrechte beanspruchen. Sieht man von der besonders komplizierten Situation in Nordkaukasien ab,[10] haben Tatarstan, Baschkortostan und Sacha-Jakutien die weitestreichenden Vorstöße zu Gunsten größerer Eigenständigkeit unternommen. Tatarstan drohte Anfang der 90er Jahre mit dem Ausscheiden aus der Russländischen Föderation und konnte nur durch die Gewährung umfangreicher Sonderrechte zum Verbleib bewogen werden, Sacha-Jakutien kann auf den ökonomischen und auch politischen Wert seiner Bodenschätze verweisen. Durch den neuen Zentralismus unter Putin droht diesen Republiken ein Verlust wenigstens eines Teils ihrer Eigenständigkeit.

## *Die neue Mobilität der Bevölkerung*

Dass Russland in der Transformationsphase keinen noch stärkeren Bevölkerungsverlust hinnehmen musste, ist vor allem auf Zuwanderungen aus den nicht-russischen Nachfolgestaaten der Sowjetunion zurückzuführen. Dadurch konnten auch die Abwanderungsverluste ausgeglichen werden, die durch die Übersiedlung von Russlanddeutschen nach Deutschland und von Juden nach Mitteleuropa oder Israel entstanden waren. An der ethnischen Zusammensetzung dürfte sich – von den beiden zuletzt genannten Gruppen abgesehen – durch die russische Zuwanderung wenig verändert haben, da zahlreiche nichtrussische Ethnien eher etwas höhere natürliche Zuwachsraten aufweisen.

In den Jahren 1992 bis einschließlich 1998 wurden in der Russländischen Föderation insgesamt 26 Mio. Zu- und 22,7 Mio. Fortzüge registriert. Während bei den Wanderungen zwischen Russland und den anderen Nachfolgestaaten der Sowjetunion sich für diesen siebenjährigen Zeitraum ein positiver Wanderungssaldo zu Gunsten Russlands ergab (Nettozuwanderung: 3,6 Mio. Personen; 5,5 Mio. Zuzüge, 1,9 Mio. Fortzüge), errechnet sich für das „ferne Ausland" ein negativer Saldo von rd. 0,7 Mio. Personen.[11] Die Zuwanderung nach Russland beruht insbesondere auf der Rückwanderung von Russen, die Abwanderung in Nicht-GUS-Staaten vorwiegend auf Fortzügen von Russlanddeutschen und Juden.

Zur internationalen Migration kommen interne Wanderungen. Anfang der 90er Jahre mussten die großen Metropolen Bevölkerungsverluste hinnehmen, weil bisher nicht gekannte Wanderungen im Rahmen plötzlich beginnender

10 Vgl. hierzu den Beitrag von Uwe Halbach in diesem Band.

11 Demografičeskij ežegodnik, 1999, S. 323ff.

Suburbanisierung aber auch durch Abwanderung in besser mit Nahrungsgütern ausgestattete ländliche Räume erfolgten. Dieser Prozess ist heute bereits teilweise rückgängig gemacht worden. Gleichzeitig setzte aber eine bis heute anhaltende Abwanderung aus den in sowjetischer Zeit mit hohem Kostenaufwand erschlossenen Gebieten des Hohen Nordens ein. Extrem ist zweifellos das Beispiel von Tschukotka, wo wegen akuter Versorgungsmängel bereits Siedlungen evakuiert werden mussten: Dort halbierte sich die Bevölkerungszahl zwischen 1990 und 1999 von 155 700 auf 76 700. Wichtige Gründe für diese Abwanderung waren die dramatische Verschlechterung der Versorgungslage in den entlegenen Nordgebieten bei gleichzeitigem Anstieg der Verbraucherpreise und einem Verlust der bisherigen finanziellen Vergünstigungen, ferner Demilitarisierungseffekte sowie zunehmende Ansprüche der indigenen Bevölkerung auf die natürlichen Ressourcen, eine Umorganisation von wirtschaftlichen Verflechtungen, die den Nordgebieten nur einen nachgeordneten Rang einräumten (außer im Autonomen Bezirk der Jamal-Nenzen mit der Nutzung der Erdgasressourcen).

Während das Gesamtvolumen der Wanderung in der ersten Hälfte der 90er Jahre gegenüber der sowjetischen Zeit rasch zunahm, ist seit etwa 1996 ein Abflauen der Migrationswelle festzustellen. Dies hängt nicht nur mit geringerer Aufnahmebereitschaft in den Zielländern zusammen, sondern auch mit einer gewissen Resignation der verbliebenen Bevölkerung, aber auch mit der beginnenden Stabilisierung in Russland. Die Abwanderung aus dem Hohen Norden und die Zuwanderung aus den kaukasischen und zentralasiatischen Nachfolgestaaten wirft aber weiterhin große Probleme bei der Ansiedlung der Migranten und bei der Arbeitsplatzbeschaffung auf.

Damit sind zugleich die sozialen Verwerfungen angesprochen, die mit der Transformation einhergingen: Während einer relativ dünnen Bevölkerungsschicht eine aktive Teilhabe am wirtschaftlichen Aufschwung gelang, wurde der bei weitem größere Teil der Bevölkerung von Verarmung betroffen. Dies gilt insbesondere für den sowjetischen Mittelstand, der im gut ausgebauten sowjetischen Bildungs- und Hochschulwesen tätig gewesen war. Auch das Militär erfuhr erhebliche Einbußen, da die aus den nicht-russischen Nachfolgestaaten zurückkehrenden Soldaten und Offiziere in der Regel keine adäquaten Betätigungsfelder fanden. Die ersten offiziellen Zahlen für das Jahr 2000 lassen auch in diesem Bereich eine gewisse Stabilisierung erkennen: Die Industrieproduktion zeigte in fast allen Regionen des Landes im ersten Halbjahr leichtes Wachstum gegenüber dem ersten Halbjahr 1999, während die offiziell registrierte Arbeitslosigkeit rückläufig ist.[12] Dennoch ist Russland noch weit davon entfernt, die Transformationskrise überwunden zu haben. Erst eine Konsolidierung der Wirtschaft wird auch eine bessere Ressourcennutzung und günstigere Lebensbedingungen für die Bevölkerung ermöglichen.

12 Social'no-ėkonomičeskoe položenie Rossii. Janvar'–ijun' 2000 goda. Moskva 2000.

# Das Erbe: Geschichte und Gesellschaftskultur

JUTTA SCHERRER

Mehr als 70 Jahre kommunistischer Herrschaft hatten in der Sowjetunion auch eine – in diesem Ausmaß bis dahin unbekannte – Instrumentalisierung der Geschichte mit sich gebracht. Der 1934 von Stalin verordnete „Sowjetpatriotismus“, der in den kommenden Jahren während des „Großen Vaterländischen Krieges“[1] noch eine Verstärkung erfuhr, schlug sich nicht nur im propagandistischen Umgang mit der Geschichte, sondern auch in Film, Literatur, bildender Kunst und Musik nieder. Stalin selbst verglich sich in diesem Zusammenhang mit historischen Persönlichkeiten wie Peter dem Großen und reklamierte Alexander Newski und Iwan den Schrecklichen – angesichts ihrer Leistung für die Zentralisierung des russischen Staats – als seine Vorbilder. Zugleich appellierte er zur Mobilisierung patriotischer Kräfte während des Krieges auch an die Kirche und richtete 1943 das Orthodoxe Patriarchat wieder ein. „Der Sowjetpatriotismus“, schrieb damals der Schriftsteller und Journalist Ilja Ehrenburg, „ist die natürliche Fortsetzung des russischen Patriotismus.“

Nach Stalins Tod 1953 hat eine gewisse Differenzierung des sowjetischen Geschichtsbildes stattgefunden. Sie betraf in erster Linie die wissenschaftlich-professionelle Geschichtsschreibung, schlug sich aber auch im öffentlichen, d.h. offiziellen Umgang mit Geschichte nieder. Endgültig ist das festgefügte Bild des Sowjetpatriotismus – und ebenso die Vereinnahmung der Geschichte durch das für Ideologie verantwortliche Ressort des Politbüros der KPdSU – jedoch erst durch die Perestrojka aufgebrochen worden. Die Politik der Glasnost und die von Gorbatschow selbst explizit geforderte Aufarbeitung der „weißen Flecken“ der sowjetischen Geschichte und Literatur haben seinerzeit nicht nur eine grundlegende Revision der offiziellen Geschichtsschreibung eingeleitet; sie haben darüber hinaus zu einer radikalen Umorientierung des politischen und historischen Bewusstseins breiter Schichten, ja ganzer Völker der sowjetischen Gesellschaft geführt: Russen, Ukrainer, Weißrussen, die Völker der baltischen, kaukasischen und zentralasiatischen Republiken begannen ihre Vergangenheit und ihre spezifische, nicht-sowjetische Identität zu entdecken. Die mit dem Paradigmenwechsel verbundene Neuvermessung von Werten hat einschneidende mentale und emotionale Reaktionen zur Folge gehabt, die bis heute deutlich erkennbar sind. Die Enthüllung der Verbrechen der Stalinzeit und des kommunistischen Unrechtsregimes ganz allgemein, die Absage an den Leninkult und schließlich die Lossagung von der Oktoberrevolution als legitimatorischer Grundlage des Sowjetstaats haben vor allem

1 „Großer Vaterländischer Krieg“ ist die offizielle sowjetische Bezeichnung für den Krieg zwischen dem Deutschen Reich und der Sowjetunion 1941–1945.

nach dem endgültigen Untergang der Sowjetunion Ende 1991 eine neue politische Kultur begründet. Diese wiederum hat mit logischer Konsequenz die Frage nach einer postsowjetischen, postkommunistischen Identität Russlands aufgeworfen.

Der Prozess der Suche nach einer neuen Identität dauert in der postsowjetischen Gesellschaft im Großen und Ganzen bis heute an. In mancherlei Hinsicht kann wohl der Titel von Stanislav Govoruchins provozierendem Film „Das Russland, das wir verloren haben" (1992) als Motto für diesen sehr emotional bestimmten, oft auch von pathetischen Zügen geprägten Suchprozess gelten. Im Folgenden soll nicht nur an einige wichtige Etappen des historisch-kulturellen Transformationsprozesses seit dem Ende der Sowjetära erinnert werden, sondern auch an das unaufgearbeitete Erbe, mit dem Russland den schwierigen Weg in das 21. Jahrhundert antritt.

## *Glasnost und Perestrojka: Abrechnung mit der stalinistischen Vergangenheit*

Einer Lawine gleich überkamen die sowjetische Öffentlichkeit seit 1986 Informationen, die zwar zu Teilen (inoffiziell) bekannt waren – die zu erwähnen jedoch bis zu Gefängnis oder Ausweisung aus dem Land gehende Folgen haben konnte. Als 1989 erstmals der vollständige Wortlaut des deutsch-sowjetischen Nichtangriffspakts (mit dem Zusatzprotokoll über die Teilung Polens) in allen Tageszeitungen nachzulesen war oder als 1990 die sowjetische Verantwortung für die Ermordung polnischer Offiziere in Katyn erstmals einer breiteren Öffentlichkeit bekannt wurde, brach für viele Sowjetbürger eine Welt zusammen: Was bisher ein Tabu gewesen war, wurde jetzt zum Tagesgespräch. Die Fülle der sich nur so überschlagenden Enthüllungen über die sowjetische Vergangenheit – vor allem über die Repressionen und das Gulag-System – bewirkte, dass im Juni 1988 an sämtlichen Schulen des Landes die Geschichtsprüfungen abgesagt werden mussten. Angesichts des „Booms" an neuen Informationen konnte keine sowjetische Lehrkraft mehr wissen, welche der bislang übermittelten historischen Fakten noch verbindlich waren bzw. welche „neuen" historischen Erkenntnisse gelten sollten. Es gab keine Lehrbücher, die dem Stand der Informationen entsprachen, und an den Medien orientierte Schüler waren oft besser informiert als ihre Lehrer.

Bezeichnend ist, dass die Berufshistoriker am wenigsten zu dem tiefgreifenden Umschlag des historischen Weltbildes in der Zeit der Perestrojka beitrugen; vielmehr waren es Journalisten, Soziologen, Ökonomen, Philosophen, Schriftsteller und Filmemacher, die diesen Prozess vorantrieben. Der Titel des von dem Georgier Tengiz Abuladze bereits 1984 gedrehten, aber erst Anfang 1987 zur Aufführung zugelassenen Films *„Pokajanie"* (Reue) wurde zur Losung all derjenigen, für die die Perestrojka in erster Linie eine moralische Revolution war. „Unsere Geschichtswissenschaft gleicht eher einem abgehobelten Telegrafenmast als einem lebendigen Baum", kritisierte der Historiker Jurij Afanasjew seine Kollegen, als er Anfang 1987 die Leitung des Instituts für Geschichte und Archivwesen in Moskau übernahm.

Seit den ersten Jahren der Glasnost wurde auch eine ganze Reihe bisher verbotener Autoren, die teilweise in der Emigration gelebt hatten, erstmals gedruckt wie Nabokov, Pasternak, Grossman, Achmatowa, Mandelštam, Brodsky und vor allem Solschenizyn. Vormalige Kommunisten, die wie Bucharin, Sinowjew, Kamenjew oder Trotzki in Stalins Ungnade gefallen waren, wurden rehabilitiert. Das Gleiche betraf bekannte Ökonomen wie Tschajanow, Kondratjew, Tschelinzew oder den Philosophen Bogdanow, womit weite Bereiche von Wirtschaft und Gesellschaft wieder der Forschung zugänglich gemacht wurden. Schließlich wurden auch die Religionsphilosophen der Jahrhundertwende wie vor allem Solowjow und Berdjajew von der breiteren Öffentlichkeit wiederentdeckt und ihre Vorstellung der „russischen Idee“: die mystische Spiritualität der Orthodoxie.

Nicht zuletzt dank der entscheidenden Wirkung der Medien stand in der Erinnerung eine über Jahrzehnte unterdrückte oder verdrängte Vergangenheit wieder auf, in der zunächst Teile der liberalen Intelligencija, dann aber auch breitere Schichten der Gesellschaft ihre neue Identität suchten. Immer häufiger war in den ersten Jahren der Perestrojka der Vergleich mit der „Stunde Null unserer Geschichte“ zu hören sowie der Verweis auf „Kollektivschuld“. Eine der grausamsten sozialen und politischen Anklagen, die die Glasnost mit dem Dokumentarfilm *„Tak žit' nel'zja“* (So kann man nicht leben) freigab (1990), endete mit dem Ruf nach einem „Nürnberger Prozess“. Ein öffentliches Tribunal über Stalin und den Stalinismus ähnlich demjenigen über die Nationalsozialisten hat auch die 1988 gegründete Gesellschaft „Memorial“ gefordert, zu der Menschenrechtler wie Andrej Sacharow gehörten. Immer offener wurde die Schuld der Gesellschaft, die Verantwortung für den Stalinismus angesprochen. „Stalin starb erst gestern ...“ nannte der Historiker Michail Gefter seinen ersten Essay, dessen Veröffentlichung nach langen Jahren verordneten Schweigens die Glasnost möglich gemacht hatte.

## Sehnsucht nach Geschichte

Die Periode der öffentlichen Anklage, ja der Selbstbezichtigung der sowjetischen Gesellschaft war jedoch von relativ kurzer Dauer. Gleichzeitig mit den Enthüllungen über das Unrechtsregime wandten die Medien ihr Interesse zunehmend der Epoche vor 1917 zu. Ehemals verfemte soziale Klassen wie Adel und Kaufmannschaft wurden als Säulen eines Russland wiederentdeckt, das zielgerecht auf eine demokratische Gesellschaft zugegangen war – bis der Staatsstreich der Bolschewiki diese europäische Entwicklungslinie unterbrach. Die „Sehnsucht nach Geschichte“ (*toska po istorii*), die vor dem endgültigen Zusammenbruch des Kommunismus als Begleiterscheinung der Umorientierung zaghaft begann, ließ im Russland Jelzins eine neue historische Mythologie des alten Russland entstehen. Die Epoche vor 1917 wird als das wahre, das eigentliche Russland wieder entdeckt. Nicht zuletzt trug Solschenizyns vor allem in der Emigration entstandener historischer Romanzyklus „Das rote Rad“ zu einer neuen Sicht des zaristischen Russland bei: der Vision einer heilen Welt der Vergangenheit.

Ein wahrer Boom populärer, aber auch wissenschaftlicher Publikationen zeugt seit der Spätzeit der Perestrojka von der Nostalgie für die Geschichte des alten Russland. Populärhistorische Zeitschriften wie *„Rodina“* (Heimat), luxuriös aufgemachte Bildbände über alte Städte und Adelsgeschlechter, Veröffentlichungen von Tagebüchern frivoler Hofdamen und immer neue Biografien über den letzten Romanow, Nikolaj II., seine Familie sowie Rasputin füllen die Buchläden. Im Juni 1996, auf dem Höhepunkt des Wahlkampfes zwischen Jelzin und dem Kommunisten Sjuganow um die Präsidentschaft Russlands, befanden einer Meinungsumfrage zufolge 54,3% der Befragten, dass sie auf die Epoche Peters des Großen am „stolzesten“ in der russischen Geschichte seien. Seit dem Bekenntnis der jungen Demokraten zur liberalen Marktwirtschaft gilt Katharina II. als Inkarnation eines bereits im 18. Jahrhundert in Russland bestehenden Liberalismus. Sie habe sich für ein stabiles Rechtssystem eingesetzt, heißt es, und in den Schulen werden ihre Reformen auswendig gelernt. Unterschwellig impliziert der neue Kult um Katharina II. ihre Leistung für die bedeutende Vergrößerung des russischen Reichs und den hieraus resultierenden außenpolitischen Erfolg.

Der Kult, der um den letzten Romanow Nikolaj II. und seine Familie entstand, hat in der Beisetzung ihrer Überreste in Sankt Petersburg am 18. Juli 1998 – auf den Tag genau 80 Jahre nach der Ermordung des Zaren und seiner Familie durch die Bolschewiki – beredten Ausdruck gefunden (und im August 2000 auch zur Heiligsprechung Nikolajs durch die orthodoxe Kirche geführt). Jelzin hatte für die Organisation des Staatsakts eine Kommission ernannt, in der der „Demokrat“ und „Reformer“ Boris Nemzow den Vorsitz führte. Für die Zeremonie hatte Nemzow die Archive über die Beisetzung Alexanders II., des Vaters von Nikolaj II., konsultiert. Längst war vergessen, dass Jelzin als Parteisekretär von Swerdlowsk (inzwischen in Jekaterinburg zurückbenannt) das Ipatjev-Haus, in dem der letzte Zar mit seiner Familie bis zu dem Massaker lebte, 1977 abreißen ließ. 20 Jahre später zelebrierte derselbe Jelzin die historische Kontinuität: Es galt, die historische wie auch die rechtliche Legitimität der Russischen Föderation durch Rückbindung an das vorrevolutionäre Russland zu verankern. „Beim Aufbau eines neuen Russland müssen wir uns auf eine historische Erfahrung stützen“, gebot Jelzin in seiner Ansprache. „Viele glorreiche Seiten in der Geschichte des Vaterlands sind mit dem Namen Romanow verbunden.“ Auch „Reformer“ oder „Demokraten“ wie Nemzow und Tschubajs sprachen in diesem Zusammenhang wiederholt von der Kontinuität mit dem zaristischen Russland als einer Staatsräson.

## *Die Konstruktion historischer Kontinuität*

Es geht genau genommen um die Kontinuität des Staates der Russischen Föderation mit dem Staat des zaristischen Russland, der durch die Abdankung Nikolajs II. am 2. März 1917 (zugunsten seines Bruders Michail und schließlich durch dessen Thronverzicht) aufgehört hatte zu existieren. Es geht um die Rechtsnachfolge des russischen Imperiums vor 1917 durch die heutige Russische Föderation. Zahlreiche Aufsätze von Politologen und Juristen suchen in den letzten Jahren die rechtliche Kontinuität – in anderen Worten die Rechtsnachfolge – zu begründen, welche die Russische Föderation in Bezug auf das russische Imperium angetreten hat.[2] Sie alle argumentieren mit den für sie zentralen Kriterien russländischer Macht, Machtstaatlichkeit, Staatswesen (*deržava, deržavnost', gosudarstvennost'*). Ganz offensichtlich kommt die Kontinuitätsvorstellung bei den neuen *„gosudarstvenniki"*[3] dort ins Spiel, wo Ende 1991 die sowjetische Macht ausfiel und einer gewissen Idealisierung und Stilisierung des alten Russland Raum verschaffte.

Alexander Jakowlew, ehemaliges Mitglied des Politbüros der KPdSU und Hauptberater Gorbatschows für die Politik der Glasnost, propagiert seit 1992 die Parole „In die Geschichte zurückkehren". Nach dem Zerfall der Sowjetunion gingen Jakowlew und andere Angehörige der vormals kommunistischen Elite davon aus, dass der Kommunismus keine Geschichte gehabt habe und keine Geschichte gewesen sei. Dissidenten mussten vor der Perestrojka derartige Äußerungen mit Gefängnis büßen. Jakowlew sucht den Anschluss an den Februar 1917 – Russlands demokratische Revolution – und wurde zum Mitbegründer einer neuen sozialdemokratischen Partei, denn: „Der Oktober hat den Februar gestürzt. Die Diktatur des Bolschewismus hat die Bewegung zur Demokratie unterbrochen."[4]

Die historische Kontinuität wurde bereits seit 1991 durch die Wiedereinführung der einst von Zar Peter aus Holland nach Russland mitgebrachten Trikolore als Staatsflagge bezeugt (die die rote Flagge mit Hammer und Sichel ablöste) sowie durch die Wiederbenutzung des doppelköpfigen zarischen Doppeladlers als Staatsemblem (das seit dem ersten Tschetschenienkrieg auch die Uniformen der russischen Armee ziert). Die neue Nationalhymne entlehnte eine Melodie aus Michail Glinkas Oper „Ein Leben für den Zaren", ohne dass man sich allerdings auf einen entsprechenden Text einigen konnte. Im Februar 1999 hat die von Kommunisten und Nationalisten gebildete Mehrheit der russischen Staatsduma für die Rückkehr der Melodie der alten Sowjethymne gestimmt. Nachdem man sich Ende des Jahres 2000 auf einen neuen Text geeinigt hatte, wurde dieser Beschluss Anfang 2001 wirksam.

2 Vgl. hierzu besonders die Aufsätze von Alexej Salmin in der Zeitschrift „Politija".

3 Von russisch „gosudarstvo" – Staat; bezeichnet Personen, die sich dem „Staat" und nicht irgendwelchen politischen Strömungen verpflichtet fühlen.

4 A. Jakovlev: Uroki odnoj revoljucii, in Svobodnaja mysl', 1992, H. 7, S. 93.

Auch wenn die Kommunisten die neue/alte Staatsflagge und das neue/alte Staatsemblem nicht anerkennen und die Melodie der sowjetischen Staatshymne wieder eingeführt haben: Ihr durch Gennadij Sjuganow vertretener gemäßigter Flügel beruft sich dennoch auf die Kontinuität der imperialen, autokratischen Tradition. In seinen zahlreichen national-patriotischen Schriften, die vor allem der Erhaltung der Staatsmacht gelten, bezeichnet Sjuganow die Spiritualität der Orthodoxie und die Machtstaatlichkeit als Hauptpfeiler der russischen Wesensart – *„russkost'"* –, wobei für ihn Vergangenheit und Gegenwart (bzw. Zukunft) harmonisch ineinander übergehen.[5] In Anlehnung an die berühmte Formel Uwarows, die zur Staatsideologie des 19. Jahrhunderts wurde: *„samoderžavie, pravoslavnost', narodnost'"* (Autokratie, Orthodoxie, nationale Gesinnung)[6] – hat Sjuganow ein Äquivalent für die neue Zeit geschaffen: *„gosudarstvennost', duchovnost', sobornost'"* (Staatlichkeit, Geistigkeit, Gemeinschaftlichkeit).

Russlands Wiedergeburt auf der Grundlage nationaler Werte, zu denen in erster Linie die Orthodoxie gehört, ist für die politischen Eliten aller Couleur verpflichtend geworden. Immer stärker findet sich die heile Vergangenheit auch durch die orthodoxe Kirche symbolisiert. Im Frühjahr 1991 wurde erstmals wieder die orthodoxe Ostermesse öffentlich begangen, von Patriarch Alexej II. zelebriert in Anwesenheit von Boris Jelzin und anderen bisher kommunistischen Politikern. Der traditionelle Osterkuss mit dem „Christus ist auferstanden" vereinigt nunmehr Gläubige wie Ungläubige, sofern sie nur Russen sind. Wie einst im Russland der Zaren wird die Bindung von orthodoxem Glauben(sbekenntnis) und nationaler Identität wieder verpflichtend: Russisch ist orthodox und orthodox ist russisch – eine Einheit, die die vormaligen kommunistischen Eliten, die das Russland Jelzins nicht ausgewechselt hat, besiegeln.

Neben den Zaren und dem Kult der Romanows war noch zu Ende der Perestrojka der alte russische Adel in die historische Erinnerung zurückgekehrt. Er gilt als Träger der ethischen Normen und moralischen Grundlage der Nation. Adelsgesellschaften wurden neu gegründet, Adelsbälle veranstaltet. Der Nachweis adliger Vorfahren (die während der Sowjetzeit geleugnet werden mussten) verschafft brotlosen jungen Historikern, die in den Archiven adlige Stammbäume ausfindig machen, ein Auskommen.

In den Gebieten um Wolga und Don entstand ein neuer Kosakenkult. Kosaken gelten als staatsstützende und staatsintegrierende Kraft, und in neu gegründeten Kosaken-Schulen wird wiederum die traditionsreiche militärische Ausbildung angeboten. Von der kommunistischen Propaganda besonders verachtete Staatsmänner der Zarenzeit wie die Reformer Witte (1849–1915) und Stolypin (1862–1911) werden als Wegbereiter der Modernisierung Russlands

5 G. A. Zjuganov: Deržava, Moskva 1994; ders.: Za gorizontom, Moskva 1995.

6 Graf S. S. Uwarow hatte 1833–1849 unter Nikolaj I. das Unterrichtsministerium inne.

verehrt – jenes Prozesses, der von den Bolschewiki 1917 willkürlich abgebrochen wurde.

Sichtbar wird der Wertewandel vor allem in den historischen Museen, besonders in Provinzen und Regionen, die ihre lokale Geschichte und Traditionen entdecken und ihre Identität von der bisher vom Zentrum verordneten „Erinnerung" abzugrenzen suchen. In den Schaukästen, die ehemals mit Kultobjekten der bolschewistischen Partei, allen voran Lenins gefüllt waren, wird jetzt eine Parteienvielfalt des vorrevolutionären Russland dokumentiert, die jedem parlamentarischen System zur Ehre gereichte. Darstellungen des Bürgerkriegs rühmen erstmals die Verdienste der Weißen ...[7]

Verarmte russische Städte leisten sich kostspielige Inszenierungen großer russischer Siege: den Alexander Newskis über den Deutschen Ritterorden, den Dmitrij Donskojs über die Tataren, den Kutuzows über die napoleonische Armee. Der 850. Jahrestag Moskaus wurde tagelang als patriotisches Spektakel begangen, das Russlands große historische Figuren über Riesenleinwände in die triste Realität der Gegenwart projizierte. Die exakte Rekonstruktion der von Stalin zerstörten Christus-Erlöser-Kathedrale, die im 19. Jahrhundert zum Gedenken an Russlands Sieg über die napoleonische Armee errichtet worden war, verkörpert die Idee der ewigen Kontinuität vom orthodoxen und imperialen Russland. Zu ihrer Einweihung gaben sich Patriarch Alexej II., Präsident Jelzin und Moskaus Bürgermeister Luschkow die Hand, womit sie die byzantinische „Sinfonie" von weltlicher und geistlicher Macht und damit das Anknüpfen an vorrevolutionäre Traditionen symbolisierten. In Erinnerung an den Gründer des imperialen Russland hatte Bürgermeister Luschkow schon zuvor eine ganz Moskau dominierende Statue Peters des Großen errichten lassen, der doch, wie man sich noch erinnern kann, das altrussische Moskau verließ, um im Norden das Fenster nach Europa zu öffnen.

## *Die Suche nach der „russischen Idee"*

Die 90er Jahre, „Jelzins Russland", waren ganz allgemein durch die Wiederentdeckung von Traditionen, um nicht zu sagen durch deren „Erfindung" gekennzeichnet. Um den während der Perestrojka lancierten bedrückenden Berichten über die unmittelbare Vergangenheit des Stalinismus zu entgehen (derer man sich schämte), ging das Land, so schien es, immer weiter in seine Geschichte zurück. Es wurde eine Vergangenheit rekonstruiert, von der nicht mehr als Bruchstücke in der kollektiven Erinnerung überdauert hatten. Mythen und Symbole bezeugen die Sehnsucht nach einer heilen Welt, nach Geschichte, Geschichten und angenehmen Orten der Erinnerung. Je weniger Zukunft es im postkommunistischen Russland zu geben schien, desto stärker wurde das Identifikatorische in der Geschichte gesehen. Geschichte fungierte

7 Die „Weißen" war der Sammelbegriff für die politischen und militärischen Kräfte, die der Sowjetmacht im Bürgerkrieg 1918–1920 gegenüberstanden.

als öffentliche Sinnreserve, die unbegrenzt zur Verfügung zu stehen schien. Mit der Auseinandersetzung über die jüngste Vergangenheit, vor allem mit der Verantwortung für die Verbrechen des Kommunismus will das offizielle Russland dagegen nichts zu tun haben. Das bleibt Privatpersonen, Mitgliedern der Gesellschaft „Memorial" überlassen, die in vorbildlicher, vom Staat jedoch nicht geförderter Arbeit die Opfer des Gulag und seiner Folgen „registrieren" und ihnen Museen und Denkmäler errichten. Zwar haben Historiker, zumeist aus der jüngeren Generation, nach Öffnung der Archive ergiebige und aufschlussreiche Quellensammlungen über die politischen Repressionsapparate und Mechanismen der Macht vorgelegt, doch von den politisch Verantwortlichen werden diese nicht wahrgenommen, nicht kommentiert.

Diese propagieren stattdessen die „russische Idee", die Sinnproduktion und Sinnstiftung im postsowjetischen Russland leisten und einer oft verzweifelt anmutenden Suche nach nationaler Identität im Prozess eines neuen nation-building als Fundament dienen soll. „Identität" (*identičnost'*) wurde im letzten Jahrzehnt zum modischen Schlagwort, selbst wenn es im Russischen ungelenk klingt und der Bedeutung in westeuropäischen Sprachen nicht recht entspricht. Historische Identität bezieht sich vor allem auf Symbole der Macht, auf den starken Staat, auf das russische Imperium – wobei in der „kollektiven" Erinnerung autokratisches und sowjetisches Imperium immer stärker miteinander verschmelzen.

Die Vorstellung von einer ungebrochenen Kontinuität der Staatsmacht seit dem Beginn der russischen Geschichte lag auch einem Wettbewerb zugrunde, den Präsident Jelzin 1996 ausschreiben ließ und bei dem die „beste Idee für Russland" prämiert werden sollte. Diese sollte auf die alle Russen quälenden Fragen nach dem „Wohin gehen wir?" „Wer sind wir?" eine national gültige Antwort geben. Als Begründung hatte Jelzin auf die verschiedenen Perioden der russischen Geschichte verwiesen: „Monarchie, Kommunismus, Perestrojka. Jede Etappe hatte ihre Ideologie. Nur heute haben wir keine Ideologie."[8] Es ging Jelzin um *die* Staatsidee für das postsowjetische Russland und um „Russlands Wiedergeburt" in Anknüpfung an seine vorrevolutionäre Geschichte. Nicht zuletzt sollte auf diese Weise die Trennung der Bevölkerung in Demokraten und Kommunisten überwunden werden, die Jelzins Wiederwahl zum Präsidenten 1996 beinah scheitern ließ. Knappe vier Jahre später verkündet Putin auf der Webseite der russischen Regierung als Grundlage für sein Regierungsprogramm die feste Überzeugung, dass die Spaltung der Gesellschaft nur durch eine für alle verbindliche nationale Idee zu überwinden sei, die für Russen „ebenso wie für Tataren, Baschkiren und Tschetschenen gilt".

Juristen, Politologen, Philosophen und Anthropologen aus unterschiedlichen politischen Lagern führen seit den letzten Jahren die Staatlichkeit der Russischen Föderation auf die Großmachtstaatlichkeit des Russischen Imperi-

8 Rossijskaja gazeta, 30.7.1996.

ums und darüber hinaus auf die historischen Grundlagen der Moskauer Staatlichkeit im 16. Jahrhundert zurück. Fast alle dieser theoretischen Ansätze weisen dem russischen Ethnos eine dominierende Rolle bei der Rekonstruktion des formal übernationalen russländischen Staates zu, was den nicht-russischen Ethnien – wie den Tschetschenen – das Recht auf die Bildung eines eigenen Staates versagt. Als Rechtfertigung hierfür wird die Priorität geistig-moralischer Werte des in Jahrhunderten vollzogenen Zivilisationsprozesses angeführt, den die russische Nation im multinationalen Imperium verwirklichte. Von hier aus ergibt sich, dass der staatliche Patriotismus als einigende Idee der Interessen der russländischen Gesellschaft verstanden wird.

Je mehr sich im Russland Jelzins die Hoffnung auf Demokratie und Rechtsstaatlichkeit als Illusion erwies, desto stärker musste die „russische Idee" als Ersatz herhalten. Sie wird Nationalisten, Patrioten, Kommunisten und den übriggebliebenen Demokraten zur politischen Religion, wobei sich die Akzentsetzungen zwar unterscheiden, Russlands Eigenständigkeit (*samobytnost*) jedoch von allen Richtungen beschworen wird.

Die Erfahrung vermeintlicher nationaler Erniedrigung und machtpolitischer Demütigung führte zur Suche nach in der russischen Vergangenheit verankerten Wertvorstellungen. „Je größer die Demütigung im Alltagsleben, desto größer der Bedarf an Symbolen der Größe und die Erinnerung daran, dass wir einst eine Macht waren", rechtfertigte der Politologe und ehemalige Demokrat Alexander Zipko in einem Leitartikel der „liberalen" Literaturnaja gazeta die Machtübernahme Putins.

Die „russische Idee" wird bewusst auch als Antwort auf „den Westen" eingesetzt. Nicht nur Patrioten, Nationalisten und Kommunisten, sondern zunehmend mehr russische „Westler" sind heute von der Eigenständigkeit der russischen Seinsart (*russkost'*) überzeugt und setzen auf Russlands Sonderweg und seine eurasische Identität. Die orthodoxe Religion als Merkmal der russischen Eigenheit – das „Heilige Russland", das „orthodoxe Reich" – weist Russland überdies eine Führungsrolle innerhalb der christlich-orthodoxen Zivilisation zu: „der Hauptverantwortung für die Aufrechterhaltung von Ordnung und Stabilität der orthodoxen Staaten und Völker", wie es im Religionsgesetz heißt. Nicht zuletzt deshalb wird ab Herbst 2000, einer Initiative des Patriarchen und des Russischen Erziehungsministeriums folgend, die Disziplin Theologie an allen höheren Bildungsinstitutionen des Landes eingeführt.

Für die bereits 1994 als Pflichtfach eingeführte „Kulturologie", die an die Stelle der marxistisch-leninistisch orientierten Staatsbürgerkunde trat, dient die „russische Idee" zur Untermauerung der kulturellen Identität Russlands. Russland wird als eigenständiger „Organismus" mit eigenen Entwicklungsgesetzen dargestellt, als besonderer Zivilisationstyp mit einer eigenen kulturhistorischen und ethischen Tradition. Der spezifisch russische Sinn für Gemeinschaft wird dem westlichen Individualismus gegenübergestellt, die Geistigkeit der Orthodoxie dem Materialismus westlicher Prägung. Slawophile Konzepte aus dem 19. Jahrhundert, insbesondere die politischen Vorstellungen von Danilewskij und Leontjew, gehen in der „Kulturologie" eine eklektische Verbindung mit dem Eurasismus ein – den russische Emigranten in den 20er Jahren in Prag, Berlin und Paris lehrten und der heute als Synonym für das Gemeinschaftsgefühl und Solidaritätsempfinden der zahlreichen Ethnien auf dem Boden der Russischen Föderation gilt – wie auch mit der Geopolitik, die mit der physisch-geographischen Einheit des Raums den territorialen Verlust nach dem Zerfall der Sowjetunion kompensieren will und hierfür die „russische Idee" auf ihre Flagge schreibt. Nicht zuletzt soll das neue kulturalistische Paradigma durch die Stiftung von Sinnhaftigkeit einen Ausweg aus der Krise der Gesellschaft schaffen und damit auf seine Weise der Identitätsfindung des neuen-alten Russland dienen.

Hatten die Diskurse der politischen Eliten während der ersten Jahre nach 1991 die Berufung auf sowjetische Traditionen nahezu ausgeklammert, so sind in letzter Zeit wieder zunehmend positive Verweise auf die Staatsmacht der alten UdSSR zu lesen. Das gilt durchaus nicht nur für Kommunisten, sondern ebenso auch für Liberale aus dem Umkreis Jelzins und heute natürlich auch für Putin. So wehrte sich Sergej Kortunow, Ratgeber des Präsidentenbüros von Jelzin, gegen den „Mythos", dass die 75 Jahre kommunistischer Herrschaft eine ausschließlich unehrenhafte und negative Periode gewesen seien. Kortunow plädiert für die Schaffung eines neuen großen Russland, das nicht den geringsten Grund habe, zu bereuen, was in seiner vorangegangenen Geschichte geschah.[9] Putin selbst hat noch als Ministerpräsident die „Errungenschaften" der sowjetischen Ära gerühmt. Einmal im Kreml installiert (wo er sich den Kameras gern unter dem Porträt Peters des Großen zeigt), rühmte er diesen als „heiligen Ort für unser Volk" und als „Hort unseres nationalen Gedächtnisses". Die über Jahrhunderte in den Kremlmauern gemachte Geschichte dürfe niemals geleugnet werden. „Wir müssen von der Geschichte lernen und uns stets an diejenigen erinnern, die den russischen Staat schufen, seine Ehre verteidigten und ihn groß, stark und mächtig machten." Einen Tag nach der „historischen" Ansprache anlässlich seiner Inauguration nahm Putin den Ehrenvorsitz über die Siegesfeiern zum 9. Mai wahr – die Planung der nationalen Symbolik war perfekt.

Die „russische Idee" als ein die Krisengesellschaft konsolidierendes Modell ist letztlich ein so vages und diffuses Konzept, dass sämtliche politische Parteien und auch die Kirche sich seiner hemmungslos bedienen. Sie benennt kein Zukunftsprojekt und auch kein neues Russland; sie ist eine rückwärtsgewandte Utopie und hält an einer überlebten Reichsidee fest. Dieses Erbe ist sowohl im noch immer nicht überkommenen Sowjetpatriotismus verankert als auch im großrussischen Nationalismus des imperialen Russland, der im Zuge der Sehnsucht nach Geschichte Auferstehung feiert.

9 Sergei Kortunov: Russia's National Identity in a New Era, Strenghtening Democratic Institutions Project, Harvard University, Cambridge, Mass. 1998.

Der lange Weg der Aufhol- und Nachholarbeit, der in der relativ kurzen Zeitspanne seit der Perestrojka bis zum heutigen Tag zurückgelegt wurde, war zu kurz, als dass eine neue, tragfähige postsowjetische bzw. postkommunistische Identität entstehen konnte – von einer „Aufarbeitung" oder gar „Bewältigung" der sowjetischen Vergangenheit, insbesondere der stalinistischen Verbrechen schon gar nicht zu reden. Das unmittelbare Erbe der Geschichtspolitik, das Putin angetreten hat, setzt sich sowohl aus der komplexen, facettenreichen Erinnerungskultur des postkommunistischen Russland als auch aus der unbewältigten sowjetischen Vergangenheit zusammen. Dass die Versatzstücke des kommunistischen Russland im mentalen wie im diskursiven Bereich noch immer funktionieren, hat unlängst die „Handhabung" der Folgen der Havarie des Atom-U-Boots „Kursk" in der Barentssee demonstriert. Allerdings hat die von Perestrojka und Glasnost begründete Freiheit der Presse und Medien eine nicht zu unterschätzende Wirkung gezeitigt. Sie hat nicht nur einen freieren Blick auf die Vergangenheit ermöglicht, sondern im Falle der „Kursk" auch gezeigt, dass eine Öffentlichkeit entstanden ist und zwölf Jahre Meinungsfreiheit ihre unauslöschlichen Spuren hinterlassen haben.

Bleibt abzuwarten, ob der patriotisch-nationale Konsens, der die russische Gesellschaft zu einen scheint, den Weg zu dem notwendigen politischen Konsens öffnet, oder ob nicht vielmehr die vorbehaltlose Forderung nach einem starken Staat, basierend auf einer Art mythischer Erinnerung an ein paternalistisch-autoritäres oder sogar autokratisches Modell, einer wirklich neuen politischen Kultur definitiv im Wege steht.

# Teil 2

# Politik

# Das neue Russland. Von Jelzin zu Putin

LILIJA SCHEWZOWA

## *Russland – auf dem Weg zur Demokratie?*

Zweifellos werden die Ergebnisse der postkommunistischen Transformation in Russland noch lange Gegenstand kontroverser Diskussionen sein. Denn die Auseinandersetzungen über Charakter und Ergebnisse dieses Transformationsprozesses sind nicht so sehr Ausdruck unterschiedlicher Vorstellungen von Demokratie, sondern vielmehr Folge vielschichtiger Paradoxien und Windungen der russischen Entwicklung nach dem Fall des Kommunismus. Die Mehrdeutigkeit der gesellschaftlichen Prozesse in Russland ist vor allem Konsequenz des Widerspruchs zwischen Tradition und Erneuerung, zwischen dem äußeren Schein der politischen und wirtschaftlichen Strukturen, die im neuen Russland entstanden sind, und ihrem tatsächlichen Inhalt, zwischen Rhetorik und Wirklichkeit. Und teilweise erklärt sie sich auch aus dem Fehlen organisierter gesellschaftlicher Tendenzen und Interessen.

Formal betrachtet steht es nicht schlecht um die demokratische Ordnung in Russland. Die wesentlichen bürgerlichen und politischen Freiheiten sind in der Verfassung verankert. Verhältnismäßig ehrliche und freie Wahlen werden regelmäßig durchgeführt. Es gibt einen politischen Pluralismus und eine zivile Kontrolle der sog. Machtministerien, zu denen Militär, Geheimdienst und Polizei gezählt werden. Man hat die wichtigsten politischen Institutionen geschaffen, und es hat sich sogar bis zu einem gewissen Maße ein System von „checks and balances“ herausgebildet.

Tatsächlich kann man aber nicht wirklich von einem Sieg der Demokratie in Russland sprechen. Das politische System des Landes wird im Kern immer noch von Verantwortungslosigkeit geprägt, die sich auf allen Ebenen des politischen Lebens reproduziert. Wahlen sind in ein Mittel zum Machterhalt der herrschenden Klasse und zur Konservierung der Interessen des engen Kreises der Regierenden verwandelt worden. Das wichtigste Element des politischen Pluralismus ist die Kommunistische Partei, die sowohl Überrest des alten als auch Element des neuen Systems ist, d.h. sie verkörpert faktisch die in das postkommunistische Russland eingebaute kommunistische Vergangenheit. Das Fortbestehen der Kommunistischen Partei nicht nur als wichtigste organisierte politische Kraft, sondern auch als wichtigste Oppositionspartei verhindert die Entstehung einer anderen, konstruktiveren Opposition. Dadurch verlängert sich die revolutionäre Etappe der Umgestaltung; der Übergang Russlands zu einer wirklichen Konsolidierung von Gesellschaft und politischem Regime wird behindert. Angesichts dieser Bipolarität – herrschende Klasse versus Kommunistische Partei – hat erstere die Möglichkeit, zur Selbstbestimmung und Selbstlegitimation eine liberaldemokratische Rhetorik zu nutzen, ohne wirklich demokratisch zu sein.

Die politischen und bürgerlichen Rechte, die in der Verfassung festgeschrieben sind, sind weder wirtschaftlich noch rechtlich sicher gestellt und werden fortgesetzt verletzt. Die Pressefreiheit bleibt fragil; die wichtigsten Massenmedien sind heutzutage entweder vom Staat oder von sog. Oligarchengruppen[1] abhängig und so zu „Tendenzproduzenten" geworden. Was die bewaffneten Organe angeht, so unterstehen sie nicht dem Staat, sondern einem politischen Führer.[2] Teile dieser Organe sind in den Einflussbereich von Oligarchengruppen geraten. Dies kann zu einer Politisierung der bewaffneten Organe führen – und in der Folge dazu, dass sie in politische Machtkämpfe hineingezogen werden, was bisher für Russland untypisch war.

Die Institutionalisierung der Politik in Russland bleibt weiterhin schwach. Die wichtigsten politischen Prozesse sind an die Persönlichkeit der Führungsfigur gebunden und die personalisierte Führung ist nach wie vor der Kern der Macht – gewissermaßen eine Verlängerung autokratischer Traditionen. In der Praxis ist weder die politische Klasse noch die Gesellschaft bereit, Grundprinzipien wie politischen Wettbewerb, Respekt vor individuellen und Minderheitenrechten und die Hegemonie des Gesetzes zu akzeptieren.

## *Zur Funktionsweise des Herrschaftssystems*

Nach neun Jahren Transformation ist das in Russland entstandene System schwer in ein traditionelles Klassifizierungsschema einzuordnen. Es enthält sowohl Elemente der Demokratie wie auch des Autoritarismus. Im Grunde versucht die in den Jelzin-Jahren entstandene Herrschaft, möglicherweise intuitiv, in die Vergangenheit zurückzukehren – zu einer ausgeprägten Form von Autokratie ohne Ideologie und Partei und befreit von den dekorativen Elementen, die während der sowjetischen Periode hinzugefügt wurden. Bis heute eignet allen politischen und sozialen Subjekten der russischen Gesellschaft in ihrer Beziehung zum System der Herrschaft, dessen Bedürfnissen der Entwicklung und Selbsterhaltung sie untergeordnet werden, ein funktionaler Charakter.[3] Nach wie vor entwickelt sich in Russland die „Macht" – Herrschaftssystem und herrschender Zirkel – nicht durch Einwirkung der Gesellschaft, wie das in westlichen Ländern der Fall ist, sondern auf dem Wege der Selbstgestaltung und autonomen Weitergabe von Macht.[4]

1 Der Begriff „Oligarchen" bezeichnet in der innerrussischen Diskussion eine bestimmte Gruppe von Finanzmagnaten; vgl. dazu den Beitrag von Hans-Henning Schröder in diesem Band.

2 D.h. dem Präsidenten (Anmerkung der Übersetzerin).

3 J. Pivovarov/A. Fursov: Rossijskaja vlast': istorija i preemstvennost', in: Politija, 1998, Nr. 1, S. 79.

4 Dies., S. 79–80. Die Autoren haben auch auf ein anderes wesentliches Moment für das Verständnis der russischen Staatlichkeit hingewiesen: Während die westlichen Verfassungen Ge-

Indikator für das Fortwirken dieser Muster, denen die Entwicklung der russischen Politik weiterhin folgt, ist die Bewahrung aller grundsätzlichen Systemelemente, die für Herrschaft in Russland über Jahrhunderte hinweg typisch waren. Dazu gehören: das *Gefolgschaftselement*, das die Herrschaft der „Familie" reproduziert; das *Mobilisierungselement*, das in der Rolle der bewaffneten Organe erkennbar ist und immer Symbol der Despotie war; das *bürokratische Element* und, derzeit weniger ausgeprägt, das *ideokratische Element*.[5] Als Vermittler zwischen diesen Kräften fungiert eine Führungsfigur – ein Mediator, der über allen Institutionen steht und ihre Aktivitäten koordiniert.

Intuitiv sucht Russland bei der Formierung des postkommunistischen Herrschaftssystems also immer noch die Antwort in der Vergangenheit – und zwar auch in der präsowjetischen. Aber gerade dies führt zu neuen Konflikten und Widersprüchen, weil die partielle Rückkehr zu früheren Herrschaftsmechanismen in einer neuen gesellschaftlichen Situation vollzogen wird – unter den Bedingungen einer fragmentierten und pluralistischen Gesellschaft. In der Folge kommt es zu einer problematischen Verbindung von traditioneller Form der Herrschaftsausübung mit einer demokratischen Legitimation, denn die historisch erprobten Legitimationsmechanismen – durch diktatorische Macht, einen Monarchen und bzw. oder die Partei – sind nicht mehr brauchbar. Durch die Vermischung von traditioneller Herrschaft und demokratischer Legitimierung entsteht ein ständiger Konflikt zwischen Alleinherrschaft und gleichzeitiger Notwendigkeit, bestimmte demokratische Freiheiten beizubehalten.

Nach Beendigung der „Doppelherrschaft" (der Teilung der Macht zwischen dem Parlament, d.h. dem Volkskongress, und dem Präsidenten) durch die Ausschaltung des Parlaments im Jahre 1993 ist in Russland ein gemischtes, hybrides System entstanden, das sich mit Vorbehalt als *konstitutionelle Wahlautokratie* definieren lässt. Es versteht sich, dass dies nur eine Metapher ist. Sie dient dazu, eine Grundeigenschaft des russischen Systems aufzuzeigen – nämlich, dass das System zwar gemäß seiner Entstehung demokratisch ist, gemäß seiner Funktionsweise aber eher monarchisch.[6] Genau genommen ist die politische Struktur, die in Russland entstanden ist, kein politisches System im eigentlichen Sinne des Wortes – keine Gesamtheit von Institutionen und Verfahren, die sich automatisch reproduzieren. Sie ist vielmehr das Surrogat eines Systems, ein *Macht-Monosubjekt*, das mit der Gesellschaft nicht durch Vermittlung der Gesamtheit der entwickelten Institutionen kommuniziert, wie

sellschaft und Bürger in den Mittelpunkt stellen, wurde in der russischen Verfassung die Ausgestaltung der Macht selbst zum wichtigsten Punkt. Diese Macht, d.h. konkret die 1993 siegreiche Gruppe (die sogar von Jelzin persönlich geleitet wurde), hat gleichzeitig die Verfassung geschaffen. Die Verfassung stellt deshalb keinen Gesellschaftsvertrag zwischen Macht und Öffentlichkeit dar.

5 M. Il'in: Političeskoe samoopredelenie Rossii, 1999, Nr. 3, S. 74–75.

6 Dazu: I. Kljamkin/L. Ševcova: Vnesistemnyj režim Borisa Vtorogo. Nekotorye osobennosti političeskogo razvitija postsovetskoj Rossii, Moskva 1999.

dies in westlichen Systemen der Fall ist, sondern durch Vermittlung informeller Gruppierungen und Kräfte – durch Oligarchen, Technokraten und Günstlinge.

Wie uns die Jelzin-Ära zeigt, kann eine derartige Form der Autokratie am ehesten auf der Basis fortgesetzten politischen Feilschens und der Aufteilung von Vollmachten und Verantwortung zwischen den verschiedenen Einflussgruppen bestehen. Aufgrund solcher Zuwendungen wird die Loyalität der unterschiedlichen Elitengruppen gegenüber dem Zentrum und dem Führer honoriert. Im Endeffekt führt aber genau diese Dezentralisierung der Macht, die nicht auf einer institutionell begründeten Verteilung von Vollmachten basiert, sondern auf einer informellen Übergabe von Macht (und Eigentum) an loyale Gruppierungen, zu einer Schwächung der Wahlmonarchie. Impotenz der Allmacht – das ist der wesentliche Zug des Regimes, das in Russland nach dem Fall des Kommunismus entstanden ist.

Dabei ist zu bezweifeln, dass diese Art von Regime konsolidiert werden kann. Sind es doch allein die Brüchigkeit und die Schwäche des Regimes, seine widersprüchlichen Elemente und Tendenzen, die es dem Präsidenten erlauben, eine Vermittlerrolle zu spielen, sich über die anderen zu erheben, und die ihn unverzichtbar machen. Die Existenz so gegensätzlicher Tendenzen wie Demokratie und Autoritarismus innerhalb des Systems ist zwar eine Quelle von Widersprüchen, erlaubt es aber dem Regime, gleichzeitig in verschiedenen Richtungen zu agieren und eine beachtliche Beweglichkeit zu entwickeln. Zugleich kultiviert das politische Regime aber die Verantwortungslosigkeit aller politischen Institutionen, Kräfte und Akteure. Sie alle versuchen ihr Überleben zu sichern, indem sie die Fragmentierung der politischen Szene pflegen, den Zyklus der Umwälzungen künstlich verlängern und die Position des Präsidenten über den Parteien verstärken. Das eigentliche Ziel des Wahlabsolutismus ist es, die Kontinuität der Herrschaft zu sichern, die es der regierenden Gruppe einerseits ermöglicht, die Verantwortung für die Vergangenheit zu leugnen, jedoch gleichzeitig das Wesen des alten Regimes, nämlich die Verschmelzung von Macht und Eigentum, zu bewahren. Der freiwillige Rücktritt Jelzins, die Ernennung Wladimir Putins zu seinem Nachfolger und der Einsatz aller staatlichen Ressourcen, um seine Wahl zum neuen Präsidenten Russlands zu garantieren, ist eine offensichtliche Bestätigung des autokratischen Charakters der Herrschaft, die für ihre Aufrechterhaltung aber die Legitimation durch Wahlen benötigt.

## *Ursachen für die Entstehung des Herrschaftssystems*

Welche Faktoren haben auf die Herausbildung des neuen russischen Regimes eingewirkt? War das Ergebnis unvermeidbar? Gewiss, der wichtigste Faktor, der das Wesen des politischen Regimes Russlands nach dem Fall des Kommunismus bestimmt hat, war die von der russischen Gesellschaft nicht überwundene traditionelle Vorstellung von Herrschaft, ihre Wahrnehmung als eine unteilbare, monolithische Substanz, eine „Vertikale“, die auf Unterwerfung und auf Unterordnung nicht unter eine Institution, sondern unter eine Führungsfigur basiert. In der Phase des Zusammenbruchs des Kommunismus und des Zerfalls der UdSSR ist die personifizierte Führung, das persönliche Regiment, zu einem wesentlichen Garanten für die Unabhängigkeit und Transformation Russlands geworden. Weitere Faktoren, die die Natur des postkommunistischen Regimes beeinflusst haben, waren: die anhaltende Unfähigkeit der politischen Klasse zu Dialog und Selbstbeschränkung, das Fehlen eines gesellschaftlichen und politischen Konsenses über gemeinsame Spielregeln und der Umstand, dass der Prozess der Liberalisierung in der vorhergehenden Phase unter Gorbatschow nicht vollständig entfaltet werden konnte. All das erschwert die weitere Demokratisierung. Zusätzlich wurde die postkommunistische Transformation durch die Notwendigkeit belastet, parallel zu den politischen und wirtschaftlichen Reformen einen neuen Staat zu schaffen. Die Schwäche der russischen Zivilgesellschaft, die ausgeprägt patrimonialen bzw. paternalistischen Züge im Verhalten der Gesellschaft und der regierenden Klasse machten sich ebenfalls negativ bemerkbar.

Aber der zentrale Faktor, der den politischen Prozess in Russland und damit das Schicksal der Demokratie in diesem Land bestimmte, war die Position der Reformer, jener Gruppe, die in der eigentlichen Umbruchphase Ende 1991/Anfang 1992 im Umfeld Jelzins die wesentliche Rolle spielte. Aufgrund der in Russland traditionell stärkeren Rolle des Staates und der Führungsspitze bei allen Umgestaltungen war die Rolle der regierenden Gruppe hier wahrscheinlich wichtiger als in den anderen Transformationsstaaten Osteuropas. Die russische Elite, einschließlich der Reformer, entschied sich – einmal an die Macht gekommen – nicht für ein liberal-demokratisches Herrschaftssystem, das auf Unabhängigkeit der Institutionen und Gewaltenteilung gründete, sondern für ein autoritär-administratives Modell, die „präsidentielle Vertikale“. Bei dieser Entscheidung hat eine Reihe von Faktoren eine Rolle gespielt: das fehlende Vertrauen der Reformer in die Gesellschaft und deren Reife, die feste Überzeugung, dass eine „eiserne Hand“ den Durchbruch zur Marktwirtschaft erleichtern würde, und der Glaube an die weise Führungsfigur. Es stellte sich heraus, dass die russische Elite, einschließlich der Reformer, weder fähig noch bereit war, die begonnene demokratische Umgestaltung zu vertiefen. In eine besonders dramatische Situation geriet dadurch die liberale Intelligenz, die ihrerseits ihre Unfähigkeit demonstrierte, den liberal-demokratischen Prozess anzuführen oder doch zumindest zu unterstützen und die es stattdessen vorzog, das persönliche Regiment Jelzins mitzutragen.

Am Ende der Ära Jelzin zeigte sich, dass die in dieser Zeit geschaffenen Herrschaftsstrukturen weder geeignet waren, einen wirtschaftlichen Aufbruch zu gewährleisten, noch dazu taugten, Konflikte mit demokratischen Mitteln zu regeln oder Krisen zu regulieren. Die Finanzkrise im August 1998 demonstrierte, dass ein Regime, das auf dem Konzept der Alleinherrschaft basiert, nicht dazu geeignet ist, die Verantwortung für das Scheitern früherer wirtschaftlicher Entwicklungsmodelle zu tragen, geschweige denn, neue Entwicklungsimpulse zu setzen. Es war auch nicht in der Lage, bei der Bewältigung der Wirtschaftskrise Stabilität und einen gesellschaftlichen Konsens zu wahren. Im kritischen Moment der Rubelkrise im August 1998 war Jelzin gezwungen, die Regierungsform zu ändern, zu einem Modell der „Doppelführung" überzugehen und die Verantwortung mit dem neuen Ministerpräsidenten Jewgenij Primakow und dem Parlament zu teilen. Erst in diesem Moment entfernte sich Russland von jener gefährlichen Linie, deren Überschreiten den Verlust der Steuerungsfähigkeit und vielleicht den Beginn einer harten Diktatur bedeutet hätte.[7]

## *Die erste Etappe der Ära Putin*

Die Übernahme der Macht durch den neuen Präsidenten Wladimir Putin und der Prozess der Machtübernahme zeigten, dass die russische Gesellschaft nach der jelzinschen „Sturm und Drang"-Phase versucht, die Formel für eine stabile Ordnung zu finden. Doch die Mehrheit der herrschenden Klasse wie auch die Massen verstehen „Ordnung" als die Stärkung der staatlichen Exekutive, das heißt eben der „präsidentiellen Vertikalen". Die Wahl Putins zum neuen russischen Präsidenten und die Unterstützung, die er in der Gesellschaft erfährt,[8] zeugen vom Streben breiter Schichten der Bevölkerung, die Periode der Unsicherheit und Unbestimmtheit hinter sich zu lassen und persönliche Sicherheit zu finden. Mit anderen Worten, sie hoffen, sich vom „Weimar-Syndrom" frei zu machen, das sich in den Reformjahren als eine Reaktion auf die Enttäuschungen der Ära Jelzin immer weiter ausbreitete.

Der zweite Tschetschenienkrieg wurde zum wichtigen Mittel, die Mehrheit der russischen Gesellschaft um Putin herum zu konsolidieren. Dieser belebte mit der Mobilisierung der Gesellschaft durch Krieg einen typisch sowjetischen Mechanismus der Beziehung zwischen Macht und Gesellschaft wieder: die Suche nach einem Feind, die Wiederherstellung der nationalen Einheit auf der Grundlage der berechtigten oder unberechtigten Perzeption äußerer Bedrohung.

Putin ist auf eine sehr paradoxe Art an die Macht gekommen: Er fungierte zugleich als Garant für Kontinuität wie auch als Symbol für die Ablehnung der irrationalen und schwachen Führung Jelzins. Bemerkenswert ist auch die Tatsache, dass der neue Präsident, der zunächst versuchte, jede Festlegung zu vermeiden, gleichwohl bei vielen die Illusion schuf, er werde ein für sie annehmbares Konzept staatlicher Ordnung vertreten. Die Oligarchen hofften, Putin werde die bisherigen Spielregeln nicht ändern. Die Radikalliberalen

7 Zu dieser Periode des Regime Jelzins siehe L. Ševcova: Režim Borisa Jelzina, Moskva 1999.

8 Bei den Präsidentenwahlen 2000 hat Putin 52,94% der Wählerstimmen erhalten. An zweiter Stelle folgte der Kommunist Gennadij Sjuganow mit 29,21% und danach Grigorij Jawlinskij mit 5,8% der Stimmen.

träumten davon, dass er ihr Reformmodell aufgreifen würde. Die Bevölkerung hoffte, dass er einen weniger schmerzhaften Entwicklungsweg für Russland finden würde. Der unvermeidbare Übergang Putins zum aktiven Handeln musste daher zwangsläufig viele Illusionen zerstören und eine kritischere Einstellung zum neuen Präsidenten hervorbringen.

Die erste Etappe der Präsidentschaft Putin wirft viele Fragen hinsichtlich der Weiterentwicklung des russischen Herrschaftssystems auf. Kann Putin die Logik der impotenten, kraftlosen Allmacht aufbrechen? Wird ihm eine Stärkung und Konsolidierung der Herrschaft in seinen Händen gelingen? Und wenn ja, wie verwendet er diese Macht – zur persönlichen Machtsicherung oder im Sinne weiterer Reform? Die ersten Taten Putins erlauben den Schluss, dass nach seinem Verständnis weitere Wirtschaftsreformen in Russland unvermeidbar sind und dass er sich der Notwendigkeit einer konstruktiven Zusammenarbeit mit dem Westen und der NATO bewusst ist. Auf jeden Fall zeigt die erste Etappe der Regierung Putins, dass der neue Herrscher seine neue Politik auf einer rationalen und pragmatischen Basis aufzubauen versucht und dass sie berechenbarer sein wird, obwohl natürlich auch klar wurde, dass Putin die Außenpolitik vornehmlich als Mittel zur Durchsetzung innenpolitischer Ziele ansieht und dass das innenpolitische Gleichgewicht Russlands und die Festigkeit der Position Putins wiederum entscheidend über die internationale Position Russlands bestimmen werden.

Als Indikator für die politische Stellung Putins kann die Zusammensetzung der ersten von ihm formierten Regierung betrachtet werden. Sie legt den Schluss nahe, dass die neue Führungsfigur sich bei den ersten Schritten nicht vom Einfluss der alten „Familienkorporation" befreien konnte: In Putins Regierung haben Vertreter der wichtigsten politischen Clans, die in der Ära Jelzin hervorgetreten sind, ihren Platz gefunden, einschließlich der „Familie" Jelzins, das heißt der Mitglieder der dem ehemaligen Präsidenten nahestehenden Gruppierungen. Ihr Vertreter, Michail Kasjanow, wurde Ministerpräsident der ersten Regierung Putin. Erbe der Ära Jelzin ist auch das Modell des Kabinetts als Koalition der wichtigen „Höflingsgruppen" (Liberale Technokraten, Pragmatiker, Vertreter der bewaffneten Organe und Jelzin-nahe Gruppen um Boris Beresowskij und Roman Abramowitsch) erhalten geblieben, was die Sacharbeit des Kabinetts erschwert.

Da es Putin nicht gelang, die Macht gewissermaßen „horizontal" unter seine Kontrolle zu bringen, machte er Anstalten, seine eigene „Herrschaftsvertikale" aufzubauen, indem er sieben Föderalbezirke schuf und dort seine Vertreter als Institution platzierte, die die Tätigkeit der regionalen Bosse kontrolliert. Außerdem hat Putin eine umfassende Reform der Beziehungen zwischen Zentrum und Regionen vorbereitet, deren Ziel darin besteht, die Pufferrolle des Föderationsrates zu schwächen, die Immunität der Gouverneure aufzuheben und sie dem Zentrum unterzuordnen. Gewiss bedurften sowohl das System der Organisation der Herrschaft wie auch die föderale Ordnung der Reform. Schon lange ist es notwendig, die regionale Gesetzgebung in Übereinstimmung mit der Verfassung zu bringen und die Ambitionen der regionalen Führungen zu zügeln, die die Territorien, die sie verwalten, gewissermaßen in Privatfürstentümer verwandelt haben, die sie autoritär beherrschen.[9] In einer Reihe von Regionen sind Gruppierungen an die Macht gekommen, bei denen Kriminelle und Halbkriminelle eine wesentliche Rolle spielen.

Bei der Reform der föderalen Ordnung und des Herrschaftssystems ließen sich aber auch andere Wege beschreiten. Eine Option wäre es, die Rolle der Institutionen zu stärken. Man könnte z.B. die Rolle des Parlaments ausbauen und seine Bedeutung bei der Regierungsbildung vergrößern; das Gewicht der Regierung selbst könnte gestärkt, die Entfaltung politischer Parteien gefördert, die finanzielle und rechtliche Kontrolle der Regionen intensiviert werden. Schließlich könnte man auch die lokale Selbstverwaltung aktivieren.

Eine andere Option wäre es, ein System der „Kraftübertragung" zu schaffen, d.h. die Exekutive zu stärken und die Gesellschaft dem Zentrum unterzuordnen. Putin hat diesen Weg des „Kraftübertragungssystems" gewählt: Nicht nur, dass er den Versuch unternahm, die Unabhängigkeit der Regionalfürsten zu beschneiden, er bemühte sich, überhaupt alle unabhängigen Einflussgruppen zu neutralisieren, besonders in den Massenmedien. Gegenwärtig hat die neue Mannschaft im Kreml schon ihre eigene Partei gegründet („Einheit" oder „Bär"),[10] der es – unterstützt durch heftigen Druck, den das putinsche Beraterteam ausübte – gelungen ist, die dominierende Position in der Duma zu besetzen.

So hat sich die politische Landschaft Russlands in kürzester Zeit bis zur Unkenntlichkeit verändert: Das Parlament ist zu einem „Taschenparlament" geworden, und der Föderationsrat hat deutlich an politischem Gewicht verloren. Es werden Anstrengungen unternommen, ein lenkbares Mehrparteiensystem zu schaffen und oppositionelle Journalisten zu neutralisieren. Der neue russische Präsident hat bewiesen, dass er außerstande ist, sich von den Denk- und Verhaltensstereotypen zu lösen, die für seinen früheren Beruf als Geheimdienstoffizier typisch sind: das Streben nach simplifizierten Lösungen, die Missachtung demokratischer Denkweisen, der Argwohn gegenüber Kritik und politischer Konkurrenz. Auf jeden Fall wurde in der ersten Phase der Präsidentschaft klar, dass der Prozess der Erweiterung der politischen Erfahrungen für Putin nicht ohne Schmerzen verlaufen und es ihm nicht gelungen ist, das Totalitarismussyndrom zu vermeiden.[11] Leider ist schon in den ersten

9 Vgl. dazu den Beitrag von Andreas Heinemann-Grüder in diesem Band.

10 Vgl. dazu den Beitrag von Ellen Bos in diesem Band.

11 Ein Beispiel für das Totalitarismussyndrom ist die Festnahme eines Journalisten von „Radio Liberty", Andrej Babickij, der erst freigelassen wurde, als sich die russische und internationale Öffentlichkeit einmischte. Babickij wurde festgehalten, weil er eine alternative, von der öffentlichen Darstellung abweichende Berichterstattung über den Krieg in Tschetschenien geliefert hatte. In einem anderen Fall haben Geheimdienstmitarbeiter die unabhängige Medienholding Media-Most durchsucht, die von Wladimir Gusinskij geleitet wird. Später wurde Gusinskij unter einem offensichtlich konstruierten Vorwurf verhaftet. Dieser Fall offenbart

Monaten der neuen Führung eine Tendenz zur Wende nach rückwärts – zu den Traditionen des sowjetischen Staates – sichtbar geworden.

Diese von Putin eingeschlagene Richtung musste die demokratisch denkende Öffentlichkeit Russlands beunruhigen, deren Vertreter beginnen, von einer drohenden Rückkehr Russlands zum Autoritarismus und von einer möglichen Stärkung autoritärer Tendenzen zu reden. Manche sprechen sogar direkt vom Herannahen der Diktatur. Sicherlich ist es noch zu früh, endgültige Aussagen über die künftige Entwicklung des russischen Regimes des Wahlabsolutismus zu machen. Präsident Putin experimentiert noch und versucht, die für ihn wirkungsvollste Regierungsform zu finden. Er ist sich noch nicht ganz über die Möglichkeiten klar, die das Herrschaftssystem bietet, und beherrscht noch nicht die gesamte Palette der politischen Maßnahmen und Werkzeuge. Er hat noch kein Gespür für die wirkliche Widerstandskraft des politischen „Werkstoffes" entwickelt. Doch die ersten Schritte, die der neue Präsident und seine Mannschaft getan haben, rufen keinen großen Optimismus hervor, denn sie sind nicht darauf ausgerichtet, das System der politischen Institutionen und die Vorherrschaft der Gesetze zu festigen, und die Mannschaft ist nicht in der Lage, sich von der Vormundschaft der alten oligarchischen Kreise zu befreien. Außerdem neigen ihre neuen Mitglieder offensichtlich zu einem autoritären Regierungsstil. Man muss aber eingestehen, dass von der Gesellschaft kein starker Druck auf den Kreml ausgeübt wird, die demokratische Entwicklung zu beschleunigen.

In Putins Russland entsteht eine komplizierte und widersprüchliche Situation, in der einerseits wirksame Instrumente zur Durchsetzung einer Diktatur im Land nicht vorhanden sind, es andererseits aber auch keine Voraussetzungen zum Widerstand gegen diverse autoritäre Impulse gibt, wie sie die herrschenden Gruppierungen oder wenigstens einige ihrer Vertreter aussenden. Was die potenziellen Instrumente zur Durchsetzung einer Diktatur angeht, so ist festzuhalten, dass es im Land keine geschlossene, dem Zentrum und dem Präsidenten gegenüber loyale Bürokratie gibt, dass eine gut bezahlte Armee mit hohem Sozialstatus, die an einer starken Führung interessiert wäre, nicht existiert und dass die Regionen der Rückkehr zu einem Diktat des Zentrums nicht freiwillig zustimmen werden. Zudem wird die Gesellschaft kaum bereit sein, eine Einschränkung der Freiheiten hinzunehmen, die ihr während der Transformationsperiode eingeräumt worden sind. Andererseits sind in der Gesellschaft aber auch keine einflussreichen politischen Kräfte wirksam, die sich für eine Vertiefung der Demokratie und für eine Reform des halbmonarchischen Regimes einsetzen und entsprechenden Einfluss auf die Herrschaftskreise ausüben könnten. Die Kräfte, die sich zu den Liberalen und Demokra-

das Streben der neuen politischen Führung, das einflussreichste Medienimperium unter den Kreml-Kritikern zu neutralisieren.

ten zählen (insbesondere die Vertreter der URK[12]), sind eher bemüht, ihre eigene Aufnahme in die Machtstrukturen zu erreichen, als die Rechte des Individuums zu verteidigen und um die Prinzipien einer demokratischen Gestaltung von Herrschaft zu kämpfen.

## Die Zukunft des „Systems Putin"

In dieser Situation hängt die weitere Evolution des Regimes Putin stark davon ab, welche Kraft schließlich die Kontrolle über die Machtressourcen gewinnt. Dies könnten entweder die alten Oligarchengruppen der Ära Jelzin sein oder die bürokratischen Gruppierungen, die von Armee, Innenministerium und Geheimdienst unterstützt werden und schon lange mit der privilegierten Stellung der Oligarchen unzufrieden sind.

Die Vorherrschaft der alten Oligarchengruppen würde eine Fortsetzung des Machtverfalls bedeuten, der seine Ursachen im Zusammenspiel von verdeckten Absprachen, Korruption und dem Rückzug der Wirtschaft in einen halblegalen Markt hat. Gewiss, die wichtigsten Freiheiten würden dabei bewahrt, vor allem die Freiheit der Herrschaftskreise, die Gesellschaft zu ignorieren, und die Freiheit der Gesellschaft, die Herrschaftskreise zu ignorieren. Ergebnis wäre also eine *Situation gegenseitiger fahrlässiger Nachsicht.*

Sollten die neuen Gruppierungen, die mit den Interessen der Bürokratie, des Militärs und vor allem des Geheimdienstes verbunden sind, die Oberhand gewinnen, wird Russland höchstwahrscheinlich in eine neue Phase der Herstellung von Ordnung eintreten. Wichtigste Elemente dieser Ordnung wären die Einschränkung der Pressefreiheit, die Verengung der Handlungsspielräume für die Opposition und eine wirksamere Lenkung von Parlament und Parteiensystem. Kurz: die Gesellschaft würde zwar nicht alle, aber doch einige ihrer Rechte und Freiheiten verlieren. Ein Hinweis darauf, dass dieses Problem verstanden wird und dass es in Zukunft zu einem Konflikt zwischen Oligarchie und Bürokratie kommen könnte (wobei die letztere mit einer Unterstützung durch Militär und Polizei rechnen kann), war der Protest Boris Beresowskijs, eines der „Paten" des Putin-Regimes, gegen die von Putin initiierte Reform der Herrschaftsstrukturen.

Allerdings ist auch ein anderes Szenario nicht auszuschließen – ein Waffenstillstand zwischen Teilen der Oligarchen einerseits und Teilen der Bürokratie, der Armee und der Polizei andererseits. In diesem Fall würde das künftige Regime für den größeren Teil der Gesellschaft wahrscheinlich deutlichere Züge einer „Diktatur der Ordnung" tragen, während die Spitzen absolute Freiheit genießen würden. In diesem System würden ohne Zweifel die verdeckten Absprachen und Aushandlungsmechanismen eine Rolle spielen,

12 Anm. d. Übers.: URK – Union der rechten Kräfte (SPS – Sojuz pravych sil), eine sog. Reformpartei, der u.a. Boris Nemzow angehört. Siehe dazu auch den Beitrag von Ellen Bos in diesem Band.

die schon für die Ära Jelzin so typisch waren, aber auch die Günstlingswirtschaft würde blühen, wie es unausweichlich ist, wenn nicht für alle die gleichen Spielregeln gelten, sondern der Grad an Loyalität entscheidet. Von Jelzins Wahlmonarchie würde sich dieses Regime dadurch unterscheiden, dass es sich stärker auf die Gewaltapparate stützen und mit gezieltem Einsatz von Gewalt bzw. ihrer Androhung arbeiten würde. Darüber hinaus würde man die Pressefreiheit und die Freiheit des politischen Wettbewerbs, d.h. auch die Freiräume der Opposition, einschränken.

Zusammenfassend lässt sich festhalten, dass unterschiedliche Varianten des Systems der Wahlmonarchie möglich sind, die sich jeweils auf unterschiedliche Kräftegruppierungen stützen und unterschiedliche Konzepte marktwirtschaftlicher Reform verfolgen. Doch solange der Grundkonflikt zwischen demokratischer Legitimierung des Regimes und seiner personalisierten, nicht institutionalisierten Funktionsweise, der das System gewissermaßen von innen zerreißt, nicht angegangen wird, wird es früher oder später mit den gleichen Problemen konfrontiert sein wie das Regime Jelzins: also mit der Notwendigkeit, die Herrschaft mit Günstlingen und Oligarchen zu teilen, mit der grassierenden Verantwortungslosigkeit, mit revolutionären Schocks, die die Führungsfigur von der Verantwortung für ihre Fehler befreien. Und schließlich mit der Notwendigkeit, das Problem der Selbstreproduktion der herrschenden Gruppe zu lösen, die freiwillig nicht abtreten will und eine Bestandsgarantie fordert. Selbstverständlich kann ein derartiges Regime wohl kaum das normale Funktionieren der Wirtschaft gewährleisten, die doch nach gleichen Spielregeln für alle verlangt, und es kann auch Krisensituationen nicht friedlich und effektiv bewältigen.

Es ist nicht auszuschließen, dass Putin früher oder später zu der Einsicht gelangt, dass die einzige Überlebensstrategie für den russischen Präsidenten in einer Reform der Wahlmonarchie besteht – einer Reform, die auf Gewaltenteilung und Stärkung aller Institutionen hinausläuft. Das würde auch die Voraussetzungen für eine Stärkung des Präsidentenamtes schaffen und den Amtsinhaber von der Verantwortung für Einzelfragen entlasten. Doch auf dem Weg zu dieser Einsicht müssten Putin und seine Mannschaft die Illusionen ablegen, die mit der Hoffnung auf ein neues System der „Kraftübertragung“ und dem Glauben an die unbegrenzten Möglichkeiten eines Führers und Mediators verbunden sind. Und die russische Gesellschaft müsste sich frei machen von ihrem Verlangen nach Stabilität um jeden Preis – und insbesondere um den Preis der Aufgabe der gewonnenen Freiheiten und der Rückkehr zur Fäulnis sowjetischen Typs.

*(Übersetzung aus dem Russischen: Lina Pleines)*

# Russlands politisches System des „Superpräsidentialismus"

MARGARETA MOMMSEN

Spannungen zwischen Verfassungsrecht und Verfassungspraxis sind für alle Übergangsregime Osteuropas auf ihrem Weg vom kommunistischen Einparteienstaat in Richtung pluralistische und rechtsstaatliche Demokratie kennzeichnend. In Russland ist jedoch unter den Präsidenten Boris Jelzin und Wladimir Putin die Kluft zwischen dem semipräsidentiellen Charakter der Verfassung und dem tatsächlich gegebenen *„Superpräsidentialismus"* besonders auffällig. Neben dem häufig verwendeten Terminus des „Superpräsidentialismus" haben sich eine Reihe weiterer Begriffe eingebürgert, die jeweils auf besondere Merkmale des hybriden Regimes abstellen. So verweist der Begriff der „Ukasokratie"[1] auf das Übermaß von präsidentiellen Dekreten; der Terminus der „Nomenklaturdemokratie" hebt darauf ab, dass sich die Mehrzahl der Akteure aus der kommunistischen *Nomenklatura* rekrutieren; Begriffe wie „absolutistische Monarchie" oder „Wahlmonarchie" zielen auf die zaristischen Herrschaftsallüren Jelzins und auf die untergeordnete Rolle von Parlament und Regierung. Von der westlichen Politikwissenschaft geprägte Begriffe wie „delegative", „illiberale" oder „defekte" Demokratie betonen die mangelnde demokratische und rechtsstaatliche Verankerung des Regimes.[2] Als die Widersprüche in der Funktionsweise des politischen Systems im Frühjahr 1999 überhand nahmen, gelangten Autoren wie Lilija Schewzowa und Igor Kljamkin zu der Auffassung, in Russland herrsche mittlerweile „ein Regime ohne System".[3]

In diesem Beitrag soll der Frage nachgegangen werden, warum der ursprünglich semipräsidentielle Verfassungsauftrag in der politischen Wirklichkeit keine Entsprechung gefunden hat. Ausgehend von den Kriterien der Transitionswissenschaft, der zufolge die Konsolidierung von Übergangsregimen maßgeblich von der Herausbildung demokratischer Institutionen und einer demokratischen politischen Kultur der Akteure abhängt, sollen diese beiden Aspekte im Mittelpunkt der Betrachtung stehen. Nach einem kurzen Blick auf die Entstehungsgeschichte und die Grundmerkmale der Verfassung der Russ-

1 Von: russisch „ukaz" – Dekret, Erlass.

2 Vgl. Margareta Mommsen: Wohin treibt Rußland? Eine Großmacht zwischen Anarchie und Demokratie, München 1996, S. 19; vgl. weiter Guillermo O'Donnell: „Delegative Democracy", in: Journal of Democracy, 5. Jg., 1994, Nr. 1, S. 55–69. Vgl. auch Wolfgang Merkel: Systemwandel. Defekte Demokratien, in: Demokratie in Ost und West. Festschrift für Klaus von Beyme, hg. von Wolfgang Merkel/Andreas Busch, Frankfurt/M. 1999, S. 367f.

3 Vgl. dieselben, in: Nezavisimaja gazeta, 7./8.7.1999.

ländischen Föderation ist zu prüfen, wie der Prozess der Institutionenbildung verlief und wie sich die politischen Akteure im Rahmen der neuen Einrichtungen verhielten. Darüber hinaus interessiert, inwiefern das Experiment, eine Demokratie ohne Demokraten auf den Weg zu bringen, unter der Präsidentschaft Boris Jelzins und der Wladimir Putins einen unterschiedlichen Verlauf nimmt.

## Die Verfassung vom Dezember 1993 – Grundzüge ihrer Entstehung und Wirksamkeit

Die Anfangsjahre des neuen russischen Staates waren durch eine „Doppelherrschaft“ von Parlament und Exekutive bestimmt. Diese Phase, die sich vom Frühjahr 1992 bis zur gewaltsamen Auflösung des Parlaments im Herbst 1993 erstreckte, war durch Verfassungswirren und politische Machtkämpfe gekennzeichnet. Während das Parlament – das aus einem mehr als 1000 Mitglieder zählenden Kongress der Volksdeputierten und einem aus dessen Mitte gewählten Obersten Sowjet bestand – seine in Art. 104 der Verfassung von 1978 verankerte „höchste Gewalt“ durchzusetzen suchte, waren der Präsident und die Organe der vollziehenden Gewalt ihrerseits bestrebt, das Gesetz des Handelns an sich zu reißen. Da die noch gültige alte Verfassung aufgrund vielfacher Änderungen keine Orientierungshilfe mehr bot und der Konsens der „Augustsieger“ von 1991 schnell dem offenen Konflikt über den wirtschaftlichen Reformkurs wich, spitzten sich die Auseinandersetzungen über die Verteilung der institutionellen Macht gefährlich zu. Als das Parlament die Maßnahmen des Präsidenten zu obstruieren begann, löste Jelzin es Ende September 1993 per Dekret auf und zögerte nicht, Anfang Oktober die bewaffnete Gewalt einzusetzen, um seinen Widerstand vollends zu brechen.[4] Dieses Vorgehen entbehrte jeder Rechtsgrundlage.

Die Arbeiten an einer neuen Verfassung, die im Rahmen der „Verfassungsversammlung“ vom Frühjahr 1993 gute Fortschritte gemacht hatten, wurden im Spätherbst abgeschlossen. Gleichzeitig mit den ersten freien Parlamentswahlen wurde die Verfassung am 12. Dezember 1993 im Rahmen eines Plebiszits angenommen. Allerdings fiel die Zustimmung der Bürger denkbar niedrig aus; bei einer Beteiligung von nur 54,4% der Wahlberechtigten votierten davon lediglich 57% für die Annahme des Dokuments. Die Verfassungslegitimität war vor allem deswegen prekär, weil gerade unter den politischen Eliten die neue Verfassungsordnung heftig umstritten war. Wie von den Transitionsforschern aufgrund von Erfahrungswerten betont wird, liegt eine wesentliche Voraussetzung für eine demokratische Konsolidierung jedoch gerade im Konsens der politischen Eliten über die Grundordnung des Gemeinwesens. Die Verfassung vom Dezember 1993 aber besiegelte den Sieg des Präsidenten über das Parlament, das während der „Doppelherrschaft“ eine

4 Vgl. Mommsen (1996), S. 183ff.

dominierende Position eingenommen hatte und u.a. in der Lage gewesen war, die Verfassung nach Belieben zu verändern. Jetzt wurde die Position des Präsidenten deutlich gestärkt und die Möglichkeiten, die im Referendum verabschiedete Verfassung zu ändern, außerordentlich erschwert.

Aufs Ganze gesehen stellt die Verfassung ein in sich schlüssiges Dokument dar, das klar demokratischen und rechtsstaatlichen Prinzipien verpflichtet ist. Nach dem Vorbild des Grundgesetzes der Bundesrepublik Deutschland wurden die Grundrechte an den Anfang des Textes platziert. Die Verfassung rückt in ihren allgemeinen Bestimmungen ausdrücklich von der früheren kommunistischen Herrschaftsideologie ab, verbietet darüber hinaus jegliches Staatsmonopol auf Ideologie und erkennt den Pluralismus wie den Föderalismus prinzipiell an. Insofern stellt sie eine klare Zäsur gegenüber dem Sowjetsystem dar.[5]

Im Hinblick auf das Institutionengefüge lehnt sich die Verfassung stark an das Vorbild der französischen Fünften Republik an, favorisiert jedoch noch stärker als diese die Stellung des Präsidenten, während die Rechte der beiden Parlamentskammern, der Staatsduma und des Föderationsrates, vergleichsweise begrenzt sind.[6] Der für vier Jahre vom Volk gewählte Präsident gilt als Garant der Verfassung und der Grundrechte. Er ist Oberbefehlshaber der Streitkräfte. Mit Zustimmung des Föderationsrates ernennt er die obersten Beamten und die Verfassungsrichter und verhängt den Kriegs- und den Ausnahmezustand. Von zentraler Bedeutung für das präsidentielle Machtvolumen ist die Bestimmung, dass das Staatsoberhaupt die „Hauptrichtung der Außen- und Innenpolitik festlegt". Das präsidentielle Veto gegen Gesetze kann das Parlament nur mit einer Mehrheit von zwei Dritteln zurückweisen. Weiter verfügt der Präsident sowohl über das Recht der Gesetzesinitiative wie das Recht, Dekrete zu erlassen, jedenfalls solange eine einschlägige Gesetzgebung fehlt. Die Verfassungspraxis zeigt allerdings, dass sich das Verhältnis von Präsident und Parlament unterdessen eingespielt hat. Das zunächst hypertroph ausgeübte Dekretrecht des Präsidenten ist in dem Maße zurückgegangen, wie die gesetzgeberische Tätigkeit des Parlaments zunahm.[7]

Im Verhältnis von Präsident und Parlament gibt es gemäß Verfassung die für eine funktionsfähige Demokratie unverzichtbaren Elemente der Gewaltenteilung und Gewaltenverschränkung. So verfügt die Staatsduma über das Recht, ein Verfahren der Amtsenthebung gegen den Präsidenten anzustrengen, wobei dem Föderationsrat das letzte Wort zusteht. Der Präsident ist bei der Ernennung des Ministerpräsidenten an die Zustimmung der Staatsduma

5 Vgl. Mommsen (1996), S. 199ff.

6 Vgl. Silvia von Steinsdorff: Die Verfassungsgenese der Zweiten Russischen und der Fünften Französischen Republik im Vergleich, in: Zeitschrift für Parlamentsfragen, 26. Jg., 1995, S. 486–504.

7 Vgl. dies.: Kalkulierter Konflikt und begrenzte Kooperation. Zum Verhältnis von Präsident, Regierung und Parlament in Rußland, in: Osteuropa, 49. Jg., 1999, Nr. 1, S. 24ff.

gebunden. Da der Präsident im Falle einer dreimaligen Ablehnung allerdings die Kammer auflösen kann, müssen die Abgeordneten gegebenenfalls damit rechnen, ihres Abgeordnetenmandats verlustig zu gehen. Dies beeinflusst natürlich den Prozess der Willensbildung. Hinzu kommt, dass die Kammer auch nur unter den gleichen fatalen Bedingungen über das Recht verfügt, der Regierung das Misstrauen auszudrücken. Da der Präsident auch diesem Schritt mit der Auflösung der Duma begegnen kann, erscheint die Position des Parlaments im staatlichen Machgefüge vergleichsweise begrenzt (Art. 117 Abs. 3 RV[8]). Betrachtet man die Verfassungspraxis, so erweist sich die Duma aber keineswegs als völlig wehrlos. Im Juni 1995 z.B. reagierte der Präsident auf ein Misstrauensvotum gegen die Regierung mit der Entlassung der Minister, die für das missglückte Krisenmanagement beim Überfall tschetschenischer Rebellen auf ein Krankenhaus in Budjonnowsk verantwortlich waren. Im Sommer 1998 konnte die Duma den Präsidenten zwingen, die Kandidatur Viktor Tschernomyrdins für das Amt des Ministerpräsidenten zurückzuziehen. Und im Frühjahr 1999 war die Duma bei der Initiierung eines „Impeachments“ gegen den Präsidenten beinahe erfolgreich. Für den Anklagepunkt, der auf illegale Initiierung und Kriegsführung im ersten Kaukasusfeldzug lautete, fehlten lediglich 16 Stimmen, um das Verfahren zu eröffnen.[9] Die zweite Kammer des Parlaments, der Föderationsrat, verweigerte sich bei der Ernennung von Verfassungsrichtern oder des Generalstaatsanwaltes mehrfach den Nominierungsvorschlägen des Präsidenten. Diese Beispiele zeigen, dass die Verfassung durchaus eine praktische Autorität gewonnen hat und die Waffen des russischen Parlaments nicht von vornherein als völlig stumpf anzusehen sind.

Ein weiteres Gegengewicht zur Übermacht des Präsidenten ergibt sich aus dem Prinzip der dualen Exekutive, d.h. dass grundsätzlich für eine Aufgabenteilung zwischen Staatsoberhaupt und Premierminister gesorgt ist. Allerdings ist die schon erwähnte allgemeine Richtlinienkompetenz des Präsidenten in der Innen- und Außenpolitik (Art. 80, Abs. 3 RV) nicht hinreichend klar von der Befugnis des Premierministers zur Festlegung der „Hauptrichtungen der Tätigkeit der Regierung“ abgegrenzt (Art. 113). Der Regierungschef ist berechtigt, die Kandidaten für die Regierungsämter vorzuschlagen (Art. 112, Abs. 2, Art. 83e RV). Die bisherige Verfassungspraxis zeigt jedoch, dass das Prinzip der dualen Exekutive von Jelzin nicht respektiert wurde. In aller Regel zog er klassische Kompetenzen des Regierungschefs an sich. Im Zusammenhang mit der Systemkrise vom Sommer 1998 büßte Jelzin jedoch vorübergehend so stark an Macht ein, dass sich Ministerpräsident Primakow in der Lage sah, das Kabinett nach eigenen Vorstellungen zusammenzustellen. Divergenzen bei der Rekrutierung des Regierungspersonals wurden allerdings immer

8 RV = Russische Verfassung von 1993; vgl. Schema im Anhang.

9 Vgl. Thomas Remington: The Evolution of Executive – Legislative Relations in Russia since 1993, in: Slavic Review, 59. Jg., 2000, Nr. 3, S. 499–520.

wieder sichtbar, etwa bei der Bildung des Kabinetts von Sergej Stepaschin im Mai 1999.[10]

### Die Herrschaftsmechanismen des „Systems Jelzin" – Kaderkarussell, institutioneller Wildwuchs und „Vertragsföderalismus"

Trotz des semipräsidentiellen Grundrisses der Verfassung weist die russische Verfassungspraxis im Ganzen gesehen nur wenig Ähnlichkeit mit dem französischen Modell auf. Dies beruht vornehmlich auf dem in Russland völlig unterentwickelten Parteiensystem und der Tendenz des Präsidenten, mittels seines berühmt-berüchtigten „Kaderkarussells" eine Art Gewaltenteilung *à la russe* zu pflegen, statt konsequent die in der Verfassung festgelegten demokratischen Verfahren anzuwenden. Zu den klassischen Herrschaftsmechanismen des Systems Jelzin gehörte darüber hinaus das Experimentieren mit Institutionen an der Verfassung vorbei und die Vereinbarung von sog. „Machtabgrenzungsverträgen" zwischen dem Zentrum und den Regionen.[11]

Die Herausbildung eines „Superpräsidentialismus" oder einer „Wahlmonarchie" (Lilija Schewzowa) war letztlich Ergebnis des Verhaltens der neuen Amtsträger, die sich überwiegend aus der kommunistischen *Nomenklatura* rekrutierten und deren Denk- und Handlungsweisen die politische Kultur des neuen Russland prägte. Hinzu kamen persönliche Ambitionen, die einer eigenwilligen Auslegung der Verfassungsprinzipien durch die neuen Amtsträger Vorschub leisteten. So ließ Boris Jelzin von Anfang an keinen Zweifel daran, dass er das Grundgesetz im Sinne einer starken Vormachtstellung des Präsidenten und einer untergeordneten Position des Parlaments interpretierte. Er verteidigte diese Auffassung schon im Spätherbst 1993, als er in einem Interview ausführte:

> „Aber was wollen Sie? In einem Land, das an Zaren und Führer gewöhnt ist; in einem Land, in dem sich keine klaren Interessengruppen herausgebildet haben, in dem die Träger der Interessen nicht bestimmt sind, sondern gerade erst normale Parteien in der Entstehung begriffen sind; in einem Land, in dem der rechtliche Nihilismus überall zu Hause ist – wollen Sie in einem solchen Land das Hauptgewicht allein oder in erster Linie auf das Parlament legen? ... Jede Zeit hat ihr eigenes Machtgleichgewicht in einem demokratischen System. Heute schlägt in Russland dieses Gleichgewicht zugunsten des Präsidenten aus."[12]

Jelzin benannte die Schwächen der demokratischen Infrastruktur des Übergangsregimes ganz zutreffend. Allerdings trug er selbst maßgeblich dazu bei, dass sich ein solides Mehrparteiensystem, das die Grundvoraussetzung für das Einrasten demokratischer Spielregeln darstellte, nur schwer entwickeln konn-

10 Vgl. Kommersant, 29.5.1999.

11 Vgl. die Beiträge von Andreas Heinemann-Grüder und Jörg Stadelbauer in diesem Band.

12 Izvestija, 16.11.1993.

te. So verweigerte sich Jelzin hartnäckig dem Vorschlag, durch die Schaffung einer Präsidentenpartei die Herausbildung einer demokratischen Parteienlandschaft zu fördern. Er gab vor, dass eine solche Partei früher oder später der alten kommunistischen Staatspartei ähnlich sein werde. Diese Einstellung spiegelt das nach dem Ende der UdSSR weit verbreitete Antiparteiensyndrom bzw. im weiteren Sinne das Unvermögen der politischen Eliten wider, die Voraussetzungen eines lebensfähigen politischen Pluralismus zu begreifen und deren Entfaltung zu fördern. Es waren alte sowjetische Denkmuster, die die neuen Amtsträger dazu bestimmten, die Macht auf administrativem Weg abzusichern und nicht in einem offenen politischen Wettbewerb aufs Spiel zu setzen. Charakteristisch dafür war das Auftreten sog. „administrativer“ oder „Parteien der Macht“, die ohne gesellschaftliche Verankerung blieben.[13] Das unterentwickelte Parteiensystem behinderte ein politisches Erstarken des Parlamentarismus. Zwar zeigten sich die Abgeordneten der im Dezember 1993 und der zwei Jahre später gewählten Duma durchaus lernfähig und in der Lage, sich das Einmaleins der parlamentarischen Arbeitsweise anzueignen. Da es an Parteiidentifikationen fehlte, gab es jedoch beträchtliche Fluktuationen zwischen den Fraktionen. Es entstanden keine klaren Mehrheiten, die eine berechenbare Unterstützung für Jelzins Regierungen hätten gewährleisten können. Unter den demokratischen und zentristischen Kräften fehlte es notorisch an der Bereitschaft zu einer übergreifenden Zusammenarbeit. Hinzu kam die von Anfang an antagonistische Haltung von Legislative und Exekutive, in der sich das ältere Verständnis von Gewaltenteilung im Sinne einer grundsätzlichen Konfrontation von Parlament und Regierung widerspiegelte, während die Idee eines sinnvollen Zusammenspiels von parlamentarisch gestützter Regierung und Opposition in der Vorstellungswelt der politischen Eliten nicht existiert.

Tatsächlich löste sich Jelzin bald von der Bewegung „Demokratisches Russland“, die ihn empor getragen hatte. Er zog es vor, in seinen ersten Regierungen technokratische „Jungreformer“ mit der als vordringlich erachteten Aufgabe zu betrauen, grundlegende Wirtschaftsreformen einzuleiten. Jelzins Reformer zogen Kollegen aus den wissenschaftlichen Instituten nach, denen sie in der Regel entstammten. Seilschaften dieser Art entwickelten sich zum Rekrutierungspool für weitere hohe Staatsämter. So kritisierte die Opposition die Reformer wegen ihrer Orientierung an Milton Friedman als „Chicago Boys“. Wegen deren übermäßiger Experimentierfreudigkeit bürgerte sich in der Öffentlichkeit der Begriff der „Laborleiter“ ein, um die jungen Reformer vom Schlage Jegor Gajdars oder Anatolij Tschubajs zu beschreiben. Da diesen vor allem daran gelegen war, den wirtschaftlichen Umbruch zu bewerkstelligen, stießen sie sich nicht an Jelzins Streben nach Errichtung einer starken Präsidialmacht.[14] Neben den technokratisch geprägten „Laborleitern“

[13] Vgl. den Beitrag von Ellen Bos in diesem Band.

[14] Vgl. Lilia Shevtsova: Yeltsins's Russia. Myths and Reality, Washington 1999, S. 64f.

platzierte Jelzin jedoch auch getreue Apparatschiki in Spitzenpositionen der „Machtvertikale" des Präsidenten. Nach und nach entstand ein ausgeklügeltes Netzwerk, das dazu diente, ambitionierte Amtsträger und unterschiedlich rekrutierte Seilschaften in den Einrichtungen der Exekutive gegenseitig in Schach zu halten. Diese von Jelzin bisweilen meisterhaft manipulierte Gewaltenteilung *à la russe* entwickelte sich zu einem dauerhaften Strukturmuster des Regimes.[15]

Das Jonglieren mit Personen wurde – ein weiteres Merkmal des Systems Jelzin – durch das Experimentieren mit Institutionen ergänzt. Erwiesen sich an der Verfassung vorbei geschaffene Institutionen als nicht mehr nützlich oder war eine derartige Einrichtung nicht mehr durch eine andere auszubalancieren, so verschwanden diese institutionellen Surrogate auch wieder. Als Beispiele für den ersten Fall sind verschiedene Beratungsorgane zu nennen, so der im Sommer 1990 informell gebildete „Höchste konsultative und koordinierende Rat des Vorsitzenden des Obersten Sowjets der RSFSR" oder der Ende 1991 kreierte „Staatsrat", der als eine Art Oberregierung ins Leben gerufen wurde und der „dem Präsidenten helfen (sollte), eine klare staatliche und politische Strategie zu entwickeln"[16]. Ein Beispiel für den zweiten Fall ist die Gründung des Verteidigungsrates im Sommer 1996, der *ad hoc* als Gegengewicht zu dem damals von Alexander Lebed geleiteten Nationalen Sicherheitsrat geschaffen wurde. Der ebenfalls 1996 initiierte „Rat der Großen Vier" fungierte sporadisch als ein Organ für informelles Krisenmanagement zwischen dem Präsidenten, dem Premierminister und den Spitzen der Parlamentskammern, die „Provisorische Außerordentliche Kommission zur Stärkung der Steuer- und Budgetdisziplin" wiederum sollte die ihrem Namen entsprechenden Aufgaben erfüllen. Auch wenn das Gremium nur einen „provisorischen" Auftrag und sachlich begrenzte Zuständigkeiten wahrnahm, erreichte es vorübergehend ebenfalls den Rang einer Art „Oberregierung".[17]

Diese verschiedenen, nicht in der Verfassung vorgesehenen – „inoffiziellen" – Gremien teilten sich die Macht mit den in der Verfassung vorgesehenen – „offiziellen" – Organen der vollziehenden Gewalt. Das Machtzentrum allerdings verschob sich von Zeit zu Zeit und war bald stärker bei der Präsidentenadministration, bald eher beim Nationalen Sicherheitsrat und – ausnahmsweise unter dem Regierungsvorsitz von Jewgenij Primakow (September 1998

15 Vgl. Margareta Mommsen: Präsident, Regierung und Sicherheitsrat als konkurrierende Machtträger in Moskau, in: Rußland und der Westen, hg. von Reinhard C. Meier-Walser/ Tanja Wagensohn, Hanns-Seidel-Stiftung, Argumente und Materialien zum Zeitgeschehen 12, München 1999, S. 15–20.

16 Vgl. Timothy J. Colton: Boris Yeltsin. Russia's All Thumbs Democrat, in: Patterns in Post-Soviet Leadership, hg. von Timothy J. Colton/Robert C. Tucker, Boulder 1995, S. 66ff; vgl. auch Shevtsova: Yeltsin's Russia (1999), S. 18ff.

17 Vgl. Margareta Mommsen: Die vollziehende Gewalt in El'cins „Wahlmonarchie", in: Krise in Rußland. Politische und sozialrechtliche Lösungsansätze, hg. von Angelika Nußberger/M. Mommsen. Berlin 1999, S. 39–55.

bis Mai 1999) – bei der Regierung zu verorten. In der Regel wurden die Regierungen jedoch von der Präsidentenadministration angeleitet und kontrolliert. Ein besonderes Kennzeichen aller Regierungen liegt bis heute darin, dass sie sich gleich ihren Vorläufern in der UdSSR überwiegend mit Fragen der Wirtschaft beschäftigen. Die Regierungen sind bisher reine Präsidialkabinette bzw. „Hofkabinette", in denen Technokraten oder eine Mischung aus Vertretern bürokratischer Seilschaften, staatsindustrieller Komplexe oder informeller „politischer Familien" dominieren, während Repräsentanten politischer Parteien die Ausnahme darstellen.

Neben den erwähnten „offiziellen" Institutionen und den vorübergehend geschaffenen „inoffiziellen" Einrichtungen sind an dem politischen Prozess auch noch informelle Strukturen beteiligt. In erster Linie sind darunter die wechselnden „Günstlinge" des „Wahlmonarchen" zu verstehen. Dies waren Gruppen ganz unterschiedlicher Provenienz. Schon früh bezeichnete man diese Günstlingswirtschaft in Anlehnung an den unseligen Einfluss des vorgeblichen Gottesmannes Rasputin auf die letzte Zarenfamilie als den „kollektiven Rasputin". Während bis zum Sommer 1996 Personen aus dem persönlichen Sicherheitsdienst des Präsidenten, zumal Jelzins oberster Leibwächter Alexander Korschakow, den Ton angaben, übte nach Jelzins Wiederwahl die sog. „Kreml-Familie" hinter den Kulissen einen beträchtlichen politischen Einfluss aus. Zuletzt bestand Jelzins „hauseigenes Politbüro", wie die Kommunisten die Entourage des Präsidenten nannten, aus Jelzins Tochter Tatjana Djatschenko, den „Oligarchen" Boris Beresowskij, Alexander Mamut und Roman Abramowitsch, dem Leiter der Präsidentenadministration, Alexander Woloschin, und Jelzins Ghostwriter, Valentin Jumaschew.

Aufs Ganze gesehen weisen die Strukturmerkmale des „Systems Jelzin", die unter dem neuen Präsidenten Wladimir Putin weitgehend fortbestehen, kein klares Design auf. Wie schon früher beobachtet, kennt die Macht in Russland viele Gesichter, aber sie hat kein Gesicht. Vor allem widersprechen die zahlreichen „inoffiziellen" und informellen Gremien dem Gebot der demokratischen Transparenz und wirken damit der wünschenswerten Konzentration politischer Verantwortlichkeit bei den gewählten Amtsträgern entgegen. Transitionsforscher haben unterschiedliche Ausprägungen institutioneller Unbestimmtheit in Übergangsregimen festgestellt und diese mit dem Grad der demokratischen Konsolidierung korreliert. Für Systeme, die einen geringen Grad an Institutionalisierung aufweisen, haben sie den Terminus „institutionelles Nomadentum" geprägt. Dieser Begriff fängt die Gegebenheiten in Russland mit großer Anschaulichkeit ein.[18]

18 Vgl. Friedbert W. Rüb: Die Herausbildung politischer Institutionen in Demokratisierungsprozessen, in: Wolfgang Merkel (Hg.): Systemwechsel 1, Theorien, Ansätze und Konzeptionen, Opladen 1994, S. 128ff.

## Der „Superpräsidentialismus“ unter Wladimir Putin

In den Jahren 1998 und 1999 waren die Mechanismen des „Systems Jelzin“ bis an die Grenzen ihrer Funktionsfähigkeit belastet. Das „Kaderkarussell“ an der Spitze der Regierung drehte sich immer rascher, bis die „Kreml-Familie“ zuletzt Wladimir Putin auf den Sessel des Premierministers lancierte. Putin, der zu diesem Zeitpunkt die Leitung des Inlandsgeheimdienstes (FSB, Nachfolger des KGB) inne hatte und zugleich Sekretär des Nationalen Sicherheitsrates war, wurde von Jelzin nun auch als Nachfolger im Präsidentenamt präsentiert. Dies wurde damit begründet, dass Putin ein „erfahrener Verwaltungsfachmann“ und ein „Politiker“ sei, der einen „Menschen neuen Typs“ verkörpere, „da er nicht zwischen Vergangenheit und Zukunft lavieren“ müsse.[19] Anfänglich verwarfen die Beobachter diese Prophezeiungen, während die liberale Öffentlichkeit sich darüber empört zeigte, dass Jelzin in Russland wieder eine Art Erbmonarchie einzuführen gedachte.[20]

Zwar beurteilten anfangs viele Beobachter die Chancen Putins skeptisch, doch dank einer geschickten Medienkampagne gelang es, dem „Menschen neuen Typs“ aus der Schule des KGB eine breite Unterstützung in der Bevölkerung zu sichern. Alle Register der „manipulierten Demokratie“[21], die schon bei den Dumawahlen im Dezember 1999 der neuen administrativen Partei „Einheit/Der Bär“ einen spektakulären Erfolg beschert hatten, wurden gezogen, um dem designierten Nachfolger Jelzins einen sicheren Sieg zu bereiten. Der Zeitpunkt von Jelzins Rücktritt am Jahresende 1999 war genau kalkuliert, um den Amtsbonus des Interimspräsidenten zum Tragen zu bringen. Mit einer intensiven „Pe-Ėrščina“, wie man Public-Relations-Kampagnen auf Russisch nennt, gelang es Putins Förderern aus der „Kreml-Familie“, ihren Schützling als erfolgreichen Feldherrn in Tschetschenien, als den Mann von *law and order* und vor allem als das strahlende Gegenbild zu Jelzins korrupter Mannschaft darzustellen. So gewann Putin Ende März 2000 die Wahlen in der ersten Runde mit knapp 53% der abgegebenen Stimmen.[22]

Vor der Präsidentenwahl ließ Putin nur wenig über sein Weltbild und seine Vorstellungen von einer neuen Politik für Russland verlauten. Allerdings bekräftigte er die Unantastbarkeit der Verfassung, schwärmte von einem „starken Staat“ und forderte für Russland die Errichtung einer „Diktatur des Gesetzes“. Unmittelbar nach seiner „Inauguration“ Anfang Mai initiierte Putin eine „Reform der Macht“. Das vorrangige Ziel lag darin, die Provinzen, die dank der „Machtabgrenzungsverträge“ in der Ära Jelzin eine zu große Eigenständigkeit erlangt hatten, wieder der Kontrolle des Zentrums zu unterwerfen. Zu

19 Vgl. Itogi, 17.8.1999.

20 Vgl. Alexander Rahr: Wladimir Putin. Der „Deutsche“ im Kreml, München 2000, S. 215.

21 Vgl. Sergej Markov: Manipulativnaja demokratija, in: Nezavisimaja gazeta, 2.3.2000.

22 Vgl. die Wahlanalyse mehrerer Wissenschaftler und Publizisten in der Obščaja gazeta, 14.4.2000.

diesem Zweck wurden „Bevollmächtigte des Präsidenten" als Aufsichtsorgane in sieben neu gebildeten Kreisen eingesetzt. Die „Prächtigen Sieben" – wie man sie in der Presse nannte – sollen vornehmlich für die Einheitlichkeit des russischen Rechtsraumes Sorge tragen.[23] Gleichzeitig wurde der Föderationsrat in seinem rechtlichen Status und seinen politischen Einflussmöglichkeiten drastisch beschnitten. Künftig sollen nicht mehr die Oberhäupter der Regionen, sondern nur noch deren Abgesandte hier vertreten sein. Im Falle von gerichtlich erwiesenen Rechtsverstößen der Provinzfürsten können diese ihres Amtes enthoben werden.[24] Die gefügige neue Duma beeilte sich, die einschlägigen Gesetze zur Realisierung der Reform zu verabschieden. Auf entsprechende Verfassungsänderungen wurde verzichtet. Um die Gouverneure und Präsidenten ruhig zu stellen, schuf Putin unterdessen mit Dekret vom 1. September 2000 einen konsultativen „Staatsrat" als Forum, auf dem sich einmal im Monat die Notabeln aus der Provinz mit der Moskauer Zentralmacht austauschen dürfen. An diesem Beispiel wie an der Einführung der „Bevollmächtigten des Präsidenten" wird deutlich, dass das institutionelle Nomadentum weiter floriert. Ähnlich wie in der Ära Jelzin wird mit solchen Neuerungen die Verfassung umgangen und einem unkontrollierten „Superpräsidentialismus" weiter Vorschub geleistet. Insbesondere die politische Enthauptung des Föderationsrates erscheint bedauerlich, da sich gerade dieses Organ zu einem wirksamen politischen Gegengewicht gegenüber dem Präsidenten und zu einem generell stabilisierenden Element der russischen Politik entwickelt hatte.

Das von Jelzin überlieferte System einer Gewaltenteilung *à la russe*, das für eine Austarierung der Seilschaften und „politischen Familien" innerhalb der Gremien der vollziehenden Gewalt gesorgt hatte, ist auch unter Putin wirksam geblieben. Während sich in der Regierung drei Gruppen – liberale Wirtschaftsreformer, Abkömmlinge des Inlandsgeheimdienstes FSB und des Militärs und schließlich Protegés der alten „Kreml-Familie" – gegenüberstehen, dominieren in der Präsidentenadministration unter der Leitung Woloschins weiterhin die Repräsentanten der „Familie". Im Nationalen Sicherheitsrat konnte Putin seine Favoriten aus dem FSB platzieren; nicht zufällig fungiert der Rat, kraft Verfassung nur ein konsultatives Organ, heute als die eigentliche „Oberregierung".[25]

Noch ist es zu früh, zu einer umfassenden Einschätzung des Regimes unter Putin zu gelangen. Aus den Äußerungen des Präsidenten geht hervor, dass ihm die Begriffswelten von Demokratie und Rechtsstaat vertraut sind. Doch ist nicht absehbar, ob er auch bereit ist, dieses theoretische Wissen in die Praxis umzusetzen. Respekt vor dem Parlament und die Bildung politisch ver-

23 Vgl. Rossijskaja gazeta, 16.5.2000.

24 Vgl. Izvestija, 24.6.2000.

25 Vgl. Kommersant, 20.5.2000; vgl. auch Nezavisimaja gazeta, 20.6.2000; vgl. auch Segodnja, 8.6.2000; vgl. auch Itogi, 13.6.2000.

antwortlicher Regierungen wären hier ebenso gefragt wie die Förderung eines funktionsfähigen Föderalismus und die Bewahrung der Presse- und Meinungsfreiheit. Putins neue Regionalpolitik und sein ambivalentes Verhältnis zu den Medien deuten jedoch darauf hin, dass er die formale „Diktatur des Gesetzes" höher schätzt als die mit der Anwendung demokratischer Prinzipien und Verfahrensweisen verbundenen Unwägbarkeiten. Die wachsende Zahl neuer Amtsträger „mit Schulterstücken" auf hohen Posten in Moskau und an der Spitze der Generalgouvernements könnten als erste Indizien für eine mögliche Militarisierung des Systems gedeutet werden. Jedenfalls stellt sich zuletzt durchaus die Frage, ob Putin nicht eher „ein Andropow von heute" als der von Jelzin gepriesene „Mensch neuen Typs" ist.

# Entwicklung und Funktion der politischen Parteien

ELLEN BOS

Auch wenn die Anfänge des neuen russischen Parteienpluralismus bereits 15 Jahre zurückliegen, so kann von einem stabilen und funktionsfähigen Parteiensystem in Russland noch immer nicht die Rede sein. Nach drei demokratischen Parlamentswahlen (1993, 1995, 1999) ist das Parteiensystem weiterhin durch eine hohe Fluktuation von Parteien, Wahlblöcken und gesellschaftlichen Bewegungen gekennzeichnet. Seit unter den Vorzeichen von Glasnost und Perestrojka unter Gorbatschow die sog. „informellen Gruppen" die politische Bühne betraten, wird die russische Bevölkerung immer wieder mit neuen politischen Gruppierungen konfrontiert. Da sich diese häufig spalten oder miteinander verschmelzen und die meisten nach kurzer Zeit wieder völlig verschwinden, bleiben ihre Namen und die von ihnen vertretenen inhaltlichen Positionen in der Regel flüchtig und austauschbar. Eine besondere Dynamik entfalten die Gründungs-, Spaltungs- und Verschmelzungsprozesse jeweils im Vorfeld der Wahlen zur russischen Staatsduma. Dabei wird die Gestalt des Parteiensystems nicht so sehr durch programmatische Erwägungen und sachliche Differenzen geprägt, sondern vielmehr durch die persönlichen Ambitionen charismatischer Einzelpersönlichkeiten. Symptomatisch für die Instabilität des russischen Parteiensystems ist auch, dass politische Parteien in den staatlichen Machtstrukturen bisher kaum in Erscheinung treten.

Im Folgenden werden zunächst die institutionellen Rahmenbedingungen der Parteibildung in Russland skizziert. Neben den rechtlichen Grundlagen für die Parteien ist in diesem Zusammenhang die Ausgestaltung des Wahlsystems maßgeblich. Anschließend werden die verschiedenen Etappen der Entstehung und Entwicklung der russischen Parteien nachvollzogen. Vor diesem Hintergrund werden dann die jüngsten Entwicklungen seit den Parlamentswahlen vom Dezember 1999 in den Blick genommen und mögliche Zukunftsperspektiven entworfen.

## *Institutionelle Rahmenbedingungen*

Die Herausbildung repräsentativer, funktionsfähiger politischer Parteien muss zwar in jedem Fall „von unten" in Gang kommen, aber sie kann dennoch „von oben" durch bestimmte institutionelle Voraussetzungen gefördert werden. In Russland wurden die Rahmenbedingungen, die die Parteienbildung stimulieren können, erst zu einem vergleichsweise späten Zeitpunkt geschaffen. Sowohl die Verabschiedung einer neuen demokratischen Verfassung als auch die Durchführung der ersten demokratischen Wahlen, der sog. „Gründungswahlen", wurde jahrelang verschleppt. Dadurch fehlten lange wesentliche Impulse für die Weiterentwicklung der zahlreich vorhandenen Protoparteien.

Die erst am 12. Dezember 1993 durch eine Volksabstimmung nur knapp bestätigte neue Verfassung Russlands verankert in Art. 13 Abs. 3 ausdrücklich die politische Vielfalt und schreibt ein Mehrparteiensystem verbindlich fest. Die Tätigkeit politischer Parteien wird außerdem durch die in Art. 30 garantierte Vereinigungsfreiheit gesichert. Eine Einschränkung erfährt sie nur durch den in Art. 13 Abs. 5 enthaltenen Vorbehalt, dass Parteien verboten werden können, die die gewaltsame Veränderung der Verfassungsordnung der Russländischen Föderation anstreben. Darüber hinaus werden Stellung und Funktion der Parteien im politischen Institutionensystem in der Verfassung nicht präzisiert.

Die umfassende gesetzliche Regelung parteipolitischer Tätigkeit in einem Parteiengesetz steht bis heute aus.[1] Die Rechtsstellung der Parteien wird nach wie vor durch das Gesetz über die gesellschaftlichen Vereinigungen vom 19. Mai 1995 geregelt. Dieses definiert in Art. 2 Parteien als Vereinigungen, die die politische Willensbildung der Bürger beeinflussen und sich an den Wahlen zu den staatlichen Machtorganen sowie zu den Organen der kommunalen Selbstverwaltung beteiligen.[2]

Das russische Wahlrecht schreibt seit 1993 ein sog. Grabensystem fest, in dem Elemente der relativen Mehrheitswahl und Elemente der Verhältniswahl kombiniert werden.[3] Die eine Hälfte der 450 Dumasitze wird in Einerwahlkreisen an Direktkandidaten und die andere Hälfte über Parteilisten vergeben. Der Grundidee, langfristig die Bildung eines stabilen Mehrparteiensystems zu fördern, entspricht die Einführung einer Sperrklausel. Um bei der Mandatsverteilung berücksichtigt werden zu können, müssen die Partei- oder Vereinigungslisten mindestens 5% der abgegebenen Zweitstimmen erlangen. Andere gewichtige Hürden müssen bereits für die Zulassung zur Wahl überwunden werden. So können alle Listenverbindungen und Einzelbewerber erst nach Erfüllung strenger Auflagen an den Wahlen teilnehmen. Nach dem Wahlgesetz vom 24. Juni 1999 müssen für die Zulassung einer Parteiliste entweder 200 000 Unterschriften aus mindestens 15 der insgesamt 89 Subjekte der Russländischen Föderation oder eine Summe in der Höhe von 25 000 staatlich festgelegten Mindestlöhnen (2 Mio. Rubel = rund 150 000 DM) vorgelegt werden. Ein Kandidat, der sich um ein Direktmandat bewirbt, muss Unterschriften von mindestens 1% der Abstimmungsberechtigten seines Wahlkrei-

1 Ein am 8.12.1995 von der Staatsduma verabschiedetes Gesetz zu den politischen Parteien scheiterte am Widerstand des Föderationsrates. Vgl. Galina Luchterhandt: Politische Parteien in Rußland, Bremen 2000, S. 12.

2 Vgl. Luchterhandt (2000), S. 12f.

3 Vgl. zum russischen Wahlrecht: Dieter Nohlen/Mirjana Kasapovic: Wahlsysteme und Systemwechsel in Osteuropa. Genese, Auswirkungen und Reform politischer Institutionen, Opladen 1996, S. 75–82.

ses beibringen oder eine Summe in Höhe von 1000 Mindestlöhnen (83 000 Rubel = rund 6300 DM).[4]

Diese im Wahlgesetz eingebauten Hürden trugen wie beabsichtigt in effektiver Weise dazu bei, die unübersichtliche Zahl der Parteien und Gruppierungen, die eine Wahlteilnahme beabsichtigten, zu reduzieren. So blieben 1995 von den ursprünglich 258 Bewerbern nur 43 Listenvorschläge übrig. Vier Jahre später konnten sich sogar nur 26 Parteilisten um Wählerstimmen bewerben. Auch die Fünf-Prozent-Hürde tat jeweils ihre Wirkung. 1993 konnten fünf der damals angetretenen 13 Parteien diese Hürde überwinden, 1995 waren es nur vier und 1999 schließlich sechs Parteien bzw. Wahlblöcke.[5] Allerdings beschränkt sich dieser erzieherische Effekt des Wahlrechts nur auf die eine Hälfte der Mandate, die Wahl der Direktkandidaten bleibt von der Fünf-Prozent-Hürde unbeeinflusst. Hier gelingt es nicht nur Vertretern von an der Fünf-Prozent-Hürde gescheiterten Parteien und Wahlblöcken, in die Duma einzuziehen, sondern jeweils auch einer großen Zahl formal unabhängiger Kandidaten. Diese entscheiden erst nach der Wahl, ob sie sich einer Fraktion anschließen oder sich mit anderen unabhängigen oder fraktionslosen Kandidaten zu einer eigenständigen Gruppierung zusammenschließen. Für die Bildung einer Fraktion oder Gruppe, die nach der Geschäftsordnung der Duma über die gleichen Rechte verfügt, sind mindestens 35 Abgeordnete notwendig. Zu Fraktionen können sich nur Abgeordnete von Parteien oder Vereinigungen zusammenschließen, die die Fünf-Prozent-Hürde überwunden haben.[6]

Ob sich der von den „Architekten" des russischen Wahlsystems erhoffte Effekt, langfristig zu zwei bis fünf großen, landesweit organisierten Parteien zu kommen, in der Zukunft einstellen wird, kann auch nach drei Wahlen auf der Basis des Grabensystems noch keinesfalls als gesichert gelten. Zu bedenken ist, dass über die tatsächliche Machtverteilung in Russland die Präsidentschaftswahlen entscheiden, die nach dem absoluten Mehrheitswahlrecht und damit einer völlig anderen Logik erfolgen.

## Die Herausbildung des russischen Parteienpluralismus

Seit mit den ersten zaghaften Ansätzen von Glasnost 1986 kleine Gruppen von Bürgern begannen, sich außerhalb der offiziellen sowjetischen Strukturen von KPdSU, Komsomol und Berufsverbänden zu organisieren, sind fast 15 Jahre vergangen. Rückblickend lassen sich mehrere Wellen einer inhaltlichen

4 Vgl. zur jüngsten Fassung des Dumawahlgesetzes: Eberhard Schneider: Das neue russische Dumawahlgesetz, Aktuelle Analysen des BIOst 43-1999, S. 4.

5 Vgl. Ellen Bos/Silvia von Steinsdorff: Zu viele Parteien – zu wenig System: Zur verzögerten Entwicklung eines Parteiensystems im postsowjetischen Russland, in: Systemwechsel 3. Parteien im Transformationsprozeß, hg. von Wolfgang Merkel/Eberhard Sandschneider, Opladen 1997, S. 101–141, hier S. 108; Luchterhandt (2000), S. 45f.

6 Vgl. Reglament Gosudarstvennoj Dumy Federal'nogo Sobranija – parlamenta Rossijskoj Federacii, Moskau 1994, Art. 28.

Pluralisierung der sowjetischen bzw. russischen Parteienlandschaft und damit verschiedene Phasen der Parteienbildung unterscheiden.[7]

Die Anfänge des neuen russischen Parteienpluralismus liegen in den ersten Jahren der von Gorbatschow betriebenen Reformpolitik. Die im Rahmen von Glasnost und Perestrojka in Grenzen zugestandene Meinungs- und Versammlungsfreiheit bereitete den Boden für das beinahe explosionsartige Entstehen einer Vielzahl von sog. „nicht formalen" gesellschaftlichen und politischen Vereinigungen. Obwohl viele der in dieser Zeit entstandenen Organisationen nur eine kurze Lebensdauer hatten und es zu ständigen Neugründungen und Abspaltungen kam, wurden einzelne Vereinigungen zu den Keimzellen späterer Parteien. Dies gilt insbesondere für die Klubs zur Unterstützung der Perestrojka. Diese *erste Phase* in der Entwicklung des russischen Parteiensystems umfasst die Jahre 1986 bis 1988/89. Sie wird entsprechend der typischen Organisationsform dieser Periode, den „Klubs", in der Regel als *„Klubphase"* bezeichnet.

Den Anstoß für die *nächste Entwicklungsphase* des russischen Parteienpluralismus gaben die Wahlen zu dem neu geschaffenen Volksdeputiertenkongress der UdSSR und den Republikparlamenten in den Jahren 1989 und 1990. Im Vorfeld der Wahlen entstanden zahlreiche Wählervereinigungen, Wählerklubs und Wahlblöcke. Die Wahlen waren der entscheidende Impuls dafür, dass sich aus dem breiten Feld der gesellschaftlichen Bewegungen politische Vereinigungen und parteiähnliche Strukturen herauskristallisierten. In der russischen Unionsrepublik vereinigten sich im Vorfeld der Wahlen zum russischen Volksdeputiertenkongress im März 1990 die inzwischen zahlreich vorhandenen demokratischen Parteien und Bewegungen in einem breiten demokratischen Wählerblock mit dem Namen „Demokratisches Russland". Dieser wandelte sich im Oktober 1990 in eine politische Bewegung. Mit – nach internen Schätzungen – 300–400 000 Aktivisten wurde „Demokratisches Russland" bald zur größten politischen Organisation nach der KPdSU.[8]

Der politische Pluralismus gewann in dieser Phase der Massenaktionen an Konturen. Drei grobe politische Richtungen ließen sich unterscheiden. Auf der einen Seite des Spektrums fand sich das am Erhalt des bisherigen Systems interessierte *konservative Lager*, das den von Gorbatschow initiierten Reformprozess grundsätzlich ablehnte. Auf der anderen Seite formierten sich die *Radikaldemokraten*, denen der von oben betriebene Systemumbau nicht weit genug ging und die eine Umgestaltung des sowjetischen Systems nach dem

7 Ausführliche Darstellungen zur Genese des russischen Parteiensystems finden sich in: Galina Luchterhandt/Otto Luchterhandt: Die Genesis der politischen Vereinigungen, Bewegungen und Parteien in Rußland, in: Rußland auf dem Weg zur Demokratie? Politik und Parteien in der Russischen Föderation, hg. von Hans-Joachim Veen/Peter R. Weilemann, Paderborn u.a. 1993, S. 125–213; Bos/von Steinsdorff (1997); Luchterhandt (2000).

8 Vgl. Yitzhak M. Brudny: The Dynamics of „Democratic Russia", 1990–1993, in: Post-Soviet Affairs, 9. Jg., 1993, Nr. 2, S. 141–170, hier S. 148ff.

Vorbild der westlichen Demokratien anstrebten. Zwischen diesen beiden Richtungen angesiedelt waren die mit Gorbatschow verbündeten *Reformkommunisten*. Sie verfolgten einen „zentristischen" Kurs, d.h. sie waren darum bemüht, den eingeschlagenen Prozess der kontrollierten Liberalisierung von oben fortzusetzen.[9] Diese zweite Phase der Parteienbildung endete mit dem Zusammenbruch des Sowjetimperiums nach dem gescheiterten Putsch gegen Gorbatschow im August 1991.

Insbesondere das als Reaktion auf den versuchten Staatsstreich ergangene Verbot der KPdSU und die Entstehung eines souveränen russischen Staates waren in der *dritten Phase der Entwicklung* des nunmehr postsowjetischen Parteiensystems der Anstoß für eine Neuformierung der politischen Kräfte. Eine zügige Konsolidierung der Parteien wurde aber in den folgenden beiden Jahren durch die sich zuspitzenden Konflikte zwischen Präsident und Parlament, die schließlich zur gegenseitigen Blockade der Staatsorgane führten, verhindert.

Die *demokratischen Kräfte* schlossen sich im Juli 1992 zu einer neuen Allianz zusammen, die sich seit dem Herbst 1992 „Demokratische Wahl" nannte. Zur zunächst einflussreichsten Kraft entwickelte sich aber ein unter dem Namen „Bürgerunion" im Juni 1992 gegründeter zentristischer Block. Zu diesem Block, der die wichtigsten realen Machtträger des Landes vereinigte, hatten sich der Unternehmerverband Arkadi Wolskijs und zahlreiche kleinere Organisationen zusammengeschlossen.

Nach dem Verbot der KPdSU musste sich auch das *kommunistische Lager* neu organisieren. In den Monaten nach dem Putsch entstanden mindestens sieben kommunistische bzw. sozialistische Gruppen, die sich als Nachfolger der ehemaligen Staatspartei definierten. Das russische Verfassungsgericht sorgte im Herbst 1992 aber dafür, dass die 1990 von Perestrojka-Gegnern gegründete russische kommunistische Partei auf die politische Bühne zurückkehren durfte. Sie wurde im Februar 1993 als „Kommunistische Partei der Russischen Föderation" (KPRF) neu gegründet. Da sie auf die Mitglieder und Ressourcen der ehemaligen Staatspartei zurückgreifen konnte, wurde sie zur größten Partei des Landes, die überdies über ein stabiles Netz lokaler Organisationen verfügt.[10]

Auf der *rechten Seite des politischen Spektrums* formierten sich zahlreiche neue nationalistische und chauvinistische Gruppierungen. Teilweise kam es zu sog. „rot-braunen" Koalitionen, die sich auf eine antidemokratische Grundeinstellung und die gemeinsame Opposition gegen die Reformpolitik gründeten. Dieser Allianz der rechten und linken Kräfte näherten sich auch einige ur-

9 Vgl. Margareta Mommsen: Wohin treibt Rußland? Eine Großmacht zwischen Anarchie und Demokratie, München 1996, S. 99.

10 Vgl. Luchterhandt/Luchterhandt (1993), S. 201ff; Vesa Oittinen: Ein populistischer Zwitter. Rußlands KP zwischen Leninismus und Staatspatriotismus, in: Blätter für deutsche und internationale Politik, 40. Jg., 1995, Nr. 8, S. 947–955, hier S. 946.

sprünglich demokratische Vereinigungen an, die quasi eine ideologische Kehrtwendung vollzogen.

Erst nachdem im Oktober 1993 der Konflikt zwischen dem Präsidenten und den konservativen Kräften im russischen Volksdeputiertenkongress gewaltsam zu Gunsten des Präsidenten entschieden worden war, wurde der Weg frei für die Abhaltung von Parlamentswahlen, die die Ansprüche an pluralistische und demokratische Wahlen weitgehend erfüllten. Diese waren in der *vierten Phase* der Genese des russischen Parteiensystems erwartungsgemäß der Impuls für eine organisatorische und programmatische Weiterentwicklung der Parteien. Auch die folgenden Parlamentswahlen im Dezember 1995 und 1999 waren jeweils wichtige Impulse für eine Neuformierung der russischen Parteienlandschaft.

Die Wahlen im Dezember 1993 waren für die zahlreichen Parteien und politischen Bewegungen die erste Gelegenheit, sich um Parlamentsmandate zu bewerben. Allerdings fanden die Wahlen unter denkbar ungünstigen Umständen statt. Denn den Parteien blieb vor dem Abstimmungstermin nur etwa ein Monat Zeit, um sich zu profilieren. Hinzu kam, dass sich nach den gewaltsamen Auseinandersetzungen um das Weiße Haus für einige Wochen eine „Energie der Angst“[11] über das Land legte. Alle Parteien und Organisationen, die die Aufständischen im Weißen Haus unterstützt hatten, waren von vornherein von den Wahlen ausgeschlossen worden. Insgesamt gelang es 13 Parteien, genügend Unterschriften vorzulegen, um sich mit Landeslisten an den Wahlen zu beteiligen. Von diesen waren einige erst anlässlich der Wahlen gegründet worden.[12]

Im *demokratischen Lager* bewarb sich das Bündnis „Russlands Wahl“ um den ehemaligen Ministerpräsidenten Jegor Gajdar als Nachfolgeorganisation des Reformbündnisses Demokratische Wahl um die Stimmen der Wähler. Allerdings konkurrierte „Russlands Wahl“ mit drei weiteren Wahlblöcken, die sich als Erben dieser Sammlungsbewegung sahen: Neben der „Bewegung für Demokratische Reformen“ handelte es sich um die „Partei der Russischen Einheit und Eintracht“ (PRES) und „Jabloko“ (Apfel), dessen Namen sich aus den Initialen der drei Spitzenkandidaten Jawlinskij, Boldyrew und Lukin zusammensetzte. Als Vertreter der *Zentristen* traten die „Demokratische Partei Russlands“ um Nikolaj Trawkin und die die „Roten Direktoren“ repräsentierende „Bürgerunion“ an. Die KPRF präsentierte sich als wichtigste Nachfolgeorganisation der KPdSU. Daneben verstand sich aber auch die „Agrarpartei“ als Erbe der ehemaligen Staatspartei. Auf dem *rechten Rand* des politischen Spektrums kandidierte schließlich die Liberaldemokratische Partei Russlands (LDPR), die bereits 1989 unter eher zwielichtigen Umständen aus der Taufe gehoben worden war. Sie war auf Initiative des KGB mit dem Ziel gegründet worden, eine „steuerbare Partei als Scheinalternative zur KPdSU zu

11 Irina Busygina, zitiert nach Mommsen (1996), S. 195.

12 Vgl. Bos/von Steinsdorff (1997), S. 120f.

schaffen"[13]. Erstmals in die Öffentlichkeit traten die Bewegung „Frauen Russlands", die Gruppierungen „Zukunft Russlands – Neue Namen" und „Würde und Barmherzigkeit" sowie die ökologisch ausgerichtete Bewegung „Zeder".

Von diesen 13 Gruppierungen gelang es acht, die Fünf-Prozent-Hürde zu überwinden. Neben dem in Bezug auf die Listenwahlen überraschenden Wahlsieger, der LDPR, waren es „Russlands Wahl", Jabloko, PRES, die KPRF, die „Agrarpartei", die „Demokratische Partei" sowie die „Frauen Russlands". Insgesamt stellte das Wahlergebnis nur eine Momentaufnahme des wenig gefestigten Parteiensystems dar. So konnten auch nicht alle acht Parteien, denen durch die Überwindung der Fünf-Prozent-Hürde automatisch Fraktionsstatus zukam, ihre parlamentarische Stellung dauerhaft festigen. Dies gelang nur der KPRF, den „Frauen Russlands", Jabloko und der LDPR. Während der Legislaturperiode standen Auflösungstendenzen bei den anderen Fraktionen verschiedene Fraktionsneugründungen gegenüber, bei denen die vielen unabhängigen Abgeordneten, die über Direktmandate in die Duma gelangt waren, die ausschlaggebende Rolle spielten. Besondere Erwähnung verdient in diesem Zusammenhang die einflussreiche Neugründung „Neue Regionen".

Im Vorfeld der Wahlen vom Dezember 1995 kam es erneut zu einer Neuformierung der politischen Kräfte. Hier zeigte sich zum einen ein genereller Trend zur Aufspaltung bzw. Zersplitterung der vorhandenen Kräfte. Dieser schwächte insbesondere das demokratische Lager, wo diesmal mehr als zehn verschiedene Listen miteinander konkurrierten. Aber selbst im kommunistischen Lager traten neben der KPRF noch die Wahlbündnisse „Die Macht dem Volke", „Union der Arbeit" und „Kommunisten Werktätiges Russland – Für die Sowjetunion" mit fast identischen Parolen an.

Zum anderen kam es zu Neugründungen von Parteien, die die Parteienlandschaft grundlegend veränderten. Hier ist an erster Stelle die Bewegung „Unser Haus Russland" (UHR) um den damaligen Premierminister Viktor Tschernomyrdin zu nennen. Hintergrund dieser Parteigründung war der erfolglose Versuch, quasi „von oben" ein Zweiparteiensystem zu schaffen, das aus einer rechten und einer linken präsidententreuen Partei bestehen sollte. Während die Bildung einer linken Partei unter dem damaligen Parlamentspräsidenten Anatolij Rybkin scheiterte, wurde die am 12. Mai 1995 gegründete Bewegung UHR ein Erfolg. Zur parlamentarischen Basis dieser neuen „Partei der Macht", die eine Vereinigung von Vertretern der Machtelite des Zentrums und der Regionen darstellte, wurde die Fraktion „Neue Regionen". Eine weitere wichtige Neugründung war der Kongress der Russischen Gemeinden (KGR). Der im April 1995 konstituierte Kongress vereinigte viele Organisationen und Politiker der früheren zentristischen Richtung. Als Spitzenkandidat trat General Alexander Lebed an.[14]

13 Mommsen (1996), S. 211.

14 Zur Gründung von UHR und KGR vgl. Luchterhandt (2000), S. 19f.

Von den 43 Organisationen, die sich im Dezember 1995 mit Parteilisten bewerben konnten, überwanden nur vier (KPRF, Unser Haus Russland, LDPR und Jabloko[15]) die Fünf-Prozent-Hürde. Insgesamt zogen aber Vertreter von 23 verschiedenen Gruppierungen und 76 „Unabhängige" in die Staatsduma ein. Diese schlossen sich innerhalb weniger Tage zu vorläufig sieben Fraktionen zusammen. Im kommunistischen Lager entstanden nicht zuletzt durch das „Verleihen" von Abgeordneten der KPRF an andere Gruppierungen schließlich drei Fraktionen, denen zusammen nur fünf Abgeordnete für das Erreichen der absoluten Mehrheit fehlten. 42 Abgeordnete aus der Gruppe der „Unabhängigen" schlossen sich unter dem Namen „Russische Regionen" zusammen.[16]

Nach den Wahlen von 1995 kristallisierte sich eine grobe *Vierteilung des Parteienspektrums* heraus. Die KPRF und ihre Verbündeten standen grundsätzlich in Opposition zur Politik der Regierung und des Präsidenten, auch wenn sie in bestimmten Bereichen zu Kompromissen bereit waren. UHR vertrat als „Partei der Macht" eine zentristische Position. Jabloko verkörperte das „klassische" demokratische Lager und verstand sich als demokratische Opposition gegenüber der Regierung. Schirinowskijs LDPR repräsentierte schließlich die nicht-kommunistischen radikalen Nationalisten. Die Kräftekonstellation war durch ein bipolares Muster geprägt. Der Ausgang des politischen Wettbewerbs wurde von zwei großen Koalitionen – die eine um die „Partei der Macht" und die andere um die KPRF – entschieden.

Im Vorfeld der Parlamentswahlen von Dezember 1999 und der im Jahr 2000 folgenden Präsidentschaftswahlen zeigte sich, dass das russische Parteiensystem nach wie vor einem riesigen Versuchslabor gleicht, in dem sich die einzelnen Bestandteile in immer neuen Experimenten neu gruppieren.[17] Zunächst versuchte einer der als aussichtsreich gehandelten Anwärter auf das Präsidentenamt, der Moskauer Bürgermeister Jurij Luschkow, seine Chancen durch die Gründung einer eigenen Partei zu erhöhen. Der Gründungskongress der vom Moskauer Bürgermeister ins Leben gerufenen Bewegung „Vaterland" fand im Dezember 1998 in Moskau statt. Luschkow, der in seiner programmatischen Rede einen starken Staat, aber keine Diktatur forderte und die früheren Regierungen und ihre ökonomischen Experimente heftig kritisierte, wurde von den mehr als 1000 Delegierten einstimmig zum Vorsitzenden gewählt. Die Bewegung „Vaterland" lässt sich am besten als eine neue administrative „Partei der Macht" charakterisieren, die aber im Gegensatz zu UHR

[15] Die im Oktober 1993 gegründete Wählervereinigung Jabloko hatte sich im Januar 1995 als politische Vereinigung neu konstituiert. Zu ihrem Vorsitzenden wurde Grigorij Jawlinskij gewählt.

[16] Vgl. Bos/von Steinsdorff (1997), S. 126f.

[17] Bis Anfang Januar 1999 waren beim Justizministerium 141 gesellschaftlich-politische Vereinigungen registriert, die zur Teilnahme an den föderalen Wahlen berechtigt waren. Von diesen waren 41 unter dem Namen Partei eingetragen. Vgl. Luchterhandt (2000), S. 25.

„auf freiem Felde", d.h. distanziert vom Präsidenten und seiner näheren Umgebung aufgebaut wurde.[18]

Ein weiterer wichtiger Impuls zur Neuformierung der Parteienlandschaft ging von den in der zweiten Kammer des Parlaments vertretenen Gouverneuren aus, die Einfluss auf den Ausgang der Dumawahlen nehmen wollten. Am 20. April 1999 riefen 33 Gouverneure die „Stimme Russlands" in Leben, zwei Tage später trat das Organisationskomitee von „Ganz Russland" zusammen. Verhandlungen zwischen Luschkows „Vaterland" und den beiden Gouverneursblöcken führten schließlich zur Bildung des Wahlblocks „Vaterland – Ganz Russland". Diesem schlossen sich auch Teile der Agrarpartei an.[19]

Dass diese sich neu formierenden Parteien und Wahlblöcke nach wie vor mehr mit prominenten Persönlichkeiten als mit programmatischen Aussagen um die Gunst der Wähler warben, zeigt sich besonders eindrucksvoll am Beispiel des angesehenen früheren Ministerpräsidenten Jewgenij Primakow. Erst nachdem er sich monatelang von wichtigen Parteiführern hatte umwerben lassen, entschied er sich, auf dem Ticket von „Vaterland – Ganz Russland" als Spitzenkandidat anzutreten. Damit schienen die Erfolgsaussichten der zentristischen Allianz aus der Partei des Moskauer Bürgermeisters und einer Gruppe mächtiger Gouverneure zu wachsen.

Zu Parteigründern wurden auch die von Präsident Jelzin entlassenen „Jungreformer" der Regierung Kirijenko. Der ehmalige Regierungschef Sergej Kirijenko gründete die „Neue Kraft", sein damaliger Stellvertreter Boris Nemzow die Organisation „Junges Russland". Anders als 1995, als das demokratische Lager mit einer Vielzahl von Kleinparteien antrat, kam es im Vorfeld der Wahlen von 1999 zu einer Vereinigung der Reformparteien. Aus dem Zusammenschluss von „Neue Kraft" und „Junges Russland", dem sich weitere liberale Parteien und prominente Reformer anschlossen, entstand schließlich der Block „Union Rechter Kräfte" (URK).[20]

Erst wenige Wochen vor den Wahlen zur Staatsduma unternahm dann auch die durch die Krankheit Boris Jelzins und zahlreiche Korruptionsaffären belastete Kreml-Familie noch den Versuch, eine eigene Partei aufzubauen. Unter Führung des als Saubermann geltenden Ministers für Katastrophenfälle, Sergej Schoigu, wurde überraschend das Bündnis „Einheit" ins Leben gerufen. Das nach seinem russischen Akronym (aus den Anfangsbuchstaben mehrerer Wörter gebildetes Wort) auch „Bär" genannte Bündnis sollte den am meisten gefürchteten Gegner der Familie, den Wahlblock „Vaterland – Ganz Russland", schwächen. Entsprechend richtete es seine Taktik darauf aus, mög-

18 Viktor Sejnis: Wie Rußland gewählt hat. Zum Fazit der Parlaments- und Präsidentenwahlen Dezember 1999/März 2000, Osteuropa, 50. Jg., 2000, Nr. 7, S. 758–778, hier S. 762f.; vgl. auch Eberhard Schneider: Die Bewegung „Vaterland – Ganz Rußland" (VGR), in: Aktuelle Analysen des BIOst 50-1999.

19 Vgl. Luchterhandt (2000), S. 27f.

20 Vgl. Luchterhandt (2000), S. 28.

lichst viele Gouverneure in den russischen Regionen an sich zu binden. Obwohl Schoigu die Eigenständigkeit von „Einheit“ betonte, bestand kein Zweifel an den tatsächlichen Initiatoren des Wahlbündnisses. Das zentrale Wahlziel von „Einheit“ war es, zu verhindern, dass „Vaterland – Ganz Russland“ zur stärksten Dumafraktion werden würde. Damit verbunden war die Absicht, die Ausgangsposition der beiden Führer der gegnerischen Allianz für die anstehenden Präsidentschaftswahlen zu schwächen.

Auf ein Programm verzichtete die vom Kreml ins Leben gerufene Kunstpartei, die als Partei von Putin und als eine die Regierung uneingeschränkt unterstützende Partei konzipiert worden war. Statt mit inhaltlichen Aussagen warb man mit prominenten Spitzenkandidaten. Neben Schoigu war dies zunächst der Olympia-Ringer Alexander Karelin. Auch dieser konnte sicher nicht durch seinen politischen oder ökonomischen Sachverstand Wähler anziehen, sondern nur aufgrund seines landesweit bekannten klangvollen Namens. Auch die Mitstreiter Schoigus unter den Gouverneuren erfreuten sich landesweiter – allerdings fragwürdiger – Bekanntheit. Dies gilt etwa für den Gouverneur Alexander Ruzkoj, der 1993 am Parlamentsputsch gegen Jelzin beteiligt gewesen war, und den korrupten Antidemokraten Jewgenij Nasdratenko aus Primorje. Diese für das Saubermann-Image Schoigus nicht unbedingt dienlichen Verbündeten waren unverzichtbar, da sie in ihren Gebieten de facto die Medien kontrollieren und damit Wählerstimmen beschaffen konnten, die über den Erfolg von „Einheit“ bestimmen würden.[21]

Neben diesen Neugründungen bewarben sich die KPRF, die LDPR und Jabloko als die Konstanten des neuen russischen Parteienpluralismus um die Stimmen der Wähler.[22] Verwirrung gab es um die Zulassung der LDPR des Politclowns Schirinowskij. Der Parteiliste der LDPR, auf der zahlreiche mutmaßliche Bosse der Unterwelt antraten und die sich nach Ansicht vieler Beobachter wie ein „Who’s who des organisierten Verbrechens“[23] las, wurde von der Zentralen Wahlkommission im Oktober 1999 die Registrierung verweigert. Grund für diese Maßnahme war ein Verstoß gegen die im Wahlgesetz vorgeschriebene Deklaration der Vermögensverhältnisse der Kandidaten. Schirinowskij löste das Problem dadurch, dass er mit einer alternativen Liste unter dem Namen Schirinowskij-Block antrat und mit dieser die Registrierung erreichen konnte.

[21] Vgl. Der Kreml lässt den Bär los, in: SZ, 9.10.1999, S. 14; Moskaus regimetreuer Regimekritiker, in: NZZ, 21.12.1999, S. 5; Galina Tschinarichina: Sieg der neuen „Partei der Macht“ bei den Dumawahlen, in: Wostok, 2000, Nr. 1, S. 9–14, hier S. 10.

[22] Eine Übersicht über alle zur Wahl zugelassenen Parteien, Wahlblöcke und politischen Vereinigungen findet sich in: Eberhard Schneider: Die russische Staatsdumawahl 1999, Berichte des BIOst 3-2000, 10ff.

[23] Wahlsperre für Schirinowskijs Partei in Russland, in: NZZ, 13.10.1999, S. 5; Grigorij Melamedow: Fragmente im Umfeld der Parlamentswahlen, in: Wostok, 2000, Nr. 1, S. 10–14, hier S. 10.

Der Wahlkampf wurde geprägt von der erfolgreichen Medienoffensive gegen das Bündnis „Vaterland – Ganz Russland“ und seine beiden Spitzenkandidaten. Die von den beiden großen staatlichen Fernsehanstalten geführte Schmutzkampagne stand in krassem Widerspruch zum Wahlgesetz, das die staatlichen Medien zur fairen und ausgewogenen Berichterstattung verpflichtete. Präsident Jelzin hatte zwar die Abhaltung „sauberer und ehrlicher“ Wahlen zu den Prioritäten seiner ablaufenden Amtsperiode erklärt, aber der Wahlkampf wurde dann von anderen Interessen des Kreml bestimmt. Auch die Dumawahlen sollten letztlich dazu dienen, den Weg für Jelzins Wunschnachfolger ins Präsidentenamt zu ebnen.

Die Möglichkeiten, sich gegen die massive Medienoffensive des Kreml zur Wehr zu setzen, waren sehr begrenzt. Dies wirkte sich zweifellos auf das Ergebnis der Wahlen vom 19. Dezember 1999 aus.[24] Klarer Sieger wurde die Bewegung „Einheit“ mit 23,32% der Zweitstimmen, auch wenn die KPRF mit 24,29% noch knapp davor lag. Der Block „Vaterland – Ganz Russland“ landete mit 13,33% abgeschlagen auf Platz drei. Es folgten die URK mit 8,52%, der Schirinowskij-Block mit 5,98% und Jabloko mit 5,93%. Die Tatsache, dass drei der sechs Parteien, die die Fünf-Prozent-Hürde überwunden haben, Neugründungen sind, zeigt einmal mehr die Instabilität des russischen Parteiensystems. Die drei neuen, teilweise erst unmittelbar vor den Wahlen konstituierten politischen Vereinigungen kamen überdies zusammen auf etwas mehr als 45% der Stimmen.

Wie bei den beiden Wahlen zuvor wurde das Ergebnis durch die Abstimmung über die Direktkandidaten modifiziert. Hier erzielte „Einheit“ mit nur neun Direktmandaten einen vergleichsweise geringen Erfolg. Die KPRF erreichte dagegen 46 Direktmandate, „Vaterland – Ganz Russland“ 37, die URK 24 und Jabloko vier.

Die Mehrheitsverhältnisse in der neuen Duma haben sich durch die Wahlen grundlegend verändert. Die Kommunisten haben ihre beherrschende Rolle verloren. Diese fällt nun der Fraktion „Einheit“ und der mit ihr verbundenen Gruppe „Volksdeputierte“ zu. Das Abstimmungsverhalten der letzten Monate zeigt, dass „Einheit“ mit wechselnden Koalitionen entweder mit den Kommunisten oder mit den Demokraten und Zentristen stets über eine Mehrheit im Parlament verfügt.

## Ausblick

Auch nach den Parlaments- und Präsidentschaftswahlen blieb die russische Parteienlandschaft in Bewegung. So vereinbarten etwa die beiden wichtigsten demokratischen Parteien, Jabloko und die URK, im Juni 2000 in einem Abkommen eine enge Kooperation. Von Parteivertretern wurde dieses Abkommen als historischer Schritt in Richtung Vereinigung aller demokratischer

24 Vgl. zu den Ergebnissen Schneider (2000), S. 29ff.

Kräfte charakterisiert.[25] Im Juli 2000 entstand unter dem Namen „Russland" eine neue Bewegung, die in der linken Mitte des politischen Spektrums angesiedelt ist. Zu ihrem Vorsitzenden wurde der Sprecher der Duma, Gennadij Selesnjow, gewählt.[26] Generell wird eine intensive Diskussion über die Rolle der Parteien und die Gestalt des anzustrebenden Parteiensystems geführt.

Parteien sind zwar 15 Jahre nach den ersten Anfängen des neuen Pluralismus zu „einem unentbehrlichen Element des politischen Lebens geworden",[27] aber das russische Parteiensystem ist dennoch bis heute nur rudimentär entwickelt. Wenngleich sich die KPRF, Jabloko und die LDPR zu vergleichsweise stabilen Elementen dieses Systems herausgebildet haben, so gleicht das Parteiensystem insgesamt doch noch immer einem riesigen Experimentierfeld. Fast alle der seit Ende der 80er Jahre gegründeten politischen Vereinigungen hatten einen äußerst flüchtigen Charakter. Die programmatischen Konturen der verschiedenen politischen Vereinigungen blieben dabei undeutlich. Da die Gründung bzw. die Spaltung oder Verschmelzung neuer oder bereits bestehender Parteien bislang von oben, auf Initiative des Kreml oder prominenter politischer Persönlichkeiten erfolgte, sind sie „kopflastig". Es fehlt ihnen die gesellschaftliche Verwurzelung, was sich auch in den geringen Mitgliederzahlen widerspiegelt. Die jeweils im Vorfeld der Parlamentswahlen von oben gegründeten administrativen „Parteien der Macht" konnten sich nicht auf Dauer behaupten. Ob es der neuen „Partei der Macht" gelingen wird, gesellschaftliche Wurzeln auszubilden und anders als ihre Vorgängerinnen zu einem dauerhaften Element des Parteiensystems zu werden, bleibt abzuwarten.

Die Zukunft des Parteiensystems wird nicht zuletzt davon abhängen, dass die politischen Eliten ihre generelle Einstellung zu Parteien verändern. Eine wesentliche Voraussetzung für die weitere Professionalisierung der Parteien und die Stabilisierung des Parteiensystems ist, dass Parteien als Träger und Mittler der gesellschaftlichen Willensbildung anerkannt und die Spitzen der Exekutive von Parteivertretern besetzt werden.

25 Vgl. Russlands Demokraten schmieden eine Allianz, in: NZZ, 22.6.2000, S. 1 u. 2; Tin Soldiers Decide to Rebel, in: The Current Digest of the Post-Soviet Press, 52. Jg., Nr. 25, S. 10.

26 Vgl. Movement of Sympathizers, in: The Current Digest of the Post-Soviet Press, 52. Jg., Nr. 29, S. 13.

27 Luchterhandt (2000), S. 11.

# Mächte im Hintergrund

## Die Rolle von „Familie" und „Oligarchen" im politischen Kräftespiel

HANS-HENNING SCHRÖDER

Im Laufe der 90er Jahre veränderten sich die politischen Kräfteverhältnisse in Russland von Grund auf. Dies war nur zum Teil der Einführung demokratischer Verfahren geschuldet. Viel größere Bedeutung kam der Neuverteilung politischer und wirtschaftlicher Macht zu, in deren Verlauf sich eine neue Führungsschicht konstituierte – ein Konglomerat aus „alten" und „neuen" Netzwerken, die den politischen Prozess dominierten und keinen Raum für die Entfaltung einer Zivilgesellschaft ließen. Im Zusammenspiel mit Finanzgruppen und regionalen Lobbies bestimmten politische Clans über weite Strecken hin russische Politik und ordneten sich die Institutionen des neu geschaffenen demokratischen Staats unter.

Die Transformation – Übergang zu Marktwirtschaft und Demokratie – war in Russland mit einem Prozess der Umverteilung gesellschaftlichen Reichtums verbunden. In der Gesellschaft tat sich ein tiefer Riss auf. Eine zahlenmäßig kleine Führungsgruppe, die sich im Übergangsprozess durchgesetzt hatte und die von der Gesellschaft nicht mehr kontrolliert wurde, benutzte die Ressource „Reform" vor allem zum Erhalt und zum Ausbau ihrer neu erworbenen wirtschaftlichen und politischen Macht.

### *„Alte" und „neue" Eliten*

Die „neuen" Eliten rekrutierten sich zum überwiegenden Teil aus „alten" sowjetischen Führungsschichten, die ihre Stellung im alten Regime ausnutzten, um sich auch im neuen System einflussreiche Positionen zu verschaffen. Der gesellschaftliche Umbruch führte aber zugleich zu einer Segmentierung dieser „alten" Elite. Sie zerfiel in konkurrierende Gruppierungen, die allerdings noch durch Herkunft, persönliche Beziehungen und institutionelle Strukturen miteinander verbunden waren.[1] In der Übergangsphase Ende der 80er, Anfang der 90er Jahre stießen Aufsteiger dazu – *homines novi* –, die in der rasch entstehenden Geschäftswelt und in den neuen Partei- und Repräsentativstrukturen Einfluss gewannen. Die neue Führungsschicht war daher ausgesprochen heterogen. Mitte der 90er Jahre rekrutierte sich die überwiegende Mehrheit der Angehörigen der Exekutive im Zentrum und in den Regionen aus der Bürokratie der Sowjetzeit – vor allem aus der Verwaltung und aus dem Wirt-

1 M.N. Afanas'ev: Pravjaščie ėlity Rossii: obraz dejatel'nosti, in: Mirovaja ėkonomika i meždunarodnye otnošenija, 1996, Nr. 3, S. 46–56, hier S. 47.

schaftsapparat. In den neu entstehenden Parteien und im Geschäftsleben dagegen war der Anteil „neuer“ Leute, also solcher, die in der Sowjetzeit keine Führungsposten in Partei und Staat bekleidet hatten, ganz beträchtlich.[2]

Die heterogene Zusammensetzung der neuen Oberschicht ist ein Reflex der widerstreitenden Prozesse der Übergangszeit. Anfangs spielten „Staatslobbies“[3] eine starke Rolle, in denen „Seilschaften“ aus früherer Zeit – etwa die Unternehmen eines Industriezweiges in Verbindung mit den überlebenden Strukturen der sowjetischen Branchenbürokratie – fortexistierten. „Staatslobbies“, in denen sich ehemaliger Parteiapparat, alte Industrieverwaltung und Unternehmensführungen verbanden, spielten aber nur vorübergehend eine Rolle. Schon wenige Jahre nach dem Zerfall der UdSSR traten neue Akteure in Gestalt großer Industrie- und Finanzkonglomerate hervor. Unter diesen spielten die großen Unternehmen des Energiesektors, die ihre Gewinne über den Export von Erdgas oder Mineralöl erwirtschaften, und die Banken die wichtigste Rolle. Sie standen in der Regel in enger Verbindung mit politischen Führungsgruppen auf föderaler und regionaler Ebene, mit deren Hilfe sie sich den Zugriff auf staatliche Ressourcen verschafften, und hatten es obendrein verstanden, erheblichen Einfluss auf die neu entstandenen Medien zu erlangen.[4]

Die konkurrierenden Teileliten lassen sich nicht immer scharf voneinander abgrenzen, da sie in der Regel in Gruppen übergreifende Netzwerke eingebunden waren, doch sind gewisse Grundmuster erkennbar. Ein spezifischer Typ wirtschaftspolitischer Einflussgruppen entstand aus den Leitungsapparaten der sowjetischen Branchenministerien, die Ende der 80er Jahre zum Teil einfach in Konzerne umgewandelt worden waren.[5] Diese Brancheneliten, die meist nach wie vor eng mit dem Regierungsapparat verschränkt waren, trieben intensive Lobbyarbeit, um die Interessen ihres Wirtschaftszweiges zu fördern. Grundsätzlich lassen sich zwei konkurrierende Gruppen identifizieren – die Repräsentanten der Rohstoffproduzenten und die Vertreter der verarbeitenden Industrien. In der ersten Gruppe dominierten vor allem die Vertreter der Erdgas- und Erdölförderung. Insbesondere die „Gas-Elite“, die es verstanden hatte, ihr Branchenministerium in einen modernen, exportorientierten Konzern umzuwandeln, trat sehr geschlossen auf und übte über den langjährigen Ministerpräsidenten Tschernomyrdin lange Zeit erheblichen Einfluss inner-

2 Vgl. O. Kryštanovskaja: Finansovaja oligarchija v Rossii, in: Izvestija, 10.1.1996, S. 5; der Beitrag von Klaus von Beyme in diesem Band geht näher auf diese Zusammenhänge ein.

3 Vgl. dazu N. Mögel/S. Schwanitz: Staatslobbyismus als System. Entscheidungsstrukturen im russischen Rüstungssektor, Berichte des BIOst 32-1995.

4 N. Lapina: Die russländischen Wirtschaftseliten und Probleme der nationalen Entwicklung, Berichte des BIOst 16-1997; vgl. auch H.-H. Schröder: El'tsin and the „Oligarchs“. About the Role of Financial Groups in Russian Politics Between 1993 and July 1998, in: Europe-Asia Studies, Jg. 51, 1999, Nr. 6, S. 957–988; zum Einfluss der „Oligarchen“ in den Medien vgl. den Beitrag von Anja Kreisel in diesem Band.

5 Die folgenden Ausführungen nach: Lapina (1997).

halb der Regierung aus. Ähnliche Geschlossenheit zeigte die Erdöllobby, die sich aus den Managern einiger großer Konzerne zusammensetzte und eng mit der Gas-Elite kooperierte. Beide Gruppen verfügten als Rohstoffexporteure über erhebliche Finanzmittel, die sie – wie im Vorfeld der Präsidentenwahlen 1996 – auch einsetzten, um die Jelzin-Administration finanziell zu stützen.

Gegenüber den Rohstoffproduzenten, die durch Außenhandelseinnahmen in einer sehr starken Position waren, konnten sich die Vertreter der maroden verarbeitenden Industrie kaum durchsetzen. Die Rüstungsindustrie etwa – vor 1990 eine Branche von erheblichem Gewicht, die über Positionen im ZK und im Politbüro direkt auf politische Entscheidungen einwirken konnte – stellt sich nicht mehr als geschlossene Einflussgruppe dar. Neu gegründete Konzerne wie MAPO oder Suchoj, die sich Chancen auf dem internationalen Markt ausrechnen, setzen eher auf Rüstungsexporte, während die Betriebe, die keine konkurrenzfähigen Produkte anbieten können – dazu gehört etwa die russische Elektronikindustrie – nach wie vor staatliche Unterstützung einfordern.

Eine ganz neuartige Erscheinung stellte die Bankenelite dar, die aus dem Führungspersonal der zahlreichen Kreditinstitute bestand, die in den 90er Jahren wie Pilze aus dem Boden schossen. Allerdings mussten viele kleinere Institute im harten Konkurrenzkampf bald wieder aufgeben. Von den ca. 2500 Banken, die 1994 aktiv waren, arbeitete ca. ein Viertel mit Verlust, und etwa 1000 verloren im Laufe der nächsten vier Jahre ihre Lizenz.[6] Einige Banken – wie z.B. SBS-Agro, ONĖKSIM, Most-Bank, Al'fa-Bank oder MENATEP – erlebten dagegen einen schwindelerregenden Aufstieg. Nachdem sie in den Jahren der Hochinflation 1992–1994 durch Währungsspekulation enorme Gewinne erzielt hatten, bauten sie in den Folgejahren ihre Sonderstellung vor allem durch enge Bindungen an die Politik aus, die ihnen in Gestalt des Instituts der „bevollmächtigten Banken"[7], durch kurzfristige Staatsanleihen, Pfand- und Privatisierungsauktionen lukrative Einnahmequellen verschaffte. Die Finanzinstitute wandelten sich in große Holdings, die in lukrativen Branchen (Mineralölwirtschaft, Aluminiumerzeugung, Telekommunikation, Medien oder Werbewirtschaft) Fuß zu fassen versuchten. Sie unterhielten mehr oder weniger enge Beziehungen zum Präsidialapparat und zur Regierung. Allerdings stellte diese neue Finanzelite keineswegs eine geschlossene Gruppe dar, die gemeinsame Interessen vertrat. Im Gegenteil, die Kapitalgruppen standen in scharfem Wettbewerb um Finanzressourcen, um Aktienkontingente von Großunternehmen, die zur Privatisierung anstanden, und um Anteile an zukunftsträchtigen Märkten.

6 Nach: Ėkspert, 1997, No. 32, S. 33; 1998, No. 11, S. 21; 1999, No. 13, S. 16.

7 Da es in Russland zunächst keine Kassenbehörde (wie z.B. die Bundeshauptkasse in Deutschland) gab, wurden von der lokalen, regionalen und föderalen Exekutive sog. „bevollmächtigte Banken" mit der Einnahme und der Verteilung staatlicher Gelder (Zolleinnahmen, Agrarsubventionen u.ä.) betraut.

## Der Sommer der „Oligarchen"

Während die Brancheneliten sich vorwiegend aus Wirtschaftsmanagern sowjetischen Typs zusammensetzten, trat bei den Finanzeliten ein neuer Typ Wirtschaftsführer in den Vordergrund – Unternehmer, die das amerikanische Wirtschaftsmagazin *Fortune* als „Russia's new fat cats" beschrieb.[8] Dies war eine Geschäftselite, die sich in den Jahren 1989–1991 formierte[9] und mit ihrem Durchsetzungsvermögen, ihrem wenig rücksichtsvollen Geschäftsgebaren und einem Hang zur Selbstdarstellung zunehmend das gesellschaftliche Klima bestimmte.[10] Waren sie zum Aufbau ihrer Finanzimperien zunächst auf die Hilfe politischer „Patrone" angewiesen, so waren Mitte der 90er Jahre einige von ihnen so erstarkt, dass sie ihrerseits auf Politik einzuwirken begannen.[11] Das wurde Anfang 1996 augenfällig, als Präsident Jelzin, dessen öffentliches Ansehen zu diesem Zeitpunkt auf einem Tiefststand angelangt war, nur mit Hilfe einer Gruppe von Finanzmagnaten seine Wiederwahl erreichen konnte.

Mit dem Hervortreten der großen Finanzgruppen gewann das politische System der Ära Jelzin in den Augen der russischen Öffentlichkeit einen neuen Charakter: als bestimmende Elemente galten nun die sog. „Oligarchen".[12] Mit diesem Begriff bezeichnete man nun eine kleine Gruppe von Finanzmagnaten – die „großen Acht" oder die „Sieben Bankbarone" –, die in enger Verbindung mit Präsident und Regierung standen und offenbar auf diese beträchtlichen Einfluss ausübten.[13] Ein Moskauer Politikwissenschaftler skizzierte die Situation dieser Jahre folgendermaßen:

> „Der wichtigste Teil der Beziehungen zwischen Business und Staat verlagerte sich in einen engen sozialen Raum, in dem es institutionelle Beschränkungen nicht gab. […] Im neuen, postkommunistischen Establishment hat sich ein 'oligarchischer' Typ der Interessenabgleichung durchgesetzt. Einzelne Segmente der Macht und der mit ihnen verbundenen bürokratischen und politischen Eliten begannen sich den Geschäftseliten anzunähern. Eine kleine Gruppe von Direktoren und Geschäftsleuten wurde Bestandteil der neuen herrschenden Schicht und erhielt direkten Zugang ins Zentrum des politischen Systems."[14]

8 Fortune, 3.3.1997.

9 N. Lapina: Die Formierung der neuen russländischen Elite. Probleme der Übergangsperiode, Berichte des BIOst 7-1996, S. 16.

10 So jedenfalls B. Kagarlickij: Suščestvujut ėkonomičeskie predposylki smeny ėlit. Budet skoree smuta, čem revoljucii, in: Nezavisimaja gazeta, 22.2.1995, S. 3, der auch beklagt, dass dieser Gruppe „unternehmerische Kultur" fehle.

11 Vgl. dazu Schröder, in: Europe-Asia Studies, Jg. 51, 1999, Nr. 6, S. 957–988.

12 Zur Entwicklung des Begriffs vgl. H.-H. Schröder: Jelzin und „Oligarchen". Über die Rolle von Kapitalgruppen in der russischen Politik, Berichte des BIOst 40-1998, S. 5 Anm. 1.

13 Ebd., mit weiteren Nachweisen; ferner: A.J. Zudin: Oligarchija kak političeskaja problema rossijskogo postkommunizma, in: Obščestvennye nauki i sovremennost', 1999, Nr. 1, S. 45–65.

14 Ebd., S. 46.

| Holding | Herausragender Einzelakteur | Nahestehende Bank | Arbeitsfeld | Situation Frühjahr 2000 |
|---|---|---|---|---|
| Gazprom | Rem Wjachirew | Gazprombank | Erdgasförderung, Erdgasexport | Finanziell vergleichsweise stabil, wachsender Einfluss der Regierung |
| EES Rossii | Anatolij Tschubajs | | Stromerzeugung (Monopolist) | Kritik des Rechnungshofes am Finanzgebaren des Konzerns |
| LUKojl | Wagit Alekperow | Imperial | Erdölförderung, Mineralölverarbeitung | Steuerpolizei geht gegen Alekperow vor |
| Interros | Wladimir Potanin | ONĖKSIM-bank MFK-Renessans | Breites Spektrum von Industriebetrieben (u.a. Noril'skij Nikel'), Ölfirmen, Medienunternehmen und Handelsorganisationen | Finanziell stark geschwächt. Wegen des zu geringen Preises bei der Übernahme von Noril'skij Nikel' droht die Staatsanwaltschaft mit Verfolgung |
| Most-Gruppe | Wladimir Gusinskij | Most-Bank | Medienunternehmen, Fernsehsender (Media-Most, NTV) | Im Konflikt mit dem Präsidenten, Gazprom will die Aktien übernehmen. Druck durch das Finanzministerium |
| JuKOS-Rosprom | Michail Chodorkowskij | MENATEP | Chemische, Bau-, Textil-, Mineralölindustrie | Politisch stabile Position |
| SBS-Agro | Alexander Smolenskij | SBS-Agro | Bankgeschäft, Agrarfinanzierung | Bankrott |
| Al'fa-Gruppe | Michail Fridman | Al'fa-bank | Handel mit Tee, Zucker, Bau und Betrieb von Supermärkten; Erdöl | Unterstützt Putin, hat enge Verbindungen zu Dumafraktionen |
| | Boris Beresowskij | | Einfluß auf zahlreiche Firmen, „Kontrolle der Finanzströme" (u.a. Sibneft', Aeroflot, LogoVAZ) | Im offenen Konflikt mit Putin, staatsanwaltliche Untersuchungen |

*Tabelle 1: Die „Oligarchen" der Ära Jelzin*

Die soziale – wie letztlich auch die politische – Entwicklung der Reformphase war also bestimmt durch die Formierung einer politischen und ökonomischen Elite, die sich aus der sowjetischen Nomenklaturschicht und aus Aufsteigern – manche davon gewiss auch aus dem halblegalen Sektor der sowjetischen Ökonomie, der „Schattenwirtschaft" – zusammensetzte. Klientelverhältnisse zwischen Wirtschaft und Politik existierten sowohl auf der Ebene der Föderation wie in der Mehrzahl der Regionen. Auf föderaler Ebene waren diese Strukturen instabil. In den neun Jelzin-Jahren ist der engere Führungskreis mehrmals komplett ausgetauscht worden. Fixpunkt war über lange Jahre hinweg allein der Präsident selbst. In den Provinzen installierten sich nach anfänglichen Konflikten und Unsicherheiten festgefügte lokale Eliten, die sich vor allem aus der sowjetischen Verwaltungsnomenklatur rekrutierten und das politische und wirtschaftliche Leben in ihrer Region effizient kontrollierten.

Auf diese Weise liegt die Herrschaft im Zentrum wie in den Regionen in der Hand von Clans, die von der Gesellschaft nicht mehr kontrollierbar sind. Die großen Finanzmagnaten („die Oligarchen") verdanken ihren Reichtum durchweg ihrer Nähe zur Politik. In Verbindung mit den politischen Eliten haben sie die Reformpolitik eigentlich gestaltet und den Prozess der Umverteilung manipuliert, der wesentlicher Teil der Reform war. Sie handelten nach der Maxime: „Der Gewinner kriegt alles". Diese Gruppen haben den Charakter der Transformation bestimmt und dem politischen System Russlands einen spezifischen Charakter gegeben. Die Gefahr, die von dieser Entwicklung ausging, hat vielleicht am prononciertesten Joel Hellman[15] ausgedrückt, der darauf aufmerksam machte, dass die Durchsetzung und Konsolidierung demokratischer Systeme nicht durch die Verlierer der Transformation – den „'short term losers of economic transition (striking workers, resentful former state bureaucrats, impoverished pensioners, or armies of the unemployed)" – gefährdet ist, sondern vielmehr durch die „Gewinner", die den Wandel nur so weit vorantreiben, als ihre eigenen Interessen es erfordern.

## *Der Aufstieg der „Familie"*

In der Tat verdankte die Mehrzahl der Finanzmagnaten ihren Aufstieg der Nähe zur großen Politik. Allerdings war es in Jelzins Russland nicht einfach, den Kontakt zu dem präsidialen Führungszirkel zu halten. Die Kräfteverhältnisse und die Personalkonstellationen im Umfeld des Präsidenten wechselten rasch. Nach 1993 war ein Kreis von Personen hervorgetreten, die dem Präsidenten nahe standen und – als Ausweis der Nähe – mit ihm regelmäßig Tennis spielten.[16] Bestimmende Figur dieser Gruppe, zu der u.a. der Verteidigungsminister und der Tenniscoach des Präsidenten gehörten, war der Leiter des präsidialen Sicherheitsdienstes, Korschakow – eine nicht unproblematische Gestalt mit großem Machtwillen. Allerdings übte er seinen Einfluss nur wenige Jahre aus. Zwar gaben Ende 1995 noch konservative Kräfte den Ton an, die mit der Rüstungslobby verbunden waren und über Korschakow Zugang zum Präsidenten erlangt hatten, doch wurde ihre Position immer schwächer, als Jelzins extrem niedrige Umfragewerte befürchten lassen mussten, dass im Sommer 1996 nicht dieser, sondern der Kommunist Sjuganow zum Präsidenten gewählt werden würde. In dieser Situation schlossen sich eine Reihe von Finanzmagnaten zusammen und boten Jelzin an, seinen Wahlkampf zu finanzieren. Mit dem Reformpolitiker Anatolij Tschubajs platzierten sie einen Mann ihres Vertrauens in der Nähe des Präsidenten, der eine dynamische, in den Mitteln nicht zimperliche Kampagne lancierte, die dem amtierenden Prä-

15 Vgl. J.S. Hellman: Winners Take All. The Politics of Partial Reform in Postcommunist Transition, in: World Politics, Jg. 50, 1998, S. 203–234.

16 Vgl. dazu die Erinnerungen der wichtigsten Beteiligten: Boris El'cin: Zapiski prezidenta, Moskva 1994; Aleksandr Koržakov: Boris El'cin: Ot rassveta do zakata, Moskva 1997.

sidenten im ersten Wahlgang (16.6.1996) eine knappe Mehrheit verschaffte. Jelzin erlitt zwar wenige Tage nach diesem Erfolg eine Herzattacke, doch da sein Zustand vor den Wählern geheim gehalten wurde, erhielt er im zweiten Wahlgang (3.7.1996) trotzdem eine Mehrheit.

Nach dem Wahlsieg stand die Mannschaft Jelzins vor einer schwierigen Situation. Ihr Kandidat hatte zwar das Präsidentenamt errungen, doch war er physisch außer Stande, es wahrzunehmen. Statt den verfassungsmäßigen Weg zu wählen und den Ministerpräsidenten mit der Geschäftsführung zu betrauen, hielt der neu ernannte Leiter der Präsidialverwaltung, Tschubajs, die Illusion aufrecht, Jelzin sei handlungsfähig, und regierte Russland ein halbes Jahr auf eigene Faust. Zunächst entfernte er Korschakow und seine Freunde aus der Umgebung des Präsidenten. Dann baute Tschubajs, ein exzellenter Administrator und konsequenter Reformpolitiker, die Präsidialverwaltung zu einer Nebenregierung aus, die alle wichtigen Wirtschaftsentscheidungen an sich zog und den Ministerpräsidenten Tschernomyrdin faktisch entmachtete.

Dagegen setzten sich wiederum mächtige Interessengruppen zur Wehr. Ihnen ging es nicht so sehr um das Schicksal der Reformpolitik als vielmehr um die Verteilung lukrativer Vermögenswerte aus dem russischen Staatsbesitz: Die Öl- und Rohstoffgiganten und die zukunftsträchtigen Telekommunikationsunternehmen wurden erst in dieser Phase privatisiert. Sie wurden im Rahmen eines komplizierten Auktionsverfahrens abgegeben, an dem sich vor allem die Banken und Kapitalgruppen beteiligten, die zuvor den Präsidentschaftswahlkampf finanziert hatten. Im Streit um die besten Stücke des Kuchens brach das Wahlbündnis der Finanzmagnaten auseinander, und Tschubajs, der angeblich eine von ihnen, die ONĖKSIM-Bank, bevorzugt behandelte, geriet in das Visier der konkurrierenden Kapitalgruppen. Mit ihrer Unterstützung konnte Ministerpräsident Tschernomyrdin die Position Tschubajs' schwächen und ihn im Herbst 1997 aus der unmittelbaren Umgebung Jelzins entfernen.

## *„Familie" und „Oligarchen" in der Endphase der Ära Jelzin*

Nach dem Weggang von Tschubajs regelte der neue Leiter der Präsidialadministration, Jumaschew, in enger Verbindung mit Jelzins Tochter, Tatjana Djatschenko, die nun als „Imageberaterin“ auch eine offizielle Funktion erhielt, den Zugang zum Präsidenten. Engen Kontakt zu dieser Gruppe hielt Boris Beresowskij, einer der Magnaten. Diese drei galten als Schlüsselfiguren des „Familienkonzerns“, der sich nun herauszubilden begann. Zwei weitere Personen von Gewicht wurden dem engeren Kreis zugerechnet: Pawel Borodin, der das nicht unbeträchtliche Vermögen der Präsidialverwaltung verwaltete, und Roman Abramowitsch, der Bankier der Jelzin-Familie. In den Jahren 1998 und 1999 kontrollierte dieser Kreis, wer zum kranken Präsidenten vorgelassen wurde. Damit war er bis zu einem gewissen Grade in der Lage, Jelzins Weltsicht und damit seine politischen Aktionen zu manipulieren.

Während die „Familie" ihre Machtposition Schritt für Schritt konsolidierte, verloren die „Oligarchen" seit den Finanzkrisen von 1997 und 1998 an Boden. Im Frühjahr 1998 leitete ein überraschender Regierungswechsel eine Phase der Irritation im Verhältnis zwischen politischer Führung und Finanzmagnaten ein. Der neue Ministerpräsident Kirijenko nahm bei der Bildung seines Kabinetts keine Rücksicht auf die Interventionen der Finanzgruppen.[17] Tatsächlich wurde unter Kirijenko das in den letzten Jahren gewachsene System von Beziehungen zwischen Politik und „Oligarchen" ernsthaft gestört.

Der Konflikt zwischen Regierung und Finanzgruppen wurde öffentlich, als Kirijenko versuchte, Steuerrückstände einzutreiben und dabei auf den massiven Widerstand von „Gazprom" stieß. Er war gezwungen, seine ursprünglichen Pläne aufzugeben, und handelte mit dem Erdgasgiganten einen Kompromiss aus, der es erlaubte, über den Verkauf von Staatsanteilen der Firma an ausländische Interessenten Mittel für den Staatshaushalt aufzubringen.[18] Auch die Erdölfirmen waren mit der Politik der Haushaltskonsolidierung, die Kirijenko betrieb, in hohem Maße unzufrieden. Zwar nahmen sie von einer öffentlichen Protestaktion Abstand, doch versteifte sich ihr Widerstand gegen das amtierende Kabinett.[19] Aber offensichtlich war die politische Führung im Sommer 1998 nicht stark genug, gegen die großen Finanzgruppen eine unabhängige Wirtschaftspolitik durchzusetzen. Die Exekutive verlor aber bei dem Versuch, sich aus der Verflechtung mit den Finanzgruppen zu befreien, ihre politische Basis. Im Kontext der Rubelkrise am 17.8.1998 wurde Kirijenko abgelöst und durch Außenminister Primakow ersetzt. Diese Personalentscheidung zeigte allerdings, dass die Macht der „Oligarchen" zu diesem Zeitpunkt stark geschwächt war, denn es gelang ihnen nicht, ihren Wunschkandidaten, den früheren Ministerpräsidenten Tschernomyrdin, durchzusetzen.[20] Ein Grund dafür ist gewiss darin zu suchen, dass praktisch alle „Oligarchen" im Verlaufe der Finanzkrisen des Jahres 1998 erhebliche finanzielle Einbußen hatten hinnehmen müssen. Eine Reihe großer Finanzinstitute waren nach dem Rubeleinbruch praktisch bankrott und waren wieder auf Patronage durch die Politik angewiesen. Die Regierung Primakow, in der mit Masljukow, dem früheren Vorsitzenden der Staatsplankommission, ein Kritiker des bisherigen Reformkurses für Wirtschaftspolitik zuständig war, favorisierte aber keineswegs die neuen Magnaten, die ihre Vermögen in der russischen „Gründerzeit" zusammengerafft hatten. Moskauer Beobachter sprachen daher vom „Herbst"

17 So urteilen z.B. J. Latynina/T. Lysova: Kompromiss na distancii, in: Ėkspert, 1998, Nr. 17, S. 14.

18 Vgl. u.a. N. Ivanov: Gazovaja ataka na „Gazprom" zadochnulas', in: Segodnja, 3.7.1998, S. 1, 5.

19 P. Sapožnikov: Fal'start, in: Kommersant daily, 23.7.1998, S. 1; vgl. auch A. Bagrov: Pod davleniem, in: Kommersant vlast', 1998, Nr. 29 [281], S. 8–15.

20 A. Bagrov: Berezovskij formiruet kabinet, in: Kommersant daily, 25.8.1998, S. 1; N. Timakova: Kremlevskie raskol'niki, in: Kommersant daily, 11.9.1998, S. 1.

oder gar vom „Tod der Oligarchen“, da diese nicht nur finanzielle Einbußen erlitten hatten, sondern inbesondere ihre „politischen Kuratoren“ verloren hätten.[21]

Einzelne Magnaten, wie Beresowskij oder Roman Abramowitsch, standen diese Krise allerdings durch, da sie ihre engen Beziehungen zur Umgebung Jelzins zu wahren wussten. Der „Familienkonzern“ suchte insbesondere in der Regierungszeit Primakows nach Bündnispartnern, da dieser in der Bevölkerung große Popularität genoss und geschickt einen Kurs steuerte, der die Macht des Präsidenten beschränkte und den politischen Konsens mit der Duma herstellte. Seine Politik, die darauf abzielte, die Exekutive aus der Abhängigkeit vom Präsidenten zu lösen und den Einfluss des Parlaments zu stärken, wurde von der „Familie“ als akutes Risiko für ihre Machtposition gesehen. Als Bedrohung empfand sie auch den Versuch der Duma, den schon lange nicht mehr handlungsfähigen Präsidenten mit einem Impeachment-Verfahren aus dem Amt zu entfernen. Die Schwächung der Position Jelzins oder gar seine Absetzung hätte für die „Familie“ das Ende ihrer Machtstellung bedeutet, auch eine Strafverfolgung war dann nicht mehr auszuschließen. Daher suchte sie Primakows Initiativen zu behindern und wehrte sich auch entschieden gegen das Amtsenthebungsverfahren. Nachdem diese Gefahr durch eine Reihe politischer Manöver, zu denen auch die Ablösung des Ministerpräsidenten gehörte, abgewandt werden konnte, war die Situation aber keineswegs bereinigt, da die Amtszeit Jelzins spätestens im Sommer 2000 zu Ende war. Daher wandte die „Familie“ nun ihre Mühe darauf, einen akzeptablen Kandidaten aufzubauen und mögliche Konkurrenten schon im Vorfeld der Wahlen zu beschädigen. Die politischen Winkelzüge der Präsidialverwaltung, die gezielt gestreuten Gerüchte über ein Notstandsregime und der „Informationskrieg“ zwischen dem von Beresowskij kontrollierten 'staatlichen' Fernsehen und dem größten Privatsender NTV, der dem Jelzin-Clan kritisch gegenüberstand, waren Teil einer Kampagne, mit denen die Gruppe um Jelzin ihrem Wunschkandidaten den Weg ins Präsidentenamt ebnete. Nachdem sich die „Familie“ im Spätsommer 1999 auf Putin als Jelzin-Nachfolger festgelegt hatte, entfesselten die Spitzen der Präsidialverwaltung und jene Finanzmagnaten, die zur „Familie“ gerechnet wurden, einen Werbefeldzug, der alle innen- und außenpolitischen Ereignisse dem Ziel der Durchsetzung Putins unterordnete. Ende 1999 instrumentierten sie auch Jelzins Rücktritt und Putins Ernennung zum amtierenden Präsidenten so geschickt, dass letzterer mit einem deutlichen Vorsprung in den Präsidentschaftswahlkampf eintreten konnte.

21 O.V. Kryštanovskaja: Smert' oligarchii, in: Argumenty i fakty, 1998, Nr. 46, S. 5; „Berezovskij otkryto borolsja protiv nas“, in: Kommersant, 19.1.1999, S. 1–2, hier S. 2.

## Putin und die „Oligarchen"

Die über die Maßen erfolgreiche Imagekampagne, die Putin im Frühjahr 2000 zum Wahlsieg verhalf, war ein Produkt des Systems Jelzin. Durch Zusammenwirken des politischen Führungszirkels mit Finanzkreisen und den von diesen kontrollierten Medien gelang es, dem neuen Präsidenten breite öffentliche Zustimmung zu verschaffen. Doch bald wurde klar, dass das Verhältnis der Putin-Administration zur „Familie" und zu den politiknahen Finanzmagnaten keineswegs ohne Brüche war. Wenige Tage nach der Amtsübernahme entfernte Putin mit Pawel Borodin und Tatjana Djatschenko, Jelzins Tochter, zwei Schlüsselfiguren der alten Führung von ihren Posten. Stattdessen besetzte er die wichtigsten Positionen der Präsidialverwaltung mit Personen seines Vertrauens. Nach seinem überlegenen Sieg bei den Präsidentschaftswahlen am 26. März 2000 begann die Putin-Administration rasch, ihre ohnehin starke Position weiter auszubauen. Gestützt auf die Macht, die ihr die Ressource „Präsidentschaft" verlieh, machte sie sich daran, das politische System von Grund auf zu erneuern. Putin setzte die Regionen mit seinen Gesetzesinitiativen zur Änderung der Föderalverfassung unter erheblichen Druck. Zugleich begann auch für die Finanzmagnaten ein rauherer Wind zu wehen. Justiz und Steuerbehörden begannen offensiv gegen die Führer der großen Kapitalgruppen vorzugehen. Im Mai ließ das Innenministerium die Büros des Medienkonzerns Media-Most durchsuchen. Wenig später ging die Steuerpolizei gegen den Kfz-Hersteller AvtoVAZ vor und durchsuchte in 26 Regionen Vertretungen dieses Unternehmens. In der Folge dieser Aktion wurde gegen AvtoVAZ ein Verfahren wegen Steuerhinterziehung eingeleitet. Im Juni wurde Wladimir Gusinskij, der Vorsitzende der Holding Media-Most, vorläufig festgenommen. Das Vorgehen gegen den Vorstand des wichtigsten privaten Medienkonzerns, dem Unterschlagung von Staatsgeldern vorgeworfen wurde, löste heftige Kritik aus, und nach wenigen Tagen wurde er wieder auf freien Fuß gesetzt. Die Generalstaatsanwaltschaft leitete ebenfalls im Juni ein Verfahren ein, um die Privatisierung des Unternehmens „Noril'skij Nikel'" rückgängig zu machen. In diesem Fall lautete der Vorwurf, dass die Übernahme von 38% der Anteile durch den Vorsitzenden der Holding „Interros", Oleg Potanin, im Jahre 1997 ungesetzlich gewesen sei. Im Juli durchsuchte die Steuerpolizei Büros des Mineralölkonzerns LUKojl im Zusammenhang mit einem Verfahren gegen dessen Vorsitzenden, Alekperow. Gleichzeitig warf der Rechnungshof dem Stromgiganten EES Rossija vor, in den Jahren 1992–1998 wiederholt Gesetze verletzt zu haben. So berechtigt die Vorwürfe im Einzelnen sicher waren, so überrascht doch die plötzliche Aktivität von Justiz und Kontrollbehörden, die über lange Jahre still gehalten hatten. Offensichtlich hatten die großen Kapitalgruppen der Jelzin-Ära, die Gewinner der Transformationszeit, ihr politisches Schutzdach verloren. Insofern führte der Wechsel im Präsidentenamt in der Tat eine tiefgreifende Wende in den politischen Kräfteverhältnissen herbei. Die durch die Finanzkrise des August 1998 ohnehin angeschlagenen Bankengruppen büßten endgültig ihre privilegierte politische Position ein. Als Putin Ende Juni 2000 eine Gruppe beunruhigter Wirtschaftsführer zu einer Aussprache empfing, fehlten eine ganze Reihe der ehemaligen „Bankbarone". Allerdings traten an ihre Stelle Vertreter aufstrebender Unternehmen aus der Aluminiumindustrie, aus dem Medienbereich, dem Mobilfunksektor und der Elektronikbranche. Der Machtverlust der Finanzmagnaten aus der „Gründerzeit" reflektiert den Strukturwandel der russischen Wirtschaft, in der nach einem Jahrzehnt spekulativer Finanzgeschäfte Produktion und Industrieausbau wieder an Bedeutung gewannen.

# Der asymmetrische Föderalismus Russlands und die Rolle der Regionen

ANDREAS HEINEMANN-GRÜDER

Russland ist laut Verfassung ein demokratischer föderativer Rechtsstaat, der aus 89 Regionen (den sog. Föderationssubjekten) besteht. Von föderalen Systemen anderswo unterscheidet sich der russische Fall aber durch eine ganze Reihe von Merkmalen: durch die große Zahl der Regionen, durch die Statusunterschiede zwischen ihnen, durch die sozioökonomischen Disproportionen, durch unklare Zuständigkeitsabgrenzungen zwischen Regionen und Zentralregierung sowie durch das Fehlen einer regionsübergreifenden politischen Integration. Seit der Auflösung der Sowjetunion nehmen die regionalen Unterschiede im Lebensstandard, bei den territorialen Bruttosozialprodukten sowie bei den Pro-Kopf-Einnahmen und -Ausgaben zu. Die sozioökonomische Heterogenität bringt auch eine wachsende politische Differenzierung mit sich. Russlands föderales System steht daher vor der schwierigen Aufgabe, die politische und sozioökonomische Einheit des Staates und Gemeinwesens zu bewahren, ohne die Eigenständigkeit der Regionen über die Maßen zu beschränken.

## *Föderale Asymmetrie*

Der Rechtsstatus der einzelnen Regionen weist erhebliche Ungleichheiten auf, die als „Asymmetrie" bezeichnet werden. Die Verfassung unterscheidet sechs verschiedene Arten von „Föderationssubjekten":

- 21 Republiken (*respubliki*),
- zehn autonome Bezirke (*avtonomnye okrugi*),
- ein autonomes Gebiet (*avtonomnaja oblast'*),
- 49 Gebiete (*oblasti*),
- sechs Bezirke (*kraja*) und
- zwei Städte von föderaler Bedeutung.

Diese sechs Verwaltungsmodelle gehen auf drei Grundtypen zurück: nationalstaatliche Gebilde (Republiken, autonome Bezirke und das autonome Gebiet); territorial-staatliche Gebilde (Gebiete, Bezirke) und die beiden Städte von föderaler Bedeutung (Moskau, St. Petersburg). Bei *Republiken, autonomen Bezirken und dem autonomen Gebiet* handelt es sich um Regionen, in denen ein oder mehrere nicht-russische Völker, nach denen die Region benannt ist (Titularethnien), sprachlich-kulturelle Autonomie, *de facto* aber auch politische und wirtschaftliche Privilegien genießen. Der Autonomiestatus nicht-russischer Völker ist dabei nicht unmittelbar von der demographischen Situation in der Region abhängig. Die meisten ethnisch definierten Verwaltungseinheiten sind multi-ethnische Gebilde, und nur in den wenigsten Fällen stellt die Titularethnie tatsächlich die Mehrheit der Bevölkerung. Die *Gebiete und Bezirke* sind demgegenüber ethnisch neutral und den Ländern in der Bundesrepublik vergleichbar.

Asymmetrie ergibt sich einerseits aus diesen Statusunterschieden, andererseits aber auch aus den unterschiedlichen exekutiven Vollmachten und Ungleichheiten in den regionalen politischen Regimen (parlamentarische und präsidentielle Systeme, unterschiedliche Verfassungs- und Wahlordnungen).[1] Alle Regionen werden in der russischen Verfassung als „staatliche Gebilde“ definiert; sie verfügen über Elemente einer eigenen Verfassungsgebung, über Territorialhoheit und eine unabhängige Gesetzgebung, sie sind auf der föderalen Ebene gleichberechtigt repräsentiert und in ihrer Rechtshoheit an Vorgaben der föderalen Verfassung gebunden. In Abkehr von den Föderationsverträgen von 1992, die zunächst die Statusunterschiede fixierten, verkündete die Verfassung vom Dezember 1993 die Gleichheit der Föderationssubjekte gegenüber der Zentralregierung, d.h. sie behandelt die Republiken nicht mehr als „souveräne“ Staaten, und sie betrachtet die allgemeinen Grundzüge staatlicher Machtausübung in den Regionen als „Gemeinschaftsaufgabe“. Zu den „Gemeinschaftsaufgaben“, die die Föderation und die Regionen gemeinsam wahrnehmen, zählen die Gewährleistung übereinstimmender Rechtsordnungen in der Föderation und den Regionen, der Schutz der Menschenrechte, die Nutzung der Naturressourcen, die Aufteilung des Staatseigentums, Bildungs-, Gesundheits- und Familienpolitik, Steuergrundsätze, Personalfragen im Polizei- und Gerichtswesen, die Festlegung von Verwaltungsgrundsätzen und die Koordination der Außen- und Wirtschaftspolitik.

Die verfassungsmäßig gesetzten Grenzen föderaler Asymmetrie werden allerdings in der Gesetzgebung der Regionen, insbesondere in den von nichtrussischen Völkern dominierten Republiken, häufig überschritten. Faktisch enthalten alle *Verfassungen der 21 Republiken* Festlegungen, die der föderalen Verfassung widersprechen. Zu den eklatantesten Fällen gehören Tschetschenien und Tuva. Die tschetschenische Verfassung etwa geht von einer Eigenstaatlichkeit aus. Die Mehrheit der Republiken bestimmt den eigenen Status hingegen im Rahmen der Russländischen Föderation. Einige Republiken erwähnen das Verhältnis zu Russland nicht ausdrücklich, andere sprechen von „konstitutionell-vertraglichen Beziehungen“. Tatarstan wiederum bestimmt den eigenen Status als „assoziiertes Mitglied“ der Föderation. Mehrere Verfassungen erlauben Änderungen des territorialen Status durch ein Referendum und reklamieren damit für sich ein Sezessionsrecht. Während eine Gruppe unter den Republiken die Souveränität des eigenen Volkes erklärt, reklamie-

1 Eine ausführliche Darstellung des Föderalismus unter Jelzin mit umfassenden Einzelnachweisen findet sich bei Andreas Heinemann-Grüder: Der heterogene Staat. Föderalismus und regionale Vielfalt in Russland, Berlin 2000.

ren andere die volle staatliche Souveränität. Unbeschadet der Differenzen in der ethnischen Definition von Souveränität bekräftigen die Republiksverfassungen mit wenigen Ausnahmen die Zweisprachigkeit (Ausnahmen sind z.B. Baschkortostan und Tatarstan). Die Vorstellung, die Republiken seien die eigentlichen Begründer der Föderation, findet sich in vielen Republiksverfassungen. Noch einen Schritt weiter gehen jene Republiksverfassungen, die vom Prinzip „Landesrecht bricht Bundesrecht" ausgehen. Alle Republiksverfassungen konstruieren zudem eine eigene Staatsbürgerschaft. Schließlich wird der Besitz am Boden und an den natürlichen Ressourcen in den Verfassungen der Republiken ausnahmslos zum Besitz des Volkes bzw. der Völker der jeweiligen Republik erklärt. Zum Schutz ihrer Verfassungsordnung sehen die Republiken entweder Oberste Gerichte oder Verfassungsgerichte vor. In einigen Fällen wird das Oberste Gericht der Republik zum höchsten Gericht in Fragen des Zivil-, Straf- und Verwaltungsrechts und in Fragen der Gerichtsaufsicht erklärt – der Souveränitätsanspruch wird so auch im Bereich der Judikative reklamiert. Häufig finden sich darüber hinaus in den Republiksverfassungen Artikel, die die Ernennung des Staatsanwaltes der Republik von der Nominierung des Präsidenten der Republik bzw. der Legislative abhängig machen.

Die *Gebiete und Bezirke* nahmen ab 1994 ihrerseits Statuten an, die z.T. ebenfalls den Regelungen der russischen Verfassung widersprechen. In Einzelfällen schränken Gebietsstatuten beispielsweise den Bereich der föderalen Zuständigkeit ein, definieren Gemeinschaftsaufgaben einseitig und weiten den eigenen Kompetenzbereich aus. So beanspruchen einige Gebiete das Recht, regionale Staatsbanken zu gründen, die Arbeit von regionalen Bundesbehörden mitzubestimmen und in internationale und außenwirtschaftliche Beziehungen unabhängig eintreten zu können. Gemeinschaftsaufgaben werden in einigen Statuten gänzlich in die Zuständigkeit der Region übertragen, solange kein anders lautendes föderales Gesetz existiert. Eine gravierende Diskrepanz zwischen der föderalen Verfassung und den Republiksverfassungen bzw. Statuten besteht schließlich in Bezug auf die kommunale Selbstverwaltung. Kommunale Selbstverwaltung, etwa die Tätigkeit von Bürgermeistern, wird häufig der Regionalverwaltung untergeordnet.

Während in den Jahren 1992/93 eine Reihe von Gebieten – insbesondere solche, die über viele Naturschätze verfügten – den Republikstatus anstrebten, hat die Konkurrenz zwischen Republiken und Gebieten ab Mitte der 90er Jahre an Bedeutung verloren. Statuskonflikte bestehen jedoch nach wie vor zwischen *autonomen Bezirken* und den sie umschließenden Regionen. Neun der insgesamt zehn autonomen Bezirke sind nach 1992 im Bestand der umgebenden Regionen verblieben, die mehrfach versuchten, diese „Enklaven" ihrer Jurisdiktion zu unterstellen. Erhebliche Konflikte bestehen zudem in den sog. „Doppelautonomien", in denen zwei namensgebende ethnische Gruppen um die Dominanz ringen (z.B. Kabardino-Balkarien).

## Bilaterale Verträge

Die *Republiken* widersetzten sich am stärksten der Rezentralisierung und der Gleichstellung der Regionen durch die Verfassung vom Dezember 1993. Und am deutlichsten zeigten sich Befürchtungen vor einer „Russifizierung" und Zentralisierung der Föderation, wo sich ethnisches Sonderbewusstsein mit der Verfügung über Naturreichtümer verband. Freilich votierten nur zwei der insgesamt 21 Republiken offen gegen die Zugehörigkeit zur Russländischen Föderation: Tschetschenien und Tatarstan. Um den Befürchtungen vor Gleichstellung zu begegnen, setzte ab Februar 1994 ein Prozess der bilateralen vertraglichen Ausgestaltung der Gemeinschaftsaufgaben und der Übertragung föderaler Zuständigkeiten an die Regionen ein.[2] Diese bilateralen Verträge führten zwar zu einer Flexibilisierung der föderalen Beziehungen, doch gleichzeitig wurde eine Souveränität der Republiken explizit negiert. Die bilateralen Verträge sind ausdrücklich mit der Anerkennung der Verfassung, der föderalen Verfassungsgesetze und der Verfassungen und Gesetze der Regionen verbunden. Die Verträge mit den Gebieten unterscheiden sich im Umfang der Zugeständnisse der Zentralregierung deutlich von jenen mit den Republiken. Keinem der Gebiete wurde beispielsweise die Nutzung der eigenen Bodenschätze zugestanden. Die Verträge billigen jedoch allen Gebieten das Budgetrecht, das Recht auf eigene Steuererhebung und die Aufnahme internationaler und außenwirtschaftlicher Beziehungen zu. Die anfängliche Bevorzugung der Republiken relativierte sich insbesondere im Zuge der Neuverhandlungen ablaufender Verträge: Immer mehr Empfängerregionen[3] kamen aus der Gruppe der Gebiete. Die Asymmetrie, die in den bilateralen Verträgen zum Ausdruck kommt, hat somit nicht zur Verstärkung von Identitätskonflikten beigetragen, sondern diese vielmehr entschärft. Stattdessen traten Verteilungskonflikte in den Vordergrund. Im April 1997 verabschiedete die Duma ein Gesetz, das einheitliche Rahmenvorgaben für bilaterale Verträge festlegt. Der Spielraum zur Gewährung individueller Sonderrechte einzelner Gebietseinheiten ist seither erheblich eingeschränkt.

## Regionaler Autoritarismus

Mit der Ablösung der regionalen Vertretungskörperschaften, der „Sowjets", im Zuge der Entmachtung des „Obersten Sowjets" und der Einführung der Verfassung von 1993 gewannen die Administrationschefs – die Republikspräsidenten und die Gouverneure – außergewöhnliche Entscheidungsautonomie. Die meisten Gebietsstatuten teilen die Macht zwischen Exekutive und Legislative deutlich zugunsten der Exekutive auf. Die Zahl der Abgeordneten in den Gebietslegislativen schwankt zwischen 15 und 50 – im Vergleich zu den

2 Vgl. dazu die Beiträge von Margareta Mommsen und Jörg Stadelbauer in diesem Band.

3 D.h. Regionen, die mehr Mittel aus dem föderalen Haushalt bekommen, als sie in ihn einzahlen.

früheren Sowjets hat sich damit die Anzahl der Abgeordneten pro Kopf der Wahlbevölkerung erheblich verringert. Für die Demokratisierung bedeutet die Entrechtung der Regionalparlamente einen schweren Rückschlag.

Die Republikspräsidenten und die Gouverneure tragen Verantwortung für die exekutiven Abläufe in der territorialen Verwaltung, die regionale Wirtschaftsreform, die kommunale Wirtschaft, die Planung der langfristigen Gebietsentwicklung, die Gewährleistung sozialer Sicherheit und *de facto* auch für Privatisierung, Preisregulierung und Kontrolle der Haushaltsführung. Die Republikspräsidenten und Gouverneure bestimmen die Personalpolitik in der Regionalverwaltung und häufig auch in den Kommunen; gegenüber Entscheidung der Regionaldumen verfügen sie meist über ein Vetorecht. Die Erstellung und Kontrolle des Haushalts liegt weitgehend in ihrer Hand, sie kontrollieren die „außerbudgetären Fonds" und halten die regionalen Massenmedien in Abhängigkeit. Insgesamt verfügen die Administrationschefs damit in der Region über ähnliche Vollmachten wie der Präsident Russlands im Zentrum. Die quasi-präsidentielle Herrschaft der Gouverneure und Republikspräsidenten fördert eine Personalisierung von Politik, Populismus, autoritären Machtmissbrauch, eine Unterrepräsentation sozialer Interessen und eine Verengung der politischen Willensbildung auf Entscheidungen über charismatische Führer. Durch ihre Direktwahl ab 1996 haben die Chefs der Regionalexekutiven darüber hinaus an Unabhängigkeit gegenüber der Zentralregierung gewonnen – bis dahin waren zumindest die Gouverneure vom Präsidenten ernannt worden. Die größere Unabhängigkeit wirkte sich schon bald nach den ersten Wahlen zum Föderationsrat (1993) aus, als die Vertreter der Föderationssubjekte die zweite Kammer für regionale Interessenvertretung zu nutzen begannen.

Die meisten der gewählten Republikspräsidenten stammen nach wie vor aus der exekutiven Elite, die schon zu Sowjetzeiten die Macht innehatte. Unter den Gouverneuren sind hingegen während der Wahlen ab 1996 alte Elitenvertreter verstärkt abgelöst worden. Die befürchtete Rückkehr der „roten Kader" oder ein Machtgewinn russischer Nationalisten fand somit bei den Gouverneurswahlen nicht statt. Auffällig an den Gouverneurswahlen und den Wahlen zu Regionaldumen ist, dass ideologische Konfliktlinien kaum eine Rolle spielen. Das Mehrheitswahlrecht bei Gouverneurswahlen und die geringe Rolle von Parteien tragen erheblich zur Personalisierung regionaler Wahlen bei. Durch den geringen Einfluss föderaler Parteibindungen sind die politischen Legitimationsmuster der Gouverneure darüber hinaus von gesamtstaatlichen Willensbildungsprozessen abgekoppelt. Die Verankerung der nationalen Parteien in den Regionen ist in aller Regel – nur die Kommunistische Partei bildet eine Ausnahme – extrem schwach. Die „demokratischen" Parteien leiden unter ihrer Zersplitterung und dem mangelhaften Ausbau regionaler Parteistrukturen. In einigen Regionen entstanden rein regionale Wählervereinigungen bzw. Parteien, sie blieben allerdings die Ausnahme. Wählervereinigungen, die sich um administrative „Führer" scharten, schnitten im Vergleich zu Parteien, die von regionalen Unternehmern oder speziellen Wirtschaftsbranchen ins Leben gerufen wurden, weitaus besser ab.[4]

## Bundesexekution gegenüber den Regionen

Infolge der verschlungenen Wege, die die Entwicklung des Föderalsystems in Russland nahm, haben sich zwischen der regionalen und föderalen Verfassungs- und Gesetzgebung eine Fülle von Widersprüchen aufgetan, zu deren Überwindung es keinen wirksamen Mechanismus gibt. Grundsätzlich gilt, dass bei Widersprüchen föderales Recht gliedstaatliches Recht bricht. Kristallisationspunkt für den Widerstreit präsidentieller und regionaler Interessen wurde zunächst das Amt des Präsidentenvertreters in den Regionen, das kurz nach dem Augustputsch 1991 eingeführt worden war. Präsidentenvertreter sollten dem Präsidenten direkt verantwortlich sein, die Beachtung föderaler Gesetze kontrollieren, den Präsidenten informieren, die Tätigkeit föderaler Organe koordinieren, die regionale Exekutive und Legislative inspizieren und dem Präsidenten Vorschläge zur Regionalpolitik unterbreiten.[5] Die Präsidentenvertreter wurden freilich nicht mit exekutiven Machtmitteln ausgestattet, die sie in die Lage versetzten, die Durchsetzung föderaler Gesetze und Dekrete tatsächlich zu erzwingen. Der Versuch, die Präsidentenvertreter in den Regionen zu Verwaltungsvorstehern für alle föderalen Institutionen zu machen, stieß in den Regionen auf Widerstand.

Neben den Präsidentenvertretern existiert mit den regionalen Abteilungen föderaler Behörden ein weiteres Instrument, mit dem das Zentrum auf die Politik vor Ort einwirken kann. So unterstehen die regionalen Organe des Geheimdienstes FSB, der Polizei, der Staatsanwaltschaft, der Steuerinspektion, des Anti-Monopolkomitees und des Staatskomitees für Eigentum formal den föderalen Ministerien. Die einzige dieser föderalen Agenturen, die tatsächlich als unabhängig von regionaler Einflussnahme angesehen werden kann, ist das FSB. Verschiedentliche Versuche, das Ministerium für Nationalitätenfragen und Regionalpolitik zur Koordinations- und Aufsichtbehörde für föderale Organe in den Regionen auszubauen, schlugen fehl. Seit Mai 2000 sucht nun Präsident Putin die „Bundesexekution" gegenüber den Regionen zu stärken: Anstelle der machtlosen Präsidentenvertreter in den Regionen sollen sieben Präsidentenvertreter in Großregionen, die den Militärbezirken entsprechen, die Fachaufsicht über regionale Bundesbehörden und gegenüber den Regionalexekutiven wahrnehmen; Gouverneure sollen im Falle von Verstößen gegen Bundesrecht abgesetzt und Regionalparlamente, die verfassungswidrige Gesetze annehmen, aufgelöst werden können. Schließlich sollen die Gouverneure bzw. die Republikspräsidenten nicht mehr direkt im Föderationsrat ver-

4 Darrell Slider: Elections to Russia's Regional Assemblies, in: Post-Soviet Affairs 12/3, 1996, S. 243–264; Kathryn Stoner-Weiss: Central Weakness and Provincial Autonomy. Observations on the Devolution Process in Russia, in: Post-Soviet Affairs 15/1, 1999, S. 87–106.

5 Eugene Huskey: Presidential Power in Russia, Armonk/NY 1999, S. 183–211.

treten sein, sondern Stellvertreter entsenden (neben dem Vertreter der jeweiligen Regionalparlamente).

## *Zunahme regionaler Diskrepanzen*

Probleme tun sich jedoch auch zwischen den verschiedenen Föderationssubjekten auf. Die Kluft zwischen den reichsten und ärmsten Regionen hat sich in den 90er Jahren stetig vertieft: Der Durchschnittslohn in Moskau ist beispielsweise 17-mal höher als in der nordkaukasischen Region Inguschetien. Sieht man jedoch von Moskau, St. Petersburg und einigen anderen reichen Städten ab, so gehören die meisten Regionen zum Mittelfeld. Vom Gesichtspunkt marktwirtschaftlicher Funktionalität aus weist der russländische Föderalismus eklatante Defizite auf: Kompetenzen sind zwischen den Regierungsebenen unklar abgegrenzt; die Zentralregierung kann allgemeine Regeln für die Einheitlichkeit des Wirtschaftsraumes – insbesondere den freien Verkehr von Waren, Dienstleistungen, Kapital und Arbeitskräften – nicht wirksam durchsetzen; die Kontrolle über das Ausgabenverhalten der Regionen, insbesondere die Verschuldung, ist mangelhaft; Regeln für den intraföderalen Finanz- und Lastenausgleich sind weder transparent noch einklagbar; ökonomische und andere Aufgabenzuständigkeiten sind in den intergouvernementalen Beziehungen strittig; schließlich werden den Regionen Pflichtaufgaben auferlegt, ohne dass sie über entsprechende Einnahmen verfügen.[6] All dies war der Fortentwicklung eines gesamtrussischen Marktes nicht förderlich.

Finanziell litten die Regionen in den 90er Jahren vor allem an einer zentralstaatlich initiierten Wirtschaftsreform, die sich auf makroökonomische Ziele beschränkte, ohne auf die föderalen Beziehungen und unterschiedliche Ausgangslagen Rücksicht zu nehmen. Seit 1992 hat die Zentralregierung eine Fülle von Ausgaben, insbesondere im Bereich der Sozialhilfe, der Lebensmittelsubventionen, der Baupolitik, der Landwirtschaft und der Infrastrukturpolitik, an die Regionen abgegeben, ohne jedoch für die fälligen Mehrausgaben eine adäquate Kompensation zu schaffen. Die Dezentralisierung von Aufgaben trug zwar zur Stabilisierung des Föderalhaushaltes bei, führte jedoch zur Verringerung der Leistungen, zu Kürzungen bei der Anweisung föderaler Steueranteile durch die Regionen bzw. zur Akkumulation regionaler Haushaltsdefiziten. Die Zentralregierung machte geltend, dass sich der Regionalanteil am gesamten Steueraufkommen von etwa 40% auf ungefähr 60% erhöht hatte. Die Regionen verwiesen ihrerseits darauf, dass dieser Mehranteil keineswegs den gewachsenen Aufgaben entspreche. Ähnlich problematisch verhält es sich mit der Übertragung von föderalem Eigentum auf die Regionen. Oft handelt es sich bei den dezentralisierten Unternehmen um hochsubventionierte Betriebe, die die Aufgabenlast der Regionen nur zusätzlich vermehren.

6 Darrell Slider: Russia's Market-Distorting Federalism, in: Post-Soviet Geography and Economics 38, 1997, S. 445–460.

Die Zunahme des Regionalanteils am konsolidierten Budget belegt somit noch keinen Zuwachs an Finanzautonomie. Regionalverwaltungen reagieren auf den Aufgabenzuwachs mit verstärkter Kreditaufnahme bei regionalen Banken und mit der Ausgabe von regionalen Wertpapieren. Regionalverwaltungen richten zudem extrabudgetäre Fonds ein, um mehr Ausgabenspielraum zu gewinnen. In den Jahren 1992/93 konnten zahlreiche Regionen die Steuerabführung an die Zentralregierung noch boykottieren. Seit 1994 sind die Möglichkeiten eines direkten Steuerboykotts jedoch begrenzt: Die Steuerbehörde und das Zollkomitee unterstehen der Zentralregierung, selbst wenn Regionalverwaltungen versuchen, auf die föderalen Behörden Druck auszuüben. Die Zentralregierung kann zudem durch die Kontrolle von Finanzströmen – vor allem Transferleistungen – Fehlverhalten bestrafen.

Auch der Finanzausgleich zwischen den Regionen stellte sich als Problem dar. In den 90er Jahren wuchs die Zahl der Nettoempfänger föderaler Umverteilung: 1994 erhielten 64 der insgesamt 89 Regionen Transferleistungen aus dem Regionalfonds, 1995 waren es 75. Die Zahl der „besonders bedürftigen" Regionen schnellte ebenfalls in die Höhe: von 23 im Jahre 1994 auf 81 im Jahre 1997. Die Ineffektivität des Umverteilungssystems spiegelt ein tieferliegendes Problem, nämlich eine unklare Abgrenzung von Zuständigkeiten zwischen den Regierungsebenen, wozu wesentlich der umfangreiche Bereich gemeinsamer Einnahmen zählt, der Mangel an allgemeinverbindlichen Verteilungsregeln, die geringe Implementationskraft der Zentralregierung und die schwache Kontrolle über das Ausgabenverhalten in den Regionen. Die Gebietsverwaltungen leiden vor allem darunter, dass keine langfristigen „Normative" für die „regulativen Steuern" vorliegen und sie somit von den oft als willkürlich empfundenen Festlegungen des Moskauer Finanzministeriums abhängen.[7]

## Regionale Assoziationen

Noch in der späten Sowjetzeit haben die Regionen auf die Dezentralisierung von zentralstaatlichen Aufgaben, den Zusammenbruch der zentralen Planwirtschaft und das Fehlen einer Strukturpolitik mit Bemühungen reagiert, Wirtschaftspolitik im Rahmen von interregionalen Zusammenschlüssen eigenständig zu koordinieren. Seit 1990 sind in Russland daher eine Fülle von Assoziationen entstanden: regionale und interregionale Vereinigungen, Verbände für wirtschaftliche Zusammenarbeit, Vereinigungen von Exekutiven, von Regionalparlamenten und schließlich mehrere Städteverbände. Acht solcher interregionaler Assoziationen gewannen Anfang der 90er Jahre an Bedeutung für die Interessenvertretung gegenüber der Zentralmacht: die Assoziation für wirtschaftliche Zusammenarbeit der nordwestlichen Gebiete (Nord-West), die Assoziation der Schwarzerdegebiete, die Assoziation „Gro-

7 Claudia Bell: Der fiskalische Föderalismus in der Rußländischen Föderation, Baden-Baden 1998.

ße Wolga", das „Sibirische Abkommen", die Assoziation für sozioökonomische Zusammenarbeit der Republiken, Regionen und Gebiete des Nordkaukasus, die Fernöstliche Assoziation, die Ural-Assoziation und schließlich die Assoziation der Gebiete und Städte Mittelrusslands. Ihre Mitglieder einte in der Regel das Interesse, Steuerprivilegien zu erhalten, die Spielräume im Außenhandel mit Naturressourcen auszuweiten, die interregionale Investitionspolitik zu koordinieren und die Finanzpolitik abzustimmen, gemeinsame Konversionsprogramme zu entwickeln und in der Infrastrukturpolitik zu kooperieren.

Die ungleiche Verteilung ökonomischer Ressourcen und damit unterschiedliche Finanzabhängigkeiten vom Zentrum, ethnische Vielfalt und unterschiedliche politische Orientierungen schränkten freilich die Möglichkeiten interregionaler Kooperation ein. Darüber hinaus haben sich Statusunterschiede unter den Mitgliedern als hinderlich erwiesen. Je niedriger der Status in der Hierarchie, umso kooperativer erwies sich in der Regel das Verhalten gegenüber der Zentralregierung. Entgegen den ursprünglichen Befürchtungen haben sich die regionalen Assoziationen somit nicht zu regionalistischen Bewegungen ausgeweitet. Den Großregionen fehlt vor allem eine übergreifende politische und ethno-kulturelle Identität. Politische Identitäten finden ihren entscheidenden Bezugspunkt in den Territorien, nicht jedoch in übergreifenden kulturell-ethnischen Gemeinsamkeiten, und dies trifft selbst auf die muslimisch geprägten Republiken zu. Die Regionalassoziationen haben sich deshalb auch nicht zum organisatorischen Kern einer Vereinheitlichung der Föderationssubjekte entwickelt.

## Fazit

Im Vergleich mit der Sowjetzeit ist die regionale Autonomie in den 90er Jahren stärker geworden. Die regionalen Exekutiven verfügen heute über unabhängige Legitimationsquellen, zudem haben regionale Identitäten und Machtansprüche ihren Ausdruck in einem differenzierten regionalen Konstitutionalismus und im Zuwachs von Regionalbewusstsein gefunden. Die Autonomie bezieht sich primär auf die Exekutiven, der Preis der Integration regionaler Eliten besteht mithin in erheblichen regionalen Demokratiedefiziten. Während die sozioökonomischen Unterschiede sich vertieft haben, hat jedoch die rechtlich-politische Asymmetrie unter den Regionen seit 1998 an Bedeutung verloren. Sezessionistische Bewegungen sind, mit der Ausnahme Tschetscheniens, rückläufig. Trotz des Machtzuwachses der Regionen verfügt die Zentralregierung nach wie vor über administrative und vor allem finanzielle Mittel, um die Regionen zu kontrollieren. Der Kontroll- und Rezentralisierungswille des Präsidialamtes dokumentiert sich besonders im Rückeroberungskrieg gegen Tschetschenien seit Herbst 1999, aber auch in dem Bemühen, die regionalen Exekutiven erneut in die vom Präsidenten angeführte Verwaltungshierarchie einzugliedern.

# Die nordkaukasische Region: Schwachstelle Russlands

UWE HALBACH

Unter den Landesteilen der Russländischen Föderation (RF) tritt keiner so stark hervor wie der Nordkaukasus, wenn es um Herausforderungen an die innere und äußere Sicherheit Russlands, die Gefährdung seiner territorialen Integrität sowie die Schwierigkeiten im Umgang mit den „Föderationssubjekten" und den Nationalitäten geht. Zu dieser Wahrnehmung haben vor allem die zwei Kriege beigetragen, die Russlands Streitkräfte gegen die „abtrünnige" Republik Tschetschenien geführt haben und noch führen. Aber darüber weit hinaus bildet der Nordkaukasus insgesamt *die* neuralgische Zone im regionalen Gefüge der RF. Seine herausragende Bedeutung liegt in folgenden Punkten:

- *geostrategisch* in der Tatsache, dass er nach dem Zerfall der Sowjetunion zu der am stärksten exponierten Grenzregion Russlands geworden ist: Ausgehend vom Terminus „nahes Ausland", mit dem man in Moskau die unabhängig gewordenen Nachbarn in der GUS bezeichnet hat, kann man sagen, dass Russland im Kaukasus in besonderem Maße Wechselwirkungen zwischen seinem „inneren Ausland" (nordkaukasische Teilrepubliken wie Dagestan und Tschetschenien), seinem „nahen Ausland" (südkaukasische GUS-Staaten) und seinem „fernen Ausland" (historische Regionalmächte Türkei und Iran, neue Einflussmächte wie die USA) wahrnimmt. Es findet hier ein Geflecht aus internen und externen Bedrohungen seiner nationalen Interessen vor – einen „kaukasischen Knoten". Die Staatsgrenzen zwischen Russland und seinem „nahen Ausland", in diesem Fall zu den unabhängig gewordenen südkaukasischen Staaten Georgien und Aserbaidschan, verlaufen hier in einer Region, in der sich Russland in besonderem Maße wirtschaftlicher und strategischer Einflusskonkurrenz durch externe Mächte ausgesetzt fühlt. Hinzu kommt, dass sich auf beiden Seiten des Kaukasus, nördlich und südlich des Hauptgebirgskamms, miteinander korrespondierende Konfliktzonen gebildet haben und die Staatsgrenze zwischen der RF und ihren Nachbarn Georgien und Aserbaidschan Siedlungsgebiete einzelner Volksgruppen (Osseten, Lesghinen) durchschneidet.
- *geoökonomisch* in der Transitfunktion, die Teile der nordkaukasischen Region für den Export kaspischer Energie-Rohstoffe über das Territorium Russlands auf europäische Märkte haben. Dazu gehören ausgerechnet die unruhigsten Zonen der Region wie Dagestan und Tschetschenien, über die längere Abschnitte der strategisch bedeutsamen Erdöl-Pipeline von Baku zum russischen Schwarzmeerhafen Noworossijsk verlaufen.

- *nationalitätenpolitisch* in den komplizierten ethno-territorialen Verhältnissen einer Region, die sich durch ihre enorme Völkervielfalt hervorhebt. Ihre von den Sowjets oktroyierte politische Gebietsgliederung aus autonomen Republiken und autonomen Gebieten wurde durch den Zerfall der Sowjetunion und den ihn begleitenden Aufschwung nationaler Bewegungen erschüttert. Einerseits boomte in der Region ein ethnischer Partikularismus, der die bestehenden autonomen Gebietseinheiten auseinanderzureißen drohte, andererseits entstand eine Bewegung wie die Konföderation der nordkaukasischen Bergvölker, die eine gegen die Oberherrschaft Russlands gerichtete politische Integration der regionalen Ethnien anstrebte. Das Souveränitätsbestreben einzelner Völker fand in der tschetschenischen Sezessionsbewegung seit 1991 seinen krassesten Ausdruck. Den Nordkaukasus belasten vor allem zwei konfliktfördernde Einflüsse aus dem Erbe stalinistischer Nationalitätenpolitik: Zum einen hatte diese Politik aus dem ethnischen Labyrinth des Kaukasus bizarre Gebilde „nationaler Staatlichkeit" herausgestanzt, wobei zum Beispiel nichtverwandte Ethnien wie Kabardiner und Balkaren oder Karatschaier und Tscherkessen als „Titularnationalitäten" in abstruse binationale Republiken zusammengepackt und wiederum andere voneinander getrennt wurden. Zum anderen wurde keine andere Region der UdSSR in so verheerender Weise von den Deportationen ganzer Völker in den 40er Jahren betroffen wie diese. Einige nachsowjetische Konflikte wie der zwischen Osseten und Inguschen haben mit den nicht befriedigten territorialen Rehabilitationsansprüchen ehemals deportierter Völker zu tun.
- *in Hinsicht auf Friedenspolitik und Konfliktbearbeitung* in der Tatsache, dass sich in dieser Region eine Vielfalt ethno-territorialer Konflikte entzündet hat. Der Konflikt zwischen Russland und Tschetschenien drängt etliche andere regionale Konfliktfälle in den Hintergrund, so den zwischen Osseten und Inguschen, der 1992 zu blutigen Auseinandersetzungen in der Teilrepublik Nordossetien geführt hat. Zu den friedenspolitischen Herausforderungen und Stabilisierungsproblemen in dieser Region gehört auch die soziale und politische Bewältigung von Wanderungs- und Fluchtbewegungen, die von sozialökonomischen Krisen und gewalthafter Konfliktaustragung ausgelöst wurden. Mit seinem neuerlichen Krieg in Tschetschenien, der gleich in den ersten Wochen eine Fluchtwelle von 200 000 Menschen in die kleine Nachbarrepublik Inguschetien ausgelöst hat, hat Moskau die Aussichten auf eine Bewältigung dieser Probleme verdüstert.
- *regionalpolitisch* in der paradigmatischen Bedeutung, die der Gestaltung des Verhältnisses zwischen Moskau und den nordkaukasischen „Föderationssubjekten" für das gesamte Beziehungfeld zwischen Zentral- und Regionalgewalt in der RF zukommt. So wurde die tschetschenische Sezession im Sinne einer Dominotheorie als gefährlicher Präzedenzfall für einen fortschreitenden Zerfall der gesamten RF präsentiert, wobei Tschetschenien aber eher einen historischen Sonderfall als einen „Dominostein" darstellt. Bei den Initiativen des neuen Präsidenten Putin für eine Straffung der Kontrolle der Zentralgewalt über die 89 „Föderationssubjekte" und die Wiederherstellung

eines „einheitlichen Rechtsraums“ in Russland wurden besonders nordkaukasische Republiken wie Inguschetien auf den Prüfstand gehoben. Den erneuten massiven Einsatz russischer Streitkräfte gegen Tschetschenien seit Herbst 1999 begleitete die Drohung Moskaus gegenüber „Föderationssubjekten“ der Region, von angemaßten Eigenmächtigkeiten abzukehren und sich wieder in die Verfassung der RF einzufügen. Zuvor hatte Moskau seit dem Ende des ersten Tschetschenienkriegs 1996 die Kontrolle über die Region weitgehend verloren.

- *sozial-und wirtschaftspolitisch* in der besonderen Zuspitzung der Wirtschaftskrise Russlands in dieser Region. Im Nordkaukasus befinden sich mit Republiken wie Dagestan und dem vom Krieg zerstörten Tschetschenien die wirtschaftlich am meisten geschwächten Gebietsteile der RF. Massenhafte Verarmung bildet hier den Nährboden für mannigfache Formen von Extremismus und für die Verbreitung krimineller Wirtschaftsformen. Bei der dringlichen Aufgabe, diese Region zu stabilisieren – und zwar über die noch längst nicht absehbare „Befriedung“ Tschetscheniens weit hinaus – trifft die forsche Ankündigung des neuen russischen Präsidenten, Russland seine Staatlichkeit zurückzugeben, auf eine ihrer größten Herausforderungen.
- *historisch* in der kolonialgeschichtlichen Bedeutung, die der Nordkaukasus bei der Ausdehnung russischer Herrschaftsgebiete erlangt hat. In keinem anderen Fall ist Russland bei seiner Expansion in ihm fremde Kulturzonen ein so massiver und anhaltender Widerstand entgegengesetzt worden wie durch den religiös verklärten Verteidigungskampf muslimischer Bergvölker des Nordkaukasus seit dem Ende des 18. Jahrhunderts, besonders im „großen Kaukasuskrieg“ von 1816 bis 1864. Nirgendwo war die Eingliederung fremder Völker und Regionen unter russische Herrschaft so stark von Kolonialgewalt und entsprechender Gegengewalt geprägt wie in diesem Fall. Diese historische Erfahrung bestimmt insbesondere das Verhältnis der Tschetschenen gegenüber Russland. Auch in sowjetischer Zeit war der Nordkaukasus eine Region, in der die Zentralgewalt auf besonders brutale Weise in die lokalen Lebensverhältnisse kleiner Völker eingegriffen hat. Wie schon gesagt, wurde keine andere Region so stark von den ethnischen Deportationen unter Stalin betroffen wie diese. Vier indigene Bevölkerungsgruppen des Nordkaukasus – nämlich Tschetschenen, Inguschen, Balkaren und Kabardiner – wurden 1943–44 komplett nach Zentralasien und Sibirien deportiert – unter entsetzlichen Umständen und mit hohen Bevölkerungsverlusten.[1]

## *Eine Region der Vielfalt*

Um die Brisanz dieser Kombination geopolitischer, ethnokultureller, sozialökonomischer und historischer Faktoren nachvollziehen zu können, müssen wir uns den Raum- und Bevölkerungsstrukturen des Nordkaukasus zuwenden.

1 Der „Klassiker“ zu den ethnischen Deportationen: Robert Conquest: The Nation Killers. The Soviet Deportation of Nationalities, London 1977; neuere Literatur: Terry Martin: Terror gegen Nationen in der Sowjetunion, in: Osteuropa, 50. Jg., 2000, S. 606–616.

Wenn man diese Strukturen mit einem Schlagwort charakterisieren will, dann mit „Vielfalt".

Im russischen Sprachgebrauch existiert eine weitere und eine engere Bedeutung für die „nordkaukasische Region". Die weitere umfasst – der heutigen politischen Gliederung nach und unter Einbeziehung des abtrünnigen Tschetschenien – sieben Teilrepubliken, eine Region (kraj) und zwei Gebiete (oblasti) der RF. Im Norden der Region und im Süden Russlands erstrecken sich – von Westen nach Osten – die drei überwiegend russischen Gebietsteile, nämlich das *Gebiet Rostow* (Hauptstadt Rostow am Don, 4,4 Mio. Einwohner, davon 90% Russen), die *Region Krasnodar* (Hauptstadt Krasnodar; 5 Mio. Einwohner, davon 85% Russen, ferner Ukrainer, Armenier, Adygejer u.a.) und die *Region Stawropol* (Hauptstadt Stawropol, 2,68 Mio. Einwohner – 78% Russen, 5% Karatschaier, ferner Armenier, Ukrainer, Darginer, Nogaier). Südlich davon liegen die sieben nationalen Teilrepubliken. Ebenfalls von Westen nach Osten gesehen, sind dies:

- die *Republik Adygien oder Adygeja* (Hauptstadt Maikop): 450 000 Einwohner – 22% Adygejer, 60% Russen, 3% Ukrainer, 2% Armenier u.a.;
- *die Karatschajewo-Tscherkessische Republik* (Hauptstadt Tscherkessk): 436 000 Einwohner – 31% Karatschajer, 10% Tscherkessen, 42% Russen, 7% Abasinen, 3% Nogaier, 7% andere;
- *die Kabardino-Balkarische Republik* (Hauptstadt Naltschik): 792 000 Einwohner – 48% Kabardiner, 9% Balkaren, 32% Russen, 2% Ukrainer, 1% Osseten u.a.;
- *die Republik Nordossetien-Alanien* (Hauptstadt Wladikawkas), 658 000 Einwohner – 53% Osseten, 30% Russen, 5% Inguschen, ferner Armenier, Georgier, Ukrainer u.a.;
- *die Republik Inguschetien* (Zentrum Nasran, neue „Hauptstadt" Magas), etwa 300 000 Einwohner – 74,5% Inguschen, 13% Russen, 10% Osseten u.a.;
- *die Tschetschenische Republik Itschkerija* (Hauptstadt Grosny), heutige Bevölkerungszahl und -zusammensetzung unbekannt; vor dem ersten Krieg 1994 über eine Million Einwohner, davon mehr als 70% Tschetschenen, etwa 30% Russen;
- *die Republik Dagestan* (Hauptstadt Machatschkala), 2,12 Mio. Einwohner – 28% Awaren, 16% Darginer, 13% Kumyken, 11% Lesgier, 9% Russen, 5% Laken, 4% Tabassaranen, 3% Tschetschenen u.a.

Wenn vom Nordkaukasus im engeren Sinne die Rede ist, sind nur die sieben nationalen Gebietseinheiten oder Teilrepubliken gemeint. Sie umfassen ein Gebiet mit 5,6 Mio. Einwohnern. In einer Teilrepublik (Adygeja) bilden ethnische Russen die absolute, in einer anderen (Karatschajewo-Tscherkessien) die relative Bevölkerungsmehrheit, in Dagestan und Inguschetien dagegen nur eine kleine Minderheit. Aus Tschetschenien ist die russische Bevölkerung (vormals 300 000) in den 90er Jahren unter dem Druck der Sezessionsbewegung und der beiden Kriege praktisch ganz ausgewandert. In allen nordkaukasischen Republiken wächst das politische und kulturelle Gewicht der „Titularvölker". Der Anteil der ethnischen Russen ist zwischen 1989 und 1998 von 26% auf 19% (eine Million) gefallen.

Der Nordkaukasus bildet geografisch, klimatisch, ethnografisch, dem natürlichen Lebensraum und der politischen, kulturellen, religiösen Geschichte seiner Völker nach eine Region verwirrender Vielfalt.[2] Daran scheitern alle pauschalen Charakterisierungsversuche – gängige Stereotypen wie „die wilden Bergvölker" oder der „islamische Nordkaukasus". Der geografischen Gliederung nach unterscheidet sich die Vorgebirgs- und Steppenregion im Norden krass von der Hochgebirgsregion. Sie bildet mit der Kuban-Steppe im Westen und der Nogai-Steppe im Osten aufgrund ihrer klimatischen Bedingungen und Bodenbeschaffenheit eine der fruchtbarsten Landwirtschaftszonen Osteuropas. Der westliche Teil an der Schwarzmeerküste wurde zu einem klassischen Kolonisierungsgebiet, das slawische Siedler in großer Zahl anzog und in dem nach dem Ende des „großen Kaukasuskriegs" 1864 mit der Vertreibung der authochthonen Bevölkerung die ethnischen Strukturen radikal verändert wurden. Im östlichen Teil des Nordkaukasus ist das Klima strenger und sind die Böden weniger ergiebig. So wurde Dagestan nicht zum Objekt des russischen Siedlungskolonialismus und ist eines der am wenigsten russifizierten Föderationssubjekte der RF. Anders verhält es sich mit Tschetschenien, das aufgrund von Arbeitsmigration aus Russland in die Erdölindustrie von Grosny und der Deportation der Tschetschenen und Inguschen 1944 und ihrer Rückkehr 1957 erheblichen Veränderungen seiner Bevölkerungsstrukturen ausgesetzt war.

In scharfem Kontrast zum Vorgebirge und zur Steppe steht die Hochgebirgsregion. Der Offenheit der Landschaft steht hier die von Bergen eingegrenzte Enge menschlicher Siedlungsräume gegenüber. Gebirgsmassive von 1000 km Länge und 100 bis 200 km Breite trennen den Nord- vom Südkaukasus. Nur wenige Überlandverbindungen bestanden zwischen beiden Regionen, darunter die georgische und die ossetische Heeresstraße. Die militärische Bezeichnung dieser Verbindungen reflektiert den Charakter der Durchdringung des Kaukasus durch Russland.

Die räumliche Differenzierung wird von der ethnischen noch übertroffen. Der Kaukasus ist seit ältester Zeit als ein „Völkerlabyrinth" präsentiert worden – von arabischen Quellen zum Beispiel als „der Berg der Sprachen". Der Nordkaukasus hat an dieser Charakterisierung maßgeblichen Anteil. Der ethno-linguistischen Klassifizierung nach besteht seine Bevölkerung aus drei

2 Vgl. Jörg Stadelbauer: Die Krisenregion Kaukasien: Geographische, ethnische und wirtschaftliche Grundlagen, in: Uwe Halbach/Andreas Kappeler (Hg.): Krisenherd Kaukasus, Baden-Baden 1995, S. 13–51; Barbara Pietzonka: Ethnisch-territoriale Konflikte in Kaukasien, Baden-Baden 1995; Roland Götz/Uwe Halbach: Politisches Lexikon Russland. Die nationalen Republiken und Gebietseinheiten der Rußländischen Föderation, München 1994, S. 39–46 u.a.

Hauptgruppen: aus kaukasischen, indo-europäischen und Turkvölkern. Zu den turksprachigen Völkern gehören Karatschaier, Balkaren, Nogaier und Kumyken, zur indo-europäischen Gruppe iranischsprachige Völker wie die Osseten, armenische Bevölkerungsgruppen und die slawische Bevölkerung des Nordkaukasus. Am stärksten ist die kaukasische Gruppe untergliedert. Diese ethnische Differenzierung wird in Dagestan auf die Spitze getrieben. Die Bevölkerung dieser größten Teilrepublik der Region besteht aus mehr als 30 autochthonen Ethnien, von denen aber nur die zwölf größeren in den politischen Strukturen repräsentiert sind. Dabei geht die Differenzierung der Bevölkerung noch über diese nach linguistischen Kriterien getroffene „grobe Völkereinteilung" hinaus – auf die Ebene lokaler Mikrokosmen aus einem oder mehreren Dörfern, mit denen sich das Individuum hier stärker identifiziert als mit einer bestimmten Nationalität. Auch das heute zweifellos bekannteste Volk des Nordkaukasus, das tschetschenische, bildet keine in sich geschlossene Einheit, sondern zerfällt in eine Vielfalt von Gemeinschaften, Loyalitätsgruppen und Clans, in „teip" (von arab. taifa = Gruppe) genannte Einheiten, etwa 130 an der Zahl, die sich durch gemeinsame Abstammung von einem konkreten Vorfahren identifizieren. Die Sippenhäupter und die religiösen Führer, insbesondere die Scheichs von sufitischen Bruderschaften (tarikat), gehörten und gehören immer noch zu den traditionellen Autoritäten der tschetschenischen Gesellschaft. Tribale und religiöse Organisationen der Tschetschenen bilden eine Vielfalt, die einer zentralisierten politischen Führung stets widerstrebte.

Als russische Truppen und Verwaltungsbeamte im 19. Jahrhundert in den Kaukasus vordrangen, fanden sie die unterschiedlichsten Formen politischer Vergemeinschaftung und sozialer Gliederung vor, ein Spektrum, das von despotisch regierten Khanaten (in Süddagestan) über Völker mit einer ausgeprägt hierarchischen Ständegliederung (Kabardiner) bis zu ständelosen stammesdemokratischen Gemeinschaftsformen (Tschetschenen und Inguschen) reichte.[3] Auch heute noch prägen einige der damals beschriebenen Züge Völker und Gesellschaften im Nordkaukasus. Dabei hat das russische Vorgehen gegen die „tschetschenischen Separatisten" in nachsowjetischer Zeit, das generell von Geschichtsblindheit und Unkenntnis der regionalen Verhältnisse geprägt war, diese traditionellen Züge ignoriert. Zu diesen gehört etwa der „militärdemokratische Charakter" des tschetschenischen Widerstandes, der bereits in der frühen Kaukasuskunde beschrieben wurde und der berücksichtigt werden muss, wenn man die Reaktion auf militärische Interventionen Russlands in Tschetschenien und die Perspektive nachhaltigen lokalen Widerstands so-

3 Uwe Halbach: Die Bergvölker (gorcy) als Gegner und Opfer. Der Kaukasus in der Wahrnehmung Russlands (Ende des 18. Jahrhunderts bis 1864), in: Kleine Völker in der Geschichte Osteuropas. Festschrift für Günther Stökl, Jahrbücher für Geschichte Osteuropas, Beiheft 5, Stuttgart 1991, S. 52–65.

wie den Charakter und die Organisationsformen dieses Widerstands begreifen will.[4]

## *Die „islamische Südperipherie" Russlands*

In der russischen Publizistik erscheint der Nordkaukasus heute als die von radikaler „Re-Islamisierung" bedrohte Südperipherie Russlands. Doch auch diese von grellen Reizen wie der Ausrufung eines islamischen Staatswesens in Tschetschenien und den Übergriffen „islamistischer" Feldkommandeure auf Nachbargebiete wie Dagestan genährte Wahrnehmung setzt sich über die Vielfalt von Kulturen und Identitäten in dieser Region hinweg. Gerade die Übergriffe aus Tschetschenien auf Dagestan unter der Parole eines antirussischen „Dschihad" im August 1999 und die Reaktion der dortigen Bevölkerung hatten gezeigt, dass die „nordkaukasischen Muslime" keineswegs an einem Strang ziehen und eine geschlossene Front gegen die Oberherrschaft Russlands bilden.

Der Kompliziertheit ihres Ethnogramms entspricht die Religionsgeschichte der Region. Der wechselnde Einfluss auswärtiger Mächte prägte die Kultur- und Religionsgeografie des Nordkaukasus. Religiösen Einfluss übten das Chasarenreich, Byzanz, Armenien, Georgien, das arabische Kalifat, die Goldene Horde, das Khanat der Krimtataren, das Osmanische Reich und schließlich Russland aus. Entsprechend der ethnokulturellen Vielfalt der Region und der Begegnung mit älteren Religionen vermischte sich der lokale Islam (besser: die lokalen Islame) mit älteren Religionen und Kulturen. Dabei bestand in Hinsicht auf den Tiefegrad der Islamisierung ein Ost-West-Gefälle zwischen Dagestan am Kaspischen und den „tscherkessischen" Gebieten am Schwarzen Meer. Das Religionsgesetz konnte die lokalen und stammesmäßigen Gewohnheitsrechte zumeist nicht verdrängen. „Adat" behielt im Alltag der kaukasischen Ethnien die Oberhand, „Scharia" konnte nur vorübergehend und auch dann nur bedingt durchgesetzt werden.

Allerdings kam es im ethnisch besonders zersplitterten östlichen Abschnitt der Region zu einem bemerkenswerten Integrationsakt auf der Basis des Islam. Im 18. und 19. Jahrhundert waren es religiöse Autoritäten wie der dagestanische Imam Schamil, die über die engen ethnischen und tribalen Grenzen hinweg die Bergvölker zu einer Widerstandsbewegung integriert und diesem Widerstandsgebilde staatliche Organisationsformen verliehen hatten. Als Russland in die Region vordrang, übten Sufi-Orden wie die Nakschbandi entscheidenden Einfluß auf die Religiosität der Bevölkerung und auf ihre Widerstandshaltung gegenüber einer Fremdherrschaft durch „Ungläubige" aus. Der „Muridismus", das Unterordnungsverhältnis zwischen Schüler (Murid) und

4 Dazu Alexandru Liono: A Short Introduction to the Chechen Problem: Publications of the Center for European Political Studies. http://www.ceps.be/Pubs/Caucasus/lionu.htm; download 14.7.2000. Alexander Iskanderjan: Tschetschenien – der Krieg wird jünger, Wostok, 3/2000, S. 7–9.

Meister (Scheich, Murschid) im sufitischen Ordenswesen, wurde zum Grundelement der Widerstandsorganisation, die sich im Imamat Schamils (1834 bis 1859) zu einem regelrechten „islamischen Staat" verfestigte.[5] Auch danach blieben Sufi-Orden trotz Verfolgung durch die russischen Kolonialbehörden und später durch die Sowjetmacht insbesondere bei den Tschetschenen und in weiten Teilen Dagestans die tragenden Kräfte für die Bewahrung ethnoreligiöser Identität. Der Integration in das zaristische und später das sowjetische Herrschaftssystem widerstrebten die „muridischen" Teile des Nordkaukasus stärker als jede andere Region im Herrschaftsraum Russlands.[6] Bei den Tschetschenen verband sich das sufitische Organisationswesen mit den Clanstrukturen und der gesamten sozialen Organisation, und diese Verbindung bewies gerade in Phasen des Überlebenskampfes wie nach der Deportation von 1944 ihre Vitalität.

Dennoch bleibt auch in Hinsicht auf den besonderen Fall Tschetscheniens Vorsicht gegenüber einer sensationalistischen Darstellung des Islam geboten. Die kaukasischen Bergvölker wurden im 19. Jahrhundert, in der Zeit des Kaukasuskriegs, in russischen und westeuropäischen Quellen als „muselmanische Fanatiker" präsentiert. Der russische Schriftsteller A. Marlinskij schrieb damals, wie schön der Kaukasus doch wäre, wenn es drei Dinge dort nicht gäbe: „Pest, Cholera und Mohammedanismus". Während die ethnische Selbstverteidigung sogar beim russischen Gegner teilweise auf Sympathie stieß und der romantische Aspekt des „edlen Wilden" in der Literatur verklärt wurde, behandelten russische und westeuropäische Autoren damals die islamische Motivation des Freiheitskampfs unter dem Rubrum des Fanatismus und der Unaufgeklärtheit.[7]

Diese Stereotypen wurden durch den Konflikt Moskaus mit dem tschetschenischen Sezessionismus seit 1991 kräftig aktualisiert. Auf die Hintergründe und den Verlauf dieses Konflikts, der bisher zu zwei Kriegen im nachsowjetischen Russland geführt hat, kann hier nicht näher eingegangen werden. Besonders die Entwicklung in Tschetschenien seit 1996, nach der russischen Niederlage im ersten Tschetschenien-Krieg, trug dazu bei, dass die komplexen Probleme, die Russland im Nordkaukasus hat, häufig auf die Formel von der „islamistischen Bedrohung" reduziert werden und sich Russland immer mehr als ein Frontstaat im Kampf gegen einen „aggressiven Islam" und eine gene-

5 Moshe Gammer: Muslim Resistance to the Tsar. Shamil and the Conquest of Chechnia and Daghestan, London 1994; Uwe Halbach: „Heiliger Krieg" gegen den Zarismus. Zur Verbindung von Sufismus und Djihad im antikolonialen islamischen Widerstand gegen Russland im 19. Jahrhundert, in: Andreas Kappeler u.a. (Hg.): Die Muslime in der Sowjetunion und in Jugoslawien, Köln 1989, S. 213–234.

6 Zur Geschichte des Widerstands: Abdurahman Avtorkhanov/Marie Bennigsen Broxup (Hg.): The North Caucasus Barrier. The Russian Advance towards the Muslim World. London 1992; Anna Zelkina: Islam and Politics in the North Caucasus, in: Religion, State and Society, Vol. 21, No. 1, 1993, S. 115–124.

7 Halbach (1991), S. 52–65.

relle „Bedrohung aus dem Süden" darstellt. Tatsächlich haben sich radikale islamistische Bewegungen, die in der russischen Publizistik unter dem vagen und pauschalen Schlagwort „Wahhabiten" präsentiert werden, in Dagestan und Tschetschenien in den letzten Jahren verbreitet und sind mit dem traditionellen Volksislam der Region in Konflikt geraten. In der Tat haben sich auch islamistische Kräfte von außen (Afghanistan, Pakistan u.a.) in die „islamische Wiedergeburt" im Nordkaukasus eingemischt und kämpfen „Mudschahedin" aus dem „fernen Ausland" in den tschetschenischen Widerstandsformationen.

## *Die sozialökonomische Krise*

Doch zu dieser Entwicklung hat Russland auch selber kräftig beigetragen – durch die politische und wirtschaftliche Vernachlässigung seiner kaukasischen Peripherie und die Reduzierung seiner Tschetschenienpolitik auf den Krieg.

Die Entwicklung im Nordkaukasus wird in Russland vor allem mit wachsender Kriminalität assoziiert. Der militärische Gegner in Tschetschenien wird durchweg unter dem Terminus „Bandenformationen" präsentiert und mit Terrorismus und Kriminalität gleichgesetzt. Die Entwicklung in Tschetschenien – besonders in der „Zwischenkriegszeit" vom Herbst 1996 bis zum Sommer 1999 – hat zu dieser Wahrnehmung erheblich beigetragen, vor allem durch eine regelrechte Entführungs-Industrie, die dem Ruf der um internationale Kontakte bemühten „tschetschenischen Republik Itschkerija" erheblichen Schaden zufügte und dazu beitrug, dass sich internationale Organisationen zum Schutz ihres Personals aus der Region zurückzogen. Das russische Innenministerium registrierte im Nordkaukasus allein im Jahr 1997 361 Entführungen, im folgenden Jahr 297. Die organisierte Kriminalität griff im Wirtschaftsleben der Region immer stärker um sich. Laut einem Bericht aus dem Jahr 1997 waren dabei kriminelle Strukturen in Dagestan, Kabardino-Balkarien und Karatschajewo-Tscherkessien am unternehmerischsten.[8]

Diese Entwicklung muss jedoch vor dem Hintergrund der Tatsache gesehen werden, dass sich breite Bevölkerungsteile der Region in einem besonders harten wirtschaftlichen Überlebenskampf befinden und die staatlichen Ordnungsstrukturen hier in besonders hohem Maße zerstört sind, was den Akteuren der organisierten Kriminalität enormes Rekrutierungspotenzial und Bewegungsfreiheit verschafft. Die schon zuvor geschwächten wirtschaftlichen Grundlagen Tschetscheniens waren im ersten Krieg, der sich im industrialisierten Nordteil der Republik und in der Umgebung der Hauptstadt Grosny am zerstörerischsten ausgewirkt hatte, weitgehend vernichtet worden. Da die im Waffenstillstand von 1996 und im Friedensvertrag von 1997 mit Tschetschenien vereinbarte Wirtschaftshilfe Russlands ausblieb oder in dunklen Kanälen versickerte, befand sich die abtrünnige Republik in einem Zustand, der zwangsläufig eine Kriminalisierung des Wirtschaftslebens hervorrufen musste. Aber auch im übrigen Nordkaukasus hatte die Wirtschaftskrise des nach-

8 Nezavisimaja gazeta, 24.10.1997, S. 3.

sowjetischen Russlands eine besonders starke Ausprägung. Alle Gebietseinheiten der Region sind heute *„dotacionnye regiony"*, d.h. von kräftigen Subventionen aus dem Föderationshaushalt abhängig. Dagestan deckt seinen Haushalt zu 80% aus Bundesmitteln. Lediglich aus Nordossetien-Alanien, dem loyalsten Föderationssubjekt Russlands in der Region, wurden in den letzten Jahren wirtschaftliche Wachstumseffekte gemeldet. Die Republik profitierte wirtschaftlich von dem Militäraufmarsch gegen Tschetschenien, der sich besonders auf ihrem Territorium konzentrierte, vor allem aber von der Produktion und dem Transfer von Alkohol.[9]

Russland hat es nach dem Ende des ersten Tschetschenien-Kriegs versäumt, ein kohärentes, zwischen den föderalen Ressorts koordiniertes Konzept seiner Politik gegenüber dem Nordkaukasus zu entwickeln, das neben der Regelung seines Verhältnisses gegenüber der abtrünnigen Republik auch Maßnahmen einer sozialökonomischen Restabilisierung der gesamten Region vorsieht. Ansätze zu einer solchen Politik im Jahr 1998 wurden durch die bald darauf ausbrechende Finanzkrise wieder in den Hintergrund gedrängt. Ein Jahr später schaltete Moskau dann von einer Nullpolitik erneut auf massive militärische Maßnahmen gegen Tschetschenien um, das zu einer erheblichen Unruhezone im Kaukasus geworden war. Mit dem „raschen ordnungsschaffenden Krieg", der im Unterschied zum ersten Tschetschenien-Krieg von einer breiten Mehrheit der russischen Bevölkerung gutgeheißen wurde, trat der Amtsnachfolger Jelzins seinen Aufstieg in das Machtzentrum Russlands mit einer Versprechung an, die nicht einzuhalten war.

9 Alexandru Liono: Economic Survival Strategies in North Caucasus, in: Center for European Political Studies. Publications. http://www.ceps.be/Pubs/Caucasus/shaffer.htm. download 14.7.2000.

# Zurück zur Großmacht?

## Ziele und Handlungsoptionen der Außenpolitik

JOHANNES BAUR

In den meisten Darstellungen wird die Entwicklung der russischen Außenpolitik seit dem Ende der Sowjetunion in zwei Phasen eingeteilt: in eine *„romantische Phase"* des Jahres 1992, die von einer engen Anlehnung an den Westen und – so die Kritik in Russland – von der Vernachlässigung russischer Interessen geprägt war, und – daran anschließend – eine *„realistische Phase"*, in der die Interessen des Landes neu definiert wurden und man das Konzept einer „multipolaren" Politik formulierte, die nicht mehr einseitig auf den Westen ausgerichtet war.[1] Diese „neue", eigenständige russische Außenpolitik nahm – so wurde unterstellt – zum Teil imperialistische und sowjetisch-hegemoniale Positionen wieder auf, was eine Verschlechterung der Beziehungen zum westlichen Europa und den USA zur Folge hatte.

Gewiss spricht manches für diese Wahrnehmung. Viel wichtiger erscheint mir jedoch eine andere Feststellung: In den Grundtendenzen war die Außenpolitik der Russischen Föderation von Beginn an von Kontinuität geprägt. Die Person, die nach außen das neue Wesen der russischen Politik in den 90er Jahren verkörperte, war Präsident Jelzin, der als verlässlicher Partner des Westens galt, auch wenn er mit manchen Äußerungen für Verwirrung sorgte. Auch sein Nachfolger, Präsident Putin, hat selbst nach dem Krieg im Kosovo keine Kehrtwende der russischen Außenpolitik eingeleitet.

Natürlich gab es im Rahmen der Grundlinien russischer Außenpolitik Bewegung und Veränderungen, die in den Debatten der politischen Elite zum Ausdruck kamen. Nach dem Ende der Sowjetunion dauerte es eine gewisse Zeit, bis sich die außenpolitischen Zirkel neu formiert und auch nur oberflächlich auf die neue Situation eingestellt hatten. Bis zur Formulierung einer eigenen russischen Politik wirkte die von Gorbatschow geprägte, also spätsowjetische Außenpolitik weiter. Das beste Beispiel dieser Orientierungsschwierigkeiten war jene Aufsehen erregende Äußerung des damaligen, als prowestlich eingeschätzten Außenministers Kosyrew im Dezember 1992, in der dieser einen imperialen Kurs gegenüber den GUS-Staaten und den anderen ehemaligen Republiken der Sowjetunion andeutete. Einen wirklichen Bruch in der russischen Außenpolitik, wie von manchen behauptet, hat es je-

1 Peter Truscott: Russia First: Breaking with the West, London/New York 1997; Paul J. Marantz: Neither Adversaries nor Partners: Russia and the West Search for a New Relationship, in: Roger Kanet/A.V. Kozhemiakin (ed.): The Foreign Policy of the Russian Federation, London/New York 1997, S. 78–101.

doch auch zwischen 1992 und 1993 nicht gegeben. Vielmehr trug die veränderte Haltung des Westens mit dazu bei, dass sich gewisse Züge der russischen Politik aus einem anderen Blickwinkel darstellten.

In der sog. „romantischen Phase“ der russischen Außenpolitik bis Anfang 1993 waren die Interessen des Westens und Russlands in der Tat weitgehend kongruent. Im Hinblick auf die anderen GUS-Staaten kam es auch dem Westen, den die Unabhängigkeit mancher Staaten wie Kirgistans oder Moldovas genauso überrascht hatte wie Moskau, mit Rücksicht auf die Stabilität der internationalen Verhältnisse darauf an, die Unabhängigkeitsbestrebungen der neuen Staaten nicht überhand nehmen zu lassen und vor allem eine unkontrollierte Verbreitung von Nuklearwaffen sowie einen unberechenbaren Zerfall der zahlenmäßig riesigen sowjetischen Armee zu verhindern. Die Russische Föderation wurde als Nachfolgestaat der Sowjetunion nicht nur akzeptiert, sondern in dieser Funktion sogar gefördert. Über gewisse hegemoniale oder sowjetisch-imperiale Tendenzen in der GUS-Politik der Russischen Föderation sah man deshalb großzügig hinweg. Bereits 1992 waren russische Truppen u.a. in Moldova (Dnestr-Konflikt[2]), in Abchasien und in Tadschikistan im Einsatz. Das Verhältnis zwischen Georgien und Russland war spätestens seit dem 25. September 1992, als die Duma das Vorgehen Georgiens in der Provinz Abchasien verurteilte, äußerst stark belastet. Die russischen Friedenstruppen handelten in allen diesen Fällen nicht nur als Friedenserzwinger, sondern nahmen auch die Aufgabe wahr, den Einfluss Russlands zu sichern bzw. wieder aufzubauen.

Im Bereich der Sicherheitspolitik vertraten der Westen und die Russische Föderation ähnliche Interessen; zu diesem Zeitpunkt (1992) war die Frage der NATO-Erweiterung noch von untergeordneter Bedeutung. Erst der Krieg in Tschetschenien 1995 und der russische Widerstand gegen die NATO-Erweiterung veränderten diese westliche Perspektive.

## *Die Grundlinien russischer Außenpolitik*

Eines der wichtigsten Ziele der russischen Außenpolitik ist die „aktive und gleichberechtigte Beteiligung Russlands an weltweiten Integrationsprozessen und dem Dialog über internationale Sicherheitsgarantien“.[3] In der „Konzeption der Außenpolitik der Russischen Föderation“ vom 10. Juli 2000 heißt es, dass sich Russland an der Gestaltung der neuen Weltwirtschaft beteiligen und „ein verlässlicher Partner in internationalen Beziehungen“ sein will.[4] Die Einbindung in die Weltwirtschaft als gleichwertiger Partner ist ein Eckpunkt des außenpolitischen Programms aller bisherigen Regierungen. Ein wichtiger

2 Vom 18. März bis zum 19. August 1992 herrschte in der Moldau-Republik der Ausnahmezustand.

3 I. Rybkin: O koncepcii nacional'noj bezopasnosti Rossii, in: Nezavisimaja gazeta, 29.4.1997.

4 Siehe Homepage der russischen Regierung, http://www.scrf.gov.ru /Documents.

Schritt in diese Richtung war die institutionelle Integration der Russischen Föderation in die G7, die nächste Aufgabe soll der Beitritt Russlands zur Welthandelsorganisation WTO sein. Sicherheitspolitisch gehört dazu das Bestreben, in die europäischen Strukturen mit eingebunden zu werden, wie es der NATO-Russland-Rat praktiziert. Voraussetzung ist dafür eine Politik, die dem Westen im Grundsatz nicht feindselig gegenüber steht und zumindest „konstruktive Beziehungen" oder eine „konstruktive Partnerschaft" anvisiert. Nach wie vor ist das Bestreben, allein schon aus wirtschaftlichen Gründen enge Beziehungen zu den westeuropäisch-atlantischen Staaten aufzubauen, ein *kooperatives Kernelement der russischen Außenpolitik.*

Andererseits möchte Russland freilich seine Eigenständigkeit nicht verlieren und eine spezifische Rolle in der Weltpolitik wahrnehmen. Ein wesentliches Element der russischen Außenpolitik ist dabei die Bewahrung des von der Sowjetunion geerbten Großmachtstatus. Trotz der durch das wirtschaftliche Desaster des Landes beschränkten finanziellen Möglichkeiten versucht Russland auch im Jahr 2001, diesen Rang möglichst häufig auszuspielen. Das traditionelle Rollenverständnis impliziert, dass man versucht, ein gewisses Gegengewicht insbesondere zur verbliebenen Weltmacht, den Vereinigten Staaten, aufzubauen und – wo immer möglich – Positionen zu besetzen, die den Aktionsradius der USA einschränken. Die zentralen Mittel zur Darstellung des Großmachtanspruchs sind immer noch die Nuklearstreitmacht sowie der ständige Sitz Russlands im Sicherheitsrat der Vereinten Nationen. Die Nutzung dieser außenpolitischen Option durch die Regierung und vor allem in der Jelzin-Ära durch nationalistische Dumaabgeordnete sorgte immer wieder für Störungen im Verhältnis zum Westen.

Zu dieser „Markierung von Gegenpositionen" ist u.a. die jahrelange Verschleppung wichtiger Vertragswerke wie des START-II-Abkommens zu zählen. Der von 1996 bis 1998 amtierende Außenminister Primakow[5] benutzte zur Begründung dieser Politik die griffige Formel der „multipolaren Welt".[6] Neben der Pflege der Sonderbeziehungen zum Serbien Miloševičs gehörte zu dieser Politik insbesondere auch der Widerstand gegen die NATO-Osterweiterung. Dieser Widerstand insbesondere gegen die Aufnahme der baltischen Staaten in die NATO ist historisch begründet. Die russische Wahrnehmung des Kalten Krieges und seines Endes hat zur Folge, dass die NATO-Erweiterung als eine demütigende Niederlage angesehen wird. Dass diese Perzeption oft auf einer unrealistischen Beurteilung der tatsächlichen, vor allem wirtschaftlichen Stärke Russlands beruht, wie von westlicher Seite oft betont, ändert nichts an der Existenz solcher Stimmungen. Hier konnte auch der tausendfach wiederholte Hinweis auf den reinen Verteidigungscharakter des

5 Primakow wurde am 11.9.1998 zum Premierminister ernannt, seine Entlassung erfolgte im Mai 1999.

6 Yevgenii Primakov: A Multipolar World and the United Nations, in: International Affairs 6/1997, S. 4–10.

westlichen Bündnisses nichts ausrichten. Mit dem Kosovo-Krieg hat das Bedürfnis nach Abgrenzung zur NATO und zu den USA schließlich seinen bisherigen Höhepunkt erreicht. Dass das westliche Militärbündnis Einsätze außerhalb des eigenen Gebietes zur Friedenserhaltung oder Friedenserzwingung nicht nur in Erwägung zog, sondern auch praktizierte, ließ auf russischer Seite die Befürchtung wachsen, eines Tages selbst zu einem möglichen Einsatzgebiet zu werden.

Eine weitere, eng mit dem Selbstverständnis als Weltmacht verknüpfte Tendenz russischer Außenpolitik ist die Pflege traditioneller Außenbeziehungen zu wichtigen Drittstaaten. Hierzu gehören insbesondere Indien, mit dem vor allem im Rüstungssektor enge Beziehungen bestehen, sowie einige Staaten des Nahen Ostens wie der Iran und der Irak. Neben wirtschaftlichen Aspekten ist die Markierung antiamerikanischer Positionen politisch greifbar. Das Verhältnis zum Nachbarn China hat sich seit Mitte der 80er Jahre stetig verbessert und wurde durch die Klärung der strittigen Grenzfragen auf eine solide Grundlage gestellt. 1996 wurde eine „strategische Partnerschaft" mit dem ostasiatischen Land verkündet, die jedoch vor allem die in sie gesetzten wirtschaftlichen Erwartungen nicht erfüllen konnte. Bislang kann Russland vom Potenzial des chinesischen Marktes auch fast nur durch die Lieferung militärtechnischer Güter profitieren.

## Rahmenbedingungen

In den kommenden Jahren wird sich die russische Außenpolitik in ihrem Verhältnis zum Westen – wie schon in der Jelzin-Ära und dem ersten Jahr der Präsidentschaft Putins – zwischen den Grundmustern „Kooperation" und „Markierung von Gegenpositionen" bewegen. Trotz gelegentlicher Ausschläge zum Negativen wie etwa während des Kosovo-Krieges wird das kooperative Element auch in Zukunft eine wichtige Rolle spielen.

Diese Grundorientierung musste aber unter sich rasch wandelnden Rahmenbedingungen umgesetzt werden, die den Spielraum der russischen Politik in den letzten Jahren eingeschränkt haben.

So haben die Zahl und das politische Spektrum der außenpolitischen Akteure seit Beginn der 90er Jahre sich erheblich ausgeweitet. Regionen wie Tatarstan oder Baschkortostan üben außenpolitischen Einfluss nicht nur durch ihre Vertretung im Föderationsrat, sondern auch über direkte bilaterale, in erster Linie wirtschaftliche Beziehungen zum Ausland aus.[7] Der Konflikt zwischen Parlament (Duma) und Präsident bzw. Regierung, der zu Beginn der 90er Jahre die innenpolitische Auseinandersetzung in Russland bestimmte und auch Auswirkungen auf die Außenpolitik des Landes hatte, spielt hingegen heute keine entscheidende Rolle mehr. Dagegen verfolgen Wirtschaftsakteure

7 Eberhard Schneider, Außenpolitische Aktivitäten russischer Regionen, Aktuelle Analysen des BIOst 38-1998.

– bis zur Wirtschaftskrise 1998 waren es Finanzgruppen, heute sind es in erster Linie Energiekonzerne – außenpolitische Interessen vor allem in den GUS-Staaten und nehmen Einfluss auf die offizielle Außenpolitik. Mit der Zunahme der Akteure, von denen hier nur einige wenige genannt worden sind, ist die Analyse der russischen Außenpolitik schwieriger und komplexer geworden.

Von Bedeutung ist auch der Umstand, dass die militärischen und wirtschaftlichen Ressourcen der Russischen Föderation seit 1992 ständig abgenommen haben. Zwischen 1992 und 1998 wurde die Gesamtstärke der russischen Streitkräfte von 2,8 auf 1,2 Mio. Mann verringert, im Jahr 2000 verkündete Präsident Putin eine weitere Reduzierung auf ca. 800 000 Mann. Im Kontext der Wirtschaftskrise haben sich die Möglichkeiten außenpolitischer Einflussnahme ständig verringert. Besonders offensichtlich war dies in Afrika,[8] wo mehrere Vertretungen geschlossen wurden, und in den GUS-Staaten. Hier musste Russland sein militärisches Engagement aus finanziellen Gründen deutlich einschränken. Die Wirtschaftsbeziehungen haben in den 90er Jahren substanziell abgenommen und sind heute auf einem relativ niedrigen Stand angelangt. Bi- und multilaterale Absprachen und Verträge zwischen den Mitgliedern der GUS sind bereits seit einigen Jahren de facto an die Stelle des Staatenbundes getreten, der trotz russischer Bemühungen nie in der Lage war, eine einheitliche und konsistente gemeinsame Politik zu formulieren. Die Ländergruppe der GUUAM (Georgien, Ukraine, Usbekistan, Aserbaidschan und Moldova) steht der russischen Vormachtstellung besonders skeptisch gegenüber und versucht vor allem im Transport- und Energiesektor eigene Wege zu gehen. Einen Sonderfall stellen die Beziehungen zu Belarus dar, mit dem Russland formell einen gemeinsamen Unionsstaat begründet hat. Im militärischen Bereich bestehen tatsächlich sehr enge Beziehungen zwischen den beiden Ländern, die auf eine wachsende Abhängigkeit des kleineren und wirtschaftlich noch schlechter dastehenden Belarus hinweisen.[9] In der neuen russischen Militärdoktrin vom 21. April 2000 heißt es, dass die Russische Föderation ihre Verteidigungspolitik gemeinsam mit Belarus durchführe und die Verteidigungsfähigkeit des Unionsstaates sichere.[10]

Insgesamt ist die Schere zwischen ökonomisch-militärischem Potenzial und außenpolitischem Anspruch in den 90er Jahren stark gewachsen. Vielfach wurden in der russischen Außenpolitik Handlungen durch Worte ersetzt. Da-

8 Bereits von 1989 bis 1991 verringerte Moskau seine Entwicklungs- und Militärhilfe für die Staaten südlich der Sahara von 12,5 auf 0,4 Mrd. Rubel. Siehe Robert H. Donaldson/Joseph L. Nogee: The Foreign Policy of Russia. Changing Systems, Enduring Interests, New York 1998, S. 278.

9 Vgl. Heinz Timmermann: Putin. Härtere Gangart gegenüber Belarus, Aktuelle Analysen des BIOst 32-2000; Johannes Baur: Belarus, in: Handbook for Security 2000 (im Erscheinen).

10 Siehe Franz Walter: Rußlands Militärdoktrin 2000, in: Osteuropa, 7/2000, S. 779–798, hier S. 792.

mit sind für den Westen und für die Russische Föderation allerdings auch Risiken verbunden. Der Zustand der atomaren U-Boot-Flotte zeigt dies ebenso wie die unzureichende Umsetzung der im Oktober 1997 von Russland ratifizierten Chemiewaffen-Konvention. Diese droht dadurch ins Leere zu laufen, dass praktisch keine Finanzmittel zur Vernichtung der C-Waffenbestände verfügbar sind.

Aufgrund seiner hohen Auslandsschulden und der schlechten allgemeinen Wirtschaftslage wird die Russische Föderation von einigen Fachleuten nicht mehr als Großmacht, sondern nur noch als Regionalmacht eingestuft. Freilich gilt es bei einer solchen Bewertung zu beachten, dass hier nicht allein objektive Faktoren wie BIP oder Wirtschaftswachstum von Bedeutung sind, sondern die Wahrnehmung durch die Außenwelt maßgebend ist. Zumindest für Europa spielt die Russische Föderation eine Rolle, die die einer Regionalmacht mit relativ geringem wirtschaftlichen Potenzial weit übersteigt.

### *Realpolitik und Pragmatismus*

Im Rahmen der beschriebenen Grundtendenzen muss man eine Entwicklung konstatieren, die von weit größerer Bedeutung war als das Ende der „Honeymoon"-Beziehungen zwischen Russland und dem Westen in den Jahren 1992/93 – nämlich die Zunahme *realpolitischer und pragmatischer Elemente* in der russischen Außenpolitik.

Die russischen Ansprüche auf eine politische Hegemonie innerhalb der GUS, die als Kernzone russischer Interessen definiert wurde, wurden bis etwa 1996 mehr oder weniger offen vorgetragen und waren stets ein Kernelement offizieller Stellungnahmen zur russischen Außenpolitik. Sinnfällig wurde dies in der Bezeichnung „nahes Ausland", die die Sonderstellung und besondere Abhängigkeit dieser Staaten markieren sollte. Seitdem haben die Funktionsunfähigkeit der GUS und das materielle Unvermögen Russlands die russische Seite aber dazu geführt, die Selbstständigkeit der GUS-Staaten offiziell zu akzeptieren und mehr und mehr auf eine wirtschaftliche Zusammenarbeit zu setzen. Dies schließt freilich auch den Versuch massiver Einflussnahme besonders über große russische Finanzinstitute und Energieriesen wie Gazprom mit ein. Gewiss werden die Beziehungen zu den GUS-Staaten auch in Zukunft allein schon aufgrund des hohen russischen Bevölkerungsanteils in diesen Ländern für Russland eine Sonderrolle spielen.

Der damalige Außenminister Primakow definierte 1998 in einer programmatischen Rede zum 200. Geburtstag Alexander Gortschakows, der die russische Außenpolitik in der zweiten Hälfte des 19. Jahrhunderts geprägt hatte, die Entwicklungslinien der russischen Politik. Er stellte seine Außenpolitik in die Traditionen und Werte „sowohl der imperialen als auch der sowjetischen Phase", die auch für das neue Russland Bedeutung hätten. Primakow betonte, dass Russland „nicht ohne eine aktive Außenpolitik existieren könne" und weiterhin eine führende Rolle in der Welt spielen werde. Wie im 19. Jahrhundert dürfe die russische Außenpolitik nicht nur auf eine Region ausgerichtet sein, wobei allerdings eine „gleichberechtigte und gegenseitig vorteilhafte Partnerschaft" mit dem Westen angestrebt werde.[11] Eine Konkretisierung dieses realpolitischen Ansatzes lieferte Primakow in einem Vortrag vor dem inoffiziellen „Rat für Außen- und Verteidigungspolitik" (SWOP) im März 1998, bei dem er fünf Hauptaufgaben der russischen Außenpolitik nannte:

- „Bewahrung der territorialen Integrität und Ganzheit des Landes"
- „fließender Eintritt in die Weltwirtschaft als gleichberechtigter Partner"
- Widerstand gegen den negativen Einfluss von außen auf die Integration in der GUS
- Förderung der Restrukturierung der Industrie hauptsächlich über den Waffenexport und
- Unterstützung russischen Kapitals im Ausland.[12]

Die Rede zeigte, dass außenwirtschaftlichen Aktivitäten ein größerer Stellenwert zugewiesen wurde und die russische Außenpolitik sich zunehmend an wirtschaftlichen Kriterien orientierte. Diese Entwicklung gehört in den Kontext der sich bereits unter Gorbatschow abzeichnenden De-Ideologisierung sowjetischer bzw. russischer Außenpolitik. Neben Gas und Öl spielt dabei der Verkauf russischer Waffentechnologie in das Ausland eine herausragende Rolle, der zu einer Hauptaufgabe russischer Politik im Ausland mutierte – insbesondere zu Zeiten geringer Ölpreise wie 1998. Nach dem Verfall der Weltmarktpreise für Öl und Gas seit Ende 1997 war Rüstungstechnologie eines der wenigen Produkte, das auf dem Weltmarkt wettbewerbsfähig war und Profite erzielte.

Militär- und sicherheitspolitisch glaubt die russische Regierung nur mit Hilfe einer Stärkung der Rüstungsindustrie mit dem Westen konkurrieren zu können, da die Übertragung kommerzieller Technologien auf den militärischen Bereich angesichts der Schwäche der zivilen russischen High-Tech-Industrie nicht möglich ist. Freilich wird die ökonomische Bedeutung der russischen Rüstungswirtschaft insgesamt um ein Vielfaches überschätzt. Weder die Finanzlage des russischen Staates noch die Situation auf dem Weltmarkt erlauben die Annahme, dass der Rüstungsbereich die russische Wirtschaft wirklich ankurbeln könne.

Ähnliche Positionen wie Primakow vertraten auch russische Expertenkreise. Der inoffizielle „Rat für Außen- und Verteidigungspolitik" präsentierte im

11 Dmitrij Gornostaev: Primakov sleduet idejam Gorčakova; in: Nezavisimaja gazeta, 29.4.1998; Paul Goble: Primakov's 19th Century model, in: RFE/RL Newsline, 3.8.1998; H.-J. Spanger: Rußland und der Westen: Von der „strategischen Partnerschaft" zur „Strategie der Partnerschaft", in: ders. (Hg.): Rußland und der Westen. Von der „strategischen Partnerschaft" zur „Strategie der Partnerschaft", Frankfurt/M. 1998, S. 15–40

12 Dmitrij Gornostaev: Novoe v staroj koncepcii Primakova, in: Nezavisimaja gazeta, 17.3.1998.

März 1998 ein Thesenpapier zur „Strategie Russlands im 21. Jahrhundert". In ihm hieß es, dass die Hauptschwäche der russischen Außenpolitik in der Entfernung von „konkreten wirtschaftlichen Interessen des Landes und der Hauptträger dieses Interesses" liege. Der Rat forderte einen „neuen Zugang zur Außenpolitik", in dem nicht mehr nur die Probleme der militärischen Sicherheit, sondern wirtschaftliche Interessen im Zentrum stünden.[13]

Mit dem Amtsantritt Präsident Putins hat der von Primakow eingeleitete realpolitische und pragmatische Ansatz der russischen Politik eine neue Stärkung erfahren. Auch sie basiert auf den beiden oben beschriebenen, teilweise widerstreitenden Grundtendenzen der russischen Außenpolitik. In der neuen außenpolitischen Konzeption[14] heißt es ausdrücklich, dass „die Russische Föderation eine selbstständige und konstruktive Außenpolitik betreibt. Sie gründet sich auf Folgerichtigkeit, Vorhersagbarkeit und (...) Pragmatismus." Ein zentrales Gewicht legt auch dieses Dokument auf die Verfolgung der wirtschaftlichen Interessen Russlands im Ausland. Putins öffentliche Reden und sein Auftreten bei Auslandsbesuchen haben dies bestätigt. Seine Regierung steht dem Westen kooperationswillig gegenüber, betont aber gleichzeitig deutlich die vorhandenen Interessenunterschiede etwa in der Frage der NATO-Osterweiterung. Weiterhin stehen die GUS-Staaten, mit denen enge wirtschaftliche Beziehungen angestrebt werden, im Zentrum der Moskauer Aufmerksamkeit. Der neue Pragmatismus zeigt sich freilich besonders in der Schlüsselposition, die erstmals der Europäischen Union eingeräumt wird: In ihr sieht die Russische Föderation „einen der wichtigsten ökonomischen und politischen Partner". Putin hat damit die unter der Jelzin-Administration lange Zeit unterschätzte EU aufgewertet – ein Schritt, der angesichts der bevorstehenden Erweiterung der EU, durch die das Gebiet Kaliningrad zu einer EU-Enklave wird, sowie des Zugewinns an sicherheitspolitischer Kompetenz in der EU, notwendig und angemessen erscheint. Die offizielle russische Politik steht dabei der EU – inklusive der Erweiterung – positiver gegenüber als der NATO. Wirtschaftlich wird die EU in Zukunft der entscheidende Partner der Russischen Föderation sein.

Russlands Außenpolitik wird in den nächsten Jahren berechenbar bleiben. Trotz aller wirtschaftlichen und sozialen Probleme und Verwerfungen besteht wenig Anlass, eine Verschlechterung der Beziehungen zum Westen zu befürchten. Das außenpolitische Gefahrenpotenzial konzentriert sich für die Russische Föderation vor allem auf die Südgrenze und in erster Linie auf den unruhigen Kaukasus. Dieser vergessene Teil Europas stellt nicht nur für die Sicherheit Russlands, sondern für die des ganzen Kontinents, der Türkei sowie der angrenzenden zentralasiatischen Staaten ein erhebliches Risiko dar.

13 Strategija Rossii v XXI veke, in: Nezavisimaja gazeta, 18.6.1998.

14 Vgl. Anm. 4.

## *Herausforderungen*

In den letzten Jahren ist die westliche Wahrnehmung Russlands vor allem durch drei Ereignisse beeinflusst worden: die russische Finanzkrise vom August 1998, das Auftreten Russlands während des Kosovo-Krieges sowie den zweiten Tschetschenienkrieg.

Die russische Finanzkrise vom Sommer 1998 versetzte der angestrebten Integration Russlands in die Weltwirtschaft einen ernsten Rückschlag.[15] Die Glaubwürdigkeit Russlands als Finanz- und Wirtschaftspartner litt erheblich, und viele Experten, die die Aussichten auf wirtschaftliche Erholung und politische Stabilität vorher gedämpft optimistisch betrachtet hatten, neigten nun dazu, die Situation als fast aussichtslos darzustellen.[16] In der Tat nahm der Umfang der Handelsbeziehungen Russlands mit Europa und Asien drastisch ab. Sowohl die russischen Exporte als auch Importe reduzierten sich im Zeitraum von September 1997 bis September 1998 um 20 bzw. 13,4%, der gesamte Außenhandelsumsatz um 16,1%. Der Außenhandel nähert sich trotz der deutlichen Exportsteigerungen seit Juli 1999 erst jetzt, zwei Jahre nach der Krise, den Werten von 1998. Noch deutlicher war der Rückgang westlicher Investitionen und Finanzanlagen in Russland. So fielen beispielsweise die Investitionen Großbritanniens von 980 Mio. US$ im ersten Halbjahr 1998 auf 274 Mio. US$ im ersten Halbjahr 2000.[17]

Russland befand sich infolgedessen – sieht man vom Gas- und Energiemarkt ab – quasi in einer wirtschaftlichen Isolation, die zwar die heimische Konsum- und Produktionsindustrie stärkte, die wirtschaftliche Einbindung in den Weltmarkt und damit den notwendigen Zufluss von Investitionen jedoch unterband. Die Beziehungen zum IMF leiden noch heute darunter, auch wenn sich die russische Wirtschaft insgesamt von der Krise langsam zu erholen scheint. Einen Kurswechsel in der Außenpolitik, wie zunächst befürchtet, hatte die Krise nicht zur Folge: die außenpolitische „kooperative" Konstante wirke als eine Art Sicherungsmechanismus.

Ähnlich verhielt es sich mit den Ereignissen im Kosovo, die die Beziehungen zur NATO erheblich belasteten. Mit dem Beginn des Luftkrieges der NATO gegen Serbien erreichte in der russischen Öffentlichkeit das Misstrauen gegenüber dem Westen ein bisher nicht gekanntes Ausmaß. Hatte nun doch das westliche Militärbündnis in russischen Augen erstmals die Regeln der

15 Christian Meier: Rußland unter Putin: Außenwirtschaftspolitik vor einer neuen Umgestaltung?, in: Bericht des BIOst 28-2000.

16 Anders Aslund: Programmierter Kollaps. Rußlands Finanzkrise führt ins Chaos, in: Internationale Politik, 10/1998, S. 3–11.

17 Inostrannye investicii v rossijskuju ėkonomiku, in: Rossijskaja ėkonomika. Tendencii i perspektivy. Institut ėkonomiki perechodnogo perioda, Moskva, Nojabr' 2000 (http://www.iet.ru/trend). Die meisten Investitionen stammen aus den USA (8,4 Mrd. Dollar seit 1991), Deutschland (6,5 Mrd.), Frankreich (3,3 Mrd.), Großbritannien (2,4 Mrd.) und Zypern (1,9 Mrd., mit wachsendem Anteil).

Völkergemeinschaft gebrochen und durch die Gewaltanwendung gegen einen souveränen Staat die eigenen moralischen Grundsätze verletzt. Vielfach sah die russische Öffentlichkeit das Ziel der NATO-Aktion nicht im Schutz der albanischen Bevölkerung im Kosovo, sondern in der Demonstration militärischer Stärke des einzig verbliebenen Bündnisses in Europa. Bei denjenigen Politikern und Journalisten, die sich nach 1989 besonders für Reformen nach westlichem Vorbild ausgesprochen hatten, war die Reaktion oft besonders scharf: Hier war die Enttäuschung darüber, dass der Westen die zivilisatorischen Grundlagen und Ideale, die man auch für Russland anstrebte, „verraten" hatte, am größten. Freilich hat auch der Kosovo-Konflikt – ebenso übrigens wie auf westlicher Seite der zweite Tschetschenienkrieg – die grundsätzlichen Vorgaben der russischen Außenpolitik nicht ändern können. Inzwischen hat Russland auch mit der NATO wieder geregelte Beziehungen im Rahmen des Kooperationsrates aufgenommen.

Die außenpolitischen Stolpersteine im Verhältnis zu West- und Mitteleuropa sowie den USA sind damit jedoch noch lange nicht aus dem Weg geschafft. Nach wie vor ist in russischen Augen die Einbindung Russlands in ein europäisches Sicherheitssystem nicht gewährleistet. Die Öffnung der NATO für eine zweite Beitrittswelle, so die russische Argumentation, erzeugt eine neue Spaltung im Osten Europas. Zudem droht die wirtschaftliche Kluft zwischen den aufstrebenden EU-Beitrittskandidaten und den Ländern der GUS im Gefolge des mit der EU-Erweiterung erwarteten Wirtschaftswachstums sich noch zu verstärken. Sowohl Russland als auch die Ukraine fürchten nicht ganz zu Unrecht, den Anschluss an die gesamteuropäische Entwicklung zu verlieren und in eine Isolation zu geraten, die nur schwer zu überwinden sein wird. Die Gefahr einer wirtschaftlichen und sicherheitspolitischen Abkapselung der GUS-Staaten inklusive Russlands vom Rest Europas ist nicht von der Hand zu weisen.

Selbst wenn die von russischer Seite geäußerte Vermutung, Russland solle aus Europa herausgedrängt werden, unberechtigt ist, so stellt sich doch die Frage, wie der Westen mit diesem Problem umgeht. Noch haben weder die USA noch Westeuropäer und NATO ein schlüssiges Konzept ausgearbeitet, wie die Russische Föderation an europäische Institutionen angebunden und gleichzeitig das Sicherheitsbedürfnis der ostmitteleuropäischen und baltischen Staaten befriedigt werden kann.

Die russische Seite könnte ihrerseits durch Gesten wie z.B. die Anerkennung der Unrechtmäßigkeit der Okkupation der baltischen Staaten 1940 erheblich dazu beitragen, das außenpolitische Klima zu verbessern. Vielleicht kommt es auch einer erweiterten EU zu, die schwierige Aufgabe einer stabilen Einbindung Russlands zu lösen. Schließlich haben die Mitgliedsstaaten der EU nicht nur zur Sicherung von Stabilität und Frieden in Europa, sondern auch zur Sicherung der eigenen Energieversorgung ein großes Interesse, mit der Russischen Föderation gute und konstruktive Beziehungen aufzubauen.

# Sicherheitskonzepte und Militärpolitik

HANNES ADOMEIT

## *Russlands schwieriges Erbe*

Russland hat nach dem Zusammenbruch der Sowjetunion ein schwieriges Erbe übernommen. In der UdSSR hatte das Militär eine privilegierte Stellung in Politik und Gesellschaft, militärische Belange hatten auch in der Wirtschaft Vorrang vor allen anderen Aufgaben. Westlichen Schätzungen und – wenn auch unzuverlässigen und unvollständigen – sowjetischen Angaben zufolge hielt Moskau in seinen nuklearstrategischen und konventionellen Streitkräften mehr als 5 Mio. Mann unter Waffen. In seinem weit verzweigten militärisch-industriellen Komplex waren mehr als 10 Mio. Menschen beschäftigt. Die Herstellung von Rüstungsgütern machte ungefähr ein Drittel der gesamten Maschinenbauproduktion aus. Die Belastung der Wirtschaft mit Militärausgaben lag zwischen einem Sechstel und einem Fünftel des Bruttoinlandsprodukts. In den zehn Jahren der Ära Jelzin wurden anfänglich Anstrengungen unternommen, die überdimensionierten Waffenarsenale abzubauen, die Personalstärke der Streitkräfte zu verringern, die Belastung der Wirtschaft mit Militärausgaben auf eine ökonomisch zu verkraftende Ebene zu senken, redundante Organisationsstrukturen in den Streitkräften und bei den vielfältigen Sondertruppen zu beseitigen, Supermachtambitionen einzuschränken und die Mentalität des Kalten Krieges zu überwinden. Die Transformationen kamen allerdings gegen Ende der 90er Jahre ins Stocken, und während viele der anstehenden Aufgaben somit unbewältigt blieben, wurden einige der erreichten Fortschritte wieder in Frage gestellt.

## *Konzeptionelle Grundlagen*

Präsident Putin hat neue Akzente in der russischen Militärpolitik gesetzt. Das betrifft nicht nur die Praxis, sondern auch die konzeptionellen Grundlagen: Im Januar 2000 unterzeichnete er ein neues nationales Sicherheitskonzept, im März stattete er die russische Marine mit „Grundlagen" für eine neue Doktrin aus und im April setzte er die endgültige Fassung einer neuen Militärdoktrin in Kraft. Das Sicherheitskonzept ist allen anderen sicherheitspolitischen Dokumenten übergeordnet, die Militärdoktrin „konkretisiert", wie es heißt, lediglich die im Konzept formulierten Richtlinien „im militärischen Bereich", und die Grundlagen einer neuen Marinedoktrin wenden diese auf eine Teilstreitkraft an. Der gemeinsame Nenner, auf dem all diese Grundsatzdokumente beruhen, entspricht ganz Putins Weltbild und seinen Vorstellungen über Russlands Rolle in der internationalen Politik: Er will seinem Land weltweit wieder zu neuer Größe verhelfen, und dazu sind aus seiner Sicht die Wiederherstellung eines starken Staates, beschleunigtes wirtschaftliches Wachstum und die Modernisierung des Militärwesens von zentraler Bedeutung.[1]

Die neuen grundlegenden Dokumente spiegeln nicht nur dieses Hauptinteresse wider, sie befassen sich auch mit den Bedrohungen der nationalen Sicherheit und mit den Möglichkeiten und Mitteln, ihnen zu begegnen. Im Vergleich zu den Vorläufern und Vorstufen von Sicherheitskonzept und Militärdoktrin – dem Konzept von 1997 und den „Grundelementen" einer Militärdoktrin von 1993 – werden die Bedrohungen schärfer akzentuiert. Auch ihre Herkunft wird anders definiert. Im alten Sicherheitskonzept wurde die Entstehung einer multipolaren Welt als dominante Entwicklungsrichtung in den internationalen Beziehungen bezeichnet. Militärische Macht in der Weltpolitik spiele zwar weiterhin eine wichtige Rolle, so hieß es dort, politische, wirtschaftliche, wissenschaftlich-technologische, ökologische und informationstechnische Faktoren gewönnen aber zunehmend an Bedeutung. Die Bedrohungen der nationalen Sicherheit Russlands hätten keinen militärischen Charakter, sie seien vielmehr hauptsächlich innerer Natur und gründeten auf wirtschaftlichen, sozialen, ökologischen und kulturellen Problemen. Die Darstellung der inneren Bedrohungen erhielt dementsprechend großen Raum. Sogar die nukleare Abschreckungsfähigkeit Russlands wurde in diesen Zusammenhang gestellt: Der nukleare Schirm und die Neuordnung der Beziehungen zur Außenwelt hätten es Russland leichter gemacht, „die Ressourcen des Staates und der Gesellschaft neu zugunsten einer prioritären Lösung der akuten inneren Probleme zu verteilen."

Derartige, für das außenpolitische Establishment Moskaus ungewohnt vernünftige und klare Formulierungen sind im neuen Sicherheitskonzept und in der Militärdoktrin nicht mehr enthalten. Offensichtlich hatten sich die Militärführung und konservative Kräfte im außen- und sicherheitspolitischen Establishment durchgesetzt, deren Hauptinteresse es war, den in den 90er Jahren ausgeprägten Trend in Richtung sinkender Anteile der Militärausgaben am Bruttoinlandsprodukt, Kürzungen der Personalstärke der Streitkräfte und Sondertruppen, Überalterung der Waffen und der militärischen Ausrüstung und des sozialen Abstiegs des Militärs aufzuhalten. Dazu war es notwendig, *militärische* und *von außen* kommende Bedrohungen sowie die Verbindung von inneren und äußeren Gefährdungen zu betonen. Insbesondere diejenigen Passagen des Sicherheitskonzepts vom Dezember 1997, in denen der Schwerpunkt auf die inneren und nicht-militärischen Bedrohungen gelegt wurde, mussten revidiert werden. Um die umfangreiche Personalstärke der Streit-

[1] Detaillierte Quellenangaben und eine umfassende Darstellung der militärpolitischen Entwicklung in der Russländischen Föderation finden sich bei Hannes Adomeit: Russische Sicherheits- und Verteidigungspolitik unter Putin: Neue Akzente oder gewohnte Großmachtnostalgie?, Stiftung Wissenschaft und Politik S434, September 2000; Franz Walter: Militärreform in Rußland, in: Osteuropa, Nr. 11–12/1999; ders.: Wie in Rußland Militärpolitik „gemacht" wird, in: Osteuropa, Nr. 1/2000; ders.: Zur Entwicklung der russischen Streitkräfte, in: Osteuropa, Nr. 2/2000; ders.: Rußlands Militärdoktrin 2000, in: Osteuropa, Nr. 7/2000.

kräfte und Sondertruppen sowie die Wehrpflicht zu legitimieren, erschien es der Moskauer Machtelite auch nützlich, die Wahrscheinlichkeit eines „groß-angelegten" Krieges in autoritativen Dokumenten wieder einzuführen.

Obwohl nicht ausdrücklich erwähnt, stehen der Krieg im Kosovo und der Konflikt in Tschetschenien bei Aufzählung außen- und sicherheitspolitischer Bedrohungen stets gedanklich im Hintergrund. Hinsichtlich der äußeren Aspekte wird einer der beiden Fäden im Sicherheitskonzept in der These sichtbar, eine ernste Sicherheitsgefährdung Russlands liege in der „in den Rang einer strategischen Doktrin erhobenen Praxis der NATO, außerhalb des Geltungsbereichs des Blocks militärische Gewalt auch ohne Sanktion des UN-Sicherheitsrates anzuwenden". Er wird auch erkennbar, wenn dort von dem angeblichen Streben „der entwickelten westlichen Länder unter Führung der USA" nach „Vorherrschaft" die Rede ist.

Im Entwurf der Militärdoktrin, publiziert im Oktober 1999, wurde analog dazu auf Bestrebungen „einer Supermacht nach Vorherrschaft" hingewiesen und auf das schädliche Bemühen nicht genannter Mächte oder Militärblöcke, „Schlüsselfragen der internationalen Politik mit Hilfe militärischer Gewalt zu lösen". Offensichtlich waren bei all dem die Vereinigten Staaten und die NATO gemeint. In der Endfassung wurden allerdings die offen aus- oder indirekt angesprochenen negativen Wertungen der USA und der NATO ersatzlos gestrichen. Auch die Behandlung der in der Sicht der Autoren notwendigen Verbesserungen im Militärwesen ist – verglichen mit den Formulierungen im Sicherheitskonzept und dem Entwurf der Militärdoktrin – durch einen sachlicheren und maßvolleren Ton gekennzeichnet.

Bei der Behandlung der Rolle von Nuklearwaffen setzten Sicherheitskonzept und Militärdoktrin im Vergleich zu früheren Dokumenten keine wesentlich neuen Akzente. Wie schon in den „Grundbestimmungen" von 1993 und im Sicherheitskonzept von 1997 wird auch in den neuen Dokumenten ein Ersteinsatz von Atomwaffen legitimiert. In der Militärdoktrin heißt es entsprechend, Russland behalte sich das Recht vor, Nuklearwaffen unter den folgenden zwei Bedingungen einzusetzen: erstens, wenn der Gegner „Nuklear- und andere Massenvernichtungswaffen" (also beispielsweise chemische Waffen) benutzt; zweitens als Antwort auf eine „großangelegte Aggression mit konventionellen Waffen". Voraussetzung in beiden Fällen sei allerdings, dass „eine kritische Situation für die nationale Sicherheit der Russländischen Föderation und ihrer Verbündeten" vorliege. Russland hat sich also die in der Zeit des Kalten Krieges in der NATO-Strategie verankerten Prinzipien von „extended deterrence" und „flexible response"[2] zu eigen gemacht. Die NATO

2 Die NATO-Strategie der „flexible response" – der angemessenen bzw. flexiblen Erwiderung – löste 1967 das Konzept der „massive retaliation" (massiven Vergeltung) ab und sah eine stufenweise Eskalation der militärischen Reaktion im Falle eines Angriffs der Warschauer Vertragsorganisation vor. Damit konnte u.a. glaubhaft gemacht werden, dass die USA selbst im Falle eines Angriffs auf Bündnispartner an der Absicht festhielten, letztlich auch nukleare Waffen einzusetzen.

hatte diese hauptsächlich wegen der konventionellen Überlegenheit des Warschauer Pakts entwickelt. Jetzt zieht Russland aus seiner Schwäche bei den konventionellen Streitkräften die entsprechenden Konsequenzen.

Den Nuklearwaffen wird allerdings auch eine politische Funktion zugewiesen, nämlich – unausgesprochen – die, Russlands Weltgeltung zu unterstreichen, und – direkt ausgesprochen – die, einen gegnerischen – nuklearen oder konventionellen – Angriff abzuschrecken. Auch die „Grundlagen" für eine neue *Marinedoktrin* lassen diese Zielrichtung erkennen. Über die entsprechende Zielsetzung hinaus, die „qualitative Erneuerung des Personals und der Ausrüstung der strategischen Seestreitkräfte" sicherzustellen, wird aber auch der konventionellen Aufrüstung große Bedeutung beigemessen. Das zeigt sich u.a. an den „vorrangigen Richtungen" der Marinepolitik und entsprechenden „grundlegenden Aufgaben" der Seestreitkräfte. Zu den genannten Aufgaben gehören unter anderem die „Aufrechterhaltung und Entwicklung der konventionellen Kräfte und Mittel der Kriegsflotte", „Kontrolle über die Aktivitäten von Marinestreitkräften ausländischer Staaten oder militärpolitischer Blöcke in Gewässern nahe dem Territorium des Landes sowie in anderen Gebieten des Weltozeans" und die Errichtung einer Marinepräsenz auf den Weltmeeren, „um Flagge zu zeigen und die militärische Macht des russischen Staates zu demonstrieren".

Kritisch zu bewerten sind die Grundsatzdokumente vor allen Dingen erstens deswegen, weil man in ihnen vergeblich nach einer *Prioritätenliste* dringlicher Auf- und Ausgaben sucht. Ob die nuklearstrategischen oder die konventionellen Streitkräfte Vorrang haben, welche Teilstreitkräfte und Waffensysteme in welchem Umfang modernisiert werden sollen – darauf gibt es keine Antwort. Der Eindruck entsteht, als müsse sich Russland auf alle Eventualitäten vorbereiten – auf einen mit taktischen und strategischen Waffen geführten Nuklearkrieg, auf lokale, regionale oder „großmaßstäbliche" Kriege, auf friedensschaffende Aufgaben und auf innerstaatliche militärische Konflikte. Mangels klarer Prioritätensetzung hat es auch den Anschein, als könnten Mittel nach dem Gießkannenprinzip verteilt und als sollten *alle* militärischen und sicherheitsrelevanten Institutionen und Organisationen finanziell in die Lage versetzt werden, auf bestehende und potenzielle Gefahren zu reagieren.

Ein zweiter kritisch anzumerkender Punkt betrifft das Verhältnis von *nuklearen zu konventionellen Waffen* und den ihnen zugrunde zu legenden Einsatzkriterien. Im Sicherheitskonzept und in der Militärdoktrin wird, wie erwähnt, wieder von der Möglichkeit eines großangelegten konventionellen und/oder mit Nuklearwaffen geführten Krieges gesprochen. Nach Lage der Dinge kann es sich dabei nur um einen von der NATO gegen Russland geführten Krieg handeln. Da die russischen Streitkräfte gegenwärtig und in absehbarer Zukunft nicht mit konventionellen Mitteln reagieren können und die Rolle von Nuklearwaffen infolgedessen betont wird, brauchte Russland eigentlich nur kleinere konventionelle Kräfte für den Einsatz im Inneren und für lokale oder regional begrenzte Kriege. Diese Erkenntnis fehlt in den Grundsatzdokumenten. Der Eindruck wird erweckt, als seien zusätzlich zu den immer noch umfangreichen Sondertruppen für den Einsatz im Inneren noch umfangreiche Streitkräfte für die Abwehr äußerer Bedrohungen erforderlich.

Ein letzter Schwachpunkt liegt in mangelnder Konkretisierung der Vorstellung für ein *einheitliches militärisches Führungssystem* und für die Koordinierung der Aktivitäten aller an militärischen Sicherheitsaufgaben beteiligten Kräfte. Auch bei diesem Problem erschöpft sich die Doktrin, in der dies eigentlich hätte geregelt werden müssen, in Allgemeinplätzen. Der Generalstab soll versucht haben, einen Passus in die Doktrin einzufügen, dem zufolge die bewaffneten Kräfte aller „Machtministerien" dem Stab nicht nur in Kriegs-, sondern auch in Friedenszeiten unterstellt werden sollten, sei damit aber bei den Chefs eben dieser Ministerien gescheitert. Ein brauchbares Konzept einheitlicher Führung und optimaler Zuteilung von Aufgaben und Ressourcen sei infolgedessen nicht entwickelt worden.

Insgesamt spiegeln die Grundsatzdokumente zwar wesentliche Denkweisen wider, sie geben Zielrichtungen an und sollen Bindewirkung für die mit der Wahrnehmung sicherheitspolitischer Aufgaben betrauten Institutionen entfalten. Andererseits leiden sie unter einem Mangel an Konkretisierungen und klarer Festlegung von Prioritäten. Schließlich gibt es gerade in Russland wie vorher schon in der Sowjetunion eine weite Kluft zwischen Theorie und Praxis, zwischen Plan und Wirklichkeit. Konkretere Inhalte der russischen Militärpolitik verbinden sich infolgedessen mit den im Rahmen der Militärreform in Kraft gesetzten Dekreten und auf ihrer Basis getroffenen Maßnahmen.

## Militärreform

Die von Jelzin im Juli 1997 und 1998 per Dekret festgelegten Grundrichtungen einer umfassenden Militärreform sollten zwar der *Modernisierung* des Militärwesens dienen, sie verletzten aber auch wesentliche Partikularinteressen der Streitkräfte. Dennoch wurden gewisse Fortschritte erzielt. So wurde noch unter Jelzin die Reduzierung der Streitkräfte fortgesetzt; ihr Umfang ging von 1,8 Mio. im Jahre 1994 auf gegenwärtig nominal 1,2 Mio. und real vermutlich auf 1 Mio. Mann zurück. Die Streitkräfte wurden umstrukturiert. Die Eingliederung der Truppen der Weltraumstreitkräfte und der Truppen der Weltraumverteidigung in die Strategischen Truppen wurde abgeschlossen. Auch die Vereinigung der Truppen der Luftverteidigung und der Luftstreitkräfte zu einer einzigen Teilstreitkraft ist erfolgt. Damit gibt es heute nur noch vier Teilstreitkräfte (Heer, Luftwaffe, Marine und Strategische Truppen). Fortschritte sind ebenfalls bei der Aufstellung von zehn Großeinheiten in vollem Bereitschaftsgrad gemacht worden. Dasselbe gilt für die Neuordnung der Militärbezirke.

Der Verlauf der Militärreform zeigt, dass *technokratische, organisatorische und professionelle* Kriterien wichtiger genommen werden als politische und gesellschaftliche Gesichtspunkte. Von notwendigen Veränderungen im Militärwesen im Einklang mit Demokratisierung, Aufbau einer zivilen Gesellschaft und ziviler Kontrolle der Streitkräfte war schon vor Putin kaum noch die Rede. Selbst der Begriff der Militärreform (*voennaja reforma*) ist mittlerweile im außen- und sicherheitspolitischen Establishment verpönt und wurde durch den der „militärischen Entwicklung“ oder des „militärischen Aufbaus“ (*voennoe stroitel'stvo*) ersetzt. Auch andere Bereiche der Militärreform haben konservative Kräfte im Establishment erfolgreich blockiert. Das gilt für die ursprünglich geplante Umstrukturierung der „anderen“ Truppen – insbesondere der Truppen des Innenministeriums (MVD) – sowie die Zusammenfassung aller sicherheitspolitisch relevanten Aktivitäten in den Grenzen der neuen Militärbezirke: Der Widerstand des Establishments der Sondertruppen gegen weitere Kürzungen und organisatorische Veränderungen in ihrem Verantwortungsbereich konnte nicht gebrochen werden. Der Wirrwarr von Streitkräften und Sondertruppen mit ihren vielfältigen Aufgabenüberschneidungen besteht infolgedessen weiter. Auch von einer einheitlichen Militärstruktur und -führung ist Russland noch weit entfernt.

Im organisatorischen Bereich ist der *Umfang aller bewaffneten Kräfte* weiterhin ein ungelöstes Problem. Sollte es tatsächlich Teil der angestrebten Veränderungen sein, die Anzahl der Streitkräfte und Sondertruppen einschließlich aller diesen bewaffneten Verbänden zugeordneten Zivilangestellten bis zum Jahre 2005 auf insgesamt 1,5 Mio. zu verringern, wäre noch eine enorme – politische, bürokratische und vor allem finanzielle – Kraftanstrengung notwendig. Der Generalstab besteht aber darauf, dass 1,2 Mio. Mann die „Untergrenze der optimalen Personalstärke“ allein für die Streitkräfte darstelle. Vorgabe der Militärreform ist ein (in der zweiten Hälfte der 90er Jahre nie erreichter) Anteil der Militärausgaben am Bruttoinlandsprodukt in Höhe von 3,5%. Demgegenüber kommen sowohl russische als auch westliche Militärwissenschaftler in gut recherchierten Studien zum Ergebnis, dass auch bei günstiger Wirtschaftsentwicklung mit einem Anteil von 3,5% der Militärausgaben am BIP nur 550–600 000 Mann angemessen versorgt, ausgebildet und ausgerüstet werden können. Berichten zufolge soll auf einer Sitzung des Nationalen Sicherheitsrats vom 11. August 2000, bei der die militärische Entwicklung Russlands bis zum Jahre 2016 erörtert wurde, entschieden worden sein, die Truppenstärke der Streitkräfte auf 800 000 Mann zu begrenzen und im Ausgleich dafür die Anzahl der voll einsatzfähigen Großeinheiten bedeutend anzuheben. Derartige Berichte erwarten aber noch ihre Bestätigung.

## Verteidigungsausgaben

Für eine Modernisierung der russischen Streitkräfte auch auf geringerem Niveau sind höhere Verteidigungsausgaben eine unabdingbare Voraussetzung. Offiziellen russischen Angaben zufolge sollen bis Ende 2000 insgesamt 154,38 Mrd. Rubel für die nationale Verteidigung ausgegeben werden; zum gegenwärtigen Wechselkurs wären das lediglich 5,5 Mrd. Dollar. Es bedarf keiner großen Rechenkünste, sich zu verdeutlichen, dass ein derartiger Betrag unzureichend ist, um die immer noch umfangreichen strategischen Nuklear- sowie die konventionellen Streitkräfte angemessen zu unterhalten. Schließlich wenden die Vereinigten Staaten mit 291 Mrd. Dollar das 58fache dieses Betrags für ihre Streitkräfte auf. Das Internationale Institut für Strategische Studien in London kommt infolgedessen bei seinen Berechnungen auf mehr als 5% des BIP und 55 Mrd. Dollar. Diese Berechnungen wiederum sind vom stellvertretenden Vorsitzenden des Verteidigungskomitees der Duma als weit überzogen zurückgewiesen worden. Die realen Ausgaben lägen kaufkraftbereinigt umgerechnet bei weniger als 10 Mrd. Dollar und die Militärausgabenquote durchaus nahe an dem offiziellen Wert von 2,76% des BIP für das Jahr 2000; bezöge man die Ausgaben für innere Sicherheit mit ein, bei höchstens 4%.

Für die Modernisierung der Streitkräfte sind die Ausgaben für militärische Forschung und Entwicklung sowie Beschaffung von Waffen und Gerät von entscheidender Bedeutung. Für die Struktur der russischen Verteidigungsausgaben der zweiten Hälfte der 90er Jahre ist aber der *hohe Anteil für den Unterhalt der Streitkräfte* (70%) charakteristisch. Der für Forschung und Entwicklung sowie Beschaffung vorgesehene Prozentsatz (30%) ist dagegen vergleichsweise gering. Ende Januar 2000 sagte zwar der Chef der Bewaffnung der Streitkräfte, dass die Ausgaben für Forschung und Entwicklung sowie Kauf und Instandsetzung von Waffen und militärischem Gerät um das Zweieinhalbfache erhöht würden, und auf der Sitzung des Sicherheitsrats vom 11. August 2000 wurde beschlossen, bis zum Jahre 2006 das Verhältnis von Unterhalt der Streitkräfte zu Forschung und Entwicklung sowie Beschaffung auf 50:50 zu verändern. Ob diese Entwicklung aber eintreten wird, ist ungewiss. Die geplante Erhöhung der Beschaffungsausgaben im Jahr 2000 soll nicht mit Hilfe einer entsprechenden Aufstockung des Verteidigungsbudgets finanziert werden, sondern durch eine Umverteilung von Mitteln. Schon in der Vergangenheit sind Umverteilungen und vor allem Kürzungen beim Sold sowie den Gehältern und Pensionen der Militärangehörigen auf großen Widerstand gestoßen.

## Rüstungswirtschaft

Wie in der Wirtschaft insgesamt kann man auch im militärisch-industriellen Bereich von zehn Jahren fehlender oder fehlgeleiteter Reformpolitik sprechen. Unter den von Jelzin eingesetzten Regierungen von Gajdar bis Putin gab es *keine radikale Umstrukturierung des militärisch-industriellen Komplexes (MIK).* Infolgedessen ist derzeit für die Misere des MIK ein krasses Missverhältnis zwischen geringen staatlichen Finanzmitteln einerseits und einem überdimensionierten Rüstungskomplex wie auch einer disproportional umfangreichen Armee andererseits kennzeichnend. Ungeachtet des schon lange erklärten Ziels, nicht mehr als 600 Unternehmen mit verschiedenen Eigentumsformen im MIK zu belassen, haben sich in Wirklichkeit fast dreimal so viele Unternehmen gehalten. Aber viele von ihnen hatten bis 1999 schon jahrelang keine militärischen Aufträge mehr bekommen.

Im Jahre 1999 kam es im Vergleich zum Vorjahr zu einem *Anstieg der Rüstungsproduktion* um 40%. Dies war die Folge einer verbesserten Staatshaushaltslage und des Tschetschenien-Krieges. Vermutlich wird sich dieser Trend fortsetzen. Treibende Faktoren für weiteres Wachstum sind der auf niedrigerem Niveau anhaltende Krieg im Nordkaukasus mit seinem Material- und Waffenverschleiß sowie der enorme Rückgang der Rüstungsproduktion im letzten Jahrzehnt, der einen aufgestauten Bedarf in den Streitkräften verursacht hat.

Es ist also zweifelhaft, ob auch eine drastische Erhöhung der Beschaffungsausgaben im geplanten Umfang in absehbarer Zeit zu einer umfassenden Modernisierung der Streitkräfte führen kann. Auch Russland leidet unter dem für imperiale Niedergänge typischen Problem, dass es zwar noch über einen an Weltmachtambitionen und globaler Militärpräsenz orientierten militärisch-industriellen Komplex mit weiterhin großen Forschungs-, Entwicklungs- und Produktionskapazitäten verfügt, das Überleben dieses Komplexes aber nur durch Waffenexporte sichern kann.

## *Priorität für nuklearstrategische oder konventionelle Waffen?*

Knappe Finanzmittel erfordern eine klare Prioritätensetzung. Unter anderem war schon in den 90er Jahren zu entscheiden, ob nuklearen oder konventionellen Rüstungsprogrammen Vorrang einzuräumen sei. Bei dieser Frage schwelt seit langem ein Konflikt zwischen Verteidigungsminister Sergejew und Generalstabschef Kwaschnin. Nicht zuletzt aufgrund seiner früheren Position als Oberkommandierender der Raketentruppen hatte sich Sergejew für die Priorität *nuklearstrategischer Programme* eingesetzt – allerdings allem Anschein nach nur mit begrenztem Erfolg: In den späten 80er Jahren hatte Russland zwar begonnen, eine neue Interkontinentalrakete – die Topol-M (SS-27 in westlicher Bezeichnung) – als Nachfolgesystem der SS-25 zu entwickeln; im Dezember 1994 wurde die neue Rakete zum ersten Mal getestet. Ursprünglich war geplant, insgesamt 600 Topol-M-Raketen herzustellen und im Gebiet Saratow, etwa 500 Kilometer südöstlich von Moskau, sowie in der zentralen Waldaj-Region im nordrussischen Altaj aufzustellen, eine Hälfte davon in Silos, die andere Hälfte montiert auf modernisierten, mobilen Abschussrampen. Jährlich sollten mindestens 35–45 Topol-M-Raketen hergestellt, bis zum Jahre 2003 schon zwischen 250 und 300 Topol-M disloziert und auch mehrere neue nuklearstrategische Unterseeboote gebaut werden. Ob und wie viele neue U-Boote gebaut werden, ist nach dem Untergang der „Kursk" (obwohl es kein mit strategischen Waffen ausgerüstetes Boot war) im August 2000 noch unsicherer geworden, und die Dislozierungsrate bei der

Topol-M lag lediglich bei zehn Raketen pro Jahr. Anfang 2000 waren dementsprechend nur ganze zwei Topol-M-Regimenter (20 Topol-M) einsatzbereit. Man kann also darüber streiten, ob die viel beschworene Priorität der Rüstungsausgaben für nuklearstrategische Programme jemals bestanden hat.

Die NATO-Luftangriffe gegen Jugoslawien und der Krieg in Tschetschenien verschärften die Auseinandersetzungen über die festzulegenden Prioritäten. Die Bedeutung *konventioneller Waffen* wurde jetzt wieder betont. Im Juli 2000 legte Generalstabschef Kwaschnin dem Sicherheitsrat einen Plan vor, dessen konkrete Inhalte zwar unbekannt sind, der aber im Kern darauf abzielte, (1) den Umfang der nuklearstrategischen Kräfte zu reduzieren, (2) diese Kräfte in ihrem Status abzuwerten – konkret: die Strategischen Raketentruppen aufzulösen und der Luftwaffe einzugliedern und (3) Finanzmittel von den nuklearstrategischen Kräften abzuziehen und den konventionellen Kräften zukommen zu lassen. Derartige Vorstellungen charakterisierte Sergejew gleich nach dem Treffen als „verbrecherische Dummheit“.

Die öffentlich geführten Auseinandersetzungen erforderten ein Einschreiten des Präsidenten. Auf einer Sitzung des Sicherheitsrats am 11. August 2000, auf der die militärische Entwicklung Russlands bis zum Jahre 2016 erörtert wurde, scheint Putin ein Machtwort gesprochen und die Militärführung gezwungen zu haben, ihren Streit vorerst beizulegen. Die Strategischen Raketentruppen sollen mindestens bis 2006 als selbstständige Teilstreitkraft erhalten und die Zahl der ballistischen Interkontinentalraketen erst nach Ablauf ihrer voraussichtlichen Nutzungsfrist reduziert werden. Bis zum Jahre 2010 soll allerdings die Anzahl der Trägersysteme weit unter die in START II vorgesehene Obergrenze von 3000 bis 3500 Sprengköpfen auf 1500 gesenkt werden. Die Marine soll dadurch begünstigt werden, dass eine neue Generation von Marschflugkörpern (auch für die Luftwaffe) und neuer ballistischer Raketen entwickelt werden soll. Die Finanzierung nuklearstrategischer und konventioneller Streitkräfte soll im Verhältnis von 1:3 erfolgen.

## *Rüstungskontrollpolitik*

Diese Entscheidung befindet sich im Einklang mit Putins Rüstungskontrollpolitik sowohl bei den nuklearstrategischen als auch bei den konventionellen Waffen. Nicht zuletzt auf sein Betreiben hin hat die Duma den *Vertrag über strategische Rüstungsbegrenzung* (START II) und ein Zusatzprotokoll zum Vertrag über Systeme zur Abwehr ballistischer Raketen (ABM-Vertrag) von 1972 sowie den Atomteststoppvertrag (CTBT) ratifiziert. Vor den Abgeordneten der Duma Mitte April 2000 stellte der Präsident apodiktisch fest: „Die Ratifizierung von START II dient den nationalen Interessen Russlands.“ Ausdrücklich nannte er sechs Vorteile, die die Ratifikation rechtfertigten: (1) Stärkung des Kräftegleichgewichts, (2) Aufrechterhaltung des russischen Abschreckungspotenzials, (3) Bekräftigung und Stärkung der untrennbaren Verbindung des START II- und des ABM-Vertrages, (4) Einführung eines wirklichkeitsgetreuen Berechnungssystems für nukleare Bewaffnung der schweren Bomber, (5) Gewährleistung, dass die nuklearen Abschreckungskräfte den wirtschaftlichen Möglichkeiten Russlands entsprechen und (6) Herstellung der Möglichkeiten für eine Umrüstung der nuklearen Abschrekkungskräfte in einem rationalen finanziellen und wirtschaftlichen Rahmen.

Ohne eine feste Bindung des START II-Vertrages an die unveränderte und uneingeschränkte Gültigkeit des ABM-Vertrages wäre aber vermutlich das Ratifikationsgesetz weder von Putin eingebracht noch von der Duma angenommen worden. Vor der Duma hatte Putin diese Bindung unmissverständlich klargestellt. Die Vereinigten Staaten warnte er in scharfer Form davor, nach der erfolgten russischen START-Ratifikation ein landgestütztes nationales Raketenabwehrsystem (NMD) aufzubauen und dadurch den ABM-Vertrag zu brechen. Sollte Washington dies dennoch tun, sagte er, würde Russland nicht nur den START II-Vertrag als ungültig ansehen, sondern das gesamte System vertraglicher Beziehungen zur Begrenzung und Kontrolle strategischer und konventioneller Waffen verlassen und Entscheidungen im Bereich der taktischen Nuklearwaffen überprüfen. Das Land würde eine eigenständige Politik der nuklearen Abschreckung verfolgen.

Anfang September 2000 entschloss sich Präsident Clinton allerdings aufgrund der ungesicherten technischen Machbarkeit eines Raketenabwehrsystems, die Entscheidung über dessen Aufstellung zu verschieben. Dadurch werden sowohl die USA als auch Russland vorerst davor bewahrt, zu einer verschärften Konkurrenz bei den strategischen Offensiv- und Defensivwaffen zurückzukehren.

Einer verschärften Konkurrenz bei den konventionellen Waffen wirken auch die auf dem OSZE-Gipfel in Istanbul Mitte November 1999 unterzeichneten Dokumente zur europäischen Sicherheitspolitik entgegen, insbesondere die *Neufassung des Vertrags über konventionelle Streitkräfte in Europa* (KSE) und wenige Tage zuvor das seit 1990 zum dritten Mal überarbeitete Dokument über vertrauens- und sicherheitsbildende Maßnahmen (*Wiener Dokument 1999*). In diesen Dokumenten stimmte Moskau weitgehenden Beschränkungen seiner militärischen Handlungsoptionen und einem umfassenden Informations- und Verifikationsregime zu. Insbesondere sind die folgenden Verpflichtungen, die Russland betreffen, von Bedeutung: (1) ein erweiterter und häufigerer Informationsaustausch, (2) eine 25%ige Steigerung der Inspektionshäufigkeit, (3) ein neuer politischer Krisenmechanismus für zwischenstaatliche Konflikte und in der Flankenregion auch bei innerstaatlichen Konflikten, (4) Verhinderung destabilisierender Kräftekonzentrationen in den Gebieten von Kaliningrad und Pskow, (5) Beschränkung der russischen Streitkräfte im Militärbezirk Leningrad, (6) Einschränkung der militärischen Flexibilität Russlands innerhalb seiner Grenzen durch Absenkung seiner Obergrenzen um 385 Waffensysteme und außerhalb Russlands durch einen neuen Flexibilitätsmechanismus, (7) Einschränkung der militärischen Bewegungsfreiheit Weißrusslands durch Einfrieren seiner territorialen Obergrenzen, (8) Vereinbarung eines russischen Teilabzuges aus Georgien, und (9) Verpflichtung zu einem späteren Truppenabzug aus Moldawien.

Vor allem die beiden letzten Verpflichtungen stärken die Unabhängigkeit der neuen Staaten auf postsowjetischem Territorium. Diese und andere Vereinbarungen erhöhen den politischen Druck auf Moskau, sich stärker für die Regelung der Konflikte in Transnistrien, Abchasien und Nagornyj-Karabach einzusetzen. Und sie wirken einem Zerfall der europäischen und globalen Rüstungskontrolle entgegen.

Ein wichtiges Problem auch des KSE-Anpassungsvertrages bleibt aber weiterhin der Konflikt in Tschetschenien. Russland überschritt nämlich bereits zum Zeitpunkt der Unterzeichnung des Vertrages wegen des anhaltenden Krieges seine erhöhten territorialen Obergrenzen in der südlichen Flankenregion um 318 Panzer, 1333 gepanzerte Schützenfahrzeuge und 431 Artilleriegeschütze. Bei den Verhandlungen in Wien und danach haben russische Sprecher zwar immer wieder versichert, dass sich Moskau nach dem Ende der militärischen Operationen in Tschetschenien an die vereinbarten Begrenzungen halten werde. Sollten aber durch die anhaltende oder eine noch wachsende Guerillatätigkeit weiterhin russische Streitkräfte benötigt werden, könnte auch die russische Einhaltung der neuen Flankenobergrenze ein Dauerproblem werden.

## Waffenexporte

Der in den vergangenen zwei Jahren zu beobachtende Trend einer Ausweitung der russischen Waffenexporte wird sich aller Wahrscheinlichkeit nach verstärken. Erfolgsaussichten dafür liegen in den im Vergleich zu westlichen Systemen erheblich günstigeren Preisen und in der einfacheren Handhabung der Waffen. Weitere Wettbewerbsvorteile hat Moskau, weil es nicht danach fragt, ob seine Kunden Menschen- und Minderheitenrechte verletzen, ob die Waffen in Spannungsgebiete geliefert werden oder ob sie einen regionalen Rüstungswettlauf anheizen. Putin hat zwar immer wieder den Gedanken vertreten, dass der militärisch-industrielle Komplex und seine Waffenexporte zum „Motor“ oder zur „Lokomotive“ der Gesamtwirtschaft werden könnten. Die Idee ist aber zweifelhaft. Auch wenn die russischen Waffengeschäfte von 3,5 Mrd. Dollar 1999 auf 4 bis 4,5 Mrd. Dollar gesteigert werden könnten, reichen diese Größenordnungen zwar aus, um das Überleben großer Teile des militärisch-industriellen Komplexes zu sichern, nicht aber, um der Gesamtwirtschaft bedeutende Impulse zu vermitteln.

## Ausblick

In Putins Weltbild haben sicherheitspolitische Belange zentrale Bedeutung, und dies korrespondiert mit einem ausgeprägten Ordnungs- und Durchsetzungswillen. Beide Merkmale wurden bei der „freien Hand“ deutlich, die Putin den Militärs und Sicherheitskräften in Tschetschenien einräumte, und in der Rücksichtslosigkeit, mit der er und die ihn stützenden Kräfte gegen politische Gegner in den Parlaments- und Präsidentschaftswahlen vorgingen. Sie offenbarten sich auch in der Personalpolitik, etwa in der Besetzung von fünf der sieben leitenden Posten für die neu geschaffenen Großregionen der Russländischen Föderation durch hochrangige Militärs und Sicherheitsbeamte.

Insgesamt scheint aber die Entwicklung der russischen Militärpolitik auch unter Putin „dialektisch" voranzuschreiten. Der Entwicklungsprozess besteht darin, dass die Moskauer politische und militärische Führung immer wieder Vorstellungen Ausdruck verleiht, die sich am militärischen Glanz und Gloria der Sowjetära ausrichten. Weitreichende Ambitionen und Ansprüche werden in unrealistischen Konzeptionen, Doktrinen und Strategien formuliert, die oft den Westen aufschrecken. Im Endergebnis stellt sich dann doch heraus, dass eine große Lücke zwischen weitreichenden Zielen und den Mitteln für ihre Verwirklichung klafft. Dann setzt sich die Vernunft durch. Der „normativen Kraft des Faktischen" wird Raum gegeben. Die praktische Politik auch im Militärwesen passt sich dann, wenn auch nur widerstrebend, an die realen Gegebenheiten an.

# Teil 3

# Wirtschaft

# Die „russische" Marktwirtschaft

## Übergangsordnung oder Wirtschaftssystem auf Dauer?

HANS-HERMANN HÖHMANN

### *Marktwirtschaftliche Entwicklung – eingebettet in Geschichte und Gesellschaft*

Seit dem Zusammenbruch der sowjetischen Planwirtschaft sind mehr als zehn Jahre vergangen. In Russland ist eine neue Wirtschaftsordnung entstanden, die als Marktwirtschaft bezeichnet werden kann, selbst wenn sie den Strukturprinzipien der entwickelten westlichen Wirtschaftssysteme nur zum Teil entspricht und auch oft von den ordnungspolitischen Entwicklungen in den ostmitteleuropäischen Transformationsländern abweicht. Entstanden ist eine spezifisch „russische" Marktwirtschaft, bei der die Beziehungen zwischen Betrieben und gesellschaftlichen Gruppen, die Verflechtung zwischen Staat und Wirtschaft sowie das Verhältnis zwischen unternehmerischem Handeln, Einkommensentwicklung und gesamtwirtschaftlicher Leistung jeweils charakteristische Formen angenommen haben. Aufbau und Arbeitsweise dieser Marktwirtschaft bestimmen weitgehend auch die Wirtschaftslage Russlands: Einerseits haben die für sie typischen Netzwerke und Kooperationsbeziehungen den oft prognostizierten generellen ökonomischen Niedergang bisher verhindert, andererseits stehen die gleichen Struktur- und Funktionsprinzipien mit ihren die Modernisierung bremsenden und die Effizienz dämpfenden Effekten dem lang erhofften, sich selbst tragenden Wirtschaftsaufschwung im Wege. Ob die gegenwärtige russische Wirtschaftsordnung lediglich eine Durchgangsstation auf dem Wege zu einer institutionell klarer ausgeformten, leistungsfähigeren Form der Marktwirtschaft darstellt, oder ob sie bereits ihre endgültige Ausgestaltung repräsentiert, ist eine sowohl für die ökonomische als auch die politische und gesellschaftliche Zukunft des Landes entscheidende Frage. Ihre Beantwortung erfordert nicht nur die Beschreibung von Entwicklung und Gestalt der Marktwirtschaft in Russland. Notwendig ist auch die Betrachtung der historischen, gesellschaftlichen und realökonomischen Rahmenbedingungen, in die die ordnungspolitischen Entwicklungen der russischen Gegenwart und Zukunft „eingebettet" sind.

### *Zur Vorgeschichte der „russischen" Marktwirtschaft*

Wenn auch die marktwirtschaftliche Entwicklung in Russland ihre entscheidenden Impulse zu Beginn des Jahres 1992 durch die von Jegor Gajdar eingeleitete Liberalisierung der Wirtschaft erhielt, so hatten doch marktwirtschaftliche Tendenzen schon viele Jahre früher eingesetzt. Bereits die administrative Planwirtschaft der UdSSR war mit marktökonomischen Elementen unterschiedlicher Art und Spannweite durchsetzt gewesen. Hinzuweisen ist insbesondere auf die im Rahmen des Systems offiziell zugelassenen Märkte (Konsumgütermarkt, Kolchosmarkt, Arbeitsmarkt), auf den Einbau indirekter Steuerungsinstrumente in das administrative Planungssystem, auf die Aktivitäten von sog. „Tolkatschi“ (d.h. von Betriebsbeauftragten zur Mobilisierung von Reserven zur Planerfüllung) und auf die sich vor allem in den späten 70er und 80er Jahre ausbreitenden „bürokratischen Märkte“. Auf ihnen fanden Verhandlungen zwischen Unternehmen sowie zwischen Unternehmen und Behörden zwecks Vereinbarung von Kooperationsbeziehungen statt, die aufgrund der zunehmenden Komplexität der Wirtschaft und der abnehmenden zentralen Kontrolle von den Planbehörden nicht mehr geregelt werden konnten. Ein Teil dieser Märkte war eindeutig illegal und diente primär der persönlichen Bereicherung. Für den Wandel des ökonomischen Systems in Russland nach 1992 hatten alle diese Prozesse zwei wesentliche Konsequenzen: Es setzte die Formierung gesellschaftlicher Netzwerke ein, die Aufbau, Funktionsmechanismen und Leistungspotenzial der zukünftigen Marktwirtschaft (und damit ihren „russischen“ Charakter) nachhaltig bestimmen sollten, und es begann die Entwicklung eines Unternehmertums, das sich nicht nur weitgehend „rentenorientiert“ verhält, d.h. an Erzielung von Einkommen ohne produktive Leistung interessiert ist, sondern auch mehr oder weniger „anomisch“ handelt, d.h. das Unterlaufen offizieller Rechtsregeln zu einem seiner Handlungsprinzipien gemacht hat.

Ab 1987, nachdem die in der ersten Phase der Perestrojka angestrebte „technokratische Modernisierung“ ohne Erfolg geblieben war, wurde der Einbau marktwirtschaftlicher Elemente in die Planwirtschaft intensiviert. In drei Etappen versuchte Gorbatschow, die sowjetische Planwirtschaft in eine „mixed economy“ zu verwandeln. Mit dem Gesetz über den sozialistischen Staatsbetrieb (1987) erfolgte zunächst ein erweiterter Einbau indirekter Lenkungsinstrumente. Die Reformmaßnahmen von 1988 (Genossenschaftsgesetz, Gesetz über individuelle Wirtschaftstätigkeit) liefen auf die Einführung eines „doppelten Dualismus“ hinaus: Einerseits sollten sozialistisches und privates Eigentum, andererseits plan- und marktwirtschaftliche Lenkungsformen miteinander verbunden werden. Seit 1989 gab es schließlich hektische Ansätze einer „sozialistischen Marktwirtschaft“, die im „Programm der 500 Tage“ von 1991 gipfelten.

Ökonomisch bewertet war keiner dieser Maßnahmen Erfolg beschieden. In politisch-gesellschaftlicher Beziehung waren sie jedoch mit erheblichen Konsequenzen verbunden. Durch sie gewannen alte und neue Wirtschaftseliten weiter an Unabhängigkeit und politischem Gewicht, und es kam zu spontanen Prozessen von De-facto-Privatisierungen durch „Insider“ (Betriebsleiter und

Belegschaften), die nicht wieder gebremst werden konnten.[1] Gleichzeitig erhielt die Wirtschaftskriminalität einen neuen Entwicklungsschub. Spontane Privatisierung und Expansion der Kriminalität wurden wiederum vor allem dadurch möglich, dass die Autorität des sowjetischen Zentralstaates aufgrund der schwindenden Legitimation seiner kommunistischen Führung und der wachsenden Autonomie der Unionsrepubliken immer mehr zerfiel. Die traditionelle zentrale Kontrolle zerbrach vor allem an den zunehmenden Konflikten zwischen der UdSSR und Russland („Kampf der Gesetze"), während gleichzeitig innerhalb Russlands die einzelnen Regionen an Gewicht gewannen. Die Reformpolitik nach 1992 hatte es somit nicht nur mit den schwerwiegenden Altlasten und Hypotheken der Sowjetzeit (und älterer russischer Überlieferungen) zu tun. Sie musste auch von der Entwicklung der Jahre 1988 bis 1991 ausgehen, die eine Schwächung zentraler Staatlichkeit und eine nicht mehr aufzuhaltende, oft kriminelle Dynamisierung der russischen Gesellschaft bewirkt hatte. Folge davon war, dass der Staat als zentraler Akteur marktwirtschaftlicher Transformationspolitik in starkem Maße ausfiel.

## Rahmenbedingungen der marktwirtschaftlichen Entwicklung in Russland

Bei der Einschätzung von Stand und Perspektiven marktwirtschaftlicher Konsolidierung in Russland ist stets im Auge zu behalten, unter welch schwierigen Bedingungen sich die Transformation zu vollziehen hat. Dies ist einmal auf die *Komplexität der Transformationsaufgabe* zurückzuführen. Der Übergang von der Plan- zur Marktwirtschaft muss sich im Rahmen einer grundlegenden Umgestaltung des politisch-gesellschaftlichen Gesamtsystems Russlands vollziehen. Hierzu gehören insbesondere die Neubestimmung des nationalstaatlichen Rahmens und der nationalen Identität Russlands, der Wechsel des politischen Systems sowie ein Wandel der Gesellschaft. Die bisherigen Erfahrungen in Russland wie in anderen Transformationsländern haben gezeigt, dass zwischen politischer, gesellschaftlicher und wirtschaftlicher Umgestaltung enge Zusammenhänge bestehen und dass sich ökonomischer Erfolg nur einstellt, wenn es zu einem vorteilhaften Zusammenspiel mit den drei anderen zentralen Veränderungsprozessen kommt. Leider hat sich die russische Realität bisher immer wieder dem idealtypischen Schema einer solchen positiven Interdependenz entzogen.

Die noch immer anhaltende Transformationskrise Russlands ist auch auf die gravierenden, bisher nicht überwundenen *Altlasten des untergegangenen administrativen Sozialismus* zurückzuführen. Aufgrund der engen Zusammenhänge zwischen wirtschaftlichen und sozio-politischen Entwicklungen wirken sich nicht nur die ökonomischen, sondern auch die politisch-gesellschaftlichen Erbschaften des untergegangenen Sozialismus belastend auf die Transformation der Wirtschaftsverhältnisse aus. Politisch wie ökonomisch schädliche Ef-

1 Vgl. Olga Kryshtanovskaya/Stephen White: From Soviet Nomenklatura to Russian Élite, in: Europe-Asia Studies, 48. Jg., 1996, Nr. 5, S. 711–733, hier S. 716–721.

fekte hatten und haben vor allem die beträchtlichen Macht- und Autoritätsdefizite der Führung, die schwache Ausbildung demokratischer Kräfte, insbesondere die langsame Formierung politischer Parteien, sowie das Übergewicht personeller gegenüber institutionellen Faktoren in der Politik. Weiter beeinträchtigt den Wirtschaftswandel, dass es noch keine wirklich effektive gesellschaftliche Selbstorganisation gibt, wie sie zur Entwicklung sozialer Dynamik und zur Regelung von Konflikten in demokratisch verfassten Marktwirtschaften unverzichtbar ist.

Was die *Verhaltenserbschaft* des sowjetischen Sozialismus betrifft, so hat die lange Dauer der administrativen Planwirtschaft im Zusammenwirken mit historischen Prägungen aus vorsowjetischer Zeit die ökonomische Kultur in Russland nachhaltig beeinflusst. Wahrnehmung, Wertung und Verhalten breiter Bevölkerungsgruppen wurden vor allem durch drei Elemente des alten Systems stark geprägt: den Paternalismus, der eine weitgehend anstrengungsunabhängige ökonomische Minimalsicherheit gewährleistete, die „Gleichmacherei", die einer leistungsbestimmten Einkommensdifferenzierung im Wege stand, sowie die auf den Plan bezogene (und durch den Plan verzerrte) Einstellung zur Arbeit, die das Arbeits- und Erfolgsverhalten eher auf Plan- und Leistungsmanipulation als auf vermehrten Kräfteeinsatz lenkte und hierdurch zu *der* Schule rentenorientierten Wirtschaftsverhaltens wurde.

Neben der Verhaltenserbschaft erweist sich die *materielle Strukturerbschaft,* die die administrative Planwirtschaft hinterließ, als besonders hinderlich für den Umgestaltungsprozess, weil sie für den Fall marktwirtschaftlicher Transformation sozial extrem belastende und politisch schwer beherrschbare Entwicklungsbrüche vorprogrammiert. Der im Sinne von Machtexpansion und Herrschaftsstabilisierung praktizierte Primat der Politik gegenüber der Wirtschaft in der Sowjetunion führte zu einer sektoral und regional ungleichgewichtigen Wirtschaftsstruktur sowie einer permanenten Ausbeutung der ökonomischen Ressourcen des Landes im Interesse kurzfristiger Machtentfaltung. Je mehr sich nach 1992 marktwirtschaftliche Mechanismen durchsetzten, desto intensiver versuchte das Management der Betriebe, dem Leistungs- und Anpassungsdruck der Märkte durch vielschichtige Brems- und Abfederungsmaßnahmen zu begegnen: Vereinbarungen im Rahmen alter und neuer Netzwerke, Bestechung von Behörden zwecks Erlangen von administrativen Ausnahmeregelungen, Subventionen und Steuerprivilegien, Ausweichen in Naturaltausch (*Barter*), kurz Praktiken einer „Marktwirtschaft des Als-ob".

## Der Weg zur Marktwirtschaft

Die ordnungspolitische Entwicklung in Russland ist durch ständige Widersprüche zwischen klaren marktwirtschaftlichen Grundsatzerklärungen, marktwirtschaftlich orientierter, aber inkonsistenter und instabiler Umsetzungspolitik sowie permanentem Unterlaufen von wirtschaftspolitischen Vorgaben in der ökonomischen Realität gekennzeichnet. Der offizielle Start in die Marktwirtschaft erfolgte auf der Grundlage des von Jelzin im Oktober 1991 vorgelegten Reformprogramms[2] mit Beginn des Jahres 1992 (Preisliberalisierung). Die Verfassung von 1993 setzte dann den konstitutionellen Rahmen für eine marktwirtschaftliche Ordnung, die zwar soziale Züge tragen soll, aber keinerlei Ansatz zeigt, „dritte Wege" mit Mischungen markt- und planwirtschaftlicher Elemente festzuschreiben.[3] Wenn systempolitische Entwicklung und wirtschaftspolitische Praxis seit Reformbeginn durch eine kontinuierlich marktwirtschaftliche Grundtendenz bestimmt blieben, so ist die Stabilität dieser hauptsächlichen Ausrichtung auf eine Reihe von Gründen zurückzuführen:

- Der ökonomische Systemwechsel hatte einen spontanen, nicht mehr zu stoppenden Charakter angenommen: „Systemwechsel von unten" wurde zu einem dominierenden Grundzug der russischen Transformation;
- politisch vertretbare und zugleich praktikable Alternativen zum generellen marktwirtschaftlichen Kurs sind nicht vorhanden, die alte Planwirtschaft ist gründlich desavouiert, ihre ökonomischen und politischen Voraussetzungen sind entfallen;
- die internationalen Rahmenbedingungen der russischen Wirtschaft stabilisieren den Grundtrend zur Marktwirtschaft;
- schließlich wirkt sich auch das Eigentumsinteresse der oft aus der sowjetischen Nomenklatura hervorgegangenen ökonomischen Eliten Russlands im Sinne einer Verstetigung des marktwirtschaftlichen Systemwechsels aus.

Hier allerdings beginnen gleichzeitig die Probleme: Das Zusammenwirken von kulturellen und strukturellen Faktoren mit den Interessen der neuen Eigentümer führt dazu, dass es trotz des inzwischen etablierten marktwirtschaftlichen Grundmusters überall Grenzen, Fehlentwicklungen und Gefahren für den systempolitischen Wandel gibt, die deutlich machen, dass Reformen nicht erfolgen oder nicht ausreichend greifen. Dieses bisherige Ausbleiben wirklicher marktwirtschaftlicher Konsolidierung lässt sich in vielen Sektoren der Wirtschaft beobachten und soll im Folgenden an drei für ein Gelingen der marktwirtschaftlichen Transformation besonders wichtigen Aktionsfeldern verdeutlicht werden: der Reform der Eigentumsordnung (Privatisierung), der Etablierung eines marktwirtschaftlichen Lenkungssystems (Liberalisierung) und der Schaffung eines marktwirtschaftlicher Ordnung entsprechenden Steuersystems.

## *Reform der Eigentumsordnung – Privatisierung*

Das Entstehen von unternehmerischem Privateigentum ist zentraler Bestandteil jeder Wirtschaftstransformation und hat als Beitrag zur Bildung marktwirtschaftlicher Institutionen, als Instrument zur Veränderung der Wirt-

2 Veröffentlicht in Izvestija, 28.10.1991.

3 Vgl. Klaus Westen (Bearbeiter): Russische Föderation (Rußland), Einführung, in: Wirtschaftsrecht der osteuropäischen Staaten, 39. Lieferung, November 1996, S. 3ff.

schaftsmentalität sowie als Voraussetzung für das Entstehen tendenziell staatsunabhängiger Interessenverbände und damit letztlich auch als potenzieller Beitrag zur Entwicklung einer pluralistischen Demokratie nicht nur ökonomische Bedeutung. Wie bereits aufgezeigt, begann der postkommunistische Weg zu einer privaten Eigentumsordnung in Russland bereits einige Jahre vor der Verkündung der Massenprivatisierung auf der Grundlage von Privatisierungsgutscheinen (*Voucher*) zur Jahresmitte 1992.[4] Die Voucherprivatisierung führte allerdings ab 1993 zu einer wesentlichen Beschleunigung der (zunächst lediglich formalen) Entstaatlichung der russischen Wirtschaft. Sie wurde Mitte 1994 abgeschlossen.[5]

Der quantitative Erfolg des russischen Privatisierungsprogramms war beträchtlich. Durch die „kleine" Privatisierung ging die Mehrzahl der kleinen Staatsbetriebe in private Hände über, wobei Ausschreibung und direkter Verkauf die Hauptprivatisierungsmethoden waren. Daneben kam es zu zahlreichen Neugründungen kleiner Betriebe, vor allem im Dienstleistungsbereich.[6] Auch die „große" Privatisierung (Privatisierung der staatlichen Mittel- und Großbetriebe) hat nach 1993 rasch Fortschritte gemacht. Nachdem zunächst eine Umwandlung der Staatsbetriebe in Aktiengesellschaften erfolgt war, kam es, meist über die in vielen Orten Russlands durchgeführten Voucherauktionen, zur formalen Privatisierung ganzer Betriebe oder von Betriebsanteilen. Daneben war ein Kauf von Aktien gegen Bargeld möglich, ein Verfahren, das nach Abschluss der Voucherprivatisierung zum einzigen Weg des Erwerbs von Unternehmensanteilen geworden ist. Insgesamt wurden vom Beginn der „großen" Privatisierung bis zur Jahresmitte 1999 gut zwei Drittel der im Privatisierungsprogramm aufgelisteten Unternehmen ganz oder teilweise privatisiert. Der Beitrag des privaten Sektors zum russischen Bruttoinlandsprodukt[7] wird für Mitte 1999 auf insgesamt 70% geschätzt.[8]

Wenn der Verlauf der Privatisierung in Russland in formal-quantitativer Hinsicht auch als durchaus erfolgreich bezeichnet werden kann, so macht die Analyse der funktionalen und gesellschaftlichen Wirklichkeit des neuen privaten Sektors doch zahlreiche, teilweise gravierende Schwachpunkte evident. Diese Schwachpunkte hängen teils mit ungünstigen systempolitischen, wirtschaftsstrukturellen und makroökonomischen Rahmenbedingungen, teils mit konservativen Verhaltensstrukturen (marktfremde ökonomische Kultur), teils

4 Vgl. Morris Bornstein: Russia's Mass Privatisation Programme, in: Communist Economies & Economic Transformation, Nr. 6, 1994, S. 419–457, hier S. 419.

5 Vgl. Aleksandr Radygin: Privatizacija v Rossii: itogi pervogo etapa, in: Chans-Chermann Chemann (obščij redaktor): Social'naja rynočnaja ėkonomika v Germanii i ėkonomičeskaja transformacija v Rossii, Kel'n/Moskva 1996, S. 81–92, hier S. 81–83.

6 Aleksandr Čepurenko: Maloe predprinimatel'stvo v sovremennoj Rossii, in: Social'naja rynočnaja ėkonomika ... (1996), S. 107–120, hier S. 109–112.

7 EBRD: Transition Report 1996, London 1996, S. 11.

8 Ebd., S. 24.

mit dem prekären Verhältnis zwischen Privatisierung und der Verbreitung aller Arten von Kriminalität zusammen. Unter dem Stichwort systempolitische Rahmenbedingungen ist insbesondere auf die institutionell unzureichend entwickelte und kaum auf Effizienz und Innovation hinwirkende Unternehmenskontrolle (*corporate governance*) hinzuweisen. Diese wiederum hat vielfältige Ursachen. Von besonderer Bedeutung sind der vorherrschende Charakter der russischen Privatisierung als einer überwiegenden „Insiderprivatisierung" (Privatisierung vor allem zugunsten des Managements der Betriebe); der noch zu wenig entwickelte – und durch neue Formen der Wirtschaftskonzentration wie den Finanz- und Industriegruppen weiter beeinträchtigte – Wettbewerb zwischen den Unternehmen sowie die infolge öffentlicher Subventionsneigung immer noch zu weichen betrieblichen Budgetschranken. So fehlt es bei der gegenwärtigen Geld- und Finanzpolitik, die sich trotz zunehmender, teilweise auch erfolgreicher Bemühungen um monetäre Stabilisierung immer noch zu sehr am Liquiditätsbedarf der Betriebe orientiert, an funktionierenden Finanzinstitutionen, von denen einerseits Druck auf eine Effizienzsteigerung ausgeht, die anderseits aber auch in der Lage sind, das für die Sanierung des obsoleten Kapitalstocks und die erforderliche Umstrukturierung der Wirtschaft notwendige Kapital zu mobilisieren. Die immer noch gewährten Subventionen hängen wiederum mit den Spannungen zwischen der Privatisierung und den aus der Sowjetzeit geerbten, zuvor erörterten realwirtschaftlichen Strukturen zusammen. Diese Strukturen drohen bei einer effizienzorientierten Privatisierung wegzubrechen und provozieren beständig eine finanzielle Unterstützung seitens des Staates, die wiederum die Orientierung der Unternehmen auf mehr Effizienz blockiert. Auf die Beeinflussung der staatlichen Wirtschafts- und Finanzpolitik zugunsten bestimmter Zweige und Unternehmen ist auch die Tätigkeit von Interessengruppen und Lobbies ausgerichtet, die bei der Zuweisung von Haushalts- und Außerhaushaltsmitteln, aber auch in vielen anderen Politikbereichen festzustellen ist, etwa bei der Besetzung höherer Regierungsposten, bei Gesetzgebung und Schaffung neuer Institutionen sowie bei der Festlegung wirtschaftspolitischer Prioritäten. Auch die erörterte Verhaltenserbschaft ist hier zu beobachten. Sie manifestiert sich z.B. in den zumeist langsamen Reaktionen der Betriebsleiter auf Änderungen makroökonomischer Vorgaben im Transformationsprozess. So haben sich viele Unternehmen selbst im Falle härterer Budgetschranken, wie sie wiederholt verfügt wurden, kaum mit Effizienzsteigerung und Strukturwandel an die veränderten Bedingungen angepasst, sondern im alten Stil weiter gewirtschaftet, sich untereinander exzessiv verschuldet und sind auf Zahlungen mit Geldsurrogaten (z.B. sog. „Wechsel") oder Naturaltauschpraktiken (Barter) ausgewichen.

Einen zentralen Sonderbereich der neuen russischen Unternehmensstruktur stellen die Banken dar. Ihre Entwicklung und zunehmende ökonomische Bedeutung innerhalb der marktwirtschaftlichen Transformation, aber auch die problematischen Seiten von organisatorischen Mängeln und Dysfunktionen bis hin zur Durchmischung mit kriminellen Verhaltensweisen und organisiertem Verbrechen sind eng mit der Entstehung der neuen, zunehmend privaten Eigentumsordnung verbunden. Wie die Privatisierung, so begann auch der Aufbau eines modernen Bankensystems in Russland[9] in der Spätphase der Perestrojka. Im Jahre 1988 wurde per Gesetz der UdSSR der Rahmen für die Gründung genossenschaftlicher Banken geschaffen, die die Entwicklung des sich herausbildenden nichtstaatlichen Unternehmenssektors unterstützen sollten. Das (Unions-)Bankgesetz von 1990 eröffnete dann die Möglichkeit, Banken in der Rechtsform von Aktiengesellschaften zu gründen. Die Ablösung des alten sowjetischen Bankensystems durch ein zweistufiges Bankensystem mit Notenbank und zahlreichen Geschäftsbanken entspricht im Prinzip den Erfordernissen der marktwirtschaftlichen Transformation. Allerdings kann von einer Konsolidierung des russischen Geschäftsbankensektors noch keine Rede sein. Folgende Hauptprobleme sind hervorzuheben: In einer großen Anzahl der Banken ist die Kapitalausstattung zu gering und die Bildung von Rücklagen unzureichend; das Management verfügt oft nicht über ein adäquates professionelles Niveau; Buchhaltungs- und Publizitätsvorschriften sind noch in einem rudimentären Zustand, Angebote an beratenden und prüfenden Dienstleistungen (Steuer- und Finanzberater, Wirtschaftsprüfer) noch mangelhaft entwickelt. Weit verbreitet ist auch die Neigung zu spekulativen, kurzfristigen Geschäften – all dies in Verbindung mit unzureichender Bankenaufsicht infolge schwach ausgebauter Lenkungs- sowie Kontrollinstrumente der Zentralbank. Auf der anderen Seite ist der politische Einfluss der großen Banken beträchtlich, und ihre Verbindung mit dem organisierten Verbrechen gestaltet sich in vielen Fällen eng, wenn auch schwer durchschaubar. Als die Bemühungen der russischen Regierung um eine Stabilisierung des monetären Bereichs der Wirtschaft Erfolge zeigten und die realen Zinssätze positiv wurden, verschlechterten sich die Aktionsbedingungen vieler Banken. Bereits im Jahre 1995 wies ein Drittel der russischen Banken Verluste aus. Schwerwiegende Auswirkungen auf den russischen Banksektor gingen danach insbesondere von der Finanzkrise des Jahres 1998 aus. Angesichts hoher Bestände an Forderungen gegenüber der Regierung und eines hohen Verschuldungsgrades gegenüber dem Ausland sah sich die Mehrheit der russischen Banken fallenden Vermögenswerten und stark steigenden Verbindlichkeiten gegenüber. Die großen Banken waren besonders betroffen; es kam zu Insolvenzen, und die gesamte Struktur des Bankensystems hat sich infolgedessen verschoben.[10]

Gegenwärtig (Sommer 2000) werden neue Reformen zur Gesundung des russischen Banken- und Finanzsektors vorbereitet und eingeleitet.[11] So sollen die Konkursverfahren für insolvente Finanzinstitute beschleunigt, die verblei-

9 Vgl. hierzu und zum Folgenden Weltbank (Hg.): Vom Plan zum Markt. Weltentwicklungsbericht 1996, Bonn 1996, S. 123.

10 DIW: Wochenbericht, 2000, Nr. 15, S. 5.

11 Vgl. hierzu und zum Folgenden: Arbeitspapiere der Forschungsstelle Osteuropa an der Universität Bremen, Projekt Wirtschaftskultur, Juni 2000.

benden Großbanken einer strikteren Kontrolle unterzogen und das Zahlungssystem für den Interbankenverkehr modernisiert werden. Die Revision des Gesetzes über Aktiengesellschaften wurde von der Duma bereits gebilligt. Der Schutz von Minderheitsaktionären wird deutlich verbessert. Eine Parlamentskommission arbeitet derzeit an Vorschlägen zur Verbesserung des rechtlichen Schutzes von Investoren am Aktienmarkt. Gesetzesänderungen zur besseren Kontrolle der Wertpapierbörsen und -händler sind in Vorbereitung. Diskutiert wird eine Reform des Konkursrechtes, die Gläubigern einen besseren Schutz ihrer Ansprüche bieten soll. Die eingeleiteten Gesetzesänderungen haben in der gegenwärtigen politischen Situation eine gute Chance, parlamentarisch akzeptiert zu werden. Das Hauptproblem für eine Reform des Banken- und Finanzsektors dürfte aber nach wie vor darin bestehen, die verabschiedeten Gesetze in der Praxis durchzusetzen. Um dies zu erreichen, wäre vor allem die Lobby der Banken unter Kontrolle zu bringen. Hierzu wiederum müssten die zuständigen Aufsichtsbehörden sowie die verantwortlichen Rechtsprechungsorgane zu einer effizienten und neutralen (d.h. korruptionsfreien) Arbeitsweise befähigt werden.

## *Marktwirtschaftliches Lenkungssystem – Liberalisierung*

Die Liberalisierung der Preise und Löhne sowie die Aufhebung der planwirtschaftlichen Mengenregulierungen für Produktion sowie Binnen- und Außenhandel standen am Beginn der russischen Transformationspolitik.[12] Sie gehörten zu den Hauptelementen des russischen Reformprogramms vom Oktober 1991, hatten die Aufgabe, durchgehende marktwirtschaftliche Koordinations- und Informationsbeziehungen herzustellen, und blieben auch später eine zentrale Zielsetzung der Wirtschaftstransformation. Die entsprechenden Richtlinien für die Liberalisierung von Preisen und Mengen traten (mit bestimmten Ausnahmen, vor allem im Ernergiebereich) im Januar 1992 in Kraft. Sie galten zunächst für ganz Russland. Seit März 1992 wurden den Regionen Vollmachten erteilt, die Liberalisierungsprogramme nach ihren Vorstellungen zu modifizieren. Viele Regionen führten neue Preisregelungen ein, die mit teilweise erheblichen Subventionen verbunden waren. Eine beträchtliche regionale Preisdifferenzierung war die Folge, und auch die bald einsetzenden Versuche des Zentrums, die Kontrolle über den Liberalisierungsprozess durch neue normative Regelungen zurückzugewinnen, konnten die Alleingänge der Föderationssubjekte nicht unterbinden. Auch für die anderen Liberalisierungsbereiche (Löhne, Außenhandelsregelungen) bestehen regionale Unterschiede, die teils auf Sonderkonzessionen der russischen Zentralregierung, teils auf Eigenmächtigkeiten der regionalen Exekutiven beruhen. Insgesamt ist

12 Vgl. hierzu und zum Folgenden Vladimir Gutnik: Trudnyj put' stanovlenija politiki rynočnogo chozjajstvennogo porjadka v Rossii, in: Social'naja rynočnaja ėkonomika ... (1996), S. 51–62, hier S. 51–53; Claudia Bell: Die Finanzwirtschaft Rußlands: Formelle Institutionen und Realität, Berichte des BIOst 54-1996, S. 16–18.

ein Gemisch von unklaren Zuständigkeiten zwischen zentralrussischen Organen und Regionalorganen, instabilen und widersprüchlichen Gesetzgebungsakten sowie wechselnden Konstellationen im Machtverhältnis von Zentrum und Regionen entstanden, das sich nachteilig auf die verlässliche Institutionalisierung einer homogenen und transparenten Marktwirtschaft in Russland auswirkt. Gleichzeitig werden dadurch die Vorteile, die mit einer unterschiedlichen regionalen Wirtschaftsdynamik für den Aufschwung der Wirtschaftsleistung verbunden sein könnten, zu einem beträchtlichen Teil zunichte gemacht. So dokumentiert auch die Liberalisierungsproblematik ein Grunddilemma der Transformation in einem großen Land mit beträchtlichen Entwicklungs- und Strukturunterschieden. Setzt einerseits Transformation dort in Anbetracht begrenzter Wirkungsmöglichkeiten des Zentrums regionale Selbstständigkeit voraus, fehlt andererseits aber – wie es in Russland noch der Fall ist – ein leistungsfähiger Föderalismus, so vergrößert der zunehmende Regionalismus in starkem Maße die ohnehin schon bestehenden ökonomischen Funktionsprobleme. Nimmt man die Beeinträchtigung der marktwirtschaftlichen Koordinierung durch das Geflecht alter und neuer betrieblicher Netzwerke sowie die russlandweiten Funktionseinbußen der Geldwirtschaft („Demonetarisierung") durch die Verbreitung von Geldsurrogaten und Gütertausch hinzu, so zeigt sich eine starke Fragmentierung der Märkte. Nur eine konsequente Ordnungspolitik könnte dieser Fragmentierung entgegenwirken, doch der auf diesem Gebiet handlungsfähige Staat zählt bisher zu den besonders knappen Ressourcen der russischen Transformation.

## *Im Zentrum marktwirtschaftlicher Politik: Reform des Steuer- und Finanzsystems*

Die Grundlage für ein neues, mit marktwirtschaftlichen Erfordernissen übereinstimmendes Steuersystem in Russland wurde mit dem Gesetz über die Grundlagen des Steuersystems der Russländischen Föderation gebildet, das mit Beginn der ökonomischen Systemtransformation Anfang 1992 in Kraft trat.[13] Zu den wichtigsten Einnahmequellen der öffentlichen Haushalte wurden die Mehrwertsteuer (später in Verbindung mit der speziellen Umsatzsteuer), die Gewinnsteuer der Betriebe, die Einkommensteuer sowie vermehrt spezielle Verbrauchssteuern. Die Etablierung einer formellen Finanzverfassung zur Regelung der Einnahmequellen und zur Bestimmung der Finanzbeziehungen zwischen den Staatsorganen auf den verschiedenen Verwaltungsebenen Russlands (Finanzausgleich) erfolgte nicht. Stattdessen gab es eine Fülle einzelner, oft isolierter normativer Akte zur Steuergestaltung (Gesetze, Präsidentenerlasse und Regierungsverordnungen), vor allem auf nationaler,

13 Vgl. hierzu und zum Folgenden Sergej Satalov: Nalogi, bjudžet i finansy v Rossijskoj Federacii, in: Social'naja rynočnaja ėkonomika ... (1996), S. 239–252, hier S. 239–241; Bell (1996), S. 23–31; Russisches Steuersystem: Hoher Reformbedarf, in: IWD. Informationsdienst des Instituts der deutschen Wirtschaft, 1996, Nr. 14, S. 6–7.

aber auch auf regionaler Ebene. Das wünschenswerte Maß an Konsistenz, Stabilität und Verlässlichkeit der Abgaben- und Umverteilungsregelungen konnte damit bislang nicht erreicht werden. Grund dafür ist in erster Linie, dass die regionalen und lokalen Verwaltungen in Anbetracht instabiler Steueraufteilungsquoten und ungewisser Ergebnisse von Verhandlungen über Adhoc-Transfers immer wieder versuchen, ihre finanzielle Situation über neue Steuern oder steuerähnliche Abgaben zu verbessern.

Insgesamt ist das russische Steuersystem durchaus auf dem Weg zu einer der Marktwirtschaft adäquaten Struktur. Es fehlt aber an institutioneller Verlässlichkeit, und es gibt immer wieder Tendenzen, die fiskalischen Zwecke (Beschaffung von Geld für öffentliche Ausgaben) vor die wirtschaftspolitischen Funktionen der Steuern (Funktionen auf den Gebieten Ordnungs-, Verteilungs-, Struktur- und Konjunkturpolitik) treten zu lassen. Dies entspricht einmal dem Weiterwirken sowjetischer Verhaltensweisen, wo den Steuern (im Unterschied zur administrativen Mengenplanung) ja gleichfalls keine Lenkungsfunktionen zugekommen waren. Hier schlägt sich aber auch der unzureichend gedeckte staatliche Finanzbedarf nieder, der dazu verleitet, mit hohen Steuern gerade die leistungsfähigen und dynamischen Betriebe (inklusive ausländischer Unternehmen) zu belasten, die aufgrund ordnungs- und konjunkturpolitischer Erwägungen eigentlich gefördert werden müssten. Umfangreiche Steuerhinterziehung ist in Anbetracht hoher Steuerbelastung, niedriger Steuermoral und unzureichender staatlicher Kontrollmöglichkeiten wiederum eine oft praktizierte Antwort der Unternehmen. Es käme darauf an, den gegenwärtigen circulus vitiosus zu durchbrechen, bei dem der Staat auf seinen verschiedenen Ebenen immer mehr und höhere Steuern einführt, die Unternehmen darauf mit immer neuen Strategien zur Steuervermeidung reagieren und die öffentlichen Kassen Defizite aufweisen, die nicht oder nur um den Preis einer weiteren Verengung der ohnehin geringen Spielräume für Kapitalbildung, einer umfangreichen Inanspruchnahme von Auslandsfinanzierung oder gar des Rückgriffs auf inflationäre Finanzierungsmethoden aufzufüllen sind.

Nach den derzeit aktuellen Plänen der russischen Regierung für eine Steuerreform soll die gesamte gesetzliche Steuerlast von derzeit etwa 40% auf 35% des Bruttoinlandsprodukts reduziert werden.[14] Gleichzeitig sollen die gesetzlichen Regelungen vereinfacht und vereinheitlicht werden. Die Regierung hofft, durch die Steuerreform die Steuerehrlichkeit zu erhöhen und den Umfang der Steuerhinterziehung reduzieren zu können. Trotz der vorgesehenen Absenkung der Steuerlast erwartet sie dementsprechende steuerliche Mehreinnahmen. Der erste, allgemeine Teil des neuen Steuergesetzes ist bereits seit dem 1. Januar 2000 in Kraft. Der zweite Teil, der die konkrete Festlegung der einzelnen Steuern enthalten soll, steht unmittelbar vor der Verab-

14 Vgl. hierzu und zum Folgenden Arbeitspapiere der Forschungsstelle Osteuropa an der Universität Bremen, Projekt Wirtschaftskultur, Juni 2000.

schiedung. Diese ist wahrscheinlich: Die Regierung steht offenbar geschlossen hinter dem Programm, das Parlament erweist sich im Prinzip als kooperativ, Unterstützung gibt es auch bei einzelnen Lobbygruppen. Wie bei der zuvor skizzierten Bankenreform liegen die Probleme auch im russischen Steuersektor nicht allein und nicht primär auf dem Gebiet der Steuergesetzgebung. Gute Steuergesetze bedeuteten sicher wesentliche Fortschritte gegenüber der bisherigen russischen Praxis. Sie können aber nur dann zu einer Verbesserung der Funktionsfähigkeit der Marktwirtschaft führen, wenn das neue Steuerrecht auch konsequent angewandt wird. Ein Blick auf die russische Steuerpraxis der letzten Jahre zeigt, dass es hier erhebliche Probleme gibt: Steuerzahlungen sind verhandelbar, Steuerbeamte erweisen sich oft als korrupt, Steuerzahlungen in Form von Güterlieferungen beeinträchtigen den Nutzen der Steuer, manche Unternehmer entziehen sich durch Ausweichen in die Schattenwirtschaft generell der Steuerpflicht. Damit das neue Steuergesetz erfolgreich in die Praxis umgesetzt werden kann, müssen auch hier gesellschaftliche, juristische und ökonomische Rahmenbedingungen geschaffen werden, die wiederum eine neue Qualität russischer Politik voraussetzen.

### *Bessere Chancen für die Marktwirtschaft unter Putin?*

Kann Putin eine solche neue Qualität der Politik in Russland durchsetzen? Dies zu beurteilen ist nach einem halben Jahr Amtszeit als gewählter Präsident gewiss noch zu früh. Immerhin sind Anzeichen erkennbar, dass Putin sowohl einen neuen, energischen Stil der Wirtschaftspolitik anstrebt als auch neue programmatische Inhalte durchsetzen will. Doch die bis jetzt bekannt gewordenen Ansätze sind widersprüchlich. Einerseits lassen Putins eigene Stellungnahmen und das von der Regierung unter Federführung von German Gref und des „Zentrums für strategische Studien“ vorgelegte umfangreiche Programm zur Neuorientierung der Wirtschaftspolitik in den kommenden zehn Jahren (mit detaillierten Angaben für die Jahre 2000 und 2001) erkennen, dass die Ausarbeitung und Durchsetzung ordnungspolitischer Maßnahmen mit dem Ziel einer festeren Verankerung der Marktwirtschaft in Russland eine größere Rolle spielen sollen als bisher.[15] Die in diesem Zusammenhang angekündigten Vorhaben lassen sich mit folgendende Stichwörtern umreißen: Steuerreform, Bankenreform, Unternehmensreform (insbesondere verbesserte Insolvenzregeln), Abbau administrativer Hemmnisse für neue Betriebe und Investitionen (auch für Ausländer), Verbesserung der Eigentumsrechte, Fortschritte beim Bodenrecht, Förderung des Wettbewerbs (Monopolkontrolle). Diese ordnungspolitischen Maßnahmen sollen, um die Funktionsfähigkeit der

15 United Financial Group/Ob’edinennaja Finansovaja Gruppa: The Government’s Economic Blueprint: Outline and Analysis, Moscow, 30 June 2000; Centr strategičeskich razrabotok, Plan dejstvij Pravitel’stva Rossijskoj Federacii v oblasti social’noj politiki i modernizacii ėkonomiki na 2000–2001 gody, http://www.csr.ru/about–publications/07.08. 2000-plan.html, download 9.8.2000.

Marktwirtschaft zu unterstützen, durch Inflationskontrolle, Abbau des Haushaltsdefizits und Reduzierung der Staatsquote stabilitätspolitisch flankiert werden. Andererseits sind struktur- und industriepolitische Maßnahmen vorgesehen, mit denen bestimmte Wirtschaftszweige gefördert werden sollen und die auf eher interventionistische Vorstellungen schließen lassen. In diese Richtung könnte auch der vorgegebene Wachstumsrahmen wirken, der von einem durchschnittlichen Wirtschaftswachstum bis 2010 um jährlich mindestens 5% ausgeht und befürchten lässt, dass „Druck von oben" mobilisiert wird, wenn die Vorgaben, was wahrscheinlich ist, nicht erreicht werden können. Bliebe es aber bei einer solchen Vermischung marktwirtschaftlicher und interventionistischer Zielvorstellungen, so droht eine Neuauflage der bisherigen ad hoc definierten, unprofilierten und ineffizienten Politik des „muddling through". Insbesondere wenn der Staat schwach bleiben sollte und seine Führer sich lediglich als „Darsteller von Gestaltungskraft" profilieren können, wären die politischen Akteure in permanenter Versuchung, punktuell zu intervenieren – damit überhaupt etwas geschieht. Eine solche Politik droht wie in der Vergangenheit zu scheitern, nicht nur aufgrund unzureichender Konzepte und mangelnder Gestaltungskraft der Führung, sondern auch aufgrund eines anhaltenden Widerstands der russischen Gesellschaft.

So hängen die Chancen für eine Weiterentwicklung und Festigung der Marktwirtschaft in Russland von zahlreichen Voraussetzungen ab, die jeweils in ausreichendem Maße erfüllt seien müssen. Hierzu gehören nicht nur eine wirkliche Festigung der politischen Autorität der politischen Führung und die Zusammenstellung einer professionell fähigen und als Team agierenden Regierungsmannschaft. Hierzu gehört auch eine klare Priorität für ordnungspolitische Ziele und die Absage an verlockende interventionistische Versuchungen. Zum Schwerpunkt der Ordnungspolitik wiederum müsste die Durchsetzung wirklicher Verbesserungen des institutionellen Rahmens der Marktwirtschaft in Russland werden. Hierzu gehört zum einen das Steuersystem, damit die Unternehmen, von deren Initiative der erhoffte Wirtschaftsaufschwung letztlich getragen werden muss, über klare, ihre Leistungsfähigkeit nicht überfordernde Dispositionsvorgaben verfügen, und die öffentlichen Haushalte gleichzeitig nachhaltig saniert werden können. Ein anderer unverzichtbarer Schwerpunkt hätte die Konsolidierung des russischen Rechtssystems zu sein. Es müssen Regelsysteme für das Handeln der ökonomischen Akteure geschaffen und durch Gesetzgebung und Rechtsprechung geschützte Spielräume für unternehmerische Entscheidungen gewährleistet werden.

Die Realisierung dieser institutionellen Voraussetzungen für eine langfristige politisch-ökonomische Stabilisierung Russlands hängt allerdings nicht allein und nicht vor allem von Putins Autorität und dem konzeptionellen Einfallsreichtum seiner ökonomischen Berater ab. Sie erfordert auch und besonders, dass die russische Gesellschaft – und dabei insbesondere die politisch einflussreiche und ökonomisch tonangebende Wirtschaftselite – zu einem neuen tragfähigen sozialen Konsens findet. Da eine wesentliche Krisenursache Russlands seit dem Zusammenbruch des Kommunismus darin zu sehen ist, dass keine die verschiedenen Gesellschaftsschichten verbindende Vorstellung eines „russischen Gemeinwohls“ vorhanden ist und die einflussreichen ökonomischen Akteure in einem stark rentenorientierten, ja ausbeuterischen Verhalten weit mehr gegeneinander als miteinander agieren, ist die angestrebte ökonomische Konsolidierung ohne eine wirksame gesellschaftliche Solidarisierung nicht zu erreichen.

Ob Russland unter Putin auf dem Wege ist, diesen Bedingungen in ausreichendem Maße zu entsprechen, muss abgewartet werden. Einerseits sind bei den politischen Akteuren Handlungsbereitschaft und innerhalb der russischen Eliten Anzeichen eines Umlernens erkennbar. Andererseits wirken tief verwurzelte ökonomische Gegebenheiten und kulturelle Prägungen in Richtung einer Konservierung des politisch-gesellschaftlichen Status quo.

Ist die „russische“ Marktwirtschaft die endgültige Form der Marktwirtschaft in Russland?[16] Dafür sprechen viele Strukturmerkmale, die sich in der Vergangenheit herausgebildet und in der Konstellation ökonomischer Interessen und Machtgruppierungen ihr politisch-gesellschaftliches Fundament gefunden haben. Dagegen wirken die Bedürfnisse einer Gesellschaft, die ihre Rückständigkeit überwinden will. Diese Bedürfnisse finden immer wieder in neuen politischen Aufbruchsversuchen ihren Ausdruck. Eingeleitete Reformen stoßen zwar regelmäßig auf Widerstand und werden gebremst. Doch vielleicht erfolgt die Konsolidierung einer modernen, leistungsfähigen Marktwirtschaft auch in Russland schließlich als Ergebnis einer „Zivilisierung wider Willen“ (Dieter Senghaas)[17]. Die Möglichkeit eines solchen Wandels wäre nicht nur die politisch erfreulichere Lösung. Sie könnte sogar die wahrscheinlichere sein. Der Weg dahin kann allerdings lang dauern, zumal der Ressourcenreichtum Russlands den Modernisierungsdruck abschwächt, der von den anhaltenden ökonomischen Schwierigkeiten ausgeht.

16 Vgl. Richard E. Ericson: The Post-Soviet Russian economic system: An industrial feudalism?, in: Tuomas Komulainen/Iikka Korhonen (Hg.): Russian Crisis and its effects, Helsinki 2000, S. 133–165; Pekka Sutela: Russia: The state and the future of the economy, in: ebd., S. 175–179.

17 Dieter Senghaas: Zivilisierung wider Willen, Frankfurt/M. 1998, S. 32ff.

# Wirtschaftspolitik: Etappen und Probleme

PEKKA SUTELA[1]

## *Das sowjetische Erbe*

Für das traditionelle sowjetische Wirtschaftssystem ließ sich nur schwer zwischen zentraler Planung und Wirtschaftspolitik unterscheiden. Dem Prinzip nach wurden möglichst rasches Wirtschaftswachstum und eine Reihe anderer makroökonomischer Ziele mit Hilfe der Planung angesteuert. Die Realisierung solch marktwirtschaftlicher Grundziele wie volle Nutzung von Arbeit und anderen Ressourcen, stabiles Preisniveau, außenwirtschaftliches Gleichgewicht und eine annehmbare Verteilung bei Einkommen und Verbrauch wurde im sowjetischen System nicht so sehr über politische Maßnahmen angestrebt als vielmehr durch Plandirektiven, die Preise und Beschäftigungsniveaus festlegten und die heimische Wirtschaft gegen Störungen von außen abschirmten.

In der Wirklichkeit war das Bild allerdings niemals so eindeutig. Was offiziell als zentrale Planung galt, war eher ein zentrales Management mit instabilen Planungsanweisungen, hierarchischen Planverhandlungen, horizontalen Netzwerken und einer gewissen Entscheidungsfreiheit für Unternehmen und Regionen. Es gab viel Raum für Maßnahmen, die der Wirtschaftspolitik in einer Marktwirtschaft durchaus ähnelten. So konnten während einer Planperiode Ressourcen neu zugewiesen, Löhne und Preise angepasst und Wechselkurs-Koeffizienten neu berechnet werden. Manchmal wurde sogar Geldpolitik betrieben, um den Konsumgütermarkt im Gleichgewicht zu halten. Derartige Kennzeichen eines „real existierenden Sozialismus", die Raum für Wirtschaftspolitik boten, wurden jedoch normalerweise als Mängel empfunden, die durch sozialistische Reorganisations-Kampagnen behoben werden sollten, die selbst wiederum eine Art Wirtschaftspolitik darstellten. Allerdings konnte Erscheinungen wie unterdrückter Inflation, Überbeschäftigung und Planzyklen nicht erfolgreich mit wirtschaftspolitischen Maßnahmen entgegengewirkt werden, weil die genannten Phänomene nicht als systemimmanent angesehen wurden. Man hielt sie eher für bedauerliche Ausnahmen eines ansonsten vollkommenen Systems. Es war weder theoretisch noch in der Praxis möglich, die tatsächliche Struktur der Probleme richtig einzuschätzen. Die Fähigkeit, Kausalitäten und Wirkungszusammenhänge adäquat zu begreifen, war nicht vorhanden.

[1] Der Aufsatz spiegelt die Auffassungen des Autors wider und nicht unbedingt die der Bank von Finnland, dessen Institut für Transformationsökonomien (BOFIT) er leitet.

Die Geschichte der sowjetischen Wirtschaftsreformen kann am besten als eine fortschreitende Lockerung all jener Merkmale beschrieben werden, die ursprünglich den Sozialismus in der UdSSR ausmachten. Die erste Phase eines indirekten Zentralismus hatte lediglich das Ziel, die Planverwirklichung zu ändern. Tatsächlich bedeutete sie jedoch das Ende der umfassenden direktiven Planung. Die bruchstückhaften, zögerlichen und wieder aufgegebenen Reformen in der Sowjetunion reichten nicht sehr weit, während Länder wie Polen und Ungarn größere Schritte unternahmen, um Märkte zu schaffen, kleine private Unternehmen zu erlauben und die administrative Planung zu begrenzen. In diesen Ländern wurde sogar in Betracht gezogen, so etwas wie Privateigentum an Großunternehmen zuzulassen. Nachdem die politischen Zwänge schließlich entfallen waren, blieb nur noch ein letzter logischer Schritt zu tun, nämlich die volle Einführung eines marktwirtschaftlichen Kapitalismus.

In der UdSSR war die Verlagerung von Planungsprioritäten von der Schwerindustrie auf Landwirtschaft und Konsumgüterindustrien bis Mitte der 80er Jahre die wichtigste wirtschaftspolitische Maßnahme. Das zugrunde liegende System blieb so, wie es sich in den frühen 30er Jahren entwickelt hatte. Die Verteilung der Gewichte zwischen Wirtschaftsplanung und Wirtschaftspolitik wurde nicht neu austariert, und das System brachte immer schlechtere Leistungen. Unglücklicherweise lag der Perestrojka-Politik Michail Gorbatschows kein klar definiertes ökonomisches Konzept zugrunde. Die Bedeutung systemischer Veränderungen wurde bis 1987 heruntergespielt, da man stärker auf erneute Prioritätsverlagerungen setzte, diesmal zur Förderung des technischen Fortschritts (die von Abel Aganbegjan konzipierte „Beschleunigungspolitik"). Bis zur Mitte des Jahres 1987 hatte sich die gesamtwirtschaftliche Lage weiter verschlechtert. Gründe dafür waren teilweise politische Fehler wie die Antialkohol-Kampagne, die den Staat großer Steuereinkünfte beraubte. Gleichzeitig wurden Löhne und Gehälter erhöht, während man am angeblich politisch notwendigen System fester Verbraucherpreise festhielt. Die Produzenten passten ihr Angebot nicht an, nutzten vielmehr den durch größere Unternehmensfreiheit geöffneten leichten Weg der versteckten Inflation und des Zugriffs auf vagabundierende Finanzressourcen. Kurz gesagt, es ist wirklich erstaunlich, wie untauglich die wirtschaftspolitischen Maßnahmen der Perestrojka doch waren.

Als die Wirtschaftsexperten schließlich um ihren Rat bezüglich systemischer Reformen gefragt wurden, hatten sie nur wenig anzubieten. Die sowjetischen Wissenschaftler hatten nur selten eine angemessene ökonomische Ausbildung, und man hatte ihnen lebenslang verboten, das sowjetische System kritisch zu analysieren. Dennoch besaßen sie einen besseren Instinkt als viele der führenden Funktionäre, deren Unwissenheit leicht zu parodieren ist:[2] Da war z.B. ein Gouverneur der Zentralbank, der glaubte, Buchgeld sei gar

2 Boris Fedorov: Pytajas' ponjat' Rossiju, St. Petersburg 2000, S. 19–20.

kein Geld, ein Finanzminister, der die Inflation mit einer Nennwertänderung der Geldscheine bekämpfen wollte, und so weiter und so fort. Die letztendlichen Ursachen für den wirtschaftlichen Zusammenbruch der UdSSR hatten jedoch mit zwei Männern zu tun. Der eine war der Inhaber des Präsidentenamtes, Michail Gorbatschow, zögerlich und unfähig, viele der notwendigen Entscheidungen zu treffen. Der andere war Boris Jelzin, der Herausforderer, der ebenfalls keine fundierten wirtschaftlichen Vorstellungen hatte, aber entschlossen war, jedes Mittel zu nutzen, um Gorbatschow zu stürzen. Darunter fiel die auch absichtliche Destabilisierung der Gesellschaft durch rivalisierende steuerliche, gesetzgeberische und administrative Maßnahmen. Als Jelzin im August 1991 den endgültigen Sieg errang, waren er und sein Russland auf die vor ihnen liegenden politischen Aufgaben fast gänzlich unvorbereitet. Es gab nur wenig Sachverstand, wie man politische Instrumente hätte nutzen sollen. Und schlimmer noch, es gab meistens nicht einmal die Institutionen, mit denen Wirtschaftspolitik hätte betrieben werden können. Viele solcher Institutionen hatten nie bestanden, andere waren durch den Machtkampf zwischen den Führern der UdSSR und Russlands zerstört worden. Außerdem hatte die Herausbildung von Institutionen für die in Russland entstehende Schicht wirtschaftspolitischer Entscheidungsträger keine größere Priorität.

## *Der Ansatz Gajdars*

Der Grund, warum der Aufbau von Institutionen im neuerdings unabhängigen Russland einen nur geringen Stellenwert einnahm, ist einfach. Wie die Quellen zeigen[3], bestand das Problem nicht so sehr darin, dass der „Washingtoner Konsens" die Rolle von Institutionen generell vernachlässigt hätte. Aber dieser „Konsens", der von den russischen Reformern genauso sorgfältig wahrgenommen wurde wie die Entwicklungen in Mitteleuropa, neigte dazu, den Aufbau von Institutionen ziemlich an den Schluss zu setzen, und in Russland schien es viele Probleme zu geben, deren Lösung dringlicher war. Jegor Gajdar und sein Team sahen sich quasi in der Rolle von Kamikazes, als eine Gruppe von Technokraten, die man entmachten würde, sobald sie das sofort Notwendige erledigt hätten.[4] Das aber trat nicht ein. Obwohl Gajdars Konzept nie einmütig gut geheißen wurde, hat es doch die Wirtschaftspolitik Russlands jahrelang beherrscht – und tut dies auch heute noch. Nur wenige Jahre nach ihrem Eintritt in Jelzins Dienste sahen sich die jungen Reformer gezwungen, das Wesen des auch von ihnen geschaffenen Untiers „Marktwirtschaft" neu zu überdenken.[5]

3 So z.B. Alan H. Gelb/Cheryl W. Gray: The Transformation of Economies in Central and Eastern Europe, Washington DC 1992.

4 Yegor Gajdar: Days of Defeat and Victory, Seattle/London 2000.

5 Yegor Gajdar: Gosudarsto i ėvoljucija, Moskva 1995.

Die von der Gajdar-Gruppe wahrgenommenen Prioritäten stimmten mit den Prinzipien des „Washingtoner Konsenses“ überein. Obwohl klar war, dass Russland in vieler Hinsicht von einer typischen mitteleuropäischen Transitionswirtschaft abwich, glaubte man doch, dass seine Grunderfordernisse mit der Washingtoner Botschaft übereinstimmten. Preise und unternehmerische Entscheidungen mussten freigegeben werden, nicht nur weil der „Washingtoner Konsens“ dies vorgab, sondern weil eine massive unterdrückte Inflation und ein großer Warenmangel vorlagen. Bezüglich einer Liberalisierung des Außenhandels und der Zahlungsmodalitäten sah man hingegen keinen Grund zum raschen Handeln, vor allem nachdem die Regierung in verständlicher Furcht vor den sozialen Folgen die Liberalisierung der Preise für Energie, Treibstoff und Versorgungsgüter aufgeschoben hatte. Dadurch wurde die Ausfuhr von russischem Treibstoff – aber auch von Mineralien und Metallen – zu einer der Gewinn bringendsten Tätigkeiten der Welt. Daraufhin entschlossen sich die Behörden, diese Exporte mit Lizenzen und Quoten zu belegen, wodurch sie ein System schufen, das aussah, als ziele es absichtlich auf höchstmögliche Korruption ab. Eine ähnliche Lage entstand auch auf der Einfuhrseite.

Die anhaltende De-facto-Kontrolle des größten Teils des Außenhandels unterlief jahrelang die Währungskonvertibilität. Theoretisch hatte Russland für laufende und kurzfristige Kapitalkonten umgehend die Konvertibilität des Rubels eingeführt. Dadurch wurde die normale Reihenfolge der Liberalisierung umgekehrt. Für die Finanzierung des Haushaltsdefizits benötigte man einen kurzfristigen Kapitalzufluss, der immer weiter liberalisiert wurde. Gleichzeitig wurden ausländische Direktinvestitionen auf unterschiedliche Weise beschränkt. Diese Ungereimtheit trug zur Instabilität der Lage bei, die dann in die Krise vom August 1998 führte.

Die zweite dringende Priorität war die makroökonomische Stabilisierung. In den Jahren 1991 und 1992 war die Wirtschaft von einer Hyperinflation nicht weit entfernt. Es drohte nicht nur der Zusammenbruch der Wirtschaft und des russischen Wirtschaftsraums, sondern es bestand auch eine ernsthafte politische Gefahr. Es gibt keine ökonomische Meinungsverschiedenheit darüber, was zu tun ist, um eine Hyperinflation zu verhindern: Man muß den Haushalt ausgleichen, das Geldangebot unter Kontrolle halten, wenn möglich eine Einkommenspolitik betreiben und einen festen Wechselkurs ansteuern. Aber keine dieser Möglichkeiten war im Russland der frühen 90er Jahre umzusetzen, obwohl alle als anstehende politische Maßnahmen verkündet wurden. Die Haushaltsausgaben, auf die man sich zuvor festgelegt hatte, waren offensichtlich völlig überzogen, aber es wäre politisch äußerst riskant gewesen, sie auf ein erträgliches Maß herunterzufahren. Im politischen Umfeld ständiger Machtkämpfe wurde es gänzlich unmöglich. Der Versuch, den Haushalt auszugleichen, beschränkte sich deshalb auf das Ziel, aus der Wirtschaft größtmögliche Steuereinnahmen herauszuziehen. Unternehmen wurden hierdurch in die Schattenwirtschaft und bargeldlose Transaktionen getrieben.

Neue wirtschaftliche Aktivitäten wurden unterbunden, während sich der Raum für Seilschaften und Korruption ins Unendliche erweiterte. Erst nach der Abschaffung der Rubelzone 1993 wurde es technisch machbar, den Geldfluss zu kontrollieren. Aber auch danach war der politische Druck außerordentlich groß, leichtes Geld zu drucken, um den Beschäftigungsstand hoch zu halten. Es gab nur wenig Raum für eine Einkommenspolitik, da schlicht keine Arbeitsmarkt-Institutionen existierten. Eine gewisse Form von Einkommenspolitik auf Steuerbasis wurde eingeführt, doch ohne große Wirkung zu zeigen. Schließlich schien es verlockend, einen festen Wechselkurs einzusetzen, nicht zuletzt wegen der Dollarisierung Russlands. Doch als sich die Binnenwirtschaft nicht stabilisierte und die Inflation mit monatlichen Raten von 10–30% fortsetzte, erwies sich auch diese Lösung als äußerst problematisch. Real gemessen veränderte sich der Rubelkurs innerhalb weniger Jahre von offensichtlicher Unterbewertung zur Überbewertung. Die Stabilisierung von Geldwert und Wechselkurs, die nicht durch eine behutsame Haushaltspolitik unterstützt wurde, brach schließlich 1998 zusammen.

Drittens beeilten sich die Reformer mit der Privatisierung. Der wichtigste Grund dafür war die Notwendigkeit, die Eigentumsrechte in Anbetracht der umfassenden spontanen Aneignung seit der Perestrojka neu zu ordnen.[6] Man befürchtete auch eine Wiederauferstehung des Kommunismus und glaubte überdies, Unterstützung für die Sache der Reform mobilisieren zu müssen. Tatsächlich aber war die Wahrscheinlichkeit einer Rückkehr des Kommunismus gleich null, selbst im August 1991. Aber mit dieser Gefahr wurden – wir wollen hoffen, in gutem Glauben – drei der ungeheuerlichsten Erscheinungen im Russland der 90er Jahre gerechtfertigt: die Massenprivatisierung der Jahre 1992–1994, die zum vorherrschenden Typ des „Insidereigentums" führte; das Prinzip „Kredit für Aktien" von 1996, das die Oligarchen stärkte, und die sinnlose westliche Finanzhilfe durch internationale Geldinstitutionen und über andere Kanäle.

Schließlich gab es in Russland auch zahlreiche strukturelle Veränderungen. Die meisten fanden allerdings in der Form wirtschaftlichen Niedergangs und institutioneller Zusammenbrüche statt. Die Dezentralisierung erfolgte eher im Selbstlauf als aufgrund ausgearbeiteter Konzepte. Viele der traditionellen Industrien siechten dahin, weil die staatlichen Aufträge ausblieben. Doch es entstanden auch neue Unternehmen – vom Reisebüro über Sicherheitsdienste bis hin zu Banken und Versicherungen. Diese positiven Veränderungen werden oft vergessen oder bagatellisiert, obwohl sie eigentlich eine Schlüsselrolle spielen, wenn sie auch in regionaler und sektoraler Hinsicht unausgewogen sind.

6 Anatolij Čubais (Red.): Privatizacija po-rossiisky, Moskva 1999.

## *Finanzpolitik*

Die Wende weg vom „Sturm und Drang“ der frühen 90er Jahre – von hoher und schwankender Inflation, Instabilität, immer wiederkehrenden wirtschaftlichen und politischen Krisen – hin zu einem stabileren Regime der Wirtschaftspolitik begann erst 1995. Mittlerweile hatten alle begriffen, dass die große und schwankende Inflation die Hauptursache war für die kontinuierlich sinkende Produktion, den Einbruch bei den Investitionen, die immer weiter auseinanderklaffenden Einkommen und das in der Öffentlichkeit deutlich wahrgenommene Problem der Armut. Man war sich zwar nicht einig darüber, wieviel Inflation unvermeidlich war, aber sehr wohl darüber, dass sie geringer als zuvor ausfallen müsse.[7] Und so entwickelte sich ein neuer wirtschaftspolitischer Konsens unter den politischen Entscheidungsträgern. Wie bestimmend dieser Konsens war, wurde 1998/99 deutlich, als die linksgerichtete Primakow-Regierung keines ihrer früheren proto-keynesianischen und populistischen Versprechen erfüllen konnte. Überraschenderweise begnügte sie sich damit zuzuschauen, als sich die Realeinkommen vom Schlag der Abwertung im Herbst 1998 nicht mehr erholten. Der Vorteil der Abwertung wurde aufrecht erhalten, und 1999/2000 boomte die russische Industrie.

Unglücklicherweise erstreckte sich der Konsens nicht auf Fragen struktureller Reformen. Tatsächlich fanden die bedeutendsten Reformen vor 1996 statt, und Jelzins zweite Amtszeit als Präsident (1996–2000) war für Veränderungen verloren.

Anfang 1996 sank die russische Inflationsrate auf ein erträgliches Niveau. Wie schon erwähnt, beruhte die russische Stabilisierung auf der Geld- und der Wechselkurspolitik. Die Steuereinnahmen sanken langsam, auch als Anteil des Bruttoinlandsprodukts. Daher mussten die meisten Ausgaben in ihrer absoluten Größe deutlich gekürzt werden, als das BIP zusammenschrumpfte. Dennoch blieb das allgemeine Haushaltsdefizit zwischen fünf und zehn Prozent des BIP stehen und schien nicht mehr weiter zu sinken. Allerdings ließ sich damit eine weitere Reduzierung der Inflationsrate verbinden, weil jetzt eine andere Möglichkeit zur Defizitfinanzierung verfügbar war als die Vermehrung der Geldmenge: Die Regierung gab kurzfristige Schuldverschreibungen heraus, die sog. GKOs. Zum Schluss war mindestens ein Drittel dieser in Rubel denominierten Schuldscheine in den Händen von Ausländern, die ihre Währungspositionen durch Termingeschäfte mit russischen Banken abstützten. Das Volumen der Rubelschulden war verglichen mit dem BIP nicht besonders groß, doch war der Schuldendienst verglichen mit den Steuerein-

7 Pekka Sutela: The Road to the Russian Market Economy: Selected Essays, 1993–1998, Helsinki 1998, Chapter 3.

nahmen und den Geldreserven auf Dauer untragbar. Dies zeigte sich schon lange vor der Krise vom August 1998.[8]

Die russische Finanzpolitik der 90er Jahre hatte mehrere grundlegende Probleme zu bewältigen. Die Haushaltseinnahmen waren niemals völlig ausgefallen. Der Föderationshaushalt, die Haushalte unterhalb der nationalen Ebene und die verschiedenen Posten außerhalb der Budgets machten zwar einen immer kleineren Teil des rapide sinkenden Bruttoinlandsprodukts aus. Da aber die offizielle Statistik des BIP ein Viertel des Gesamtvolumens der Schattenwirtschaft zurechnet, die per definitionem nicht besteuert wird, sammelten die Behörden mehr als 40% des legalen BIP in den Kassen des öffentlichen Sektors. Russland war damit ein Land der hohen Steuersätze und keineswegs ein Land, in dem niemand Steuern zahlte. Das Steuersystem war jedoch irrational, indem es großes Gewicht auf die Besteuerung von Unternehmen und Außenhandel legte und fast keine persönliche Einkommensteuer kannte. Zudem war es mit Ausnahmen, die die Korruption begünstigten, und vielerlei anderen ungesunden Erscheinungen durchsetzt. Der Vorschlag einer Steuerreform in den Jahren 1997/98 scheiterte, aber ein neuer Versuch im Jahr 2000 scheint offenbar zu gelingen. Die Neuerungen des gegenwärtigen Reformentwurfes schließen einen für alle Einkommensbezieher gleichen Einkommensteuersatz (13%) ein, aber Einkommensteuer war in Russland immer nur eine Nebenquelle der staatlichen Einnahmen.

Natürlich hätte das Land eine umfassende Durchforstung seiner Ausgaben vornehmen müssen. Die von der UdSSR ererbten sowie die neu eingegangenen Verpflichtungen sind zweifellos viel zu groß. Mit Versprechungen, die sie nicht halten können, haben die Behörden zur politischen Apathie beigetragen und ökonomisch kostspielige Zahlungsrückstände geschaffen. Dort, wo Ausgaben gekürzt wurden, ist man den Weg des geringsten Widerstands gegangen. Doch sind Ausgabenüberprüfungen und die davon abhängenden Entscheidungen auch in den autoritärsten Ländern ungeheuer schwierig. Unter der schwachen Führung Jelzins waren sie völlig unmöglich.

Ein weiteres wesentliches Problem ist die zwischen dem Zentrum, den Regionen und den nichtbudgetären Finanzfonds ungeklärte Lage hinsichtlich der Einnahmen und Ausgaben. Die Föderationszentrale war meistens der Verlierer, entweder aufgrund bestimmter Vorgehensweisen der Regionen oder durch Nachlässigkeit. Doch sind die russischen Regionen zu klein, um wirkliche Wirtschaftszentren zu sein. Sie hängen viel zu oft von einem einzigen oder höchstens einigen wenigen Unternehmen ab, während die Fusion zwischen wirtschaftlicher und politischer Macht dort noch weiter geht als im Zentrum. Das führt zu Insiderhandel, Korruption und vielfältigen Verteidigungsstrategien gegenüber der Zentrale. Außerdem ist der fiskalische Föderalismus immer noch nicht klar definiert. Es ist typisch, dass die russische De-

8 Iikka Korhonen: The Sustainability of Russian Fiscal Policy, in: Review of Economies in Transition (Bank of Finland), 1998, Nr. 1, S. 5–12.

zentralisierung aufgrund von politischen Erwägungen vom Ausland gelobt wird, obwohl sie wirtschaftlich gesehen eher Nach- als Vorteile bringt. Man muss abwarten, ob Präsident Putin in der Lage sein wird, wieder einen größeren Grad an Zentralisierung zu erreichen.

## Geldpolitik

Nachdem sich die Entscheidungsträger zu einer vorsichtigen Geldpolitik bekehrt hatten und ein neues Gesetz zur Gewährleistung der Unabhängigkeit der Zentralbank angenommen war, hat die russische Geldpolitik größere Fortschritte gemacht, wovon auch die niedrigere Inflationsrate zeugt. Da Finanzmärkte und Finanzinstitutionen nur rudimentär vorhanden waren, legte man großen Wert auf die verschiedenen Regulierungsmechanismen außerhalb des Marktes. Russische Banken betreiben keine echte finanzielle Vermittlung, aber die größeren unter ihnen haben sich auf folgende Aktivitäten konzentriert: Verteilung von subventionierten Krediten, Handel mit ausländischen Währungen und Investitionen in staatliche Schuldverschreibungen. Die Zentralbank kann Übernachtregelungen und Rücklagevorschriften nutzen, aber die großen Fluktuationen der realen Zinssätze verlangten andere und gröbere Maßnahmen. Diese scheinen dem Management der Zentralbank konzeptionell auch eher zu liegen.

Das wichtigste Instrument dieser Geldpolitik war nichts anderes als die Kontrolle der Geldmenge. Da die Märkte aber äußerst unterentwickelt waren, führte die Geldmengenpolitik ziemlich direkt in die Inflation. Gleichzeitig wurde die Wirtschaft jedoch entmonetarisiert. Der Anteil des Tauschhandels beim Industrieumsatz stieg von 10% Anfang 1992 auf etwa 45% Anfang 1998 und erreichte den höchsten Stand von über der Hälfte nach der Krise vom August 1998. Danach fiel der Barteranteil wieder auf etwa ein Drittel. Es gibt mehr Dollars als Rubel im Umlauf, und verschiedene Sorten von Ersatzgeld finden breite Verwendung.

Wechselkursbindungen als Mittel der Inflationsbekämpfung waren in den frühen 90er Jahren international beliebt. Russland vereinheitlichte den Wechselkurs erst Ende 1992 und führte 1995 eine fließende Wechselkursbindung ein. 1992 war der Rubel bei Durchschnittsmonatsgehältern von nur 30–40 Dollar offensichtlich weit unterbewertet. Vor allem 1996 und 1997 stieg der Rubel dann in seinem realen Wert beträchtlich an. Aber wie manche zu behaupten, dass der Rubel 1998 offensichtlich überbewertet war, ist problematisch. Der Durchschnittslohn in Dollar stieg niemals über 200 pro Monat und war meistens geringer. Im Vergleich mit den mitteleuropäischen Ländern ist dies sicherlich nicht viel. Doch wie auch immer: Es ist schwierig, den Gleichgewichtswechselkurs in einem Land mit der Wirtschaftsstruktur Russlands zu bestimmen. Es scheint allerdings eindeutig, dass der Rubel seit 1998 unterbewertet war und dies trotz kürzlicher Aufwertungen immer noch ist.

## Die Krise vom August 1998

Im August 1998 stürzte Russland in eine klassische Finanzkrise, als es gleichzeitig zu einer Schulden-, einer Währungs- und einer Bankkrise kam. Der Staat war teilweise zahlungsunfähig, und es gab ein Schuldenmoratorium gegenüber privaten Gläubigern. Der Rubel wurde um etwa 70% abgewertet und ist heute real 30–40% schwächer als vor der Krise. Die meisten Moskauer Banken wurden zahlungsunfähig, und die Liquiditätskrise beeinträchtigte viele weitere Institute. Man befürchtete sogar eine Hyperinflation und den Zusammenbruch der gesamten Wirtschaft. Zumindest rechnete man mit einem großen Produktionsrückgang.

Verursacht wurde die russische Krise im Wesentlichen durch eine unverantwortliche Steuerpolitik sowie durch die Akkumulation von kurzfristigen Schulden, viele davon bei Ausländern. Weitere Faktoren waren die in einem Rekordtief befindlichen Ölpreise und die Auswirkungen der asiatischen Finanzkrise. Russische und andere Banken sowie Investoren waren übermäßige Risiken eingegangen, während die Entscheidungsträger unfähig waren, der Politik die notwendige Richtung zu geben. Durch das unberechenbare Verhalten Präsident Jelzins wurde die Lage weiter verschlimmert.

Aber Russland überwand die Krise besser als erwartet. Weil die russische Wirtschaft in starkem Maße entmonetarisiert ist und die Banken kaum als Vermittler von Kapitalströmen auftreten, hatte die Krise weniger unmittelbare Folgen, als dies in einer normalen Marktwirtschaft der Fall gewesen wäre. Die Regierung Primakow betrieb eine vernünftige makroökonomische Politik und die Wettbewerbsvorteile, die durch die Rubelabwertung entstanden waren, wurden genutzt. Die Marktposition der russischen Produzenten entwickelten sich in der Regel erwartungsgemäß. Auf dem heimischen Markt wurden Anteile gewonnen, womit sich das industrielle Wachstum beschleunigte. Öl- und Warenpreise sind 1999 auf dem Weltmarkt stark gestiegen, wodurch Exporteinnahmen und Profite weiter wuchsen. Im Inland blieben die Preise für Energie und Versorgungsgüter dagegen niedrig, was eine größere Subventionierung der Industrien und anderer Endverbraucher bedeutete.

1999 wuchs das BIP um 3,2%, im Jahre 2000 soll das Wachstum sogar noch größer ausfallen. Mittelfristig ist das Bild nicht eindeutig. Der Rubel wird an Wert gewinnen, wenn Wachstum und Investitionen im Land weiter ansteigen. Die Weltmarktpreise für russische Produkte könnten dagegen sinken, und dann müssten über die Struktur der Binnenpreise Anreize für Effizienzsteigerungen geschaffen werden. Die allgemeine Schwäche der russischen Wirtschaft bleibt jedoch bestehen. Nach 1996 ist fast nichts unternommen worden, um sie zu überwinden. In mancherlei Hinsicht hat die Krise die Lage sogar noch verschlechtert, wie z.B. im Finanzsystem, wo sie geradezu gewütet hat. Strukturell entwickelt sich in Russland eine duale Wirtschaft, die Energie und Rohstoffe nach Europa exportiert, während die meisten Arbeitsplätze von Unternehmen bereit gestellt werden, die sich an einem durch eine unterbewertete Währung und andere Mittel geschützten Inlandsmarkt ausrichten. Eine solche Wirtschaft mag wohl wachsen, aber sie bietet ihren Bürgern nur geringe Einkommen und läuft Gefahr, immer weiter hinter den europäischen Nachbarn zurückzubleiben. Schon trennt Russland eine Kluft der Einkommen und der Rechtsnormen von seinen westlichen Nachbarn. Wenn Russland den Anschluss an die gegenwärtige industrielle Revolution versäumt, wird auch noch eine digitale Kluft entstehen.

Viel hängt daher von der zukünftigen Wirtschaftspolitik ab. Dabei besteht kaum Gefahr, dass der makroökonomische Konsens hinsichtlich niedriger Inflation, stabilen Wechselkursen und ausgeglichenem Staatshaushalt aufgegeben werden könnte. Fraglich ist die Zukunft struktureller Reformen.

### *Präsident Putins Wirtschaftspolitik*

Präsident Putin hat seine Wirtschaftspolitik nur zögerlich verkündet. Er kennt die Gefahren, denen sich Russland gegenüber sieht. Da er aber keine eigenen wirtschaftspolitischen Überzeugungen hat, hängt er von Ratgebern ab und könnte es schwer haben, politische Maßnahmen durchzusetzen. Zum ersten Mal seit 20 Jahren spürt man in Moskau keine herannahende Wirtschaftskatastrophe. Eher könnte die positive makroökonomische Lage eine gewisse Selbstzufriedenheit verursachen, die sinnvolle Reformen verhindert. Die meisten Beobachter glauben, dass Russland tief greifende Veränderungen braucht, eine zweite Reformwelle, wenn es dauerhaft und aufgrund von Investitionen wachsen will. Als Erstes sollten Reformen des Steuersystems und des Banksektors, die Remonetarisierung der Wirtschaft, Maßnahmen zur Schaffung eines günstigen Umfelds für neue Unternehmen sowie Rechtsregeln für den freien Verkauf von Land in Angriff genommen werden.

Verglichen mit den früheren Aufgaben der Stabilisierung, Liberalisierung und Privatisierung sind diese wirtschaftspolitischen Kernbereiche „der zweiten Generation" komplexer und enger miteinander verwoben. Der Konsens unter den russischen Ökonomen wächst, auch wenn er keineswegs vollkommen ist. Es handelt sich aber auch um außerordentlich schwierige Entscheidungen, deren Folgen normalerweise nicht allen zugute kommen. Daher wird Wirtschaftspolitik mehr und mehr zu einer Sache von Kompromissen zwischen widerstreitenden Interessen. Hierin besteht an und für sich das Wesen der Demokratie. Putins Kombination von Autoritarismus und liberaler Wirtschaftspolitik scheint allerdings nicht dazu prädestiniert, derartige Aufgaben gut zu bewältigen. Nach den Erfahrungen, die überall sonst auf der Welt gemacht wurden, steht zu erwarten, dass die Liberalität der Wirtschaftspolitik auf der Strecke bleiben wird.

Gegenwärtig fühlt sich die russische Bevölkerung von den Verlockungen einer autoritären Politik immer noch stark angezogen. Viele meinen, dass für vernünftige makroökonomische Maßnahmen und konsequente Strukturreformen ein starker Staat benötigt wird. Und daher sollte jetzt eine Politik zur

Stärkung des Staates Vorrang genießen, während die Reformen über eine längere Zeit hinweg erfolgen könnten. Diese Herangehensweise, die im sog. Gref-Programm enthalten ist, weist eine Reihe von Schwachpunkten auf. So werden Prioritäten und Reihenfolge von Reformen nicht festgelegt. Außerdem ist das Konzept zu technokratisch. Es gibt der Verlockung des Autoritarismus nach und vertraut auf die Möglichkeit gut geplanter gradueller Reformen – in einem Umfeld, in dem ein schrittweises Vorgehen bisher immer gescheitert ist.

In Russland ist ganz offensichtlich eine Art Marktwirtschaft entstanden. Viele seiner wirtschaftspolitischen Probleme existieren ähnlich auch anderenorts, vielleicht vor allem in lateinamerikanischen Ländern. Aber wenn Russland eine normalere und produktivere Marktwirtschaft aufbauen will, braucht es ein klar definiertes Ziel sowie eine Reihe von Kriterien, an denen es seine Politik ausrichten kann. In Europa kann dieses Ziel nur die Übereinstimmung mit den Vorgaben für eine Mitgliedschaft in der Europäischen Union sein. Es bleibt den Russen überlassen, ob sie dieses Ziel annehmen wollen. Die Union sollte mit der Ankündigung Anreize dafür setzen, dass Russland der EU beitreten kann, wenn es ebenso wie alle anderen Länder die nötigen Voraussetzungen erfüllt.

*(Übersetzung aus dem Englischen: Anna Eckner)*

# Wirtschaftsstruktur: sektorale, regionale und internationale Aspekte

HERMANN CLEMENT

## *Historisches Erbe*

Auch zehn Jahre nach dem Zusammenbruch der UdSSR und dem Beginn der Transformation prägt die sowjetische Struktur- und Regionalpolitik die russische Wirtschaft noch in erheblichem Maße. Das sowjetische Entwicklungsmodell führte zu „Überindustrialisierung" und einer Dominanz der Schwerindustrie, d.h. der Energiewirtschaft, der Roh- und Grundstoffindustrie sowie der ersten Verarbeitungsstufen, bei gleichzeitiger Unterentwicklung des Dienstleistungssektors. Neben ideologisch gefärbten wirtschaftspolitischen Zielen trugen zu dieser Struktur der ineffiziente Einsatz von Energie, Rohstoffen und Grundstoffen sowie von Vormaterialien auf allen Verarbeitungsstufen und die im Rahmen der zentralen Preisbildung extrem niedrigen Energie- und Rohstoffpreise bei. Verstärkt wurde diese strukturelle Deformation zudem durch die geringe Qualität der sowjetischen Produkte auf den verarbeitenden Stufen, die dazu führte, dass außer Energie und Rohstoffen nur wenige Produkte auf dem Weltmarkt konkurrenzfähig waren. Die im sozialistischen Weltmarkt (COMECON/RGW) vereinbarte Arbeitsteilung tat ein Übriges zu der Energie- und Rohstofflastigkeit der sowjetischen und russischen Wirtschaft. Energie und Rohstoffe dominierten somit auch den sowjetischen und russischen Export.

Da auch die Frachtraten zentral und extrem niedrig festgelegt wurden und das Staatseigentum mit der enormen Quersubventionierung von Produktionsprozessen es zuließ, konnte die Erschließung und Gewinnung von Rohstoffen sowie die Standortwahl nahezu ohne Rücksicht auf die Kosten erfolgen. Die räumliche Verteilung der Rohstoffgewinnung und Produktion musste keinen marktwirtschaftlichen Gesetzen folgen. Transportkosten waren kein die Raumstruktur bestimmender Faktor.

Zu erwarten war deshalb, dass mit dem Abbau der zentralen Planung im Rahmen der Transformation, der Einführung der Vertragsfreiheit und liberaleren Preisbildungen sich sowohl die sektorale als auch die regionale Produktionsstruktur wie auch die Betriebsgrößenstruktur erheblich ändern würden. Aufgrund der Mängel bei der gewählten Transformationsstrategie und ihrer Umsetzung (weiterhin erhebliche offene und versteckte Subventionen, unechte oder unterbliebene Privatisierung, fortdauernder intensiver staatlicher Einfluss auf die Produktion großer Werke, Verhinderung einer Schließung unrentabler Betriebe) ist aber der unerlässliche Umstrukturierungsprozess nicht in dem erforderlichen Maße in Gang gekommen. Die neue Führung Russlands wird daher noch erhebliche Arbeit leisten müssen, damit Bedingungen geschaffen werden, unter denen sich die Wirtschaftsstruktur Russlands marktwirtschaftlichen Bedingungen anpassen kann.

## Sektorale Struktur

Die sektorale Strukturanpassung der Volkswirtschaft setzte zögernd ein. Gemessen am Beitrag zum Bruttoinlandsprodukt (BIP) ist der Anteil der Industrie mit 33% aber im Verhältnis zu den anderen Transformationsstaaten noch immer relativ hoch. Seit 1991 hat die Industrie lediglich 1,5 Prozentpunkte verloren. Der Anteil der Landwirtschaft sank ebenfalls um 1,5 Prozentpunkte auf 6,7%, während die Dienstleistungen um 4,8 Prozentpunkte zunahmen und nun einen Anteil von 54,3% erreichen.[1] Auf dem derzeitigen russischen Entwicklungsniveau ist dies eine bereits durchaus akzeptable Struktur.

Dagegen ist der Umstrukturierungsprozess innerhalb der Industrie noch kaum in Gang gekommen. Die Tabellen 1a und b zeigen dies deutlich.

*Tabelle 1a: Industriestruktur Russlands 1992, 1993 und 1998 in Preisen von 1995 (in %)*

| Jahr | Industrie ges. | Elektroenergie | Brennstoff-industrie | Eisen-metallurgie | Bunt-metallurgie | Chemie u. Petrochemie | Maschinenbau | Holzindustrie | Baumaterial-industrie | Leichtindustrie | Nahrungs-mittelindustrie. |
|---|---|---|---|---|---|---|---|---|---|---|---|
| 1992 | 100 | 9,7 | 13,7 | 8,0 | 5,3 | 7,9 | 22,4 | 6,0 | 5,7 | 5,6 | 11,4 |
| 1993 | 100 | 10,7 | 14,1 | 7,8 | 5,3 | 7,2 | 22,0 | 5,7 | 5,5 | 5,0 | 12,1 |
| 1998 | 100 | 12,9 | 17,6 | 9,3 | 7,0 | 7,3 | 18,2 | 4,7 | 4,0 | 1,8 | 12,4 |

*Quelle: Rossija v cifrach 1999, Moskva 1999, S. 174.*

*Tabelle 1b: Industriestruktur Russlands 1993 und 1998, laufende Preise (in %)*

| Jahr | Industrie ges. | Elektroenergie | Brennstoff-industrie | Eisen-metallurgie | Bunt-metallurgie | Chemie u. Petrochemie | Maschinenbau | Holzindustrie | Baumaterial-industrie | Glas u. Porzel-lanindustrie | Leichtindustrie | Nahrungs-mittelindustrie | Futtermittel-industrie |
|---|---|---|---|---|---|---|---|---|---|---|---|---|---|
| 1993 | 100 | 9,1 | 16,3 | 8,3 | 7,6 | 7,2 | 20,5 | 4,3 | 4,2 | 0,5 | 5,1 | 13,0 | 2,2 |
| 1998 | 100 | 17,0 | 15,5 | 7,7 | 7,6 | 7,3 | 18,0 | 3,9 | 3,8 | 0,4 | 1,6 | 13,7 | 1,8 |

*Quelle: Rossijskij statističeskij ežegodnik. 1994, S. 616f. und 1999, S. 302f.*

1 BMWi/bfai: Wirtschaftslage und Reformprozesse in Mittel- und Osteuropa, Sammelband 2000, Köln 2000, S. IX.

Zählt man zur Schwerindustrie nur die Bereiche der Energie- und Brennstoffwirtschaft sowie die Metallurgie und die chemische und petrochemische Industrie, so erbrachten diese industriellen Sektoren 1998 54,1% der gesamten industriellen Leistung. 1993 waren dies erst 44,6%. Selbst wenn die Berechnung zu laufenden Preisen erfolgt, ergibt sich ein ähnliches Bild (55,1 zu 48,5). Dies ist um so erstaunlicher, weil 1998 die Energie- und Rohstoffpreise auf dem Weltmarkt einen Tiefststand erreicht hatten,[2] was nicht ohne Auswirkungen auf den Anteil der Brennstoffe und der Metalle am BIP zu laufenden Preisen bleiben konnte. Deutlich kommt dies in der Verschiebung zwischen einigen wesentlichen Bereichen zum Ausdruck. Betrachtet man die Struktur zu laufenden Preisen, so ist der steigende Anteil der Basisindustrien ausschließlich auf die Elektroenergie zurückzuführen. Werden der Betrachtung aber konstante Preise von 1995 zugrunde gelegt, so haben alle schwerindustriellen Bereiche mit Ausnahme der chemischen Industrie Anteilsgewinne zu verzeichnen, wobei die Brennstoffindustrie den stärksten Zuwachs erzielte.

Auf der anderen Seite sind die bereits in der Sowjetzeit unterrepräsentierten, konsumnahen Bereiche und der Maschinenbau bei der insgesamt schrumpfenden Produktion weiter zurückgefallen. Der Anteil der Leicht- und Nahrungsmittelindustrie sank zu laufenden Preisen (1993 und 1998) von 18,1% auf 15,3% und der des Maschinenbaus um 2,5 Prozentpunkte auf 18%. Zu konstanten Preisen ergaben sich Rückgänge von 18,1 auf 15,3% bei der Leicht- und Nahrungsmittelindustrie, wobei die Nahrungsmittelindustrie sogar noch einen kleinen Zuwachs erzielte. Der Anteil des Maschinenbaus sank in einer ähnlichen Größenordnung.

Diese Entwicklung vollzog sich vor einem insgesamt sinkenden Produktionsvolumen. Auf der Basis von 1990 erreichte die Industrie 1998 insgesamt gerade noch 46% ihres vormaligen Volumens. Alle schwerindustriellen Bereiche mit Ausnahme der chemischen Industrie verzeichneten einen geringeren Rückgang. Dagegen hatten die Leichtindustrie mit nur noch 12% des ehemaligen Produktionsvolumens und der Maschinenbau mit 37% überproportionale Produktionseinbrüche zu verzeichnen,[3] was zu den oben erwähnten Anteilsverlusten führte. Der etwas unterdurchschnittliche Verlust der Nahrungsmittelindustrie bestätigt auch deren leichten Anteilsgewinn.

Hinter der Entwicklung stecken neben externen Schocks (Zusammenbruch des RGW und der Sowjetunion; Konjunkturrückgang in Westeuropa) vor allem spezielle russische Transformationsphänomene. So gehen viele Beobachter davon aus, dass die gesamte wirtschaftliche Leistung nicht so stark gesunken ist, wie dies in den offiziellen Zahlen angegeben wird. Insbesondere in den verarbeitenden Bereichen und bei den Konsumgütern wird unterstellt, dass vor allem in den ersten Jahren der Transformation der Anteil der in die

2 Vgl. u.a. OECD: Economic Surveys 1999–2000, Russian Federation, Paris, March 2000, S. 48.

3 Vgl. Rossija v cifrach, ofizial'noe izdanie, 1999, Moskau 1999, S. 175.

Schattenwirtschaft abgewanderten Produktion stark zugenommen hat und inzwischen auf dem hohen Niveau verharrt. Angesichts der Produktionsstruktur sei dies aber in der Elektroenergiewirtschaft und in weiten Teilen der Brennstoffindustrie und Metallurgie nicht in dem Maße der Fall gewesen, sodass ihr Anteil an der Gesamtproduktion nun zu hoch ausgewiesen werde. In einigen Studien wurde daher die Elektroenergieerzeugung als Korrektiv für den tatsächlichen Produktionsrückgang verwendet.[4] Im Grundsatz ist die Annahme einer verstärkten Schattenwirtschaft und ihrer Wirkung auf die Produktionsstruktur richtig. Es gibt aber auch Faktoren, die die statistisch erkennbare Stärkung der Energiewirtschaft und der metallurgischen Produktion auch ohne das Argument der Schattenwirtschaft plausibel erscheinen lassen. Anzunehmen ist, dass alle diese Faktoren ebenfalls in dieselbe Richtung wirkten; es sind dies:

- *Die weiterhin administrativ extrem niedrig gehaltenen Energiepreise:* Die Verschwendung und eine hohe Nachfrage setzten sich damit fort. Die Kosten der nachfolgenden Produktionszweige wurden entlastet, wovon in hohem Maße die Metallurgie profitierte.
- *Die fortdauernden offenen und später versteckten Subventionen für die schwerindustriellen Betriebe:* Es handelt sich bei ihnen zumeist um gigantische Werke, von denen ganze Städte und Regionen abhängig sind und deren Konkurs daher zumeist mit politischen Mitteln verhindert wird.
- Die auch nach der Liberalisierung vorhandene, z.T. durch die oben angegebenen Maßnahmen erreichte *Konkurrenzfähigkeit von Energie und Rohstoffen sowie Metallen auf den Weltmärkten und auf dem russischen Markt.*
- *Der durch die Marktöffnung erfolgte Verlust von Marktanteilen der Leicht- und der Nahrungsmittelindustrie auf dem schrumpfenden Binnenmarkt:* Ausländische, insbesondere westliche Produkte eroberten sich vor allem die städtischen Märkte. Erst nach dem Finanzcrash vom August 1998 konnte die Leicht- und Nahrungsmittelindustrie Russlands einen Teil des heimischen Marktes wieder zurückgewinnen. Die Absatzmärkte in den ehemaligen Sowjetrepubliken gingen mit dem Zerfall der UdSSR und der generellen Liberalisierung weitgehend verloren.
- *Auch der Maschinenbau hat auf dem schrumpfenden Markt* – der Einbruch der Investitionen war überproportional – *nach der Marktöffnung Anteile an die ausländische Konkurrenz verloren:* Die traditionellen Märkte in den anderen Sowjetrepubliken und in den ehemaligen RGW-Staaten, die protektionistisch geschützt waren, brachen weitgehend zusammen und wurden teilweise von westlichen Konkurrenten erobert. Besonders ausgeprägt war dies auch bei den Rüstungsgütern, die ebenfalls zum Maschinenbau zählen.

Selbst wenn also die statistischen Angaben die Entwicklung überzeichnen, so ist doch offensichtlich, dass die Dominanz der Basisindustrien noch lange

[4] Vgl. u.a. Manuela Troschke: Energieverbrauch in den GUS-Staaten, Mythen und Realität, Arbeiten aus dem Osteuropa-Institut München (Working Papers), 226-2000.

nicht beseitigt ist. Eine strukturelle Anpassung der russischen Industrie ist allenfalls in Ansätzen erkennbar. Ohne eine massive Veränderung der Industriestruktur wird die Konkurrenzfähigkeit der russischen Wirtschaft aber nicht gesteigert werden können.

Die strukturelle Veränderung wird nur dann vorangetrieben werden können, wenn die Energie- und Rohstoffpreise den Marktpreisen entsprechen, wovon sie noch weit entfernt sind. Vor allem müssen aber die weichen Budgetbeschränkungen beseitigt werden, wenn die Preise überhaupt ihre rationierende Wirkung entfalten sollen,[5] und offene wie auch versteckte Subventionen müssen abgebaut werden sowie ineffiziente Betriebe aus dem Markt ausscheiden. Die neue russische Regierung zeigt zwar Ansätze in diese Richtung, bisher ist aber noch nicht klar, wie weit sie gehen wird und kann.

## Regionale Struktur

Marktwirtschaftliche Bedingungen und eine marktgerechtere Bewertung der Güter und Dienstleistungen, die mit der Transformation und der Preisfreigabe in vielen Bereichen einsetzte, können nicht ohne erhebliche Konsequenzen für die Regionalstruktur der Produktionsstandorte bleiben. Zu erwarten ist, dass die ferner gelegenen Regionen stärkere Produktionseinbußen erleiden als die zentralen Regionen, da sich ihre Produktion aufgrund der gestiegenen Transportkosten zu den Hauptverbrauchsgebieten und an die Grenze für den Export sowie wegen des Wegfalls sonstiger Subventionen in den meisten Fällen im Verhältnis zu den zentralen Standorten verteuert.

Die in Tabelle 2 zusammengestellten absoluten und Pro-Kopf-Anteile für das Bruttoprodukt der Regionen bestätigen diese Tendenz. Sie ist allerdings durch den bereits oben angeführten starken Bedeutungszuwachs der Energie- und Rohstoffwirtschaft in dieser ersten Transformationsphase, in der insbesondere bei der Energie noch keine vollständig liberalisierten Preise herrschten, der Soft-Budget-Constraint noch nicht vollständig abgebaut und keine wirksame Konkurrenz mit entsprechenden Mechanismen zum Marktaustritt existieren, überlagert.

Der erhebliche Einfluss der Entwicklung der Kohlenwasserstoffgewinnung auf die Regionalstruktur der industriellen Produktion zeigt sich insbesondere bei Westsibirien und der Wolgaregion. Dort haben die Gebiete, in denen Erdöl und Erdgas gefördert werden, ihre Anteile am BIP erhöhen können. Im Wolgagebiet sind dies die Republik Tatarstan und das Astrachaner oblast', in Westsibirien das Tjumener oblast' sowie die Erdölverarbeitungsstandorte im Tomsker und Omsker oblast'. Dass das Jahr 1998 die Entwicklung eher noch zu moderat darstellt, weil die Energiepreise zu diesem Zeitpunkt auf dem Weltmarkt einen Tiefpunkt erreicht hatten, wurde oben bereits angeführt. Auf der anderen Seite verloren in Westsibirien die traditionellen Bergbaure-

5 Vgl. u.a. Troschke (2000).

gionen und die Maschinenbaugebiete wie der Kemerowoer und Nowosibirsker oblast' im Verhältnis zu der russischen Gesamtwirtschaft erheblich an Leistungsfähigkeit. Im Wolgagebiet gilt dies auch für so bedeutende Verarbeitungsstandorte wie das Samara oblast'.

*Tabelle 2: Regionales Bruttoprodukt in den Großregionen Russlands. Anteil absolut und pro Kopf im Verhältnis zur Föderation*

| Region | Anteil absolut | | Anteil pro Kopf | |
|---|---|---|---|---|
| | 1994 | 1997 | 1994 | 1997 |
| Russländische Föderation | 100,0 | 100,0 | 100,0 | 100,0 |
| Nord-Rayon | 5,3 | 4,2 | 131,1 | 104,9 |
| Nordwest-Rayon | 4,8 | 4,8 | 88,3 | 86,9 |
| Zentral-Rayon | 21,6 | 24,3 | 106,5 | 119,9 |
| Wolgo-Wjatsk-Rayon | 4,9 | 4,2 | 85,4 | 73,5 |
| Central-Černozem-Rayon | 4,0 | 3,7 | 75,7 | 68,0 |
| Wolga-Rayon | 10,5 | 10,7 | 92,6 | 92,4 |
| Nordkaukasus-Rayon | 6,1 | 5,8 | 54,3 | 50,2 |
| Ural-Rayon | 14,6 | 13,1 | 105,8 | 94,1 |
| Westsibirischer Rayon | 13,8 | 16,2 | 135,3 | 157,5 |
| Ostsibirischer Rayon | 7,4 | 6,7 | 118,7 | 108,4 |
| Fernost-Rayon | 6,6 | 6,0 | 127,9 | 119,4 |
| Kaliningrader Oblast' | 0,4 | 0,4 | 69,7 | 57,1 |

*Quelle: errechnet nach Rossijskij statističeskij ežegodnik, 1999, S. 253f.*

Betrachtet man die Zuwachsraten der industriellen Entwicklung insgesamt anhand der offiziellen Statistik, die nur die Groß- und Mittelbetriebe umfasst, so wird der zu erwartende Bedeutungsverlust der peripheren Gebiete im Verhältnis zu den Zentren allerdings noch nicht in dem zu erwartenden Umfang bestätigt.[6] Erst in der allerletzten Zeit zeigt sich hier eine Entwicklung in der erwarteten Richtung. Zum einen ist dies auf die oben angeführte starke Stellung der Basisindustrien in der Anfangsphase der Transformation zurückzuführen, zum anderen ist die tatsächliche Entwicklung bei diesen Industriedaten erheblich zu Lasten der Kernregionen verzerrt. Denn in der russischen Industrie spielt sich während der Transformation nicht nur eine branchenmäßige Umstrukturierung ab, sondern auch eine dramatische Veränderung der Größenstrukturen. Dies zeigt sich deutlich daran, dass von 1995 bis 1998 die Pro-

6 Vgl. hierzu H. Clement/M. Knogler/S. Thede: Russische und ukrainische Regionen im Transformationsprozeß. Arbeiten aus dem Osteuropa-Institut München (Working Papers) 219/1-1999, S. 30ff.

duktion der Mittel- und Großbetriebe um 15% zurückging, die aller Betriebe aber nur um 7%. Die Produktion der Kleinbetriebe, deren Anteil an der Gesamtproduktion 1998 21,4% erreichte, ist im gleichen Zeitraum demnach um etwa 42% gestiegen.[7] Da die Klein- und Mittelbetriebe aber vorwiegend in den zentralen Gebieten entstehen[8] und sich entwickeln, ist die Produktion in diesen Räumen im Verhältnis zu den peripheren Räumen erheblich günstiger verlaufen, als sie in der Industriestatistik ihren Ausdruck findet. Die von der Transformation neu gesetzten Rahmenbedingungen, die sich langsam durchsetzen, führen somit offensichtlich zu dem erwarteten Ergebnis, dass die peripheren Räume an Gewicht verlieren. Diese Tendenz ist nach vorliegenden Indizien auch durch die wesentliche Verbesserung der Energiepreise auf dem Weltmarkt in 1999 und 2000 nicht mehr umgekehrt worden. Genaue regionale Zahlen darüber liegen für das letzte volle Jahr aber noch nicht vor.

In Ansätzen zeigt sich also bereits die regionale Neubewertung des russischen Wirtschaftsraums. Die peripheren Räume (insbesondere der Nordkaukasus und Ostsibirien sowie der Ferne Osten) haben insgesamt einen stärkeren Leistungsrückgang zu verzeichnen gehabt als die meisten zentralen Gebiete, zu denen aufgrund der verkehrstechnischen Anbindung auch die nordwestlichen Gebiete zählen. Mit dem nun erkennbaren Wachstum der russischen Wirtschaft[9] wird sich diese Entwicklung noch verstärken.

Auch die Anteile der Großregionen an der Grundfondsinbetriebnahme, die seit 1992 insgesamt dramatisch abgenommen hat, bestätigen die grundsätzliche Tendenz zur regionalen Umstrukturierung. Die größten Anteilsverluste mussten zwischen 1990 und 1998 der Ferne Osten (2,7 Prozentpunkte) und Ostsibirien (2,2 Prozentpunkte) hinnehmen. Zuwächse erzielten vor allem die Zentralregion (5,7 Prozentpunkte), Westsibirien (2,9 Punkte), die Ural- (1,1 Prozentpunkte) und die Wolgaregion (0,4 Prozentpunkte). Da mit Ausnahme der Zentralregion bei diesen Gebieten die Investitionen in die Erdöl- und Gasgewinnung die Entwicklung förderten (in Westsibirien sogar dominierend), wird insgesamt deutlich, dass sich die Investitionen verstärkt in die zentralen Gebiete Russlands bis hin in die Nordwestregion verlagern. Dagegen verlieren die peripheren Räume, selbst wenn sie über Rohstoffe – außer Kohlenwasserstoffen – verfügen, immer mehr an Bedeutung.[10]

7 Zur Berechnung siehe Clement u.a. (1999), S. 31, Anm. 32.

8 Allein 44,5% aller Kleinbetriebe entfielen 1999 auf den Handel und das Gaststättengewerbe. Der Anteil der Kleinbetriebe an den Industriebetrieben erreichte 1999 15,7%, und 45,6% aller Kleinbetriebe entfielen dabei auf die Nordwest- und die Zentralregion mit den Städten Moskau und St. Petersburg. Vgl. Rossijskij statističeskij ežegodnik, 1999, Moskau 1999, S. 280f.

9 Im ersten Halbjahr 2000 hat Russland z. B. ein BIP-Wachstum von 7,3% erzielt. Vgl. vwd Russland, Nr. 142, 26.7.2000.

10 Clement u.a. (1999), S. 38ff.

*Tabelle 3: Regionale Industriestruktur Russlands 1998*

| Gebiet | Industrie ges. | Elektroenergie | Brennstoff-industrie | Eisen-metallurgie | Bunt-metallurgie | Chemie u. Petrochemie | Maschinenbau | Holzindustrie | Baumaterial-industrie | Glas u. Porzel-lanindustrie | Leichtindustrie | Nahrungs-mittelindustrie | Futtermittel-industrie |
|---|---|---|---|---|---|---|---|---|---|---|---|---|---|
| Russländische Föderat. | 100 | 17,0 | 15,5 | 7,7 | 7,6 | 7,3 | 18,0 | 3,9 | 3,8 | 0,4 | 1,6 | 13,7 | 1,8 |
| Nord-Rayon | 100 | 15,3 | 12,8 | 23,0 | 7,3 | 6,3 | 6,2 | 16,0 | 1,7 | 0,1 | 0,6 | 9,1 | 0,6 |
| NW-Rayon | 100 | 14,8 | 5,2 | 1,9 | 2,7 | 8,5 | 26,3 | 6,6 | 3,3 | 0,4 | 2,2 | 22,9 | 2,1 |
| Zentral-Rayon | 100 | 20,6 | 2,4 | 2,7 | 1,0 | 7,1 | 24,8 | 3,4 | 5,8 | 0,9 | 4,5 | 21,1 | 2,2 |
| Wolgo-Wjatsk-Rayon | 100 | 13,8 | 1,8 | 3,1 | 0,8 | 10,6 | 40,6 | 6,4 | 3,5 | 1,0 | 2,5 | 12,0 | 2,3 |
| Central-Černo-zem-Rayon | 100 | 19,4 | – | 29,2 | – | 8,4 | 14,4 | 1,3 | 4,8 | 0,1 | 1 | 17,8 | 2,5 |
| Wolga-Rayon | 100 | 20,8 | 13,1 | 1,1 | 1,4 | 13,4 | 29,4 | 1,2 | 4,0 | 0,4 | 1,1 | 11 | 20,0 |
| Nord-kaukasus-Rayon | 100 | 23,8 | 7,9 | 2,1 | 2,2 | 5,1 | 13,2 | 2,9 | 6,2 | 0,7 | 1,7 | 27,9 | 3,8 |
| Ural-Rayon | 100 | 15,5 | 13,3 | 18,0 | 9,4 | 7,5 | 16,7 | 2,6 | 4,1 | 0,4 | 1,1 | 8,5 | 1,9 |
| Westsibi-rischer Rayon | 100 | 13,9 | 55,0 | 5,1 | 1,3 | 4,6 | 7,0 | 1,1 | 2,3 | 0,1 | 0,6 | 6,5 | 1,4 |
| Ostsibiri-scher Rayon | 100 | 17,4 | 7,0 | 1,1 | 43,4 | 5,6 | 4,7 | 7,9 | 2,4 | 0,1 | 0,7 | 6,8 | 0,9 |
| Fernost-Rayon | 100 | 22,6 | 10,0 | 0,7 | 26,2 | 0,8 | 9,2 | 3 | 2,4 | 0,1 | 0,3 | 22,6 | 0,7 |
| Kalinin-grader Oblast' | 100 | 18,3 | 8,9 | 3,0 | – | 0,8 | 13,3 | 9,2 | 1,6 | – | 2,0 | 38,1 | 2,0 |

*Quelle: Rossijskij statističeskij ežegodnik, 1999, S. 302f.*

Die sich verändernde regionale Struktur wird insbesondere auch an den Wanderungsbewegungen der Bevölkerung deutlich. Während der natürliche Bevölkerungszuwachs in den peripheren Gebieten immer noch höher ist als in den zentralen Gebieten, verlieren diese durch Wanderungsbewegungen seit 1990 so viele Personen, dass sich die Tendenz bei der Bevölkerungszunahme in den letzten Jahren umkehrte.[11] Die Gesamtbevölkerung entwickelt sich in den zentralen Gebieten relativ günstiger als in den peripheren Gebieten, wo sie insbesondere in den nordöstlichen sibirischen Regionen überproportional abnimmt.[12]

## *Außenhandelsstruktur*

Aufgrund seines Rohstoffreichtums ist Russland traditionell ein Land, bei dem der Anteil von Energie und Rohstoffen in der Außenhandelsbilanz relativ hoch ist. Dies wird auch noch lange Zeit so bleiben. Aber gleichzeitig kann Russland aufgrund seiner starken industriellen Basis nicht zu den Entwicklungsländern gezählt werden. Die bedeutende industrielle Entwicklung kommt bisher aber in der Struktur der Handelsbilanz kaum zum Ausdruck. Mit der Transformation waren zwei für die Handelsbilanz entscheidende Entwicklungen verbunden. Zum einen fiel mit der beträchtlichen Handelsliberalisierung der protektionistische Schutz auf dem Binnenmarkt weg, und gleichzeitig ging der präferierte Handel mit den ehemaligen Mitgliedern des RGW und den anderen ehemaligen Sowjetrepubliken verloren. Die Preise und damit auch der Wechselkurs nahmen zunehmend Einfluss auf die Gestaltung der Handelsströme.

Bei den russischen Exporten dominieren weiterhin die Bergbauprodukte und Produkte der ersten Verarbeitungsstufe, wobei Erdöl und Erdgas die wichtigsten Exportgüter sind. Ihr Anteil an den Gesamtexporten ist zwar von 45% 1994 auf 42% 1998 gesunken. Im Wesentlichen beruht dieser Rückgang aber auf dem Verfall der Energiepreise 1998.[13] 1999 hat sich der Anteil allein von Erdöl und Erdölprodukten bereits wieder um 5,9 Prozentpunkte erhöht, bei konstanter Mengenlieferung.[14] Im Jahr 2000 wird dann der Anteil von Erdgas aufgrund der mit Verzögerung erfolgenden Preissteigerung ebenfalls wieder erheblich steigen. Der zweite wichtige Posten sind Metalle, die über ein Viertel der russischen Exporte stellen. Zusammen mit den chemischen Produkten entfallen auf diese drei Gruppen bereits fast vier Fünftel der russischen Exporte.[15] Maschinen und Ausrüstungen, deren Anteil in den letzten Jahren sogar leicht gestiegen ist, erreichen lediglich 11,3%. Die konsumnäheren und im Allgemeinen mit einer höheren Wertschöpfung ausgestatteten Güter haben dagegen in den Jahren 1994 bis 1998 Anteile am russischen Ex-

11 Clement u.a. (1999), S. 14ff. und Timothy Heleniak: Out-Migration and Depopulation of the Russian North during the 1990s, in: Post-Soviet Geography and Economics, No. 3, 1999, S. 155–205.

12 Rossijskij statističeskij ežegodnik, 1999, Moskau 1999, S. 54ff.

13 Bis 1997 war die Quote auf 47,85% angestiegen. Vgl. Rossijskij statističeskij ežegodnik, 1999, Moskau 1999, S. 568.

14 Vnešnjaja torgovlja, Nr. 2, 2000, S. 48ff.

15 Allein die Exporte der Energiewirtschaft und der Metallurgie erreichten 1999 65% der Gesamtexporte. Vgl. Ėkonomika i žizn', Nr. 6, Februar 2000.

port verloren. Am deutlichsten trifft dies auf die Nahrungsmittel und landwirtschaftlichen Rohstoffe (von 4,2% auf 2,2% Anteil) sowie Textilien und Schuhe (von 2,0 auf 1,2%) zu.

*Tabelle 4: Warenstruktur des russischen Außenhandels 1994 und 1998*

| **Produktgruppe** | **Export** | | | **Import** | | |
|---|---|---|---|---|---|---|
| | 1990 | 1994 | 1998 | 1990 | 1994 | 1998 |
| Nahrungsmittel- und landwirtschaftliche Rohstoffe außer Textilfasern | 2,1 | 4,2 | 3,0 | 20,3 | 27,7 | 24,6 |
| Mineralprodukte | 45,2 | 45,1 | 42,3 | 2,9 | 6,5 | 5,4 |
| Chemische Produkte | 4,6 | 8,2 | 8,5 | 10,9 | 10,0 | 15,0 |
| Leder und Lederwaren, Pelze | k.A. | 0,6 | 0,5 | k.A. | 0,5 | 0,3 |
| Holz, Holzwaren, Zellulose, Papier | 4,4 | 3,9 | 4,8 | 1,1 | 1,5 | 3,8 |
| Textilien, Schuhe | 1,2 | 2,0 | 1,2 | 10,3 | 7,9 | 4,0 |
| Metalle, Edelsteine | 12,9 | 26,4 | 27,5 | 5,4 | 6,7 | 7,1 |
| Maschinen, Ausrüstungen, Transportmittel | 17,6 | 8,3 | 11,3 | 44,3 | 35,2 | 36,2 |
| Andere | 11,8 | 1,3 | 0,9 | 4,8 | 4,0 | 3,6 |
| Gesamt | 100 | 100 | 100 | 100 | 100 | 100 |

*Quelle: Rossijskij statističeskij ežegodnik, 1995, S. 432, 1999, S. 568f.*

Damit bestätigt sich die oben getroffene Feststellung, dass die Exportnachfrage die Umstrukturierung der russischen Wirtschaft hin zu einer höheren Verarbeitungsstufe bisher mit verzögert hat. Dies kommt auch in der Importstruktur zum Ausdruck. Nahrungsmittel und landwirtschaftliche Rohstoffe bilden mit etwa einem Viertel, nach Maschinen und Ausrüstungen, auf die gut 36% entfallen, die wichtigsten Einfuhrgüter. Russland ist weiterhin stark von Nahrungsmittellieferungen aus dem Ausland abhängig. Der sinkende Import von Maschinen ist auf die weiter bestehende ausgeprägte Investitionsschwäche zurückzuführen und hat einen enormen negativen Einfluss auf die Modernisierungsgeschwindigkeit des stark überalterten Kapitalstocks.[16]

Trotz jahrzehntelanger Klage, dass Russland nicht länger das „Rohstoffanhängsel" Europas und des Westens bleiben dürfe, und trotz der Ankündigung entsprechender wirtschaftspolitischer Maßnahmen hat sich an der Exportstruktur also bisher kaum etwas geändert. Die Leistungsfähigkeit der russischen Industrie hat sich nicht so erhöht, dass verarbeitete Produkte einen wesentlichen Teil des Außenhandels übernehmen könnten. Verstärkte Exporterfolge werden in diesem Bereich in letzter Zeit fast ausschließlich bei Rüstungsgütern gemeldet. Dies spiegelt sich auch in dem relativ günstigen Ab-

16 Vgl. Ėkonomika i žizn', Nr. 6, Februar 2000.

schneiden der Exporte von Maschinen und Ausrüstungen, in denen diese Lieferungen enthalten sind, im letzten Jahr wider.

Nach dem Finanzcrash von 1998 und der Hochpreispolitik der OPEC sind allerdings gewisse Änderungen erkennbar. Diese wirken sich real jedoch eher auf der Import- als auf der Exportseite aus, wobei die erwähnten Rüstungsexporte eine Ausnahme darstellen. Zwar stieg bei den Exporten der Anteil der Energieträger wie oben gezeigt nun wieder erheblich an, dabei handelt es sich aber nahezu ausschließlich um ein monetäres Phänomen. Die sonstigen Exporte konnten nur wenig von der starken Abwertung des Rubels profitieren. Die schon immer vorhandene Angebotsschwäche konnte noch nicht überwunden werden.

Dagegen zeigen die Abwertungseffekte auf der Importseite Wirkung. Die Importe sind insgesamt um etwa 30% gesunken. Insbesondere Importe von Nahrungs- und Genussmitteln sowie Konsumgütern sind davon betroffen. Nur die durch die schlechte Ernte bedingten Versorgungslücken bei Getreide und Milch führten zu Importsteigerungen. Die Einfuhren von verarbeiteten Produkten ging dagegen stark zurück. Dies betraf vor allem Weißzucker, Fleischkonserven und Alkoholika.[17] Die heimische Produktion erhielt dadurch wesentliche Impulse, und das Wachstum der Nahrungs- und Konsumgüterindustrie in 1999 und 2000 ist nicht zuletzt darauf zurückzuführen.[18]

## *Vor welchen Aufgaben steht die neue russische Regierung?*

Die Branchen-, Regional- und auch die Außenhandelsstruktur zeigen die weiterhin hohe Abhängigkeit der russischen Wirtschaft von der Schwerindustrie und den noch vorhandenen gewaltigen Umstrukturierungsbedarf. Wie gezeigt wurde, hat sich bei der Branchen- und Außenhandelsstruktur bisher wenig verändert. Während sich aber die Branchenstruktur aufgrund des wachsenden Dienstleistungssektors und steigender Nachfrage nach internen Konsumgütern wohl bald zu Lasten der schwerindustriellen Bereiche weiter verändern wird, stellt die Exportstruktur weiterhin eine Achillesferse dar. Gerade die letzten Jahre haben den dominierenden Einfluss der Energiepreise sowohl auf die Handelsbilanz als auch das Staatsbudget vor Augen geführt. Die Verwundbarkeit der russischen Wirtschaft auf außenwirtschaftlichem Gebiet ist daher weiterhin sehr hoch, und die Rückwirkungen auf die Finanzwirtschaft sind beträchtlich. Aufgabe der russischen Wirtschaftspolitik ist es daher, den angelaufenen strukturellen Wandlungsprozess zu forcieren und gleichzeitig abzusichern.

Beim regionalen Umstrukturierungsprozess, der bereits im Gange ist, wird es vor allem darauf ankommen, dass in den Zuwanderungsgebieten die Infra-

17 Vgl. Vnešnjaja torgovlja, Nr. 2, 2000, S. 50ff.

18 Vgl. u.a.: Abwertung hilft der Lederindustrie, in: Nachrichten für Außenhandel, Nr. 139, 21.7.2000.

struktur rasch aufgebaut wird, damit die wirtschaftliche Entwicklung und die Schaffung von Arbeitsplätzen nicht beeinträchtigt werden. Da die Kosten für Arbeitsplätze und Infrastruktur in den zentralen Gebieten geringer sind als in den Randregionen, ist davon auszugehen, dass Arbeitsplätze dort mit geringerem Aufwand geschaffen werden können als an der nordöstlichen Peripherie. Industrielle Standorte in den peripheren Räumen sollten nur erhalten und ausgebaut werden, wenn sie sich auch unter marktwirtschaftlichen Bedingungen rechnen. Dabei wird der Staat allerdings auch darauf zu achten haben, dass in den peripheren Räumen die traditionelle Bevölkerung, wenn sie dies will, sozial abgesichert wird, da sie durch die sowjetische Regional- und Industrialisierungspolitik ihrer traditionellen Lebensweisen weitgehend entfremdet wurde.

Angesichts der Kapitalknappheit und des reichlich vorhandenen und kostengünstigen *human capitals* muss die russische Regierung endlich die Bedingungen dafür schaffen, dass die verarbeitende Industrie gestärkt und wettbewerbsfähig wird. Dabei darf keine exzessive Industriepolitik im Sinne der Förderung bestimmter Branchen betrieben werden, was schon aus finanziellen Gründen nicht durchzuhalten wäre. Dies gilt auch für die Förderung der Rüstungsindustrie.

Entscheidend für die Herausbildung der optimalen Wirtschafts- und Außenhandelsstruktur wird dagegen sein, dass eine Wirtschaftspolitik betrieben wird, die das Wachstum insgesamt anregt und den Strukturwandel fördert sowie investives ausländisches Kapital ins Land bringt. Dazu gehören u.a.:

- *Eine aktive Wettbewerbspolitik:* Marktzugang und Marktaustritt müssen liberalisiert und konsequent durchgesetzt werden. Die bisher ausufernden administrativen Hindernisse sind wesentlich zu verringern und die vielfach damit verbundene Korruption energisch zu bekämpfen. Monopolistische Strukturen sind aufzubrechen, offene und versteckte Erhaltungssubventionen auf ein Minimum zu begrenzen bzw. ganz zu beseitigen.
- *Die Durchsetzung der Rechts- und Vertragssicherheit,* denn eine Marktwirtschaft ist eine Vertragswirtschaft mit klaren Eigentumsrechten. Werden diese nicht geschützt, kann sie keine optimale Koordination der Wirtschaftssubjekte gewährleisten. Der sektorale und regionale Strukturwandel und das Wachstum verlaufen dann suboptimal.
- *Die schnelle und konsequente Monetarisierung der Wirtschaft:* Bartergeschäfte und Zwangskredite bis hin zur Nichtzahlung von Leistungen müssen zurückgedrängt werden bzw. verschwinden, wenn strukturelle Fehlentwicklungen vermieden werden sollen.
- *Ein transparentes und einheitliches Steuersystem:* Die Steuersätze müssen verringert und gewinnunabhängige Besteuerung weitgehend vermindert werden.
- *Eine von fiskal- oder kreditpolitischen Zielen unabhängige Wechselkurspolitik.*

- *Die Erhaltung der föderalen Strukturen,* wobei allerdings eine klare Aufgabenverteilung erreicht werden muss. Die Erhaltung eines einheitlichen Wirtschafts- und Währungsraumes muss gesichert bleiben.

Mit einer solchen Politik würden die Voraussetzungen dafür geschaffen, dass sich der Strukturwandel in der russischen Wirtschaft beschleunigt und sich ihre Wettbewerbsfähigkeit erhöht. In der Folge würde dann auch die Grundlage gelegt, um die Rohstoff- und Schwerindustrielastigkeit des Außenhandels überwinden zu können.

Präsident Putin und die russische Regierung scheinen dies erkannt zu haben und entsprechende Maßnahmen durchsetzen zu wollen. Darauf deutet die Besetzung der wichtigsten wirtschaftspolitischen Ministerposten hin.

Mit dem neuen Wirtschaftsprogramm, das unter Leitung des neuen Ministers für wirtschaftliche Entwicklung und Handel, German Gref, ausgearbeitet wurde, wird signalisiert, dass die Reformen in Richtung Marktwirtschaft fortgesetzt werden sollen.[19] Die im Juli 2000 verabschiedete Steuerreform bringt eine wesentliche Verbesserung der Besteuerung und damit Anreize auch für ausländische Investoren. Die offensichtlich ernsthafte Kampagne gegen den Einfluss der Oligarchen sowie die Zusage, keine Wiederverstaatlichung anzustreben, stärkt das Vertrauen in die Entwicklung stabilerer politischer Verhältnisse,[20] was durch die Überwindung der Konfrontation zwischen Präsident und Duma noch unterstützt wird. Gelingt es Putin zudem, die Durchsetzung des Rechts zu erreichen, ohne die Demokratie und die *balance of power* und eine sinnvolle Regionalisierung/Föderalisierung noch weiter durch eine zu starke Präsidialmacht in Frage zu stellen, dann kann davon ausgegangen werden, dass der Umstrukturierungsprozess sich fortsetzen wird. Die Erhaltung und Entwicklung der demokratischen Strukturen ist von höchster Bedeutung, weil alle Transformationsbeispiele in Osteuropa und der ehemaligen Sowjetunion zeigen, dass die intensivsten wirtschaftlichen Fortschritte in Staaten mit der am weitesten entwickelten Demokratie und nicht in autokratischen Staaten erzielt wurden.[21] Positiv auf das Wachstum und die Gesellschaft wird dabei auch die Herausbildung eines Mittelstandes wirken. Dadurch entwickelt sich eine differenziertere und weniger schwerindustriell orientierte Wirtschaftsstruktur mit einer entsprechenden Verschiebung der Handelsstruktur. Negative Entwicklungen, die möglicherweise abgefedert werden müssen, sind in der industriellen Rückentwicklung peripherer, besonders nordöstlicher Gebiete

19 Vgl. u.a. DB Research: Aktuelle Studie, hier zitiert nach vwd Russland, Nr. 143, 27.7.2000. Siehe auch Auszüge aus Putins Parlamentsrede in: Ėkonomika i žizn', Nr. 28, Juli 2000, S. 4; siehe auch FAZ, 29.6.2000.

20 Die Form des Vorgehens gegen die Oligarchen, insbesondere Gusinskij, hat zunächst die Unsicherheit vergrößert. Nach dem Kremlgespräch vom 28. Juli 2000 dürften sich jedoch die positiven Elemente durchsetzen.

21 Hier werden die größten Zweifel geäußert, wobei auf das zu wenig ausgeprägte Verständnis Putins für demokratische Prozesse, seine Herkunft aus dem Geheimdienst und seine sich verstärkenden Beziehungen zu den Geheimdiensten und Militärs verwiesen wird.

und in den enormen Umstrukturierungsproblemen der bisherigen schwerindustriellen Zentren mit den zu erwartenden Arbeitslosenproblemen zu sehen. Diese müssen aber als Chance angenommen und dürfen politisch nicht aufgehalten werden, wenn Russland auf einen stetigen, steilen Wachstumspfad einschwenken soll, mit dem dann auch die mit der Umstrukturierung einhergehenden sozialen Probleme leichter bewältigt werden können. Es gibt viele Signale dafür, dass dies erkannt ist, und die finanziellen Restriktionen beschränken zudem die staatlichen Möglichkeiten, mit negativen Folgen in den Prozess einzugreifen.

In welchem Umfang es aber gelingen wird, die Erkenntnisse und Programme auch politisch umzusetzen, bleibt abzuwarten. Bisher ist die Lücke zwischen Reformrhetorik und tatsächlicher Umsetzung unter Putin noch groß, wenn auch vielleicht nicht mehr ganz so groß wie unter seinem Vorgänger.

# Lebensstandard und soziale Sicherung

Sabine Rinck

## *Russische Besonderheiten*

Bevor auf die einzelnen Aspekte von Lebensstandard und sozialer Sicherung eingegangen wird, sollen die länderspezifischen Besonderheiten hervorgehoben werden, die für Russland kennzeichnend sind. Zum einen basiert das soziale Netz aufgrund der Hinterlassenschaft der Sowjetunion zu einem Großteil auf betrieblichen Einrichtungen, zum anderen hat die föderale Struktur des Landes einen nicht unerheblichen Einfluss auf die Entwicklung der Reformen. Die sowjetischen Betriebe waren in großem Umfang auch eine soziale Institution und mussten eine Vielzahl entsprechender Leistungen erbringen, die von der medizinischen Versorgung der Beschäftigten über die Bereitstellung von Urlaubs- oder Freizeitangeboten und Wohnungen bis hin zur Unterhaltung von Kindergärten reichten. Dabei war der Anteil der sozialen Leistungen, die ein Betrieb erbringt, im Vergleich zu anderen Ländern, sowohl zu westlichen als auch zu ehemaligen Ostblockländern, relativ hoch. Auch mit Beginn der Transformation änderte sich hieran zunächst wenig. 45% der Bevölkerung im arbeitsfähigen Alter erhalten soziale Leistungen von ihren Arbeitgebern.

Aus sozialpolitischer Sicht zeigt die Analyse des betrieblichen sozialen Netzes ein sehr unbefriedigendes Bild. Die Leistungen sind sehr ungleich verteilt. Beschäftigte in großen Unternehmen und in ehemaligen Schlüsselsektoren der sowjetischen Wirtschaft werden tendenziell bevorzugt. Außerdem sind die Leistungen nicht in erster Linie auf sozial Bedürftige gerichtet, sodass sie nicht geeignet sind, soziale Probleme der Transformationsphase zu lösen. Schließlich werden durch die Arbeitslosigkeit größer werdende Teile der Bevölkerung von den Leistungen ganz ausgeschlossen. Die Bereitstellung sozialer Leistungen durch die Unternehmen ist daher als ineffiziente Lösung anzusehen, zumindest was die Weiterführung des betrieblichen Sozialnetzes betrifft, das aus der Sowjetzeit übernommen wurde. Zunächst ist nicht sichergestellt, dass die staatlichen Subventionen, die mit dem Argument durchgesetzt werden, die Unternehmen benötigten Mittel für die Weiterführung ihres sozialen Netzes, auch tatsächlich in die soziale Sicherung fließen. Zudem wird die Mobilität der Arbeitskräfte verringert und die Möglichkeit des Konkurses als Mittel eines Marktaustrittes behindert.[1] Schließlich werden die Unternehmen aufgrund ihrer teilweise hohen Belastungen im Sozialbereich für externe

1 Vgl. Aleksandr Safonov: Social'naja zaščita pri sanacii ili bankrotstve predprijatij, in: Čelovek i trud, 1994, Nr. 6, S. 72–74, hier S. 73.

Investoren unattraktiv. Daher ist eine Umstrukturierung der betrieblichen sozialen Netze dringend geboten.

Problematisch ist, dass sich die unvollständige föderale Struktur der Russländischen Föderation in den Verwaltungs- und Organisationsstrukturen der einzelnen Teilbereiche des Systems der sozialen Sicherung wiederfindet. Dies hat in der Vergangenheit zu vielen Schwierigkeiten geführt. Als Hauptproblem hat sich erwiesen, dass die Reformen aufgrund der regionalen Wohlfahrtsunterschiede zwar Umverteilungen vorsehen, diese jedoch in der Praxis häufig nicht umgesetzt werden. Es besteht zudem kein Konsens zwischen den Regionen bezüglich einer „gerechten" sozialen Ausgleichspolitik. Das Verhältnis zwischen Zentrum und Regionen wiederum ist wesentlich durch den Versuch bestimmt, über die Durchsetzung von Machtpositionen Verteilungsfragen zu eigenen Gunsten zu entscheiden.

## Lebensstandard

Die Transformation einer postsozialistischen Gesellschaft in ein marktwirtschaftliches System ist unter anderem auch mit erheblichen sozialen Kosten verbunden. Dies bedeutet für weite Teile der Bevölkerung zunächst einen Rückgang des Lebensstandards. Ein Großteil der russischen Bevölkerung lebt heute nach offiziellen Angaben unter dem Existenzminimum. Besonders betroffen sind Rentner und Arbeitslose. Der Anteil derer, die nach offiziellen Angaben unter dem Existenzminimum leben müssen, ist im Verlauf der Transformation zunächst zurückgegangen – 1992 lag der Anteil bei 33,5%, 1997 bei 20,8% –, in letzter Zeit aber wieder angestiegen. 1999 lag er bei 23,8%.[2] Damit lebt derzeit etwa ein Viertel der Bevölkerung unter dem Existenzminimum und stellt für die Sozialpolitik in Russland eine große Herausforderung dar.

Die sozialpolitischen Bemühungen um Hilfe für die betroffenen Bevölkerungsgruppen kamen zu Beginn der Transformation nur langsam in Gang. Erst 1995 wurde mit der Vorlage eines Gesetzes versucht, eine Art Sozialhilfe zu etablieren. Der Entwurf sah vor, dass jedem Bürger, dessen Einkommen unter dem Existenzminimum liegt, eine staatliche Unterstützung garantiert werden sollte, wobei vorgesehen war, die Festlegung des Existenzminimums auf die regionale Ebene zu delegieren, um die teilweise starken regionalen Unterschiede berücksichtigen zu können. Das Gesetz sollte im Januar 1996 in Kraft treten. Es wurde jedoch vom damaligen Präsidenten Jelzin zunächst abgelehnt. Somit war eine Absicherung der Bevölkerung im Sinne einer sozialen Mindestsicherung vorerst gescheitert. Erst Ende 1997 konnte das Gesetz schließlich verabschiedet werden.[3]

2 Die statistischen Daten in diesem Beitrag sind der offiziellen russischen Statistik entnommen.

3 Vgl. Tat'jana Chudjakova: Proekt programmy stabilizacii urovnja žizni peredan na rassmotrenie prezidenta, in: Izvestija, 21.9.1994; Jaroslav Šimov: Novyj zakon garantiruet

Zum Absinken des Lebensstandards kommt eine zweite Entwicklung hinzu, die gleichfalls zu sozialen Spannungen führt, nämlich die Differenzierung innerhalb der Einkommensverteilung. Betrachtet man etwa ein so herkömmliches Maß wie den Gini-Koeffizienten, so hat die Ungleichheit der Verteilung mit dem Beginn der Transformation deutlich zugenommen, wobei die Angaben über Ausmaß und Dynamik nach Quelle stark schwanken. Nach Angaben des Goskomstat etwa ist der Gini-Koeffizient nach einem Sprung von 0,289 auf 0,398 im Jahre 1993 im großen und ganzen unverändert geblieben und liegt seit 1997 relativ konstant bei 0,37.

Eine weitere wichtige Größe zur Beurteilung der Einkommensentwicklung ist die funktionale Einkommensverteilung, die im Verlauf der Transformation gleichfalls starken Veränderungen unterworfen war. So ist die Lohnquote seit Beginn der Transformation rapide gesunken (1990 lag sie bei 74%, 1997 nur noch bei knapp 43%), während im Gegenzug die Gewinneinkommen stark angestiegen sind, und zwar von knapp 9% im Jahre 1990 auf 36% im Jahre 1997. Dies hatte mehrere Ursachen. Nicht zuletzt kam es zu einer Ausweitung unternehmerischer Tätigkeiten, und zwar vor allem in Form von Klein- und Kleinstgewerbe, Tätigkeiten, denen viele Arbeitnehmer in Form von Zweit- oder sogar Drittbeschäftigungen nachgehen. Die jüngste Entwicklung zeigt jedoch eine gewisse Umkehr des skizzierten Trends. Für 1999 beträgt die Lohnquote etwas über 60%, während der Anteil der Gewinneinkommen auf gut 20% gesunken ist. Bei einem Großteil der Gewinneinkommen handelt es sich jedoch nicht um echte Gewinneinkünfte, sondern um das Ergebnis steuerlicher Ausweichhandlungen. Viele Unternehmen zahlen ihren Beschäftigten offiziell lediglich den Mindestlohn und lassen ihnen den restlichen Lohn z.B. in Form von Gewinnausschüttungen zukommen. 1996 wurde versucht, die versteckten Lohnzahlungen zu schätzen, wobei das Goskomstat ca. 45 Mrd. Dollar errechnete, was etwa 11% des russischen BIP entspräche. Die Gründe für eine Vermeidung von Lohneinkommen sind vielfältig. Zum einen spielt die Steuergesetzgebung eine Rolle. So gab es in Russland bis Ende 1995 ein Gesetz, nach dem eine zusätzliche Steuer erhoben wurde, wenn der Lohnfonds (die Summe aller Lohnzahlungen) eine bestimmte absolute Höhe überstieg. Dieses Gesetz wurde dadurch ausgehebelt, dass ein Teil der Beschäftigten lediglich pro forma und zum Mindestlohn beschäftigt wurde, um der Kernbelegschaft entsprechend hohe Löhne zahlen zu können. Weiterhin versuchten die Unternehmen, durch die verdeckten Zahlungen die Beiträge zur Sozialversicherung gering zu halten.[4]

Betrachtet man schließlich die reale Einkommensentwicklung, so stellt man fest, dass sich die Einkommen entsprechend der allgemeinen negativen wirtschaftlichen Entwicklung ebenfalls verschlechtert haben. Für fast jedes

prožitočnyj minimum žiteljam Rossii, in: Izvestija, 22.7.1995; Feliks Alymov: V „potrebitel'skuju korzinu“ založili zakonodatel'nuju bombu, in: Segodnja, 13.11.1997.

4 Vgl. Boris Fedorov: Pensionnaja reforma, in: Izvestija, 4.4.1995.

Jahr waren massive reale Einkommensverluste zu verzeichnen, die auch durch eine relativ stabile Entwicklung 1993/94 und 1996 nicht ausgeglichen werden konnten. Somit bedeutet die Transformation für die Bevölkerung insgesamt einen starken Einkommensrückgang und damit eine Verschlechterung des Lebensstandards.

Neben der rein materiellen Bedrohung, die ein solcher Rückgang der Einkommen und damit auch des Lebensstandards für einen Großteil der Bevölkerung darstellt, hat die soziale Problematik auch negative Auswirkungen auf die Transformation insgesamt. Dies wird durch zahlreiche Befragungen der Bevölkerung belegt. Wenn in verschiedenen Umfragen über 80% der Befragten angaben, dass sie niemals mit ihrem Lebensstandard zufrieden sein werden bzw. dass sie die Frage nicht beantworten können und weniger als ein Fünftel der Befragten glaubt, dass sich ihr Lebensstandard in den nächsten zehn Jahren wesentlich verbessern wird,[5] so ist eine gewisse Abwehrhaltung gegenüber der Transformation insgesamt nicht verwunderlich. Auch wenn die Repräsentativität der Befragungen im Einzelnen umstritten sein mag, so kommt in ihnen jedoch eine eindeutig negative Tendenz zum Ausdruck.

## *Rentenversicherung*

Das sowjetische System der Alterssicherung war durch einige Merkmale charakterisiert, die mit einem marktwirtschaftlichen System nicht kompatibel sind und daher im Rahmen der Transformation reformiert werden müssen. So handelte es sich nicht in erster Linie um ein sozialpolitisches Instrument zur Einkommenssicherung im Alter, sondern um ein arbeitsmarktpolitisches Instrument zur Lenkung und Steigerung der Produktion. Im Rahmen einer Reform der sozialen Sicherung muss die Rentenversicherung daher auf eine völlig neue Grundlage gestellt werden. Ziel ist es, einen entsprechenden Lebensstandard im Alter zu sichern, und zwar in Abhängigkeit von der erbrachten Arbeitsleistung, die durch entsprechende Beitragszahlungen dokumentiert wird. Betrachtet man die sozialpolitischen Absichtserklärungen der russischen Regierung zur Neugestaltung der Rentenversicherung, so sind die Grundtendenzen der Reform erkennbar. So wird in einer Regierungsverordnung[6] die Bereitschaft unterstrichen, das bisherige System unter Berücksichtigung der Arbeitsleistung sowie der Veränderung der Lebenshaltungskosten umzugestalten, eine Differenzierung der Renten nach dem Einkommen vorzunehmen und einen Inflationsausgleich zu gewähren. Weiterhin soll der Umstand beseitigt werden, dass die Renten auch bei gleicher Arbeitsleistung der Rentner je nach dem Zeitpunkt der Bewilligung unterschiedlich hoch ausfallen. Demgegen-

5 Vgl. o.V.: Komu na Rusi žit' chorošo, a komu – ne očen', in: Izvestija, 15.10.1994.

6 Postanovlenie Pravitel'stva Rossijskoj Federacii ob utverždenii Osnovnych napravlenij social'noj politiki Pravitel'stvo Rossijskoj Federacii na 1994 god, in: Rossijskaja gazeta, 3.6.1994.

über soll eine individuelle Berechnung der Rentenbeiträge sicher gestellt werden. Schließlich ist vorgesehen, die Entwicklung sog. nichtstaatlicher Rentenfonds zu fördern, wodurch eine umfassendere Absicherung der Rentner gewährleistet werden soll.

Hauptträger der Rentenversicherung ist der Rentenfonds, einer der sog. außerbudgetären Fonds, der 1991 aus dem allgemeinen Staatshaushalt ausgegliedert wurde. Die Verwaltung der Rentenversicherung ist jedoch insgesamt auf mehrere Institutionen aufgeteilt, was zu einer ineffizienten Organisationsstruktur führt. So obliegt die Festsetzung und Auszahlung der Renten dem Ministerium für den sozialen Schutz der Bevölkerung. Auch das Parlament und der russische Präsident sind beteiligt, da beispielsweise Rentenanhebungen oder die Neufestsetzung der Mindestrente per Gesetz vom Parlament oder durch einen Erlass des Präsidenten festgelegt werden. Gerade bei den letztgenannten Akteuren gab es in der Vergangenheit immer wieder Meinungsverschiedenheiten, die in einer gegenseitigen Blockade bei der Verabschiedung von Gesetzen ihren Ausdruck fanden.

Das Rentensystem der Russländischen Föderation basiert auf einer Umlagefinanzierung. Der Beitrag zur Rentenversicherung beträgt 28% des Einkommens und ist größtenteils von den Unternehmen zu zahlen. Die Arbeitnehmer zahlen lediglich 1%.[7] Die Beitragserhebung ist Aufgabe des Rentenfonds, der er über seine regionalen Abteilungen nachkommt. Dass die soziale Struktur in den einzelnen Regionen sehr unterschiedlich ist, wirkt sich auch auf die Situation des Rentenfonds aus. So müssen Mittel zwischen den Regionen umverteilt werden.[8] Über 50 Regionen werden von anderen Regionen unterstützt, lediglich in gut 20 Regionen liegen die Einnahmen über den Ausgaben.[9] Es entstehen jedoch seit Mitte der 90er Jahre zunehmend Probleme dadurch, dass einzelne Regionen die Weiterleitung der eingenommenen Rentenmittel an die föderale Ebene des Rentenfonds verweigern und das Geld nach eigenem Ermessen verwenden.

Überlegungen zur Reform der Rentenversicherung setzen angesichts der gegenwärtigen angespannten sozialen Lage in erster Linie an der Frage der Mindestsicherung an. Dabei muss unterschieden werden zwischen den grundsätzlichen Konzepten einer Mindestsicherung, die mit einer Reform der Rentenversicherung zukünftig verbunden werden sollen, und der in Russland derzeit praktizierten Mindestsicherung, die lediglich aus einer in mehr oder weniger regelmäßigen Abständen angehobenen Mindestrente besteht.

7 Vgl. Merja Tekoniemi: Russia's pension system needs radical reform, in: Russian Economy: The Month in Review (BOFIT), 1998, Nr. 4, S. 4.

8 Vgl. Vasilij V. Barčuk: Pensionnyj fond Rossii segodnja, in: Ėkonomika i žizn', 1995, Nr. 29, S. 11.

9 Vgl. L. Birjukova: Pro naši pensii, in: Profsojuzy, 1994, Nr. 9, S. 34–35 u. 40, hier S. 34; V. Šmyganovskij: Stabil'nost' pensij okažetsja pod ugrozoj, in: Izvestija, 4.2.1995.

An der Reform der Rentenversicherung wird bereits seit einiger Zeit gearbeitet, wobei in ersten Entwürfen dem Staat in erster Linie die Aufgabe zufallen sollte, eine Mindestsicherung für alle Bürger zu gewährleisten. Zunächst war von einem dreistufigen Rentensystem die Rede, das eine Grundrente, eine Arbeitsrente und eine private Rente vorsah.[10] In einem nächsten Schritt wurde das Konzept des Ministeriums für den sozialen Schutz der Bevölkerung weiter entwickelt und umfasste nun ein vierstufiges Sicherungskonzept, das ab dem Jahr 2000 umgesetzt werden sollte.[11] Danach sollten zunächst alle Bürger Beiträge zu einem allgemeinen staatlichen System der gesetzlichen Rentenversicherung leisten, aus dem ihnen dann eine Sozialrente in Höhe von etwa 45–50% des Existenzminimums zusteht. Als zweite Stufe war eine Arbeitsrente vorgesehen, für die Beiträge aus dem Arbeitseinkommen zu leisten wären. Diese ersten beiden Stufen sollten den sozialen Mindeststandard sichern, auf dessen Garantie sich der Staat zunächst beschränken wollte und der entsprechend der wirtschaftlichen Entwicklung des Landes dann sukzessive angehoben werden sollte. Als dritte Stufe war eine private Berufsrente konzipiert, wobei für jede Berufsgruppe eine eigene Rentenkasse mit einer spezifischen Ausgestaltung der Beiträge vorgesehen war. Die vierte Stufe schließlich sollte eine freiwillige Rentenversicherung sein, die über die sog. nichtstaatlichen Rentenfonds umgesetzt werden sollte.[12]

Während der Amtszeit von Premierminister Kirijenko wurde wiederum ein geändertes Reformkonzept ausgearbeitet, zu dessen Umsetzung ca. 15–20 Jahre vorgesehen waren. Auch hierbei handelte es sich um den Entwurf eines mehrstufigen Rentensystems, wobei die erste Stufe wiederum aus einer Sozialrente bestehen sollte. Als zweite Stufe wurde nun jedoch eine Berufsrente vorgesehen, während in der dritten Stufe Elemente des Kapitaldeckungsverfahrens eingeführt werden sollten. Ab dem Jahr 2000 sollte zu diesem Zweck zunächst ein Prozentpunkt des Beitrages zur Rentenversicherung zur Verfügung gestellt werden. Es war vorgesehen, diesen Anteil im Verlauf von 10–15 Jahren auf 10 Prozentpunkte zu steigern.[13]

Die Praxis folgte den Konzepten nur zum Teil. Erst im Dezember 1997 wurde ein Reformkonzept verabschiedet, das für das Jahr 2000 die Einführung eines dreistufigen Rentensystems vorsieht, bestehend aus staatlicher Sozialrente, Arbeitsrente sowie ergänzender privater Absicherung. Ob dieses Konzept letztendlich erfolgreich ist, bleibt abzuwarten. Die gegenwärtige Mindestsicherung der Rentner wird nach wie vor durch die staatlich festgesetzte Mindestrente gewährleistet. Dabei ist zu beobachten, dass die Entwicklung

10 Vgl o.V.: Otdel'nye položenija koncepcii reformy pensionnogo obespečenija v Rossijskoj Federacii, in: Social'noe obespečenie, 1994, Nr. 6, S. 20–23, hier S. 20f; Michail Moroškin: Social'naja zaščita – dlja kogo?, in: Nezavisimaja gazeta, 12.7.1996.

11 Vgl. Julija Ul'janova: Zamok na peske, in: Segodnja, 20.12.1997.

12 Vgl. Aleksandr Želenin: Kto zaplatit požilym?, in: Nezavisimaja gazeta, 11.12.1996.

13 Vgl. Svetlana Babaeva: V XXI veke pensii stanut vyše, in: Izvestija, 26.5.1998.

der Mindestrente sich nur teilweise nach den sozialen Notwendigkeiten richtet. Sie ist generell ungenügend, ihre tatsächliche Gewährung ist zudem in starkem Maße von der Finanzlage und dem jeweiligen tagespolitischen Geschehen abhängig.

### Arbeitslosenversicherung

Arbeitslosigkeit ist, zumindest in ihrer offenen Erscheinungsform, ein für Russland neues soziales Problem, das erst mit der Transformation aufgetreten ist. Da Arbeitslosigkeit in der Sowjetunion nicht offen vorkam und auch nicht mit der herrschenden Ideologie vereinbar war, erfolgte auch keine Absicherung des Beschäftigungsrisikos. Mit der Entstehung offener Arbeitslosigkeit im Zuge der Transformation musste daher das Instrument einer Arbeitslosenversicherung neu geschaffen werden. Allerdings ist festzuhalten, dass die Arbeitslosigkeit in Russland in den ersten Jahren der Transformation eher moderat angestiegen ist. Noch 1995 lag sie bei lediglich 8%, 1999 betrug sie knapp 12%. Am 1. Juli 1991 nahm der russische Beschäftigungsfonds seine Arbeit auf. Hierbei handelt es sich einerseits um einen der sog. außerbudgetären Fonds, zu denen auch der Rentenversicherungsfonds und der Sozialversicherungsfonds gehören. Er untersteht dem Ministerium für Arbeit. Andererseits hat der Fonds auch den Charakter einer arbeitsvermittelnden Behörde angenommen.

Neben dem Beschäftigungsfonds und der offiziellen Politik gibt es in Russland derzeit keinen politischen Akteur, der arbeitsmarktpolitische Entwicklungen wesentlich beeinflusst. So wurde zwar eine Sozialpartnerschaft, bestehend aus Vertretern von Gewerkschaft, Arbeitgebern und Politik, ins Leben gerufen, die sich mit entsprechenden Fragestellungen wie etwa der Stabilisierung der Wirtschaft oder der Weiterentwicklung der Arbeitsgesetzgebung befassen sollte. Diese Sozialpartnerschaft erlangte allerdings kaum Bedeutung, was vor allem auf das geringe politische Gewicht der Gewerkschaften in Russland zurückzuführen ist. Zudem erwiesen sich die Interessenskonflikte in der Umbruchphase als zu groß, als dass eine konstruktive Zusammenarbeit möglich gewesen wäre.

Die Höhe des Versicherungsbeitrages zur Arbeitslosenversicherung betrug bis 1993 1%, danach 2% des Lohnes. Die Analyse der Beschäftigungsproblematik in Russland zeigt, dass eher eine Strategie der Verharmlosung und Beschönigung als der Entwicklung von Lösungsansätzen verfolgt wird. Das Problem der Arbeitslosigkeit wird heruntergespielt, indem die Arbeitslosenquote statistisch „klein gerechnet" wird. So erfolgt eine statistische Differenzierung der Arbeitslosenzahlen, wobei eine Aufteilung in drei Gruppen vorgenommen wird. Zunächst gibt es registrierte Arbeitsfähige ohne Beschäftigung. Eine zweite Gruppe bilden die Personen, die vom Arbeitsamt bereits als Arbeitslose anerkannt wurden, aber noch keine Arbeitslosenunterstützung erhalten. Schließlich gibt es anerkannte Arbeitslose, die Arbeitslosengeld beziehen. Der

Unterschied zwischen den letzten beiden Gruppen ergibt sich aus den Regelungen des Anspruchs auf Arbeitslosengeld, wobei eine eventuelle Zahlung von Übergangsgeld oder die Bereitschaft, angebotene Stellen anzunehmen, berücksichtigt werden.[14]

Die Tatsache, dass die offizielle Arbeitslosenquote nur moderat ansteigt, ist nicht nur auf die Bestrebungen von Staat und Unternehmern zurückzuführen. Vielmehr ist zu konstatieren, dass diese Praxis zumindest zum Teil von den Beschäftigten bzw. von den Arbeitslosen mitgetragen werden. So ist festzustellen, dass der Status der Arbeitslosigkeit mit einem besonderen gesellschaftlichen Stigma behaftet ist. Über seelische Befindlichkeiten hinaus bestehen jedoch auch handfeste materielle Probleme für die Betroffenen. Zunächst ist die regionale Gliederung des Beschäftigungsfonds noch nicht so ausdifferenziert, dass seine Niederlassungen landesweit immer gut zu erreichen wären. Dadurch ist ihr Besuch für viele Arbeitslose mit relativ hohen Kosten und beträchtlichem Zeitaufwand verbunden, wovor immer zurückgeschreckt wird, zumal der Nutzen, den sich die Arbeitslosen versprechen können, nicht sehr groß ist. Die Wahrscheinlichkeit, über die Vermittlung durch den Beschäftigungsfonds eine neue Stelle zu finden, ist äußerst gering. Viele Arbeitslose lassen sich daher auch nicht als arbeitslos registrieren, sie bleiben stattdessen offiziell bei ihrem bisherigen Betrieb beschäftigt, zumal die Unternehmen selbst bestrebt sind, ihre Beschäftigten mit Kurzarbeit und unbezahltem Zwangsurlaub zu halten. Sie reagieren oft mit Aussetzung von Lohnzahlungen und relativen Lohnsenkungen auf veränderte ökonomische Bedingungen und nicht mit Entlassungen. Dort, wo die Unternehmen als Reaktion auf die wirtschaftliche Verschlechterung tatsächlich Beschäftigung abbauen, geschieht dies meist sehr konsensorientiert, indem etwa die Rentnerbeschäftigung in den letzten Jahren kontinuierlich abgebaut wurde. Insgesamt zeigt sich, dass ein Großteil der Unternehmen abwartend auf wirtschaftliche Reformen reagiert und notwendige Anpassungen eher vermeidet. Begünstigt wurde und wird dieses Verhalten u.a. durch die nach wie vor weichen Budgetbeschränkungen, die es den Unternehmen vor allem in der Anfangsphase der Transformation erlaubten, mit der Praxis ihres bisherigen Managements fortzufahren.

Die gezahlte Arbeitslosenunterstützung ist sehr gering. Ein registrierter Arbeitsloser hat maximal zwölf Monate Anspruch auf Arbeitslosenunterstützung. Dabei erhält er in den ersten vier Monaten 75%, in den nächsten vier Monaten 60% und in den letzten vier Monaten lediglich noch 45% seines letzten Lohnes, wobei der staatlich festgesetzte Mindestlohn die Untergrenze darstellt. Berücksichtigt man noch die hohe Inflation der letzten Jahre, so wird deutlich, dass die Arbeitslosenunterstützung in der Tat zu gering ist, um eine wirkliche soziale Absicherung darzustellen. Da als Basis der in der Vergan-

14 Vgl. Wladimir Matwejew: Der Arbeitsmarkt als Indikator der sozioökonomischen Transformation Rußlands, Berichte des BIOst 37-1994, S. 20.

genheit erzielte Lohn dient, wird die Arbeitslosenunterstützung durch die Inflation stark entwertet.

### Krankenversicherung

In der Sowjetunion war die medizinische Versorgung weitgehend aus dem Versicherungswesen herausgenommen. Von einer Krankenversicherung im westlichen Sinne konnte daher nicht gesprochen werden. Formal gab es eine kostenlose Gesundheitsversorgung, die alle Bürger in gleicher Weise mit medizinischen Diensten versorgte und vollständig vom Staat betrieben und finanziert wurde. Im Zuge der Transformation wurde bereits im Oktober 1990 ein Gesetzentwurf für die Einführung einer gesetzlichen Krankenversicherung vorgelegt, was als Einstieg in die Reform des russischen Gesundheitswesens verstanden werden kann. Das Gesetz sah sowohl eine Pflichtversicherung als auch eine darauf aufbauende freiwillige Versicherung vor. Die Versicherungsbeiträge sollten für Beschäftigte in der Wirtschaft von den Arbeitgebern, für die Beschäftigten im öffentlichen Sektor sowie für die übrige Bevölkerung vom Staatshaushalt getragen werden. Das Gesetz „Über die Krankenversicherung der Bürger der RSFSR" wurde im Juli 1991 verabschiedet. Darin war ursprünglich als Einführungstermin der 1. Januar 1993 vorgesehen. Dieser Termin konnte jedoch nicht eingehalten werden.[15] 1993 wurden Ergänzungen zum Gesetz von 1991 verabschiedet, durch die es in Teilen geändert wurde: Am 16. April 1993 wurde ein „Ergänzendes Krankenversicherungsgesetz" verabschiedet, das Finanzierung, Organisation und Verwaltung der Krankenversicherung regelt. Am 22. Juli 1993 wurden dann die „Grundlagen der Gesetzgebung der Russländischen Föderation zur Sicherung der Gesundheit der Bürger" verabschiedet, die jedem Bürger eine Grundversorgung durch das Gesundheitssystem garantieren. Schließlich wurde am 11. Oktober 1993 ein Präsidialdekret erlassen, durch das die Einführung der neuen Versicherung endgültig eingeleitet werden sollte. Grundlage ist, dass die gesetzliche Krankenversicherung sowohl auf föderaler als auch auf regionaler Ebene etabliert werden soll. Entsprechend wurden ein föderaler und sog. territoriale Krankenversicherungsfonds gegründet. Diese Fonds entsprechen dem Rentenversicherungsfonds und dem Beschäftigungsfonds in den entsprechenden Sozialversicherungssparten. An diese Krankenversicherungsfonds haben die Unternehmen die Versicherungsbeiträge abzuführen, die insgesamt 3,6% der Lohnsumme betragen. 3,4% gehen an die territorialen Fonds, 0,2% an den föderalen Fonds, dessen Aufgabe es ist, einen regionalen Ausgleich herbeizuführen.[16]

[15] Vgl. Gesellschaft für Versicherungswissenschaft und -gestaltung e.V. (Hg.): Soziale Sicherung in West-, Mittel- und Osteuropa, Baden-Baden 1994, S. 260.

[16] Vgl. Dov Chernichovsky/Gur Ofer/Elena Potapchik: Health Sector Reform in Russia: The Heritage and the Private/Public Mix, in: Most, 3. Jg., 1996, Nr. 1, S. 125–152, hier S. 124 sowie 141f.

Erst in der zweiten Hälfte des Jahres 1993 konnte mit der Erhebung der Krankenversicherungsbeiträge begonnen werden. Mit der Einführung der Versicherungsbeiträge und dem eigentlichen Start der Krankenversicherung kam es zu einem Nachlassen der Reformbemühungen des Gesundheitsministeriums, was dazu geführt hat, dass sich starke regionale Differenzen entwickelt haben. Zwar konnten bis Anfang 1994 in allen Regionen territoriale Krankenversicherungsfonds eingerichtet werden – lediglich in vier Regionen hatten die territorialen Fonds ihre Arbeit noch nicht aufgenommen –, doch existierten Krankenversicherer, ein weiterer neuer Akteur im Bereich der Krankenversicherung, der in seinen Aufgaben einer Krankenkasse entspricht, allerdings erst in 23 Regionen. In 34 weiteren Regionen wurde diese Aufgabe vom jeweiligen territorialen Fonds und seinen Filialen sowie von Versicherungsgesellschaften parallel wahrgenommen, und in 30 Regionen hatten lediglich die territorialen Fonds mit ihren Filialen diesen Part übernommen. Ende 1994 waren erst etwa 22% der Bevölkerung mit Versicherungspolicen versorgt. Auch die Finanzierungsseite stellte sich sehr unterschiedlich dar. Lediglich in 40 Regionen leisteten die Gebietskörperschaften die ihnen obliegenden Beiträge zur Krankenversicherung für Beschäftigte im öffentlichen Sektor sowie die nicht in einem Arbeitsverhältnis stehende Bevölkerung. Der Krankenversicherungsfonds finanziert sich zu etwa 65% aus Arbeitgeberbeiträgen und lediglich zu 20% aus Zahlungen für die nicht-erwerbstätige Bevölkerung. In vielen Regionen wurden die Mittel stattdessen direkt in das staatliche Gesundheitswesen geleitet. Auch die Unternehmen zahlen teilweise die fälligen Sozialversicherungsbeiträge an den Fonds nicht.

Nach den Erfahrungen, die bisher mit der Krankenversicherung in Russland gemacht werden konnten, lassen sich einige Defizite im Reformkonzept erkennen. Dieses enthält beispielsweise keine Kostentabelle für medizinische Leistungen, was zu Konflikten bei den Abrechnungen führt. Weiterhin sind Ausgleichszahlungen zwischen den Regionen für Leistungen, die von den Versicherten außerhalb ihrer Heimatregion in Anspruch genommen wurden, nicht geregelt. 1995 wurde zwar der Versuch unternommen, ein solches Ausgleichssystem einzuführen, aber er scheiterte am Widerstand des Ministeriums. Auch die Tatsache, dass die Mittel in den einzelnen Regionen teilweise unterschiedlich verwendet werden, hat zu Problemen geführt.

Im Jahr 1995 konnte die Einführungsphase der Krankenversicherung jedoch insgesamt als beendet betrachtet werden. Die neuen Strukturen waren in ihrem Grundgerüst vorhanden. Seither war man bemüht, auf dieser Grundlage weiter aufzubauen und das Konzept zu verbessern. So fanden etwa im Frühjahr 1995 intensive Gespräche zwischen den territorialen Krankenversicherungsfonds und verschiedenen Versicherungsorganisationen statt, um die weitere Entwicklung abzustimmen. Man sah vor allem die Notwendigkeit, die Versicherungsleistungen deutlicher zu definieren und klare Regeln für die Zahlungen von Seiten der regionalen Haushalte für die im öffentlichen Sektor Beschäftigten sowie die Beschäftigungslosen festzulegen. Auch von Seiten der Politik wurde an der Weiterentwicklung der Krankenversicherung gearbeitet. Hierbei konnte sich das Duma-Komitee für Gesundheitsversorgung wirksam in Szene setzen, dessen Konzept auf eine Weiterführung der begonnenen Reformen auf der Basis der gesetzlichen Krankenversicherung zielt.[17]

Insgesamt bleibt festzuhalten, dass unter dem Gesichtspunkt der gesetzlichen Regelungen eine Krankenversicherung in Russland als etabliert gelten kann, während unter sozialpolitischen Gesichtspunkten die Krankenversicherung bzw. auf einer übergeordneten Ebene die Gesundheitspolitik als unzureichend bezeichnet werden muss: Ist doch in Russland seit Beginn der Transformation ein starkes Absinken des Lebensstandards zu beobachten, der sich auch in einer sinkenden Lebenserwartung und steigenden Krankheitsziffern ausdrückt; zudem muss in jedem Fall von einer Zweiklassenmedizin gesprochen werden, die weite Teile der Bevölkerung von medizinischen Leistungen ausschließt.

17 Vgl. Sergei V. Shishkin/Irina A. Rozhdestvenskaya: Social Services Provision under the Transition, http://www.online.ru/sp/iet/shish.html, download 2.7.1996.

# Russland im Netz

## Internet, electronic commerce und business-to-business

STEFANIE HARTER

Wer vor zehn Jahren in die Sowjetunion gereist ist, erinnert sich wahrscheinlich noch daran, wie schwierig es sein konnte, dort ein Telefongespräch zu führen. Dies gehört nun, zumindest in den meisten russischen Provinzhauptstädten und natürlich auch in Moskau, der Vergangenheit an. Mehr noch, die Zahl der Menschen, die über E-Mail erreicht werden können, wächst beständig und erleichtert die Kontaktaufnahme und -pflege. Dieser Trend ist natürlich kein spezifisches Phänomen Russlands in der postsowjetischen Ära, sondern weltweit anzutreffen. Nachteilig an der raschen Entwicklung des Internet ist jedoch, dass sie lediglich eine kurzfristige Bestandsaufnahme erlaubt, die schnell obsolet zu werden droht. Dies trifft auch für die Russländische Föderation zu, was aber durchaus als positives Zeichen zu werten ist. Wäre dem nicht so, würde dies bedeuten, dass neue Kommunikations- und Informationsmedien nicht greifen würden und Russland einmal mehr den internationalen technologischen und organisatorischen Entwicklungen hinterher hinken würde. Die jüngsten Wachstumszahlen, die das gestiegene Interesse der russischen Bevölkerung am Internet belegen, aber auch verstärkte Anstrengungen westlicher Kapitalgeber, in russische Internet-Unternehmen zu investieren, bezeugen jedoch, dass das Land durchaus in der Lage ist, die technologische Kluft zu westlichen und asiatischen Ländern zügig zu überwinden.

### *Mit dem sowjetischen Erbe ins „Runet"*

Der nachhaltige Erfolg von Internet-Nutzung, Internet start-ups, electronic commerce oder Transaktionen zwischen Unternehmen, die ausschließlich über das Internet abgewickelt werden (*business-to-business-Transaktionen*), hängt in hohem Maße von bestimmten Faktoren ab: Erstens muss die Telekommunikations-Infrastruktur bereitstehen und in der Lage sein, umfangreiche Datenflüsse zu transportieren; zweitens muss Hardware verfüg- und bezahlbar sein; und drittens führt die Nachfrage nach technologisch hochwertigen Ausstattungs- und Wissensprodukten ihrerseits wiederum zu einem verbesserten Angebot und trägt außerdem dazu bei, dass immer mehr Benutzer mit den Produkten vertraut werden. Damit werden mehr Menschen in den Entwicklungsprozess und die Nutzung neuer Technologien einbezogen. Russlands Ausgangsbedingungen zu Anfang der Transformation waren in dieser Hinsicht nicht eben vielversprechend, und bis heute bestimmt die sowjetische Hinterlassenschaft zumindest zu einem gewissen Grad noch immer das Bild.

So ist zum Beispiel die Rechnerdichte im Land noch immer verhältnismäßig gering. Wollte Russland eine Internet-Durchdringung des Landes von etwa 30% erreichen – was der Internet-Durchdringung Finnlands oder Schwedens entspräche – so müssten rund 44 Mio. Russen vernetzt werden. Dies übersteigt allerdings die Anzahl der derzeit verfügbaren netzfähigen Computer um mehr als das Sechsfache.[1] Zwischen 7 und 9 Mio. Computer, mit denen ein Zugang zum Internet möglich wäre, sind gegenwärtig in Russland installiert. Alternative Quellen nehmen eine Computeranzahl von knapp 7 Mio. an, die sich bis zum Ende des Jahres 2000 auf 7,5 Mio. erhöhen soll.[2] Vorsichtige Schätzungen gehen davon aus, dass der Anteil der Internet-Nutzer, die einen Computer zu Hause haben, im ersten Quartal 2000 um lediglich 1,5% angestiegen ist. Etwas mutigere Voraussagen prognostizieren dagegen eine Zunahme der Zahl der verfügbaren neuen Computer um 30–40% noch im Jahr 2000.[3] Ungeachtet der Tatsache, dass Russland zu den Ländern gehört, in denen die Nutzung eines Computers durch mehrere Personen keine Ausnahme ist, liegen die bisherigen Zahlen noch weit unter denen führender europäischer Staaten, ganz zu schweigen von den USA.

Dass Russland noch immer hinter den USA oder Europa liegt, ist auf eine Reihe von Faktoren zurückzuführen. Wohl wesentlichster Grund für die bislang noch geringe Verbreitung von PCs ist, dass die Anforderungen der sowjetischen zentralen Wirtschaftsverwaltung an ein leistungsfähiges EDV-System andere waren als in dezentral organisierten Marktwirtschaften. So brauchten sowjetische Ministerien in den 80er Jahren Rechner, die in der Lage waren, große Datenmengen zu verarbeiten, die von jeder Wirtschaftseinheit zwischen Wladiwostok und Wilnius an die Moskauer Zentrale geliefert wurden. Daher waren in der Sowjetunion Großrechner vorherrschend, da PCs kaum in der Lage waren, diese doch beeindruckenden Kontroll- und Überwachungsfunktionen zu übernehmen. Erst mit dem Zusammenbruch der Sowjetunion und der damit verbundenen Auflösung von Ministerien und Verwaltungsorganen, von Industriekonglomeraten und den entsprechenden Technologie-, Industrie- und Managementstrukturen wurde eine Angleichung an westliche Strukturen notwendig. Dies wirkte sich auch auf die Ausstattung mit dezentralen Computer- und Rechnersystemen aus.[4]

Eng mit den Bedürfnissen der Planwirtschaft verknüpft ist auch die Tatsache, dass in der Sowjetunion fortschrittlichere Informationstechnologien recht spät auf einer breiteren Basis eingesetzt wurden. Erst Mitte der 80er Jahre erlaubten gelockerte Importregulierungen und verbesserte wirtschaftliche Be-

1 Connectis, Nr. 1, 1999, S. 10.

2 Vedomosti, 10.3.2000, S. B4.

3 Melissa Akin: Russia. New Users Rush Onto Web, Stay There Longer, in: The Moscow Times, 20.4.2000.

4 Sergej Sigarev: Meždu prošlym i buduščim informacionnych technologii v Rossii, in: Izvestija, 12.11.1999.

dingungen den Zugang breiterer Bevölkerungsschichten zu PCs. Dies spiegeln auch die Daten wider: Im Jahr 1997 hatten lediglich 12,7% der Internet-Nutzer mehr als zwei Jahre Erfahrung mit dem Medium. Zu diesem Zeitpunkt waren mehr als die Hälfte der Nutzer Neueinsteiger mit nicht mehr als sechs Monaten Erfahrung.[5] Der zu sowjetischen Zeiten relativ eng begrenzte Nutzerkreis führte dazu, dass Nachfrage-induzierte Produktverbesserungen im PC-Bereich nicht oder zumindest nur eingeschränkt vorgenommen wurden. Damit fiel die Sowjetunion hinter andere entwickelte Industriestaaten zurück. Gleiches gilt für die Entstehung einer Komplementärindustrie, die sich mit Softwareherstellung, Beratung und Wartungsservice befasste. In diesem Bereich kam erschwerend hinzu, dass die sowjetische Industriepolitik der materiellen Produktion eine wesentlich höhere Bedeutung zuschrieb als dem Dienstleistungssektor. Dies behinderte auch die Entwicklung einer dichten und effizienten Telekommunikations-Infrastruktur. Erst Anfang der 90er Jahre setzte sich langsam die Erkenntnis durch, dass Daten und Informationen eine wesentliche produktive Ressource darstellen. Der Beurteilung und Bewertung von Informationsressourcen stehen jedoch auch heute noch immer sehr wenige Instrumente zur Verfügung.

Weiterhin wurde in der Sowjetunion, anders als in den Vereinigten Staaten und Westeuropa, die Entwicklung des Internet von staatlicher Seite nicht gefördert. Vor allem in der Anfangsphase des Internet, die in westlichen Industrieländern in den 70er Jahren nachhaltig durch den Aufbau einer Infrastruktur und durch intensive Forschungsaufträge unterstützt wurde, zeichneten in Russland vorrangig kommerzielle und private Nutzer für Einrichtung und Weiterentwicklung des Internet verantwortlich. Insbesondere der Großhandel und die neu entstehenden Warenbörsen waren an einer schnelleren und verlässlicheren Kommunikationsstruktur interessiert und haben den ersten E-Maildienst 'Relcom' ermöglicht. Relcom war Anfang der 90er Jahre das größte und weitreichendste Netzwerk in Russland.[6]

Der hohe Zentralisierungsgrad des sowjetischen Planungssystems wirkt auch in der derzeitigen geografischen Verteilung der Nutzer und Dienstleistungsanbieter im Internet nach. Nicht verwunderlich ist daher, dass noch immer Moskau und St. Petersburg die höchste Dichte sowohl von Nutzern als auch von ISPs (*Internet Service Provider*, Firmen, die Dienste wie E-Mail oder Internetzugang anbieten) aufbringen, da dort traditionell auch die Kommunikations-Infrastruktur besser ausgebaut war. Mit weitreichenden Investitionen in Telekommunikation und Infrastruktur in den Provinzen Russlands löst sich die stark ausgeprägte Disparität zwischen Zentrum und Peripherie aber langsam auf. Während noch im Jahre 1998 etwa die Hälfte der Internet-Nutzer in und um Moskau zu finden war, so sind im Jahre 2000 nur noch 25%

5 INFOART, zitiert nach Nicola Whittaker: Russia – Internet or „Internot"?, in: Johnson's Russia List, 24.8.1998.

6 Ebd.

der *Internetčiki* hier ansässig. Vor allem in Sibirien und im Fernen Osten ist die Internet-Durchdringung stark angestiegen (Tabelle 1).[7]

*Tabelle 1: Regionale Verteilung und Nutzungsintensität in Russland, November 1999*[a]

| **Region** | **Maximales Auditorium** | | **Regelmäßige Nutzer** | | **Aktive Nutzer** | | **Kern der Nutzer** | |
|---|---|---|---|---|---|---|---|---|
| | Anteil an der gesamten Nutzergruppe in der RF (%) | Anteil a. d. Bevölkerung i. d. Region (%) | Anteil an der gesamten Nutzergruppe in der RF (%) | Anteil a. d. Bevölkerung i. d. Region (%) | Anteil an der gesamten Nutzergruppe in der RF (%) | Anteil a. d. Bevölkerung i. d. Region (%) | Anteil an der gesamten Nutzergruppe in der RF (%) | Anteil a. d. Bevölkerung i. d. Region (%) |
| Nord- und Westrussland | 12 (±2) | 5,9 (±0,8) | 19 (±3) | 4,2 (±0,6) | 17 (±4) | 2,7 (±0,5) | 12 (±3) | 0,9 (±0,3) |
| Zentrum | 19 (±2) | 4,6 (±0,7) | 20 (±3) | 2,2 (±0,5) | 19 (±4) | 1,5 (±0,4) | 22 (±3) | 0,6 (±02) |
| Volgo-Vjatka und Povol'zhe | 18 (±2) | 5,1 (±0,7) | 17 (±3) | 2,3 (±0,5) | 16 (±4) | 1,5 (±0,4) | 16 (±3) | 0,9 (±0,3) |
| Südrussland und Schwarzerdegebiet | 11 (±2) | 3,3 (±0,6) | 7 (±3) | 0,9 (±0,3) | 5 (±2) | 0,4 (±0,2) | 22 (±3) | 0,4 (±0,2) |
| Ural | 15 (±2) | 5,2 (±1,0) | 12 (±3) | 2,0 (±0,6) | 14 (±3) | 1,6 (±0,5) | 14 (±3) | 1,2 (±0,5) |
| Sibirien und Ferner Osten | 25 (±2) | 5,6 (±0,6) | 25 (±3) | 2,6 (±0,4) | 29 (±4) | 2,1 (±0,4) | 14 (±3) | 1,2 (±0,3) |

[a] *Angaben in Klammern bedeuten die Bandbreite (+/–), innerhalb derer sich die wahrscheinliche Zahl bewegt. Quelle: www.monitoring.ru, download 14.5.2000*

In Nowosibirsk sind mittlerweile 34% aller privaten PCs an das Netz angeschlossen. Dennoch sind die ISPs noch immer vor allem in der Hauptstadt tätig: Von 226 russischen ISPs, die auf der Homepage des ROCIT (Russisches Öffentliches Zentrum für Internet-Technologie) aufgelistet waren, befanden

7 http://www.monitoring.ru 14.5.2000.

sich allein 38 in Moskau, weitere 9 in der Region Moskau und 15 in St. Petersburg. Ansonsten konnten die einzelnen russischen Provinzen mit durchschnittlich fünf bis sechs ISPs aufwarten.

## Nutzerprofil

Ungeachtet infrastruktureller Widrigkeiten und wirtschaftlicher Probleme hat sich das *Runet*, also der russische Teil des Internet, seit 1997 mit bemerkenswerter Geschwindigkeit entwickelt. Einige Prognosen halten sogar eine Wachstumsrate von 40% für das Jahr 2000 – ausgehend von einer Nutzerzahl von 2,7 Mio. im März 2000 – für möglich. Unrealistisch sind solche Annahmen nicht, denn bereits im ersten Quartal 2000 hat sich die Zahl der russischen E-Mail- und Internet-Nutzer um 32% erhöht. Ebenso haben sich Häufigkeit und Dauer des Internet-Besuchs vervielfacht.[8] Auch wenn die Zahl derjenigen, die das Internet mehr als drei Stunden pro Woche nutzen, mit etwa 800 000 noch sehr gering ist, so nutzen doch bereits 1,2 Mio. Russen das Netz zumindest eine Stunde wöchentlich und weitere 1,7 Mio. regelmäßig.[9]

Um Aufschluss darüber zu erhalten, wer in welchem Umfang das Internet besucht, führen eine Reihe von russischen und ausländischen Forschungsinstituten in regelmäßigen Abständen Umfragen durch. Auf diese Weise können Alter, Berufsgruppenzugehörigkeit und Art der Aktivität der Internetčiki ermittelt werden. Beispielsweise stellt eines dieser Institute, Gallup Media, fest, dass Ende des Jahres 1999 etwa 73% der Internet-Nutzer männlich waren und 63% im Alter zwischen 16 und 34 Jahren. Ein Drittel der Nutzer verfügt über überdurchschnittliche Einkommen, etwa 40% können in der durchschnittlichen Einkommensgruppe lokalisiert werden, und nur ein Fünftel verfügt über ein unterdurchschnittliches Einkommen. Gleichzeitig stellte eine Studie von monitoring.ru fest, dass 62% der aktiven Internet-Nutzer entweder Studenten oder Spezialisten mit höherer Ausbildung waren. *Monitoring.ru* unterscheidet verschiedene Nutzergruppen, je nach wöchentlicher Internet-Nutzung, und bezieht auch den Bekanntenkreis der Internet-Nutzer in ihre Umfragen mit ein. Auf diese Weise wird das maximal mögliche Internet-Auditorium ermittelt, das mit einer Schwankungsbreite von 0,7 Mio. bis zu 5,4 Mio. Russen umfassen könnte (Tabelle 2). Mit dieser Zahl liegt monitoring.ru aber eher im oberen Bereich.

Je mehr Menschen Zugang zum Netz erhalten, desto eher werden sich diese Indikatoren verschieben, und zwar zugunsten von ‘Alltagsnutzern’. So sind schon jetzt immer mehr Menschen vernetzt, die das Internet ohne professionell-technischen Hintergrund benutzen. Damit folgt Russland einem internationalen Trend. Das Land unterscheidet sich aber von Europa oder den USA

8 RFE/RL Newsline, 19.4.2000, Part 1; http://www.internet.ru/article/lentanews/2000/04/14/2370.html.

9 http://www.monitoring.ru/internet/summarizing.html., download 25.4.2000.

bislang insofern, als nur ein Fünftel der Nutzer das Internet von zu Hause und damit von ihrem privaten PC aus besuchen. Mehr als die Hälfte der Nutzer erhalten Zugang an ihrem Arbeitsplatz, ein weiteres Fünftel benutzt Ausbildungsstätten wie Schulen oder Universitäten als Ausgangspunkt für seine Internet-Aktivitäten.[10]

*Tabelle 2: Zusammensetzung des Internet nach Berufsgruppen*

| | Maximal mögliches Internet-Auditorium | | Regelmäßige Internet-Nutzer | | Aktive Internet-Nutzer | | Kern der Internet-Nutzer | |
|---|---|---|---|---|---|---|---|---|
| | % | Alter[a] | % | Alter[a] | % | Alter[a] | % | Alter[a] |
| Spezialisten mit höherer Ausbildung | 34 | 33 | 37 | 33 | 36 | 32 | 30 | 29 |
| Studenten | 29 | 20 | 27 | 21 | 26 | 20 | 27 | 20 |
| Manager | 11 | 38 | 12 | 39 | 14 | 39 | 18 | 39 |
| Unternehmer | 8 | 37 | 8 | 38 | 7 | 36 | 3 | 27 |
| Angestellte (ohne höhere Ausbildung) | 6 | 32 | 7 | 29 | 9 | 30 | 13 | 28 |
| Angestellte in Armee, Miliz, Innenministerium | 5 | 33 | 3 | 34 | 3 | 33 | 5 | 33 |
| Arbeitslose (nicht registriert) | 2 | 29 | 1 | 35 | – | – | – | – |
| Rentner | 2 | 61 | 2 | 61 | 3 | 60 | 2 | 57 |
| Hausfrauen | 2 | 28 | 2 | 33 | 1 | 27 | – | – |
| Arbeiter (ohne Landwirtschaft) | 1 | 25 | 1 | 21 | 1 | 21 | 2 | 21 |
| **Summe** | **100** | **30** | **100** | **31** | **100** | **31** | **100** | **29** |

[a] *Durchschnittliches Alter. Quelle: http://www.monitoring.ru, 14.5.2000.*

## Electronic commerce und Internet-Dienste in Russland

Vor allem die Tatsache, dass es sich bei der Mehrheit der russischen Internet-Nutzer um Angehörige höherer Einkommensklassen handelt, hat eine qualitative Veränderung des Angebots russischer Netzseiten zur Folge. Zu Beginn des Runet war der Informationsgehalt recht begrenzt.[11] Das hat sich in den letzten Jahren geändert. Zum einen haben Informationsdienste sowohl im politischen Bereich als auch bei Finanzdienstleistungen ihre Netzpräsenz ausgebaut. Zum anderen ist ein verstärktes Engagement im Bereich von electronic commerce, Online-Auktionen, Online-Werbung und nachgelagerten Dienst-

10 The Moscow Times, 9.3.2000.

11 Man muss bedenken, dass die monatlichen Kosten für unbeschränkten Netzzugang im April 2000 durchschnittlich zwei Monatsmindestlöhnen entsprachen und die durchschnittliche Kaufkraft in Russland noch immer sehr niedrig ist. Vgl. Itogi, 18.4.2000.

leistungen wie z.B. Express-Kurierdiensten zu verzeichnen – Bereiche, die sich zu vielversprechenden Wirtschaftszweigen des Landes entwickeln.[12] Allerdings ist die Anzahl von Online-shops mit rund 400 (im Juni 2000) im internationalen Vergleich noch immer sehr gering.

Der starke Anstieg der Nutzerzahlen und der russischsprachigen Seiten darf nicht darüber hinwegtäuschen, dass einige schwerwiegende Hindernisse aus dem Weg geräumt werden müssen, bevor electronic commerce und business-to-business-Transaktionen auch auf breiterer Basis greifen und zu einer nachhaltigen wirtschaftlichen Gesundung des Landes beitragen können. Eines der Hauptprobleme, abgesehen von der noch immer verhältnismäßig geringen Kaufkraft der Bevölkerung, betrifft das Zahlungssystem. Die notwendigen Technologien zur Abwicklung des Zahlungsvorgangs sind zwar auch in Russland vorhanden, doch fehlt es an Vertrauen in Banken, Versicherungen, das öffentliche Postwesen und, am allerwichtigsten, in Kreditkarten.[13] Eine Möglichkeit, das Kreditkarten-Problem zu lösen ist, per Nachnahme zu zahlen oder auf Zahlungen durch das herkömmliche Post- und Bankensystem auszuweichen.[14] Alternativ zu traditionellen Zahlungsweisen für elektronisch bestellte Waren wird den Käufern ab Herbst 2000 angeboten, entweder eine bestimmte Summe bei einer Bank zu deponieren, von welcher dann nach einer Transaktion der entsprechende Betrag abgebucht wird, oder aber eine vorausbezahlte Karte (ähnlich einer Telefonkarte) als Zahlungsmedium zu verwenden.[15] Mehrere Dienstleister bieten mittlerweile den Banken und Geschäftskunden auch die Möglichkeit, Kreditkartenzahlungen im Internet effizient und günstig zu bearbeiten.[16] Die „Guta-Bank", eine der etablierten Banken, die als einzige russische Bank bereits seit drei Jahren die Möglichkeit zum elektronischen Aktienkauf anbietet, arbeitet an einem Portal[17], das verschiedene Dienste wie Handel, Versicherung, Finanzleistungen, Unterhaltung und Logistik

12 Für Internet-Werbung sind im Jahr 1999 aber nur etwa US$ 1,5 Mio., also rund 0,3% des gesamten russischen Werbeetats ausgegeben worden. Es handelt sich also um ein Wachstum, ausgehend von sehr geringem Niveau. Vgl. Vedomosti, 6.4.2000.

13 Kommersant, 21.10.1999, elektronische Version.

14 Vremja MN, 22.7.1999, elektronische Version.

15 Eric Helque: Russian Internet/Technology: Going Beyond Cash on Delivery, in: The Russia Journal, 17.4.2000.

16 Kommersant, 27.4.2000.

17 Unter einem Portal versteht man eine Internet-Seite, die einem Benutzerkreis mit spezifischen Bedürfnissen einen „Eingang" in das Internet ermöglicht, verschiedene Dienstleistungen anbietet, Hilfestellung beim Auffinden relevanter Informationen und weiterführender Seiten leistet. Vor allem Suchmaschinen wie Yahoo oder Altavista haben sich zu Portalen entwickelt. Während Suchmaschinen früher vor allem die nutzerfreundliche Orientierung im Netz betonten, sind Portale zunehmend kommerzialisiert. Sie bieten z.B. kostenlose E-Mail-Dienstleistungen, Spiele oder Aktienkurse an, um die Nutzer an sich zu binden. Auf diese Weise werden Portale als Werbefläche attraktiver und stellen damit eine wesentliche Einnahmequelle dar (siehe z.B. Andrew Shapiro: The Control Revolution, New York 1999, S. 98f.).

anbieten und vertikal integrieren möchte. Darüber hinaus wird ein universell akzeptiertes Zahlungssystem für den Handel im russischen Internet entwickelt.[18]

Während Russland über genügend personelle Kapazitäten verfügt, um Projekte solcher Art technisch umzusetzen, mangelt es dem Land noch immer an Managern, die in der Lage wären, entsprechende Projekte im Umfeld der Marktwirtschaft auch praktisch durchzuführen. Kurzum, es fehlt an Managementkapazitäten, die die neuen *start-ups* auch zum wirtschaftlichen Erfolg führen können.[19] Eine weitere Hürde, die es zu überspringen gilt, ist die ausstehende Verabschiedung eines Gesetzes, das auch elektronische Unterschriften für rechtsgültig erklärt. Dies soll aber noch im Jahre 2000 geschehen.[20] Unabdingbar für die zukünftige Entwicklung von elektronisch durchgeführten Transaktionen ist außerdem ein Gesetz, das es erlaubt, buchhalterische Dokumente, z.B. für die Steuererklärung, in elektronischer Form vorzulegen. Ein solches Gesetz gibt es bislang noch nicht.

Ungeachtet solcher Hindernisse haben die jüngsten Wachstumsraten des russischen Internet Optimismus sowohl bei in- wie auch bei ausländischen Investoren hervorgerufen. Einige Schätzungen gehen davon aus, dass Investitionen in das Runet bis zum Ende des Jahres 2000 US$ 100 Mio. erreichen werden.[21] Euphorische Beobachter behaupteten sogar, dass der Wert des Runet im Jahre 2002 den des russischen Gasgiganten Gazprom übersteigen wird.[22] Tatsächliche Investitionen, wie sie die „ru-Net Holdings Limited“ oder das Konsortium „Russkie fondy – Orion Capital Advisors“, die beiden wichtigsten Internet-Investoren in Russland, gegenwärtig tätigen, unterstützen diese Behauptungen wenigstens teilweise.[23] Auch ist bereits im Gespräch, ein russisches Äquivalent zum NASDAQ[24] aufzubauen, eine Börse, an der nur Hochtechnologiewerte und Aktien von Internet-Firmen gehandelt werden – ein Vorschlag, der allerdings aufgrund zu weniger Aktiengesellschaften in diesem Bereich erst mittelfristig umzusetzen sein wird.[25]

18 Vedomosti, 6.4.2000.

19 Siehe z.B. Vedomosti, 10.4.2000.

20 Izvestija, 9.12.1999, elektronische Version.

21 Igor Semenenko: Tech Woes Fail to Turn Heads from Russian Net, in: The Moscow Times, 20.4.2000.

22 http://www.rif.ru/Russian/S. 8 von 16, download 25.4.2000.

23 Vedomosti, 7.3.2000. Andererseits sind die Preise für russische virtuelle Geschäfte noch immer sehr niedrig: Im Durchschnitt liegt der Preis zwischen US$ 50 000 und US$ 100 000, ein Portal ist für rund US$ 2–3 Mio. zu erstehen. Vgl. Vedomosti, 30.3.2000.

24 Der NASDAQ ist der amerikanische Börsenplatz, auf dem Aktien von Hochtechnologie-Firmen gehandelt werden.

25 Kommersant, 25.4.2000.

## Rechtliche und politische Rahmenbedingungen

Grundsätzlich sind die rechtlichen Grundlagen, die die Abwicklung von electronic commerce und business-to-business-Transaktionen absichern, in Russland vorhanden, d.h. Gesetzesänderungen, die sich ausschließlich auf elektronische Transaktionen beziehen, müssen, abgesehen von den vorgenannten Fällen, nicht vorgenommen werden. Auch der Datenschutz ist in der Verfassung verankert, d.h. ohne Einverständnis der Betroffenen dürfen persönliche Daten nicht weitergeleitet werden. Diese Bestimmungen werden aber aufgeweicht durch Regelungen wie Gesetze und Verordnungen, die einer Reihe von Organen, u.a. der Steuerbehörde oder dem Sicherheitsdienst (FSB), den unkontrollierten und unbegrenzten Zugang zu Daten erlaubt, die per E-Mail oder durch das Internet ausgetauscht werden. Wenn auch in anderen Ländern der elektronische Datenaustausch staatlich überwacht wird, so sind doch die Befugnisse, die den Staatsorganen in Russland gewährt werden, weitreichender. Auch die Kosten für die staatliche Kontrolle können in Russland u.U. den ISPs übertragen werden. Dies wirkt sich nachteilig auf deren Kostenstruktur und damit auch auf die Preise für Internet-Dienste aus, denn die Provider müssen selbst die Kosten für die technischen Einrichtungen tragen und werden versuchen, diese dann an ihre Kunden weiterzugeben. Weitaus schwerwiegender sind für Unternehmungen der „neuen Ökonomie" aber andere ungeklärte Fragen wie etwa die Garantie intellektueller Eigentumsrechte. Auch der Zugang zu internationalen Finanzmärkten, um notwendiges Kapital für weitere Investitionen anzuziehen, ist durch eine Vielzahl von Hindernissen erschwert und stellt damit ein Problem für Russlands neue elektronische Unternehmerzunft dar. Hierin unterscheiden sich die russischen neuen Internet-Firmen also kaum von russischen Unternehmern, die im produzierenden Gewerbe tätig sind. Russische „dot.com-Unternehmer" können, um Kapital heranzuziehen, z.B. eine Tochterunternehmung in den Vereinigten Staaten gründen, um diese dann an die Börse zu bringen. Das Recht, ausländische Aktien erstehen zu dürfen, erfordert allerdings eine Lizenz der russischen Zentralbank. Dies ist oft kompliziert, teuer und zeitaufwendig. Gleiches gilt übrigens auch für „off-shore-Programmierer", die, in Russland wohnhaft, für ausländische Software-Firmen tätig sind und für ihre Leistungen u.a. mit Aktien an der Firma beteiligt werden.[26]

Eine Vereinfachung der administrativen Prozeduren könnte den elektronischen Handel in Russland auf eine solidere Basis stellen. Ebenfalls wichtig wäre die Verabschiedung von Regelungen bezüglich der Registrierung von domain-names[27] und ihres rechtlichen Schutzes. Derartige Regelungen exis-

[26] Clifford Chance Puender: Electronic Commerce In Russia. Report on the Fourth Russian Internet Forum, 31.3.2000.

[27] Dies sind die Namen, die vor dem „.ru", „.com" oder „.net" stehen.

tieren gegenwärtig nur in unzureichendem Maße, sodass strittige Fälle aufwändig auf dem Gerichtswege entschieden werden müssen.[28]

## Ausblick

Auch wenn das Internet in Russland bisher nur eine relativ geringe Dichte hat, und selbst wenn der Informationstechnologie-Sektor nach wie vor von Projekten dominiert wird, die „von einer Gruppe ehemaliger Klassenkameraden"[29] initiiert wurden, haben das Runet und die damit verbundenen Aktivitäten einen positiven Einfluss auf die weitere wirtschaftliche Entwicklung des Landes. Die positiven Effekte sind zum gegenwärtigen Zeitpunkt aber eher indirekter Natur.

Erstens wird mit zunehmender Attraktivität des Internet die Telekommunikations-Infrastruktur verbessert, was das Investitionsklima allgemein verbessern wird. Komplementärgüter und -dienstleistungen wie Hard- und Softwareprodukte, Logistik, Transport, Versicherungen und ein funktionierendes Bankensystem werden in seinem Fahrwasser entwickelt und bereitgestellt werden, was der wirtschaftlichen Erholung des Landes weiteren Auftrieb verleihen wird.

Zweitens wird das rechtliche Umfeld im Land verbessert werden. Die russischen Gerichte sind nun in einer Situation, in der sie Fälle entscheiden *müssen*, wie z.B. die Wahrung geistiger Eigentumsrechte, die Registrierung von domain-names oder unberechtigte Weiterverbreitung von Informationen betreffend.[30] Sie werden hierbei auf die Erfahrungen anderer Länder zurückgreifen und damit automatisch in den internationalen Diskurs integriert, der sich mit diesen Fragen beschäftigt. Schließlich bedürfen auch in anderen Industrieländern solche Fragen einer Regelung. Gleiches gilt für die Besteuerung von Internet-Leistungen. Auch hier wird sich Russland vermutlich auf die Erfahrungen anderer Länder stützen. Die Festsetzung von Standards und international anerkannten Regelungen wird greifen und damit die Kosten des internationalen Handels und Austausches generell reduzieren.

Es scheint außerdem, dass internationale Investoren weniger Vorbehalte gegenüber Internet-start-ups haben als gegenüber der traditionellen Industrie. Anders lässt sich nicht erklären, warum die sonst regelmäßig vorgebrachten Argumente wie z.B. mangelnde Rechtssicherheit, fehlende Transparenz und das gerne zitierte unsichere politische und wirtschaftliche Umfeld weniger zum Tragen kommen, wenn es darum geht, in neue Internet-Firmen zu investieren. Diese optimistische Einstellung wird langfristig auch den 'realen Sektor' der Wirtschaft erfassen. Von der neuen Regierung unter Präsident Putin

28 Puender: Electronic Commerce In Russia.

29 Igor Semenenko: Tech Woes Fail to Turn Heads from Russian Net, in: The Moscow Times, 20.4.2000.

30 Izvestija, 2.3.2000, elektronische Version.

ist zu erwarten, dass den Informations- und Kommunikationstechnologien mehr Aufmerksamkeit geschenkt wird als dies bisher der Fall war. Von Regierungsseite wird klar erkannt, dass die Wirtschaft mit Hilfe neuer Technologien Effizienzsteigerungen realisieren kann. Inwieweit sich dies allerdings mit der stärkeren Rolle des Staates und der Kontrolle der Medien vereinbaren lässt, bleibt abzuwarten.

# Wie weit geht die Partnerschaft? Internationale Wirtschaftsbeziehungen

CHRISTIAN MEIER

Die offiziellen programmatischen Äußerungen[1] und der bisherige Kurs der Putin-Administration machen deutlich, dass es das Ziel der Außenwirtschaftspolitik ist, Russland wieder zu einem verlässlichen Partner in den internationalen Wirtschaftsbeziehungen zu machen. Dieser Ruf ist durch die Finanz- und Wirtschaftskrise vom Sommer 1998 arg beschädigt worden. Bei den entsprechenden Bemühungen stehen drei Aufgaben im Vordergrund: Erstens sollen die notwendigen Voraussetzungen für einen breiten Zugang zu den gegenwärtig versperrten internationalen Kapitalmärkten geschaffen werden. Zweitens geht es darum, die seither rückläufigen Handels- und Kooperationsbeziehungen mit den wichtigsten Außenwirtschaftspartnern wieder zu reaktivieren und, wo möglich, weiter auszubauen. Drittens ist man in Moskau bestrebt, die gegenwärtig stagnierende Einbindung Russlands in leitende Institutionen der Weltwirtschaft zu forcieren. Die russische Führung steht dabei unter einem erheblichen Handlungsdruck, weil die wirtschaftliche Leistungs- und Wettbewerbsfähigkeit im internationalen Vergleich nicht nur gegenüber den westlichen Hochtechnologie-Ländern, sondern auch gegenüber den aufstrebenden ostmitteleuropäischen Transformationsstaaten rapide abgenommen hat. Es droht die Gefahr, dass im Falle einer weiteren Schwächung der ökonomischen Basis die internationalen Wirkungsmöglichkeiten auf lange Sicht begrenzt bleiben. Deshalb ist es nur folgerichtig, dass auch die Außenpolitik, wie ihre konzeptionelle Neuausrichtung[2] zeigt, einen wesentlichen Beitrag zur Erfüllung dieser komplexen außenwirtschaftlichen Aufgaben leisten soll.

## *Öffnung des Zugangs zu internationalem Kapital und zu den Kapitalmärkten*

Die August-Krise von 1998 hat Russland an den Rand der Zahlungsunfähigkeit gedrängt.[3] Seitdem versucht die russische Regierung, durch ein Bündel

1 Vladimir Putin: Russia at the Turn of the Millennium, in: http://www.pravitelstvo.gov.ru/english, download 3.1.2000; Russia's Development Strategy to the Year 2010 (Concept), in: http://www.russianembassy.org/RUSSIA/Russia-2010.htm, download 28.7.2000; Vladimir Putin's State of the Nation Address to the Federal Assembly „The State of Russia: A Way to an Effective State“, in: http://www.In.mid.ru/WEBSITE/BRP, download 13.7.2000.

2 Foreign Policy Concept of the Russian Federation, June, 28, 2000 in: http://www.In.mid.ru/WEBSITE/BRP, download 13.7.2000.

3 Ognian Hishow: Die russische Außenschuld und der Interessenausgleich mit den europäischen Gläubigern, in: Russland in Europa?, hg. vom BIOst, Köln 2000, S. 169–179.

von Maßnahmen aus dieser Finanzklemme herauszukommen. Dabei ist das Hauptaugenmerk darauf gerichtet, durch differenzierte Regelungen mit den privaten und öffentlichen Gläubigern im Westen die Bedienung der staatlichen Auslandsverschuldung auf eine neue tragfähige Grundlage zu stellen und nach Möglichkeit auch eine Reduzierung der hohen Schuldenlast zu erreichen. Gleichzeitig möchte sie durch den Abbau schwerwiegender Investitionshemmnisse mehr ausländisches Kapital als bisher nach Russland hereinholen und die alarmierende russische Kapitalflucht in den Westen eindämmen. Schließlich setzt sie ihre Verhandlungen mit dem Internationalen Währungsfonds (IWF), der Weltbank und der European Bank for Reconstruction and Development (EBRD) fort, um zusätzliche Finanzhilfen für eine raschere Modernisierung und Umstrukturierung von Teilbereichen der russischen Wirtschaft zu erhalten.

*Neue Vereinbarungen mit dem Londoner Club und dem Pariser Club:* Die anfangs von der Moskauer Regierung gewählte Strategie der selektiven Schuldenbedienung, d.h. bei Altschulden der vormaligen UdSSR alle fälligen Rückzahlungen vorläufig auszusetzen und bei den Neuschulden der Russischen Föderation den Zahlungsverpflichtungen soweit wie möglich nachzukommen, hat Verhandlungen mit den westlichen Gläubigern über eine Umschuldung der russischen Auslandsverbindlichkeiten zwingend erforderlich gemacht. Dabei geht es der russischen Seite darum, eine Streckung der Zahlungsfristen und wenn möglich, sogar einen teilweisen Schuldenerlass zu erreichen. Ende Juli 1999 wurde eine erste Übereinkunft mit den öffentlichen Gläubigern des Pariser Clubs getroffen. Danach sollten in einem Gesamtvolumen von 8,2 Mrd. US$ Fälligkeiten für sowjetische Altschulden in den Jahren 1999 und 2000 auf 20 Jahre bei fünf Freijahren gestreckt werden. Außerdem verpflichtete sich die russische Regierung, als Abschlag vorab 600 Mio. US$ an Umschuldungszinsen zu zahlen und diesbezüglich einen weiteren Betrag in Höhe von 500 Mio. US$ in den nächsten fünf Jahren zu entrichten. Innerhalb der Rahmendaten dieser Vereinbarung sollten bis März 2000 auf bilateraler Grundlage Einzelheiten mit den Gläubigern ausgehandelt werden.[4] Doch ein entsprechendes Abkommen mit der Bundesrepublik Deutschland, auf die mit ca. acht Mrd. DM der höchste Einzelanteil an der Gesamtsumme entfällt, wurde erst Ende Juli 2000 abgeschlossen. Obwohl sich die externen Rahmenbedingungen der russischen Wirtschaft seit Herbst 1999 fortlaufend verbesserten und somit der finanzielle Handlungsspielraum größer wurde, gelang es der russischen Regierung, mit den privaten Kreditoren des Londoner Clubs in der ersten Februarhälfte 2000 erstmals einen Erlass von 36,5% (10,6 Mrd. US$) der Altschulden in Höhe von rund 32 Mrd. US$ und die Umstrukturierung der Restschulden in Eurobonds zu vereinbaren. Der erste dieser

4 Deutsches Institut für Wirtschaftsforschung (DIW), Wochenbericht 15/2000: Russlands Wirtschaftspolitik setzt auf Investitionen, in: http://www.diw-berlin.de/diwwbd/00-15-1.html, download 5.9.2000.

Eurobonds hat eine Laufzeit von 30 Jahren bei einer siebenjährigen zins- und tilgungsfreien Zeit, der zweite Eurobond mit einer Laufzeit von zehn Jahren deckt überfällige Zinszahlungen ab. Nach Abschluss der Umwandlung der alten Verbindlichkeiten in die neuen Euro-Anleihen konnte dieses Abkommen Ende August 2000 in Kraft treten.

*Anreize für mehr ausländische Direktinvestitionen und weniger Kapitalflucht:* In seiner Millenniumsbotschaft hat Präsident Putin das offene Desinteresse des Auslands an Direktinvestitionen in Russland beklagt. Tatsächlich waren die bis Ende 1999 kumulierten ausländischen Direktinvestitionen im Unterschied zu denen der weit fortgeschrittenen Transformationsstaaten Polen (38,9 Mrd. US$), Ungarn (20,5 Mrd. US$) und der Tschechischen Republik (16,2 Mrd. US$) mit 12,8 Mrd. US$ ausgesprochen gering. Was die Rangfolge der Länder anbelangt, so lagen die USA mit 4,541 Mrd. US$ (35,6%) an der Spitze, gefolgt von Zypern (2,727 Mrd. US$) und Deutschland (1,007 Mrd. US$).[5] Ursache für diese geringe Attraktivität ist ein Bündel allseits bekannter, aber schwerwiegender Investitionshemmnisse in den Bereichen Steuergesetzgebung, Zollkontrolle, Bürokratie, Banken sowie Rechtsstaatlichkeit und Rechtssicherheit, die auch die inländische Investitionstätigkeit empfindlich beeinträchtigen. Die praktischen Folgen fehlender Kapitalzufuhr sind laut Putin nicht nur eine Überalterung der Produktionsanlagen in Russland, von denen lediglich 5% weniger als fünf Jahre und über 70% länger als zehn Jahre in Betrieb seien, sondern auch eine niedrige Produktivität der verarbeitenden Wirtschaft, die allenfalls 20 bis 24% der Produktivität in den USA betrage.

Um aus dieser Position ökonomischer Rückständigkeit mit bedenklicher Nähe zur Dritten Welt herauszukommen, möchte die russische Regierung im Rahmen ihres neuen Wirtschaftsprogramms vorrangig ihre Bemühungen um die Schaffung eines günstigen Investitionsklimas forcieren, um den Zustrom gerade auch von ausländischem Kapital deutlich zu erhöhen. Ein erster wichtiger Schritt in diese Richtung ist der im Juli 2000 von Duma und Föderationsrat verabschiedete neue Steuerkodex, dessen Ziele es sind, Gewinne und Einkommen ab 1. Januar 2001 steuerlich zu entlasten und das Steuersystem insgesamt transparenter zu machen. Für den ausländischen Investor bedeutet dieses Reformwerk alles in allem mehr Planungssicherheit, weil außerdem zugesichert worden ist, die neuen Steuersätze in den nächsten Jahren unverändert gelten zu lassen.[6] Zusätzlich zu liberalen Steuergesetzen werden weitere administrative und legislative Maßnahmen – z.B. Vereinfachung des Registrierungsprozesses, Verbesserung der Rechtsgrundlagen für Direktinvestitionen – ins Auge gefasst, um das Investitionsklima nachhaltig zu verbessern. Eine Schlüsselrolle wird auch die Restrukturierung des maroden Bankensystems spielen. Offenbar im Vorgriff auf den neuen Wirtschaftskurs, der von

5 Meike Eckelt/Claudia Meurer: Exportieren nach Russland, hg. von der Bundesstelle für Außenhandelsinformation (bfai), Köln 2000, S. 56.

6 vwd-Russland, 153, 10.8.2000, S. 2.

zunehmend günstigeren Wirtschaftsdaten flankiert wurde, haben sich die Auslandsinvestitionen im ersten Halbjahr 2000 gegenüber dem Vorjahreszeitraum um knapp 12% auf 4,78 Mrd. US$ erhöht.

*Finanzhilfen von IWF, Weltbank und EBRD:* Nach dem offenen Ausbruch der Finanz- und Wirtschaftskrise im August 1998 waren für die russische Regierung neue Finanzhilfen nur noch über die Schiene internationaler Organisationen zu erhalten. Eine davon ist der IWF, der nach langem Zögern Ende Juli 1999 einen Kredit von 4,5 Mrd. US$ gewährte. Die Auszahlung dieses Betrages sollte in sieben Tranchen zu je 640 Mio. US$ erfolgen und erst möglich sein, wenn zuvor IWF-Kontrolleure die Erfüllung konkreter Auflagen bestätigt hatten.[7] Nach Auszahlung der ersten Tranche im Anschluss an die Unterzeichnung der Übereinkunft wurde das Kreditprogramm faktisch auf Eis gelegt. Gründe dafür waren nicht nur immer wieder neue Streitigkeiten über die Implementierung der Kreditbedingungen, sondern auch nachgeschobene zusätzliche Reformforderungen des IWF. Deshalb haben sich die Beziehungen der russischen Regierung zum IWF seither weitgehend auf die Einhaltung der Zahlungsverpflichtungen reduziert, die sich bei Gesamtverbindlichkeiten in Höhe von etwa 13 Mrd. US$ (Ende Juni 2000) allein für das Jahr 2000 auf 3,6 Mrd. US$ beziffern.

Im Vergleich zum IWF sind die Beziehungen Russlands zur Weltbank viel weniger von Reibungsverlusten geprägt. Seit 1992 hat diese Einrichtung der russischen Regierung Finanzmittel in Höhe von 11 Mrd. US$ für 42 Projekte zugesagt, aber von dieser Summe nur etwa 6,5 Mrd. US$ ausgezahlt. Mit mehr als 4 Mrd. US$ wurden Haushaltsmittel für wirtschaftliche Umstrukturierungsmaßnahmen ersetzt. Weitere 2 Mrd. US$ wurden als Kredite für verschiedene Investitionsvorhaben bereitgestellt. Russland-Direktor M. Carter bestätigt, dass das Kreditportfolio der Weltbank in Russland deutlich besser geworden ist, weil sich inzwischen 80% der Darlehen gut entwickelten und künftig sogar eine Quote von über 90% denkbar sei.[8] Dementsprechend ist Mitte August 2000 die letzte Tranche eines Kredits für den Umbau des sozialen Sicherungssystems in Höhe von 250 Mio. US$ freigegeben worden, dessen Gesamtbetrag sich auf 800 Mio. US$ bezifferte.[9] Mitte September 2000 hat die Weltbank Russland Kreditgarantien über 200 Mio. US$ für den Kohlesektor und die Forstwirtschaft gewährt. Damit sollen insbesondere ausländische Investoren vor Risiken als Folge staatlicher Willkürmaßnahmen geschützt werden. Jeweils 50 Mio. US$ sind zunächst für Transaktionen in beiden Bereichen vorgesehen. Über die Verwendung der verbleibenden 100 Mio. US$ soll nach Bedarf entschieden werden.[10] Schon zuvor sind im Sommer

7 Keith Bush: The Russian Economy in March 2000, in: Reiner Weichardt (Hg.): Economic Developments and Reforms in Cooperation Partner Countries, NATO 2000, S. 152.

8 vwd-Russland, 154, 11.8.2000, S. 1.

9 vwd-Russland, 156, 15.8.2000, S. 2.

10 vwd-Russland, 178, 13.9.2000, S. 1.

2000 erste bilaterale Gespräche über einen neuen Strukturreformkredit der Weltbank für die russische Wirtschaft aufgenommen worden.

Mit der EBRD steht für die russische Regierung eine dritte Schiene zur Verfügung, um an internationale Finanzhilfen heranzukommen. Nachdem die Europäische Bank bereits im Mai 2000 der Ölgesellschaft LUKoil einen Kredit in Höhe von 150 Mio. US$ gewährt hatte, bereitet sie einen Kredit im Umfang von 250 Mio. US$ für den russischen Erdgaskonzern Gazprom vor, der wegen fehlender Eigenmittel hauptsächlich zur Rekonstruktion des Gasversorgungssystems und zur Erneuerung von Transport- und Fördereinrichtungen verwendet werden soll.[11]

### *Ausbau der Handels- und Kooperationsbeziehungen zu wichtigen Partnergruppen*

Die Augustkrise von 1998 hat zu empfindlichen Rückschlägen in den Wirtschaftsbeziehungen insbesondere zu den drei wichtigsten Außenwirtschaftspartnergruppen EU, GUS und Osteuropa geführt. Seit Beginn des Jahres 2000 gibt es zwar nicht nur wegen einer zunehmenden makroökonomischen Konsolidierung in Russland, sondern auch wegen vorläufig noch günstiger externer Rahmenbedingungen immer mehr Indizien dafür, dass der bisherige Abwärtstrend gestoppt und Wegmarken für einen neuerliche Belebung von Handel und Kooperation gesetzt werden. Doch ist nicht zu übersehen, dass die ihnen zugrunde liegenden außenwirtschaftspolitischen Konzepte und Zielansprachen nur bezüglich der EU klarer erkennbar sind, im Hinblick auf die GUS und Osteuropa eher den Eindruck einer unkoordinierten „Stop-and-go-Politik" vermitteln.

*EU respektive BRD:* Die Regionalstruktur des russischen Außenhandels im Jahre 1999 zeigte, dass die EU gleichermaßen bei der Ausfuhr (33,5%) und der Einfuhr (36,8%) die wichtigste Partnergruppe war. Dabei nahm die BRD (10,8%) unter allen EU-Staaten wie bisher die Spitzenposition ein. Nach einem EU-Beitritt der ostmitteleuropäischen Länder wird der EU-Anteil am russischen Warenverkehr mit dem Ausland sogar auf über 50% ansteigen. Außerdem sind Unternehmen aus dem EU-Bereich an den ausländischen Direktinvestitionen in Russland schon jetzt mit 64% beteiligt.

Demzufolge wird in dem Dokument „Strategie der Entwicklung der Beziehungen zwischen Russland und der EU in der mittelfristigen Perspektive 2000–2010", das Putin als Antwort auf die neue EU-Russlandstrategie den Teilnehmern des EU-Russland-Gipfel im Oktober 1999 in Helsinki persönlich vorgelegt hat, nachdrücklich der Moskauer Wunsch bekräftigt, die EU auch künftig als führenden Kooperationspartner zu betrachten.[12] Dies erscheint für

[11] vwd-Russland, 152, 9.8.2000, S. 1.

[12] Heinz Timmermann: Russlands Politik gegenüber der EU (II), in: Osteuropa, 50. Jg., 2000, Nr. 8, S. 894.

die Führung auch politisch unbedenklich zu sein, weil Brüssel keinerlei Bestreben erkennen lässt, die Wirkungsmöglichkeiten Russlands mit eigenen imperialen Ansprüchen einzugrenzen. Was das russische Interesse an einem Ausbau der politisch-ökonomischen Zusammenarbeit betrifft, so stehen drei Bereiche im Vordergrund: Erstens möchte die russische Regierung in engem Zusammenwirken mit der EU ausschließen, dass an den Ostgrenzen der sich sukzessiv erweiternden EU neue Trennungslinien entstehen, die das normative und wirtschaftliche Gefälle zu den Staaten ohne EU-Beitrittsperspektive vergrößern. Der schlimmste Fall wäre, wie die russischen Experten V. Baranowsky und A. Arbatow betonen, die Entstehung einer Konstellation, bei der Russland als isolierter Akteur auf sich allein gestellt handeln müsste und von allen anderen Staaten der Region getrennt wäre.[13] Deshalb geht es zweitens für die russische Führung darum, das Know-how der EU und ihrer Mitglieder, insbesondere der BRD, zu nutzen, um in Schlüsselbereichen der Wirtschaft einschneidende Strukturreform voranzutreiben, die Russland an die europäischen Normen und Standards heranführen und zu einem verlässlichen und berechenbaren regionalen Kooperationspartner machen. In diesem Kontext hofft man drittens darauf, mehr Unterstützung von Seiten der EU für eine zügige Einbindung in den institutionellen Mechanismus der Weltwirtschaft (WTO/OECD) zu erhalten.[14] Von den Ergebnissen dieser vielseitigen Bemühungen wird es abhängen, ob es gelingt, die wirtschaftliche Zusammenarbeit nicht nur auf das Niveau zu heben, das gemessen an der räumlichen Nähe zu den EU-Märkten möglich wäre, sondern auch in neuen Formen, wie z.B. einer bilateralen Freihandelszone, zu organisieren, die im bilateralen Partnerschafts- und Kooperationsabkommen vorgesehen ist.

*Gemeinschaft Unabhängiger Staaten (GUS):* Im neuen Konzept der russischen Außenpolitik wird die GUS zwar als eine politisch-strategischen Vorzugsregion bezeichnet. Doch diese Einstufung kontrastiert auffällig mit dem mangelhaften Zustand, in dem sich die Wirtschaftsbeziehungen zwischen Russland und der GUS nicht erst seit der August-Krise von 1998 befinden. Maßgeblich sind dafür gleichermaßen politische, wirtschaftliche, finanzielle und institutionelle Ursachen auf beiden Seiten.[15] In der russischen Außenwirtschaftspolitik gegenüber den GUS-Ländern sehen deren Führer vornehmlich den mehr oder weniger geschickt getarnten Versuch, Handel und wirtschaftliche Zusammenarbeit mittel- bzw. langfristig für eine politische Neuordnung

13 Vladimir Baranowski/Alexej Arbatow: The Changing Security Perspective in Europe, in: Russia and the West. The 21st Century Security Environment, hg. von Alexej Arbatow/Karl Kaiser/Robert Legvold, Armonk/New York 1999, S. 52.

14 Christian Meier: EU-Russland: Von pragmatischer Zusammenarbeit zu strategischer Partnerschaft?, in: Die Europäische Union als Akteur der Weltpolitik, hg. von Gisela Müller-Brandeck Bouquet/Klaus Schubert, Opladen 2000, S. 115.

15 Wladimir Korowkin: Russland und die wirtschaftliche Integration der Gemeinschaft unabhängiger Staaten, in: Die Zukunft Russlands – Staat und Gesellschaft nach der Transformationskrise, hg. von Peter W. Schulze/Hans-Joachim Spanger, Frankfurt/M. 2000, S. 347–360.

und die ökonomische Kontrolle des Raumes nach altem sowjetischen Muster zu instrumentalisieren. Die gravierenden Entwicklungsunterschiede und die zahlreichen ungelösten Probleme der marktwirtschaftlichen Systemtransformation schränken das Spektrum für eine breit gefächerte Kooperation erheblich ein. Wachsende Finanzengpässe lassen weder eine verlässliche Geschäftsabwicklung noch eine zuverlässige Bedienung wechselseitiger Schulden zu. Der institutionelle Mechanismus zur Steuerung und Dynamisierung der wirtschaftlichen Zusammenarbeit steht entweder nur auf dem Papier, wie dies für die im April 1994 geplante Errichtung einer Freihandelszone gilt, oder erschöpft sich in periodischer Geschäftigkeit ohne Substanz. Wenn die GUS im Jahre 1999 unter den regionalen Außenwirtschaftspartnern mit Anteilen von 14,9% am Export und 27,6% am Import wiederum den zweiten Platz behauptete, liegt das daran, dass Russland nicht nur für eine ganze Reihe von GUS-Staaten ein wichtiger Rohstoff- bzw. Energielieferant zu Vorzugspreisen und meistens auf Kredit ist, sondern auch immer noch als guter Absatzmarkt für Produkte aus dem GUS-Bereich fungiert, die wegen ihrer geringen Fertigungstiefe und ihres niedrigen technischen Niveaus in Drittländern nicht absetzbar sind. Wenn für die erste Hälfte des Jahres 2000 wiederum ein leichter Aufwärtstrend registriert wird, verwundert dies nicht, weil weitgehend nur die Verluste in den Jahren zuvor wettgemacht werden. Was die möglichen Konzepte für eine Überwindung dieser unbefriedigenden Konstellation anbelangt, möchte die Putin-Administration ganz offensichtlich zunächst an der Politik der „Integration mit unterschiedlichen Geschwindigkeiten und auf unterschiedlichen Ebenen“ festhalten, um dabei Erkenntnisse für die Parameter künftiger wirtschaftlicher Zusammenarbeit innerhalb der GUS und mit den engeren, begrenzt arbeitsfähigen Gruppierungen, wie z.B. der Zollunion aus Russland, Belarus, Kasachstan, Kirgistan und Tadschikistan, zu gewinnen. Ein besonderes Augenmerk soll allerdings auf eine weitere Harmonisierung und Vertiefung der Integration im Wirtschafts- und Finanzwesen im Rahmen der Zweierunion zwischen Russland und Belarus gerichtet werden. Insgesamt ist dieser Ansatz nicht nur unzureichend. Er könnte auch noch dadurch konterkariert werden, dass die russische Regierung nach der Kündigung der Abkommen mit den GUS-Staaten über den freien Reiseverkehr die ohnehin schwierigen Wirtschaftsbeziehungen durch die Einführung einer Visumspflicht für alle Personen aus dem GUS-Bereich weiter kompliziert.

*Osteuropa:* Unter den regionalen Außenwirtschaftspartnern Russlands nehmen die ostmittel- und südosteuropäischen Länder (OME/SOE) den dritten Rang ein. Dabei stehen den hohen russischen Energie- und Rohstoffexporten, die 1999 mit einer Quote von 15,4% höher lagen als die in die GUS, bescheidene Importe von Nahrungsmitteln und Fertigerzeugnissen aus Osteuropa gegenüber, die in diesem Wirtschaftsjahr mit 7% zu Buche schlugen.[16]

16 Russia: Foreign Economic Relations – Trends and Prospects, Quarterly Review, 5. Jg., 2000, Nr. 1, S. 9–10.

Die als Folge der August-Krise von 1998 gesunkene russische Nachfrage hat dort in unterschiedlichem Ausmaß zu Wachstumseinbußen im Bruttoinlandsprodukt geführt, die von 0,3% in Slowenien und der Tschechischen Republik über 0,7% in Polen bis zu 1,5% in Estland und Litauen reichten.[17] Überdies sind die russischen Wirtschaftsbeziehungen mit den Staaten dieser Region von einem erheblichen politischen Misstrauen geprägt. Das rührt zum einen daher, dass die russische Führung bereits die Gründung der Zentraleuropäischen Freihandelszone (CEFTA) im Jahre 1993 als den gezielten Versuch betrachtete, einen „Cordon sanitaire“ aufzubauen, um Russland zu isolieren, da ihm nicht nur durch die Festlegung unerfüllbarer Kriterien ein möglicher Beitritt zu dieser Organisation von vornherein verwehrt wurde, sondern auch die Forderungen nach einem institutionalisierten Dialog und nach einer Vorzugsbehandlung für russische Unternehmen auf den Märkten der CEFTA-Staaten zurückgewiesen wurden. Zum anderen ist dies darauf zurückzuführen, dass die OME/SOE-Staaten keinerlei Bereitschaft erkennen ließen, russische Angebote, bilaterale Freihandelsvereinbarungen abzuschließen, eingehend zu prüfen. Die CEFTA-Staaten wollten weder das Risiko eingehen, dass ihre noch instabilen marktwirtschaftlichen Systeme von russischen Kooperationspartnern geschwächt wurden, die vielfach in einem zweifelhaften Rechtsrahmen agierten, noch die ohnehin schon schwierigen EU-Beitrittsverhandlungen durch voreilige Abkommen mit Russland weiter komplizieren. Daher überrascht es nicht, dass die russische Regierung jetzt mit Nachdruck nicht nur gegenüber der EU, sondern auch gegenüber den OME/SOE-Ländern auf einer Respektierung ihrer Wirtschaftsinteressen beharrt, weil sie eine Erschwerung des Marktzugangs für ihre Produkte befürchtet. Doch wichtiger wäre es für Moskau, die Voraussetzungen für eine Aufnahme der Sondierungen mit der EU über die Errichtung einer bilateralen Freihandelszone zu schaffen, die zugleich die Chance bieten könnten, eventuelle nachteilige Auswirkungen eines EU-Beitritts von OME/SOE-Staaten auf die Wirtschaftsbeziehungen Russlands mit dieser Region aufzufangen. Ungeachtet dessen versucht die neue russische Führung, die unzureichende Energie- und Rohstoffbasis einzelner OME-Staaten wie zu Zeiten des RGW auszunutzen und diese Länder durch langfristige Lieferverträge für Erdgas und Erdöl zu binden sowie sie gleichzeitig als Durchleitungsstationen für die Energieausfuhren in den EU-Bereich in Anspruch zu nehmen, um dadurch von einzelnen GUS-Staaten, wie der Ukraine, die ihre hohen Energierechnungen nicht zu begleichen vermag und teilweise „kostenlose“ Selbstbedienung betreibt, langfristig unabhängig zu werden.[18]

17 Axel Brüggemann: Außenwirtschaftliche Probleme in Mittel- und Osteuropa bleiben trotz verbesserter Wachstumsaussichten, in: Institut für Wirtschaftsforschung Halle (IWH), 6. Jg, 2000, Nr. 1, S. 19.

18 Christian Meier: Russland und die regionale Wirtschaftskooperation in Europa, in: Russland in Europa? (2000), S. 194–195.

## *Forcierte Bemühungen um institutionelle Einbindung in die Weltwirtschaft*

Die neuen Bemühungen Russlands um eine stärkere Einbindung in weltwirtschaftliche Institutionen werden insbesondere von den führenden Staaten der euroatlantischen Region prinzipiell wohlwollend aufgenommen, da sie ihrerseits aus politischen und wirtschaftlichen Erwägungen auf eine verstärkte Zusammenarbeit mit Russland setzen. Dieser Prozess gestaltet sich aber außerordentlich schwierig, weil die Aufnahme Russlands in einzelne Institutionen bzw. die Herstellung eines geregelten Kooperationsverhältnisses zu diesen Einrichtungen vielfach nicht allein von der politischen Willensentscheidung ihrer Mitglieder, sondern teilweise von der Erfüllung materieller Voraussetzungen abhängig ist, wozu die russische Regierung aufgrund widerstreitender Interessen bislang nur unzureichend in der Lage war.[19] Folgende Institutionen sind in diesem Zusammenhang besonders bedeutsam: WTO, OECD, G7.

*Welthandelsorganisation (WTO):* Für das Interesse der Putin-Administration an einer WTO-Mitgliedschaft Russlands sind politische und wirtschaftliche Beweggründe gleichermaßen ausschlaggebend. Man möchte sich ein volles Mitspracherecht in allen wichtigen internationalen Handelsfragen sichern und sich nicht an Vorgaben orientieren müssen, die beispielsweise unter Beteiligung von kleineren GUS-Staaten, wie Georgien und Kirgistan, festgelegt worden sind, die bereits der World Trade Organisation (WTO) angehören. Von zügigen WTO-Beitrittsverhandlungen erhofft man sich auch zusätzliche Impulse für eine raschere Implementierung der neuen Wirtschaftsstrategie, die zu mehr Kohärenz und Berechenbarkeit der Wirtschaftsregime führen könnten. Weiter geht man davon aus, dass sich der internationale Marktzugang für russische Produkte schrittweise erweitert und sicherer wird, der immer noch wegen bestehender Systembarrieren erheblich eingeschränkt ist. Schließlich sieht man im Zuge der WTO-Mitgliedschaft vermehrte Chancen, einen zuverlässigen Rahmen für die Beilegung von Handelsstreitigkeiten zu schaffen, in die Russland wegen permanenter Dumpingvorwürfe verwickelt ist.

Was die bisherigen russischen Bemühungen um eine WTO-Mitgliedschaft betrifft, so hat Russland im Juni 1993 einen entsprechenden Antrag bei der WTO eingereicht. Noch im gleichen Monat wurde eine Arbeitsgruppe aus 54 WTO-Mitgliedern, darunter die EU, die USA, Kanada und Japan, eingesetzt. Sie hat auf der Grundlage eines russischen Memorandums über das geltende Außenhandelsregime vom März 1994 zunächst ein Anhörungsverfahren durchgeführt. Auf ihre Empfehlung wurde am 17. Juli 1995 das vierstufige Aufnahmeverfahren offiziell eröffnet.[20]

[19] Hans-Hermann Höhmann/Christian Meier: Conceptual, Internal, and International Aspects of Russia's Economic Security, in: Russia and the West (1999), S. 90.

[20] Peter Milthorp: Integration of FSU/economies in transition into the World Trade Organization, in: Economics of Transition, 1/1997, S. 217–218.

In der ersten, der sog. Erkundungsstufe („fact finding stage") wurde die russische Regierung nicht nur um schriftliche Auskünfte über die WTO-Konformität ihrer außenwirtschaftspolitischen Regelwerke gebeten, sondern auch dazu aufgefordert, auf den Gebieten, wo es dringend geboten ist, WTO-konforme Regelungen einzuführen. Wegen Auseinandersetzungen innerhalb der Regierung waren die russischen Vertreter erst im Februar 1998 in der Lage, der gemeinsamen Arbeitsgruppe ein Paket mit Vorschlägen zur Gestaltung der Zollpolitik vorzulegen, das aber als unzureichend eingestuft wurde. Parallel zu der noch laufenden Erkundungsphase vollzog sich bereits der Übergang zur zweiten Stufe, in der Verhandlungen über Aufnahmeregelungen und -bedingungen im bi- und multilateralen Rahmen eingeleitet wurden. Doch die dramatische russische Finanz- und Wirtschaftskrise ab August 1998 erzwang eine längere Unterbrechung der Kontakte. Erst im März 2000 unterbreitete die russische Delegation neue verbesserte und zugleich erweiterte Zollangebote[21], über die seit Ende Mai 2000 verhandelt wird.

Mit der Vorlage eines detaillierten Vertragswerks und seiner Billigung durch alle Teilnehmer, der dritten Stufe, und der formellen Aufnahme Russlands in die WTO, der vierten Stufe, dürfte kaum vor Ende 2002 oder vielleicht noch später zu rechnen sein, obwohl Putins Wirtschaftsberater Andrej Illarionow auf eine Beschleunigung der Beitrittsverhandlungen drängt und ihnen höchste Priorität einräumt. Voraussetzung dafür wäre allerdings nicht nur der zügige Abbau der im Gefolge der Augustkrise von 1998 verfügten hohen Importzölle und eine Reihe technischer Barrieren, sondern auch die Liberalisierung der Finanz-, Versicherungs- und Telekommunikationsmärkte sowie der Erlass und die Implementierung von Gesetzen insbesondere zum Schutz des geistigen Eigentums, d.h. von Patenten und eingetragenen Markenzeichen.[22] Schließlich sei im Hinblick auf das Bestreben Russlands, Mitglied internationaler Wirtschaftsorganisationen zu werden, darauf hingewiesen, dass sich die Putin-Administration wie ihre Vorgänger um eine Aufnahme in die OECD bemüht. Dieser Schritt soll dazu beitragen, dass die russische Wirtschaft auch für den internationalen Kontext als voll funktionsfähige Marktwirtschaft anerkannt wird.

## Weltwirtschaftsgipfel (G7/G8)

Auf dem 25. Weltwirtschaftsgipfel in Okinawa (21.–23.7.2000) ist die Gruppe der sieben führenden westlichen Industriestaaten (G7) durch die volle Integration Russlands endgültig zu einer Runde der G8 erweitert worden. Präsident Putin nahm als erster Repräsentant seines Landes auch an den meisten

21 Anthony Vier: The Progress and Prospects for Russian Accession to the World Trade Organization (WTO), in: http://www.home.austin.rr.com/anthonywier/wtorussia.htm, download 28.7.2000.

22 P. Simonitsch: Russland noch lange vor der Tür – Aufnahme in die WTO ist auf absehbare Zeit nicht in Sicht, in: FR, 4.7.2000.

wirtschaftspolitischen Gesprächen teil. Künftig soll Russland auch nicht mehr von Verhandlungen der G7 ausgeschlossen sein, in denen es ausschließlich um Finanzfragen geht.[23] Die neue Lage ist das Ergebnis einer politischen Metamorphose mit wechselnden Formelkompromissen – G7 plus 1; G7 plus Politische 8 (P8); G7/P8; Gipfel der Acht; G8 – seit 1991.[24] Aus Moskauer Sicht bot die Mitwirkung Russlands in der G7 bislang nicht nur die Möglichkeit, dieses Gremium mit unterschiedlichem Erfolg für die Vergabe großzügiger Finanzhilfen des IWF bzw. der Weltbank zur Unterstützung des russischen Transformationsprozesses sowie für die beschleunigte Aufnahme des Landes in wichtige Organisationen der Weltwirtschaft (WTO/OECD) politisch zu instrumentalisieren, sondern auch den Verlust der Weltmachtrolle und die wirtschaftliche Schwäche des Landes durch formale Mitsprache des russischen Präsidenten in weltpolitischen Fragen partiell zu kaschieren. Noch ist nicht abzusehen, wie die Putin-Administration ihre künftige G8-Strategie definieren wird.

## Ausblick

Die anhaltend günstigen externen Rahmenbedingungen, Höchstpreise für Energiestoffe auf dem Weltmarkt und ein stabiler US$-Kurs auf hohem Niveau werden aller Voraussicht nach im Jahre 2001 zu einem beträchtlichen Außenhandelswachstum führen, das ohne Berücksichtigung des nichtorganisierten „Shuttle-Handel" um annähernd 30% gegenüber dem Vorjahresumsatz von 103,9 Mrd. US$ liegen und einen Handelsbilanzüberschuss von deutlich über 40 Mrd. US$ einbringen wird. Aus dem Blickwinkel der August-Krise von 1998 wäre dies sicherlich ein erfreuliches Ergebnis. Doch es vermag nicht die erheblichen strukturellen und operativen Probleme zu verdecken, in denen die gesamte russische Außenwirtschaftstätigkeit auch weiterhin steckt. Der neue Aufwärtstrend sollte daher für die Moskauer Führung ein starker Ansporn sein, den eingeschlagenen Reformkurs konsequent und gradlinig fortzusetzen und sich dabei auch von Schwierigkeiten als Folge unvermeidlicher Interessenkonflikte nicht beirren lassen, weil die Versäumnisse und Fehlentwicklungen in den 90er Jahren auf gar keinen Fall in einem Parforceritt aufzuholen beziehungsweise zu korrigieren sind. Nur auf diesem Weg hat Russland dauerhaft eine Chance, der drohenden Marginalisierung in der Weltwirtschaft zu entgehen und zu einem strategischen Partner in den internationalen Wirtschaftsbeziehungen zu avancieren.

23 Handelsblatt, 24.7.2000.

24 Hans-Hermann Höhmann/Christian Meier: Russia, „Summit of the Eight" and International Organisations, in: German Foreign Affairs Review, IV/1997, S. 335–345.

# Teil 4

# Gesellschaft

# Gesellschaftlicher Wandel: Verlierer und Gewinner

KLAUS VON BEYME

Die Sowjetunion hatte sich angemaßt, den sozialen Wandel zu steuern. Aber die Träume von der „Planung aller Produktions- und Reproduktionsbedingungen" in der offiziellen Ideologie zerstoben angesichts der sozialen Realität. Tendenzen des Umbruchs wurden unter einem entpolitisierten Revolutionsbegriff abgehandelt. Wo von „sozialer Revolution" gesprochen wurde, war das Eingeständnis implizit, dass die soziale Steuerung der Partei versagt hatte, vor allem im Bereich der Migration, der technologischen Entwicklung und der Umweltbelastungen. Die „sozialistische Lebensweise" wurde zum Propagandaslogan. Aber sie wurde noch als gesteuerter Prozess und Folge von intendierten „sozialen Angleichungen" verstanden, die zwischen Kopf- und Handarbeit, zwischen Stadt und Land, zwischen Männern und Frauen und zwischen unterschiedlichen Regionen stattfanden.

Die alte Kritik an der Sowjetgesellschaft operierte nur auf der Linken im Gefolge des Trotzkismus mit *Klassenkonzepten* wie „herrschende", „kommandierende", „bürokratische" oder „Nomenklatura-Klasse". Die „Weberianer" gingen eher von einer *hierarchischen Ständegesellschaft* aus und suchten für die demokratische Konsolidierung nach einem Substitut der *Mittelschichten*. Es wurde nach Einkommensniveaus artifiziell errechnet. Kriterien waren: moderne Wohnung, technische Haushaltsausstattung, Auto oder Datscha. Am Ende der Sowjetunion traf das allenfalls für 15% der Bevölkerung zu. Nur ein auf Ermitteln der Reputation angelegter Ansatz, der befragte, was die Bevölkerung für Mittelschicht hielt, kam auf hohe Zahlen – bis zu 60%.[1]

Der soziale Wandel nach der Auflösung der Sowjetunion vollzog sich auf zwei Ebenen: auf der Ebene der Eliten und auf der Ebene der „Massen", wie die alte Terminologie das weiterhin vielfach nannte.

## *Die sozialen Verlierer: die Ebene des Durchschnittsbürgers*

Der Konflikt zwischen system- und akteursorientierten Ansätzen in den Sozialwissenschaften hat die russische Debatte voll erfasst. Während die Mehrheit dem alten Sozialstrukturbegriff treu blieb und die Untertypen in der vertikalen Schichtung zeitgemäß umdefinierte, hat eine Minderheit aus der Not des sozialen Zerfalls von Strukturen eine methodologische Tugend gemacht. Auf

1 E. N. Starikov: Ugrožaet li nam javlenie 'srednogo klassa'?, in: Znamja 1990, Nr. 10, S. 192–196; N. F. Naumova: Perechodnyi period mirovoj opyt i naši problemy, in: Kommunist 1990, Nr. 8, S. 3–14; A. Kustarev: Načalo russkoj revoljucii: Versija Maksa Vebera, in: Voprosy filosofii. 1990, Nr. 8, S. 119–130; Natal'ja Tichonova: Rußlands Sozialstruktur nach acht Jahren Reformen, Berichte des BIOst 31-1999, S. 10f.

Schichtungs- und Strukturmodelle wird im Transformationsprozess verzichtet. Akteure der Mobilität werden nach neuen Gesichtspunkten klassifiziert, und es werden vorwiegend Differenzierungs- und Mobilitätsprozesse untersucht.[2] *Soziale Aufstiegsprozesse* geraten vor allem im Rahmen der beliebten und forschungsmittelträchtigen „*Business*-Forschung" in den Blick. Angesichts der enormen *Koalition von sozialen Verlierern* aber sind Heere von Soziologen mit Gruppen beschäftigt, die früher allenfalls als Nebenprodukt der Kriminalitätsstatistik anfielen, wenn etwa unter den Wiederholungstätern plötzlich Obdachlose und Landstreicher auftauchten, die es in den offiziellen soziologischen Strukturanalysen gar nicht gab und die auch in der Kriminologie als *„perežitki"* (Überbleibsel) der vorsozialistischen Epoche galten. Die negative soziale Mobilität wurde als Prozess der Marginalisierung zu fassen versucht und gelegentlich in Termini von sozialen Gruppen behandelt.

Ergiebiger als die Annahme einer Ad-hoc-Schicht von Marginalisierten erscheint die konkrete Benennung von sozialen Auf- und Absteigern in einzelnen sozialen und Berufsgruppen. Wie in anderen postsozialistischen Gesellschaften wurde eine *abwärtsgerichtete soziale Mobilität* vor allem bei den früheren Kollektivbauern, den Militärs, den Frauen und den Arbeitslosen festgestellt. Stärker noch als in Ostdeutschland konnten sich hingegen die mittleren Eliten des alten Regimes behaupten.[3] Vielfach wurde nach Befragungen der Selbstbeschreibung der Respondenten gefolgt. „Marginalisierte" wurde dabei zu einer Restkategorie für alle, die sich nicht in die herkömmlichen Schichtbegriffe wie Arbeiter, Bauern, Angestellte oder *„biznesmeny"* (businessmen) und Manager einordnen konnten.[4] Diese Gruppe machte nach einer Analyse immerhin 9% der Bevölkerung aus. Nachteil solcher Selbsteinschätzungsbefragungen ist die Einbeziehung der subjektiven Einschätzung künftiger Entwicklungen. Wie in allen postkommunistischen Ländern ist auch in Russland die Einschätzung der Lage der Gesellschaft wesentlich negativer als die Taxierung der Entwicklungsaussichten für die eigene Familie.[5] Aber in Russland war die Unzufriedenheit im Gefolge der Transformation vielfach größer. Das ist nicht verwunderlich, da hier soziale Strukturen, Institutionen und Wertmaßstäbe gleichzeitig zusammenbrachen. In den Satellitenländern trauerte man vielleicht der sozialen Sicherheit nach, aber nicht dem „System" als Ganzem.

2 Irina Mostovaja: Social'noe rassloenie v Rossii: metodologija issledovanija. Rostow am Don 1995, S. 104.

3 Michail Černyš: Social'naja mobil'nost' i massovoe soznanie, in: Sociologičeskie issledovanija, 1/1995, S. 134–138, hier: S. 135.

4 Ol'ga Brednikova/Oksana Karpenko: Soziologie und Sozialstrukturforschung in Rußland (1995/96), in: Ingrid Oswald u.a. (Hg.): Sozialwissenschaft in Rußland, Berlin 1996, S. 58–96, hier: S. 75.

5 Vgl. Klaus von Beyme: Systemwechsel in Osteuropa. Frankfurt/M. 1994, S. 343ff., 197ff.

Die größten Schwierigkeiten hat die russische Soziologie mit der Kategorie *Mittelschicht*. Mit guten Gründen vertreten viele Soziologen die Meinung, dass eine „Mittelschicht" als Begriff nur in stabilen Gesellschaften Sinn mache. Übergangsgesellschaften sind eher durch die Aufstiegs- und Abstiegsveränderungen nach oben und unten in der Schichtpyramide gekennzeichnet.[6] Der Begriff bleibt schillernd, weil er für westliche, sozialistische und postkommunistische Gesellschaften ganz unterschiedlich definiert wird. Damit zeigt sich, dass die Unsicherheit nicht allein an der Transformation des Postkommunismus liegt. Für anscheinend stabile Gesellschaften wie unter Breschnew oder in westlichen Demokratien wurde er als die große Restkategorie benutzt, in die alles, was nicht strikt „oben" oder „unten" eingeordnet werden konnte, untergebracht wurde. *„Basiskategorie"* als ein Terminus in der Strukturanalyse ist vielleicht nicht sehr logisch, aber dennoch sachlich einleuchtend, weil jede Abweichung von dieser Basis als „oben" und „unten" eingestuft wird. Wurde der Ausdruck für die sozialistische Phase einst als *„bürgerlich"* abgelehnt, kommt er im Rückblick bei den Nestoren des Breschnewismus wieder zum Vorschein: Der sowjetische Mittelstand habe sich aufgelöst.[7]

Der sowjetisch verengte Blick findet sich jedoch auch bei der Gegenthese, dass eine Mittelschicht erst in der *postmodernen Gesellschaft* entstehen könne, die russische Übergangsgesellschaft jedoch eine Industriegesellschaft geblieben sei.[8] Man könnte genauso gut umgekehrt argumentieren, dass der Mittelstand sich in der postmodernen Dienstleistungsgesellschaft in *Lebensstile* auflöst, die nicht mehr sozioökonomisch determiniert sind. Am simpelsten erscheint daher der Trick, die frühere Gruppe der Angestellten und Intelligencija der sowjetischen Terminologie schlicht zur neuen Mittelschicht zu erklären. Das hat wenigstens den Vorteil, dass quantitative Vergleiche der Strukturen von Sozialismus und Postsozialismus möglich sind, wie sie die GUS-Statistik vielfach noch verwendet, vermutlich schlicht, weil dies der kleinste gemeinsame Nenner ist, den die unabhängigen Staaten terminologisch zur Zeit noch finden können.[9]

Eine Typologie der Lebenslagen führte in Russland zur Feststellung von sechs Gruppen, von denen drei im Hinblick auf ihren Lebensstandard „unterversorgt" waren:[10]

6 Eduard Klopov: Iz pervych opytov issledovanija social'noj struktury sovremennogo rossijskogo obščestva, in: Sociologičeskie issledovanija, 8/1996, S. 140–144, hier: S. 142.

7 M. Rutkevič: Makrosociologija. Metodologičeskie očerki. Moskau, RAN, Otdelenie filosofii, sociologii, psichologii i prava 1995, S. 136.

8 M. Sljusarjanskij (Hg.): Problemy stratifikacii rossijskogo obščestva v perechodnyj k rynku period. Perm', Permskij GTU 1995.

9 L. Romanenko: Sud'by srednego klassa na socal'nych prostorach Rossii, in: Vestnik MGU Sociologija i politologija, 5/1995, S. 30–37, hier: S. 34.

10 E. Starikov: Social'naja struktura perechodnogo obščestva, in: Polis, 1994, Nr. 4, S. 87–96.

- *Elend* ist bei einem Viertel des Durchschnittseinkommens gegeben (6% der Bevölkerung fallen in diese Kategorie).
- *Armut* liegt vor, wenn eine Familie nur über die Hälfte des Durchschnittseinkommens verfügt (20% der Bevölkerung).
- *Bedürftigkeit* wird nach dieser Skala angenommen, wenn drei Viertel des familiären Durchschnittseinkommens erreicht werden.
- Als *durchschnittliche Versorgung* gelten zwischen drei und fünf Fünfteln des Durchschnittseinkommens.
- *Relativer Wohlstand* liegt bei einem Einkommen vor, das um ein Viertel bis zum Doppelten über dem Durchschnitt liegt.
- Über dem zweifachen Durchschnittseinkommen rangiert *Wohlhabenheit und Reichtum.*

Mehr als ein Viertel der Bevölkerung lebt demnach unter der Armutsgrenze.

Ein akteursorientierter Ansatz in der soziologischen Transitionsforschung sieht die eigentliche *Schichtung* eher *politisch* als ökonomisch. Aktive Subjekte im Transformationsprozess können nur die politischen und wirtschaftlichen *Eliten* sein. Das Gros der Bevölkerung verfügt weder über Kapital noch über Zugang zur Aneignung staatlicher Güter. Sein Potenzial ist daher nur vom Einkommensniveau bestimmt.[11] Im Zuge einer Konsolidierung aber wird damit gerechnet, dass die politischen Faktoren der Stratifikation abnehmen werden.

Statistisch erfassbar sind schon jetzt weitgehend nur die Einkommens- und Besitzschichten, da es an einleuchtenden Reputationsanalysen fehlt, wer als Promotor der Transformation angesehen wird, wenn man sich nicht auf die Spitze der politischen Hierarchie beschränkt. Außerdem teilen viele konservative Soziologen, die mit der traditionellen Sozialstrukturanalyse arbeiten, nicht die positiven Vorurteile zugunsten der Innovatoren. Daher können die akteursorientierten Ansätze am wenigsten auf allgemeine Zustimmung unter den Wissenschaftlern hoffen.

Am wenigsten aufwändig für die Forschung war die *Befragung*. Dabei wurde auf die Selbsteinstufung der Bürger in ein vorgegebenes Schichtungsschema abgehoben. Aber es werden auch die *objektiven Kriterien der Schichtung* weiter benutzt. Dabei musste man von herkömmlichen Begriffen Abschied nehmen, wie „Arbeiter", „Angestellte" (*služaščie*) oder Intelligencija.

Die *Angestellten,* früher eine zentrale Kategorie, die vielfach mit der *Intelligencija* zusammengelegt wurde, scheinen nicht ins Schichtungsbild zu passen. Eine Analyse kam zu einer Wiederholung der alten stalinistischen Schwierigkeiten mit den Angestellten, die aus dem Schichtungsschema herausfielen. Es wurden in einem *Viererschema* unterschieden:

11 Tat'jana Zaslavskaja: Stratifikacija sovremennogo rossijskogo obščestva, in: Social'nye i ėkonomičeskie peremeny: monitoring obščestvennogo mnenija, Nr. 2, 1996, S. 7–15, hier: S. 7.

- Die oberste Schicht oder *Elite:* Dazu wurden die neue Bourgeoisie, Wirtschaftsmanager, Direktoren, aber auch Finanz- und Intelligenz-Eliten der obersten Kategorie gerechnet.
- Die *Mittelschicht* wird von Spezialisten und Technikern, Professionals und hochqualifizierten Arbeitern gestellt.
- Die *niedrigste Schicht* besteht aus wenig qualifizierten Arbeitern.
- Die *Angestellten* werden als Sondergruppe verstanden. Sie breitet sich im Privatsektor aus. Da die Individuen der Mittelschicht nicht nur nach dem Einkommen, sondern offenbar vor allem nach der Bildungsqualifikation zugeordnet wurden, passten viele Angestellte nicht ins Bild.

### *Die sozialen Gewinner: die Ebene der alten Nomenklatureliten und der neuen Wirtschaftseliten*

Die Kontinuität der Nomenklatur in Russland war beträchtlich. Während in Systemen mit paktiertem Übergang, wie Polen und Ungarn, etwa ein Drittel der Nomenklatura einen Abstieg erlebte, waren es in Russland nur 11%. Man hat daher auch von einem „politischen Kapitalismus" gesprochen.[12]

Die solideste Datenbasis wurde von Olga Kryštanovskaja (1999), der Sektionsleiterin für Elitenforschung im Institut für Soziologie der Akademie der Wissenschaften seit 1990, erstellt. Das Jelzin-Team rekrutierte sich nach ihren Befunden zu fast 70% aus der alten Nomenklaturelite. Am höchsten ist der Anteil bei der Regional-Elite (82,3%), am niedrigsten bei der Business-Elite (61,05%). Die oberen Chargen der Führungselite um Jelzin kamen zu 63,6% über die Sowjets und nur zu 21,2% über die Partei nach oben. Bei den Partei-Eliten war es umgekehrt. Die Partei war für fast zwei Drittel das Karrierevehikel Nummer eins gewesen. Die Wirtschaft war prominent bei der Regierungs-Elite (42,3%), noch vor den Business-Eliten (37,7%). Die Business-Elite hat genau so häufig ihre Kader aus dem Komsomol bezogen (37,7%). Die Regierungsmannschaft gab sich einen professionellen Anschein durch Rekrutierung zahlreicher Wirtschaftsfachleute, Diplomaten und Eliten der früheren Sicherheitsdienste.

Nur die reinen Parteiapparatschiki hatten schlechte Startmöglichkeiten, falls sie nicht in der Kapitalaneignung erfolgreich waren. Die „Revanche der Nomenklatura", die einen „bürokratischen Markt" schuf und die demokratischen Eliten nicht wirklich zum Zuge kommen ließ, wurde von einigen Analytikern positiv bewertet, weil sie dem System starke soziale Konflikte ersparte. Angesichts der Schnelligkeit, mit der die Nomenklatur-Elite die Ideologie der Marktwirtschaft internalisierte und für sich nutzte, ist es allerdings fraglich, ob die Konflikte wirklich dauerhaft vermieden werden konnten.

12 Natalja Lapina: Die Formierung einer neuen russländischen Elite, Berichte des BIOst 7-1996, S. 19.

Die Privatisierung hat dazu geführt, dass die alten bürokratischen vertikalen Strukturen sich in horizontale Beziehungen transformiert haben.[13] Die Schärfe der Konflikte ist Frucht dieses Umstellungsprozesses, der nicht ohne Anpassungsschwierigkeiten und Friktionen vor sich ging. Die Notwendigkeit einer gewissen Distanz der Elitensektoren haben aber die früheren Bürokraten noch nicht hinreichend internalisiert. Die Widerstände gegen die Horizontalisierung waren bei den Rüstungsbetrieben stark. Aber da dieser Sektor vorübergehend im Export einer der wenig lukrativen gewesen ist, setzte hier die mafiose Begehrlichkeit an und verlangte „Konversion“ auch gegen eine verteidigungspolitisch etatistische Staatsräson.[14] Diese Form der Interessenvertretung nicht durch gesellschaftliche Akteure, sondern durch Bürokraten zeigt eine weitere Form der Elitenkontinuität auf. Die Inhalte haben sich gewandelt – die Form des Konfliktaustrags aber funktioniert noch nach sowjetischem Muster.

Der wirtschaftliche-politische Elitenansatz der Kritik des Sowjetsystems wurde ab 1990 in eine neue Klassenanalyse überführt. Der System-Mafia-Ansatz ging davon aus, dass es eine System-Mafia während der gesamten Zeit der sowjetischen Herrschaft gegeben habe und dass sie sich planmäßig auf den Systemwechsel vorbereitete. Erste Schritte vollzogen sich bei Planungen für eine neue Untergrundwirtschaft. Die Leitungsgruppen in einigen Sektoren knüpften dabei an das organisatorische Know-how des militärisch-industriellen Komplexes und an geheimdienstliche Tätigkeiten im Ausland an.[15] Schon über die alte Sowjetunion kursierten Bonmots: „Amerika hat einen *militärisch-industriellen* Komplex – die Sowjetunion hingegen ist einer.“ Zeitgemäß verlängert: „Amerika hat eine Mafia – Russland ist ein *Mafia-System.*“ Dabei wird freilich ein partielles Phänomen zum Systemmerkmal erhoben, was noch empirisch zu überprüfen wäre. Der Systemansatz muss zunächst davon ausgehen, dass die Sowjetunion an der undifferenzierten Verflechtung des politischen und wirtschaftlichen Systems zugrunde ging, weil die bürokratische Innovationsfeindschaft die ökonomischen Grundlagen einer Weltmacht untergrub. Die Ausdifferenzierung der beiden Subsysteme vollzog sich zuerst nicht in Gesetzen und Maßnahmen, sondern anomisch auf der Elitenebene.

13 Natal'ja A. Šmatko: Stanovlenie rossijskogo patronata i bjurokratičeskij kapital, in: Sociologičeskie issledovanija 1995, Nr. 6, S. 24–36, hier: S. 32.

14 L. V. Korel' u.a.: Ėlita VPK o social'nych svojach konversii, in: Sociologičeskie issledovanija 1994, Nr. 11, S. 38–46; Nicola A. Mögel/Simone Schwanitz: Staatslobbyismus – eine Form der Interessenvertretung in Rußland, in: Osteuropa, 46. Jg., 1996, H. 10, S. 987–1009, hier: S. 997.

15 Bernd Knabe: Die System-Mafia als Faktor der sowjetisch-russischen Transformation, Berichte des BIOst 47 und 48-1998, S. 4.

## *Resümee*

Die Sozialstrukturanalyse in Russland hat zwei Handicaps zu bewältigen:

- Noch haben sich keine neuen Strukturen soweit verfestigt, dass eine widerspruchsfreie Theorie der Sozialstruktur angeboten werden könnte. Kein Wunder, dass die Differenzierungsprozesse sich vorwiegend auf Aufstiegsprozesse – vor allem in der Business-Schicht – und auf Abstiegsprozesse bei den Transformationsverlierern konzentrieren. Die Mitte der Pyramide, eine Mittelschicht, ist noch wenig ausgebildet. Daher scheint die Schichtungspyramide in der Beschreibung vieler sozialer Transformationsprozesse „oben" und „unten" überzubetonen. Vor allem Marginalisierung und Armut werden vielfach dramatisiert.
- Erst eine leidlich konsolidierte Gesellschaft könnte eine widerspruchsfreie Begrifflichkeit der Sozialstrukturanalyse hervorbringen. Noch überwiegen Ad-hoc-Klassifikationen, Anglizismen, die in Russland nicht immer adäquat sind, und Neologismen, die über Raum und Zeit kaum verallgemeinerungsfähig erscheinen. Die postsozialistische Soziologie hat trotz ihrer Fragmentierung in Rezeptionsschulen noch etwas vom holistischen Impetus des früheren marxistischen Paradigmas bewahrt. Sozialstruktur als relativ statisches Bild der Gesellschaft ist eine Figur der klassischen Moderne, die sich in der westlichen Soziologie mehr und mehr in soziale Milieus auflöst. Es könnte sein, dass die Suche nach einer Theorie der Sozialstruktur in Osteuropa in einigen Jahren an sich schon als veraltetes Denken in objektiven Substanzen erscheint. Meine Kritik an der mangelnden theoretischen Klarheit vieler Analysen bedeutet nicht, dass die zahlreichen deskriptiven und meist auf Interviews basierenden Studien nicht hohe Anerkennung verdienen. Sie stellen einen Fortschritt im Vergleich zum alten Regime dar, auch wenn viele Sozialwissenschaftler sich von den alten Begriffen nur sehr schwer lösen können.

Die *Privatisierung des Lebensstils* wurde zum herausragenden Trend in der Gesellschaft, verstärkt durch die Verwischung der Lebensstile in Stadt und Land, am Arbeitsplatz und im Nebenjob, zu Hause und in der Kleinsubsistenzlandwirtschaft der Parzellen.[16] 71% der Moskowiter hatten Vertrauen nur noch in sich und ihre Familie. Ein *„amoralischer Familialismus"* (Edward Banfield) breitete sich aus, wie er sonst nur in traditionalen Rückzugsgebieten à la Sizilien festgestellt wurde.

Diese Entwicklung ist umso bedenklicher, als die Regionen zwar in traditioneller Weise irgendwie funktionieren, obwohl die zentrale Koordination unterentwickelt ist. Die Identifikation der Russen mit lokalen (17%) und regionalen Einheiten (17%) hat zugenommen. Nur noch die Hälfte (49%) gab an, sich als Bürger Russlands zu fühlen.[17] Die Zentralregierung wurde zu-

[16] Olga Zdravomyslova: Privatisierung der Lebensstile in Rußland, in: Wolfgang Glatzer (Hg.): Lebensverhältnisse in Osteuropa, Frankfurt/M. 1996, S. 55–66.

[17] Ju. Rukavišnikov: Sociologičeskie aspekty modernizacii Rosii i drugich postkommunističeskich obščestv, in: Sociologičeskie issledovanija, 1/1995, S. 34–46, hier: S. 43.

nehmend für unfähig gehalten, die Probleme zu lösen. Die Sehnsucht nach den herkömmlichen Werten, vor allem die Höherschätzung der Gleichheit vor der Freiheit (58%), ist noch immer auffallend.

Die *Partizipationsbereitschaft* ist gering – zum Glück auch bei gewalttätigen Formen der Interessendurchsetzung. 77% (1994) könnten sich Gewalt vorstellen, aber tatsächlich teilgenommen hatten nur 0,9% der Befragten. Fast zwei Drittel (63,8%) erklärten, nicht einmal bei Streiks teilnehmen zu wollen.[18] Passivität korreliert mit Sehnsucht nach dem „starken Mann“, die umso größer wurde, je mehr Jelzin im Vertrauen der wichtigen Institutionen auf den letzten Platz noch hinter der Duma rutschte. Die politische Apathie wird in Ost und West verurteilt, und langfristig ist sie für die Konsolidierung des Systems nicht wünschenswert. Paradoxerweise könnte es jedoch sein, dass vorübergehend diese Apathie in Verbindung mit der starken Leidensfähigkeit der Mehrheit dem neuen Regime eine Chance gegeben hat. Eine partizipatorische politische Kultur hätte vermutlich das explosive Gemisch von Chaos und partieller Autokratie, das Gurr „Anokratie“ nannte, längst in eine offene autoritäre Diktatur umschlagen lassen.

18 M.M. Nazarov: Političeskij protest: opyt empiričeskogo analiza, in: Sociologičeskie issledovanija, 1/1995, S. 47–59, hier: S. 50.

# Die Akzeptanz von Demokratie und Marktwirtschaft in der russischen Gesellschaft

Alexander Tschepurenko

Angesichts der schwierigen, widerspruchsvollen und wenig erfolgreichen Systemtransformation in Russland stellt sich die internationale Öffentlichkeit immer häufiger die Frage, wieweit die russische Bevölkerung eigentlich bereit war – und ist –, den Übergang zu Marktwirtschaft und Demokratie konsequent mitzutragen.

In diese Diskussion will dieser Beitrag einige neue Argumente einbringen, die sich auf empirische Untersuchungen stützen, die das Russische Unabhängige Forschungsinstitut für sozialpolitische und sozialökonomische Probleme (RUFI Moskau) in den letzten Jahren in Russland durchgeführt hat und deren Ergebnisse weitgehend von den Erhebungen anderer Meinungsforschungszentren in Russland bestätigt werden.

## *Materielles Wohlbefinden und Wandel der Sozialstruktur in den 90er Jahren: Kein Wohlstand für alle*

Auch wenn es uns fern liegt, die Grundwerte einer Gesellschaft direkt aus den materiellen Verhältnissen und dem Wohlstandsniveau zu erklären, so ist doch nicht zu bestreiten, dass zumindest die Tendenzen und die Dynamik der Veränderungen dieser Grundwerte sehr stark von solchen Faktoren abhängen. Insofern ist es wichtig, die Entwicklung der materiellen und sozialen Verhältnisse in der russischen Gesellschaft im Verlauf der Transformationsperiode darzustellen.

Die frustrierenden Zwischenergebnisse der Reformen führten zu einer ausgesprochen negativen Einschätzung der eigenen Situation bei der Mehrheit der russischen Bevölkerung. Sie fand ihren Niederschlag in der verbreiteten Auffassung, dass in den 90er Jahren durchweg materielle Einbußen hingenommen werden mussten.

Die Angaben in den Tabellen 1 und 2 zeigen zum einen, dass die Einbußen bei der Freizeitgestaltung, bei der Selbstverwirklichung im Beruf und bei der materiellen Lage wohl am schmerzhaftesten empfunden werden. Sie zeigen zum anderen aber auch den hohen Grad an Zufriedenheit mit der Situation innerhalb der Familie und des Freundeskreises, der wohl – neben der relativ hoch eingeschätzten Möglichkeit, sich politisch ungehindert zu äußern – dazu beigetragen hat, dass das Leben insgesamt von ca. drei Vierteln der Befragten als gut oder zufriedenstellend charakterisiert wird; selbst die Augustkrise 1998 hat daran relativ wenig geändert.

*Tabelle 1: Dynamik der Einschätzung der eigenen Lebensverhältnisse (in %)*

| *Anteil der Befragten, die ihre Lebensverhältnisse als „gut" oder „zufriedenstellend" bezeichnen* | | | | | | | |
|---|---|---|---|---|---|---|---|
| | **1992** | **1993** | **1994** | **1995** | **1996** | **1997** | **1998** |
| Materielle Lage | 61 | 63 | 58 | 55 | 49 | 56 | 46 |
| Ernährung | 78 | 79 | 80 | 76 | 78 | 72 | 72 |
| Bekleidung | 66 | 72 | 80 | 76 | 78 | 72 | 64 |
| Gesundheitszustand | 76 | 82 | 79 | 78 | 71 | 76 | 76 |
| Wohnverhältnisse | 72 | 72 | 70 | 75 | 79 | 76 | 81 |
| Verhältnisse innerhalb der Familie | 85 | 93 | 87 | 90 | 91 | 91 | 92 |
| Freizeitgestaltung | 58 | 65 | 59 | 58 | 55 | 61 | 61 |
| Erholung während des Urlaubs möglich | 53 | 56 | 52 | 42 | 39 | 46 | 45 |
| Möglichkeit, Freundschaftsverhältnisse zu pflegen | 79 | 87 | 81 | 73 | 84 | 87 | 87 |
| Möglichkeit, sich selbst im Beruf zu realisieren | 54 | 68 | 64 | 64 | 53 | 61 | 62 |
| Möglichkeit, eigene politische Anschauungen frei auszudrücken | 75 | 86 | 76 | 78 | 82 | 79 | 80 |
| Das Leben insgesamt | 78 | 80 | 75 | 73 | 74 | 78 | 73 |

*Quellen: gesamtrussische RUFI-Umfragen, jeweils am Jahresende durchgeführt*

*Tabelle 2: Dynamik der Einschätzungen der betreffenden Jahre für sich selbst und für das Land insgesamt (in %)*

| Vergangenes Jahr war: | **1997** | | **1998** | | **1999** | |
|---|---|---|---|---|---|---|
| | *für die eigene Person* | *für das Land* | *für die eigene Person* | *für das Land* | *für die eigene Person* | *für das Land* |
| Sehr gut | 1.1 | 0,3 | 0,8 | 0,2 | 0,6 | 0,2 |
| Eher gut | 23.4 | 3,7 | 14,8 | 1,9 | 17,2 | 3,2 |
| Schwierig | 52.6 | 55,1 | 52,2 | 44,5 | 55,0 | 58,2 |
| Sehr schwer | 20.6 | 36,2 | 29,7 | 49,7 | 24,5 | 34,7 |
| Keine Einstellung | 2.3 | 4,7 | 2,5 | 3,7 | 2,7 | 3,7 |

*Quellen: gesamtrussische RUFI-Umfragen, jeweils am Jahresende durchgeführt*

Es fällt auf, dass die Bevölkerung die eigene Situation in der Regel deutlich besser bewertet als die Situation im Land insgesamt. Dieses „Uns-geht-es-doch-besser-als-den-anderen"-Gefühl ist gewiss ein wichtiger Faktor bei der Wahrung des sozialen Friedens – ungeachtet aller Turbulenzen der russischen Zeitgeschichte und ungeachtet der Verschlechterung der Lebensbedingungen für die große Mehrheit der Bevölkerung.

Die Verschlechterung lässt sich an den Angaben über die Veränderung der Sozialstruktur ablesen, die in den Abbildungen 2 und 3 dokumentiert werden.

Wie man den Abbildungen 1 und 2 entnehmen kann,[1] ähnelte die Sozialstruktur der russischen Gesellschaft in der Anfangsphase der Markttransformation im Wesentlichen der westlicher Gesellschaften: Neben einer kleinen Gruppe ausgesprochen reicher bzw. ausgesprochen armer Personen gibt es eine relativ breite Schicht von Menschen, die sich selbst der unteren, mittleren oder oberen Mittelschicht (Stufen 4–7) zurechnen. Die Sozialstruktur Russlands glich damit zu Beginn der Transformation im Grundsatz dem Bild entwickelter Gesellschaften, auch wenn der Anteil der weniger vermögenden Schichten etwas höher war.

Im Zuge der Transformation veränderte sich die Gesellschaftsstruktur erheblich: Noch vor der Augustkrise 1998 (vgl. Abbildung 3) stiegen große Teile der Bevölkerung sozial ab: Die „rochenförmige“ Gestalt der Grafik verwandelte sich in eine „zwiebelförmige“, die an eine russische Kirchenkuppel erinnert. Die Augustkrise hat diesen Prozess sozialen Niedergangs noch beschleunigt (siehe Abbildung 4).

*Abbildung 1: Sozialstruktur von entwickelten westlichen Gesellschaften*

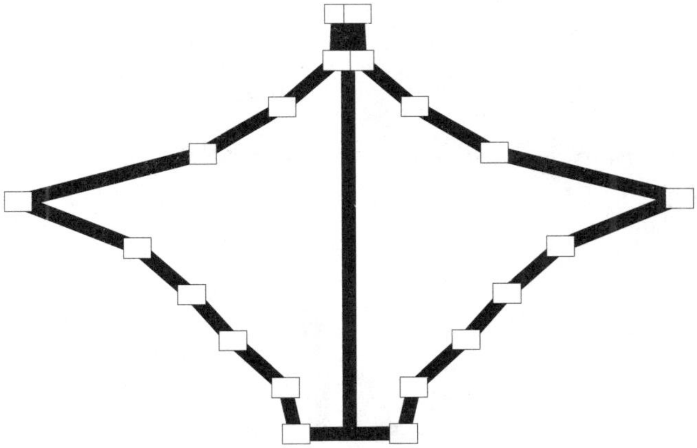

*Quelle: The International Social Survey Programme „Social Inequality II“ (ISSP-1992, 17 Länder in Europa und Nordamerika)*

1 In den nachfolgenden Abbildungen wird die Sozialstruktur der westlichen Gesellschaften bzw. Russlands aufgrund der Ergebnisse international bewährter Studien bzw. auf der Basis von RUFI-Befragungen dargestellt. Die Methodik beruht auf der Selbstzuordnung der Befragten zu einer von zehn Schichten („eins“ = „unterste Unterschicht“; „zehn“ = „oberste Oberschicht“).

*Abbildung 2: Sozialstruktur Russlands 1992*

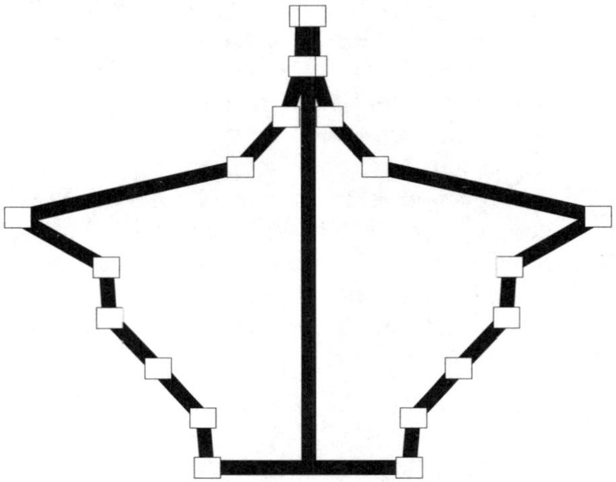

*Quelle: gesamtrussische RUFI-Umfrage, Juni 1992, 1800 Befragte*

*Abbildung 3: Sozialstruktur Russlands im Sommer 1998 (vor der Krise)*

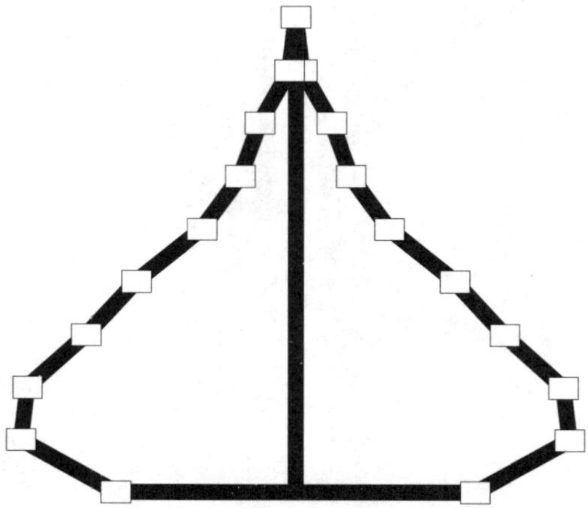

*Quelle: gesamtrussische RUFI-Umfrage, Juli 1998, 1800 Befragte*

*Abbildung 4: Soziale Schichtung der Bevölkerung laut Selbsteinschätzung (in %)*

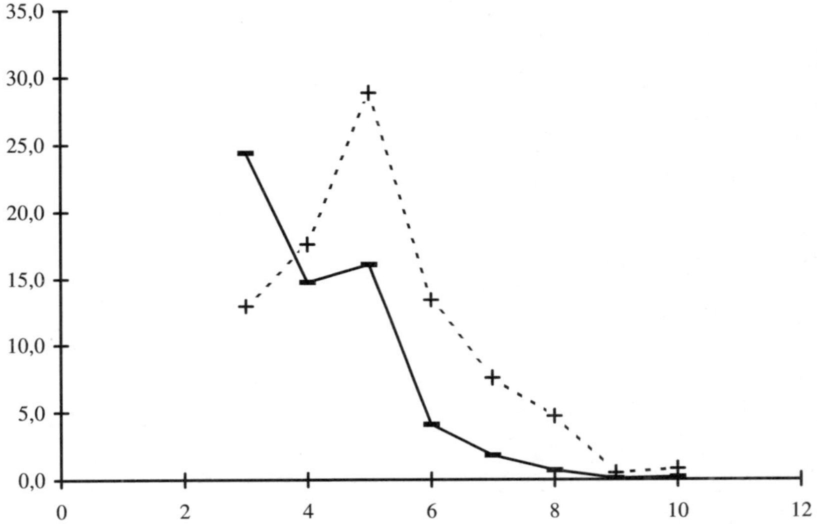


*Quelle: gesamtrussische RUFI-Umfrage, März 2000, 2100 Befragte. Gestrichelte Kurve – vor der Krise 1998, schwarze Kurve – nach der Krise*

Sicherlich wäre es überzogen, von einer endgültigen Auflösung der leistungsfähigen und sozial dynamischen Mittelschichten zu sprechen,[2] aber es ist nicht zu leugnen, dass der soziale Abstieg von breiten Teilen der Gesellschaft die Einstellung der russischen Bevölkerung zu Maßnahmen und Ergebnissen der Wirtschaftsreform geprägt hat.

## Ziel Marktwirtschaft: Akzeptanz wichtigster Reformschritte in der russischen Bevölkerung

In der Tat haben Unterstützer der Marktwirtschaft in Russland an Boden verloren. Der Vergleich von Ergebnissen zweier Erhebungen des RUFI (Tabelle 3) zeigt den Wandel der Einstellung gegenüber institutionellen Veränderungen im Bereich der marktwirtschaftlichen Ordnung:

2 Diese Annahme, die weitverbreiteten Auffassungen sowohl in der russischen als auch in der deutschen Presse widerspricht, ist im Zuge einer RUFI-Studie unter dem Titel „Gibt es eine Mittelschicht in Russland?“ (März 1999, durchgeführt im Auftrag des Büros der Friedrich-Ebert-Stiftung in Moskau) durch empirische Daten belegt und begründet worden.

*Tabelle 3: Bezeichnen Sie bitte die wirtschaftspolitischen Maßnahmen, die Ihrer Meinung nach zur Verbesserung Ihrer persönlichen Situation beitragen könnten (Januar 1996 und Februar 2000, in %)*

| | *Januar 1996* | *Februar 2000* |
|---|---|---|
| Privatisierung | | |
| Geldprivatisierung weiter führen | 19,4 | 6,5 |
| Ergebnisse der Privatisierung zurücknehmen, führende Rolle des Staatssektors wieder herstellen | 38,6 | 70,0 |
| Weiß nicht | 42,0 | 23,5 |
| **Preisbildung** | | |
| Preisliberalisierung fortführen | 17,0 | 7,0 |
| Staatliche Lenkung der Preise erweitern | 64,0 | 72,9 |
| Weiß nicht | 19,0 | 20,1 |
| **Devisenumlauf** | | |
| Freien Umtausch von Devisen beibehalten | 61,3 | 51,5 |
| Freien An- und Verkauf von Devisen untersagen | 19,1 | 29,1 |
| Weiß nicht | 19,6 | 19,4 |
| **Planung** | | |
| Ablösung staatlicher Wirtschaftsplanung konsequent fortführen | 21,8 | 8,4 |
| Elemente einer staatlichen Planung wieder herstellen | 37,6 | 70,1 |
| Weiß nicht | 40,6 | 21,6 |
| **Grund- und Bodenverkauf** | | |
| Freien An- und Verkauf von Grund und Boden einführen | 42,3 | 27,3 |
| Freien An- und Verkauf von Grund und Boden verbieten | 37,0 | 54,3 |
| Weiß nicht | 20,7 | 18,4 |
| **Außenhandel** | | |
| Begrenzungen für Export und Import von Gütern vollständig aufheben | 46,8 | 25,6 |
| Einfuhrzölle erhöhen | 23,0 | 41,3 |
| Weiß nicht | 30,2 | 33,0 |
| **Unternehmertum*** | | |
| Alle Einschränkungen und Kontrollen der unternehmerischen Tätigkeit aufheben | | 13,6 |
| Staatliche Kontrolle der unternehmerischen Tätigkeit verschärfen | | 67,1 |
| Weiß nicht | | 19,3 |

**1996 ist diese Frage nicht gestellt worden. Quellen: Massenbewusstsein der Russen in der Transformationsperiode. Realität versus Mythen. Analyse des RUFI im Auftrag des Büros der Friedrich-Ebert-Stiftung in Moskau, Januar 1996 (2017 Befragte); Das 20. Jahrhundert in den Augen der Russen und ihre Erwartungen für das kommende Jahrhundert. Analyse des RUFI im Auftrag des Büros der Friedrich-Ebert-Stiftung in Moskau, Juni 2000 (Umfrage im Februar 2000, 2050 Befragte).*

Aus den Angaben wird deutlich, dass sich in der zweiten Hälfte der 90er Jahre die Einstellung der russischen Bevölkerung zu den wichtigsten Wirtschaftsreformschritten – zumindest in der Form, die in diesen Jahren offiziell die staatliche Politik geprägt hat – grundlegend verändert hat. *Trat 1996 noch eine Mehrheit für Reformen ein oder verhielt sich wenigstens neutral, so stellen sich um die Jahrtausendwende bereits zwei Drittel der Russen gegen Marktreformen – zumindest in der Form, in der sie durchgeführt worden sind.* Die einzige Reformmaßnahme, die nicht auf Ablehnung der Mehrheit stößt, ist der freie Handel mit Devisen – der US-Dollar ist bekanntlich für breite Schichten der Bevölkerung die einzige Möglichkeit, ihre Rücklagen mehr oder weniger krisensicher anzulegen. Frauen, junge Leute unter 30 Jahren, Unternehmer, Studenten und – erstaunlicherweise – Militärs, Angehörige des Innenministeriums, der Justiz, der Polizei und der Geheimdienste sind deutlich marktwirtschaftlicher gestimmt. Die konsequentesten Befürworter einer staatlichen Kontrolle unternehmerischer Tätigkeit sind hingegen Mitglieder der Belegschaften privatisierter Unternehmen. Dies ist wohl nicht unbedingt als negative Grundeinstellung gegenüber privatwirtschaftlichen Formen zu sehen, sondern eher als negative Einstellung gegenüber der Quasiprivatisierung, die diesen Unternehmen weder effiziente Eigentümer noch Investitionen gebracht hat.

### Wirtschaftswerte und Grundeinstellungen: Inwiefern sind die Russen „anders"?

Sicherlich hat es den Anschein, dass die bitteren Erfahrungen des letzten Jahrzehnts dazu geführt haben, dass die russische Bevölkerung mehrheitlich jegliche Marktreformen ablehnt. Altbekannte und vertraute wirtschaftspolitische Vorstellungen scheinen sich gegen die Ideen von Markt und Eigentum durchzusetzen. Der Verfasser glaubt aber, dass eine solche pauschale Feststellung falsch ist – oder zumindest nicht für alle Altersgruppen und sozialen Milieus bzw. Schichten der Bevölkerung zutrifft. Denn mitunter führt die Analyse „tieferer Schichten" des Massenbewusstseins dazu, dass scheinbar klare Ergebnisse relativiert werden. So ist es auch in unserem Fall nützlich, die Lippenbekenntnisse mit verdeckten, von den Befragten selbst kaum reflektierten Einstellungen und Sympathien zu vergleichen.

Im Laufe einer der letzten RUFI-Erhebungen wurden die Auskunftspersonen gebeten, zu einer Reihe von Begriffen wertend Stellung zu nehmen. Ein Teil dieser Begriffe entsprach denen, die das Institut für Demoskopie Allensbach in seiner Umfrage „Balkon 2000" an deutsche Bürgerinnen und Bürger richtete.[3] Dadurch ist es möglich, gewisse Grundeinstellungen von Deutschen

3 Die Ergebnisse der Umfrage des Instituts für Demoskopie sind in der „Zeit" vom 29.12.1999 veröffentlicht worden. Im Verlauf dieser Erhebung ist jede der Fragen von mindestens 500 Befragten beantwortet worden.

– von denen man ja im Prinzip annimmt, dass sie Marktwirtschaft und Demokratie gegenüber positiv eingestellt sind – und Russen zu vergleichen (Tabelle 2).

*Tabelle 2: Sagen Sie bitte, welche der unten aufgelisteten Begriffe Ihnen eher sympathisch bzw. unsympathisch sind (in %).*

| **Eher sympathisch** | | | **Begriffe** | **Eher unsympathisch** | | |
|---|---|---|---|---|---|---|
| *D* | *D (Ost)* | *RF* | | *D* | *D (Ost)* | *RF* |
| | | 53,6 | Unternehmer | | | 46,4 |
| | | 24,7 | Privatisieren | | | 75,3 |
| | | 53,7 | Kolchose | | | 46,3 |
| | | 58,5 | Privatbesitzer (Častnik) | | | 41,5 |
| | | 64,5 | Selbstverwaltung | | | 35,5 |
| | | 40,7 | Enteignen | | | 59,3 |
| | | 84,7 | Rubel | | | 15,3 |
| | | 57,3 | Fünfjahrplan | | | 42,7 |
| | | 56,4 | Markt | | | 43,6 |
| 32,0 | 66,0 | 73,0 | *Kollektiv* | 55,0 | 24,0 | 27,0 |
| 34,0 | | 68,3 | *Direktor (Deutschland: Manager)* | 56,0 | | 31,7 |
| 88,0 | | 93,4 | *Recht und Ordnung* | 7,0 | | 6,6 |
| 61,0 | 54,0 | 69,0 | *Wettbewerb* | 30,0 | 32,0 | 31,0 |
| 76,0 | | 74,0 | *Reichtum* | 18,0 | | 26,0 |
| 15,0 | | 9,3 | *Faulheit* | 82,0 | | 90,7 |
| | | 59,5 | *Sozialismus* | | | 40,5 |
| 82,0 | | 95,7 | *Arbeit* | 13,0 | | 4,3 |
| 65,0 | | 67,7 | *Individualismus* | 25,0 | | 32,3 |
| 64,0 | | 61,9 | *Karriere* | 29,0 | | 38,1 |
| 33,0 | 17,0 | 33,7 | *Kapitalismus* | 52,0 | 67,0 | 66,3 |
| 69,0 | | 65,3 | *Sparen* | 22,0 | | 34,7 |
| | | 46,6 | *Dollar* | | | 53,4 |
| 78,0 | | 97,1 | *Leistung* | 14,0 | | 2,9 |
| 34,0 | | 76,5 | *Risiko* | 50,0 | | 23,5 |

Erläuterung: *D = Deutschland bzw. Westdeutschland; D (Ost) = Ostdeutschland; RF = Russländische Föderation;* kursiv = *Begriffe, welche in beiden Listen vertreten waren. Ferner ist zu bemerken, dass in der IfD-Studie zusätzlich eine dritte mögliche Antwort zugelassen war: „Fällt mir schwer zu entscheiden".*

Bei der Durchsicht der Daten fällt zweierlei ins Auge. Erstens lässt sich feststellen, dass die Einstellung des überwiegenden Teils der Befragten zu bestimmten wertbesetzten Begriffen der Markt- bzw. Planwirtschaft in gleicher Weise positiv ist: „Fünfjahrplan" und „Markt", „Kollektiv" und „Individualismus", „Kolchose" und „Privatbesitzer". Obwohl diese Begriffe Gegenpole verkörpern, haben sie etwa denselben Anteil von Sympathisanten, und zwar jeweils mehr als die Hälfte. Das bedeutet, dass es einen nicht geringen Teil der Befragten gibt, denen beide – gegensätzlichen – Seiten eher sympathisch sind.

Zweitens fällt auf, dass zwar drei Viertel der Befragten den Begriff „Privatisierung“ eher negativ empfinden, der Gegenbegriff „Enteignen“ aber immerhin für 40% der Stichprobe sympathisch ist. Mit anderen Worten: Es gibt in Russland genug Leute, die meinen, *die* Form der Privatisierung, welche in Russland stattgefunden hat,[4] sei ihnen unsympathisch, obwohl sie nichts gegen die Privatwirtschaft *an sich* haben. Hier wirken sich einerseits die negativen Resultate des russischen Privatisierungsmodells auf das kollektive Bewusstsein aus, zugleich zeigt sich, dass selbst Mängel und Lücken dieses Privatisierungsmodells die Prinzipien einer marktwirtschaftlichen Ordnung in den Augen vieler Befragter nicht diskreditieren.

Drittens ergibt sich aus den Umfragedaten, dass mehr als die Hälfte der Befragten – ungeachtet vieler Jahrzehnte der Propaganda, die gewiss ihren Einfluss hatte – die Schlüsselfigur eines „Unternehmers“ (sowohl in dieser neutralen Formulierung als auch in der emotional-historisch gefärbten Ausdrucksweise „Častnik“, d.h. „Privatbesitzer“) als eher sympathisch empfindet. Gleichzeitig bilden Anhänger des „Sozialismus“ und einer – wie auch immer gearteten – „Selbstverwaltung“ eine klare Mehrheit. Also: *In der russischen Bevölkerung gibt es ziemlich viele Personen, deren Grundwerte völlig diffus sind bzw. deren Akzeptanz der Grundwerte der Marktwirtschaft mit einem Heimweh nach den (wirklichen oder scheinbaren) Errungenschaften des früheren Gesellschaftssystems verbunden sind.*

Andererseits finden einige wichtige Begriffe (und die damit bezeichneten Erscheinungen) sowohl bei Russen als auch bei Deutschen einen etwa gleich starken Widerhall. Vertreter beider Nationen sind fast ebenso intensiv für „Recht und Ordnung“, „Wettbewerb“, Reichtum“ und „Sparen“; sie sind gleich positiv gestimmt gegenüber dem Begriff „Karriere“ (der in der Sowjetunion offiziell immer nur in negativen Kontexten verwendet wurde), und selbst im Falle des „Kapitalismus“ decken sich die Sympathiewerte von Russen und Westdeutschen (allerdings ist auch der Anteil der entschiedenen Gegner ebenso groß wie bei den Ostdeutschen). In gewisser Hinsicht ist die russische Stichprobe sogar stärker marktwirtschaftlich orientiert als die deutsche. Das trifft z.B. für solche Begriffe wie „Leistung“, „Arbeit“ und „Risiko“ zu, die in Russland positiver besetzt sind, aber auch bei „Faulheit“, die von den russischen Befragten noch stärker abgelehnt wird als von den Deutschen.

Gewiss ist die russische Bevölkerung in ihrer Einstellung zu Werten, Begriffen und Realitäten einer Marktwirtschaft nicht homogen. Unterschiede ergeben sich aus dem Alter (je jünger, desto positiver die Einstellung gegenüber

4 Mehr über das russischen Privatisierungsmodell vgl. z.B.: Alexander Tschepurenko, Staat und Privatisierung in Rußland, in: H.-H. Höhmann (Hg.): Spontaner oder gestalteter Prozeß? Die Rolle des Staates in der Wirtschaftstransformation osteuropäischer Länder, Baden-Baden 1999, S. 175–197.

dem Markt), dem Familieneinkommen und sozialen Status (je höher, desto größer der Anteil der Marktanhänger), aber auch aus dem Wohnort (besonders konservativ sind die ländliche Bevölkerung als auch Bewohner von Kleinstädten).

## Sind Ordnung und Demokratie vereinbar? Russlands schwieriges Dilemma

Insgesamt ist in der russischen Gesellschaft die Vorstellung verbreitet, dass die in kurzer Zeit entstandenen gravierenden sozialen Unterschiede, deren Ursache die – wie viele meinen – widerrechtlich erworbenen Vermögen der protzigen „neuen Reichen“ sind, sich verfestigen und die Möglichkeiten eines sozialen Aufstiegs heute fast schlechter sind als in der Breschnew-Ära. Diese Einsicht führt zur Ablehnung des als ungerecht empfundenen politischen Systems (Tabelle 3).

Die Anpassungsfähigkeit der Bevölkerung wird durch solche Entwicklungen überbeansprucht, man verliert das Gefühl, die Ereignisse wenigstens auf der Mikroebene (Arbeitsplatz, Familie, nächste Umgebung) beeinflussen zu können. Daher nimmt in der russischen Gesellschaft das Gefühl der Entfremdung zu. Diese äußert sich darin, dass die Bevölkerung einerseits für die volle Geltung des Leistungsprinzips plädiert und von einem „Wohlstand für alle“ schwärmt, andererseits aber – aus der bitteren alltäglichen Erfahrung heraus – die Chancen eines besseren Lebens allein aus eigener Kraft nicht sonderlich hoch einschätzt und sich demgemäß für eine stärkere Intervention des Staates – vor allem in Verteilungsprozesse – ausspricht.

*Tabelle 3: Anhänger unterschiedlicher Gesellschaftsmodelle unter den Befragten (in %)*

| Politischer Standort | 1993 | 1995 | 1997 | 2000 |
|---|---|---|---|---|
| Radikale Marktreformen und Annäherung an den Westen („Liberale“) | 24,0 | 17,0 | 11,0 | 7,8 |
| Wiedergeburt der russischen Nation und russischer Sonderweg (Nationalisten und „National-Patrioten“) | 10,0 | 10,0 | 22,0 | 9,2 |
| Wiedergeburt/Erneuerung des Sozialismus (Kommunisten, Reformsozialisten) | 14,0 | 14,0 | 18,0 | 22,2 |
| Gemäßigte Ideen und Konzepte, Ablehnung radikaler Lösungen („Zentristen“) | keine Angaben | 17,0 | 15,0 | 16,1 |
| Kein Interesse an Politik | keine Angaben | 41,0 | 32,0 | 33,8 |
| Rest | 52,0 | 1,0 | 2,0 | 10,9 |
| | 100,0 | 100,0 | 100,0 | 100,0 |

*Quellen: gesamtrussische Befragungen des RUFI (jeweils 1700 bis 2100 Befragte), die an 100% fehlenden Angaben: Antwortverweigerung*

Der alltägliche Druck und das Gefühl, von den Politikern bevormundet zu werden, mündet in die *Sehnsucht nach einem starken Führer,* der *Ordnung im Lande* herstellen und bewahren kann (siehe Tabelle 4).

*Tabelle 4: Wählen Sie bitte aus jedem Meinungspaar die Aussage, die Ihrer Meinung am meisten entspricht (in %).*

| | | |
|---|---|---|
| **1.** | | |
| | Russland braucht eine „eiserne Hand", die Ordnung im Land herstellt | 77,2 |
| | Die politischen Freiheiten, die in den letzten Jahren durchgesetzt worden sind, darf man auf keinen Fall preisgeben | 22,8 |
| **2.** | | |
| | Um dem Land aus der Krise zu verhelfen, ist eine Konsolidierung der Öffentlichkeit und aller politischen Kräfte um den Präsidenten und der Regierung notwendig | 48,8 |
| | Um die Krise zu besiegen, braucht man nicht nur eine starke Führung, sondern auch eine Opposition, die die Konzentration der Macht in der Hand einer Person verhindert | 51,3 |

*Quelle: gesamtrussische RUFI-Umfrage, März 2000 (2100 Befragte)*

Es muss unterstrichen werden, dass *„Ordnung" für die Mehrheit der Russen heute nicht unbedingt eine totalitäre Diktatur bedeutet. Ordnung als Macht des Gesetzes* – dafür plädiert man mehrheitlich und ist der Meinung, man brauche eine Opposition, die die unumschränkte Herrschaft einer Person ausschließt. Also keinen Diktator, der willkürlich regiert, sondern einen Mann, der – notfalls gewaltsam – die Hegemonie des Gesetzes durchsetzt.

Da die politische Klasse bei der Erfüllung dieser Sehnsucht nach Ordnung als „Herrschaft der Gesetze" völlig versagt hat und da in der noch in Formierung begriffenen Gesellschaft keine anderen Institutionen der zivilen Gesellschaft hervorgetreten sind, die diese Aufgabe übernehmen könnten, bleibt nur die Hoffnung auf eine *autokratische Durchsetzung von law and order.* Daraus erklärt sich auch das „Phänomen Putin": Ein vor einem Jahr völlig unbekannter Beamter mit einer eher fragwürdigen Laufbahn als Geheimdienstoffizier wurde binnen kurzer Zeit zu einem politischen Führer, der ein hohes Maß an Popularität genießt, weil er sich als Mann des Handelns, der die „Diktatur des Gesetzes" durchzusetzen weiß, etablieren konnte.

Es muss besonders hervorgehoben werden, dass die überwiegende Mehrheit der Russen – ungeachtet ihrer schwierigen materiellen Lage – von dieser Herrschaft der Gesetze *keineswegs die Wiederherstellung einer gleichmacherischen Zuteilungswirtschaft erwartet.* Aus Abbildung 5 wird deutlich, dass die Tendenz in den letzten Jahren wieder mehr in Richtung Chancengleichheit – und nicht Einkommensgleichheit – geht.

*Abbildung 5: Tendenzen der Bevorzugung von „Chancengleichheit“ resp. „Einkommensgleichheit“ im kollektiven Bewusstsein der Russen (in %)*

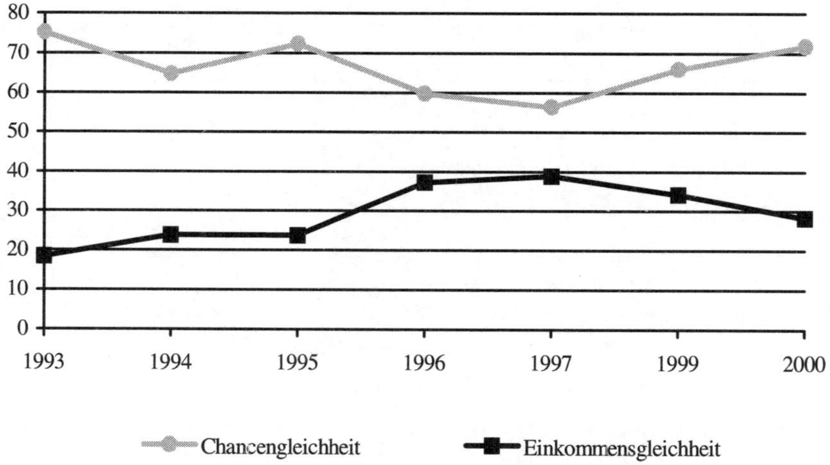


*Quellen: gesamtrussische Befragungen des RUFI, 1993–2000*

Damit geht einher, dass seit Mitte der 90er Jahre deutlich zunehmende Proteststimmung eine qualitative Veränderung erfährt: Heute dominiert weniger eine traditionalistische, durch kommunistische Ideale geprägte Grundstimmung, als vielmehr ein Modernisierungsstreben breiter Bevölkerungsschichten. Das belegen die Angaben in Tabelle 5. Aus ihr wird ersichtlich, dass erstens selbst unter den Anhängern der Kommunisten die Zahl derjenigen, die für „andere Reformen“ plädieren, etwa ein Drittel ausmacht; zweitens, dass 15 bis 20% der Anhänger aller politischer Richtungen (mit Ausnahme der Liberalen) sich für überhaupt keine der drei Meinungen entschieden, also völlig unentschlossen sind; und drittens, dass sich unter heutigen Bedingungen unter dem Motto „Erneuerung der Reformen“ sehr unterschiedliche Gruppen der russischen Gesellschaft mit grundsätzlich divergierenden Konzepten verbergen.

Das Einzige, was alle diese Gruppen verbindet, ist das Plädoyer für einen starken Staat. Dabei wird eine Stärkung der Macht des Präsidenten von Liberalen, Zentristen und Nationalisten unterstützt, während Kommunisten und „Jabloko“-Anhänger eher dagegen sind.

*Tabelle 5: Einstellung zu den Reformen bei Anhängern unterschiedlicher politischer Richtungen (in %)*

| **Politische Position** | **Reformen wie bisher fortsetzen** | **Reformen fortsetzen, aber anders** | **Reformen einstellen** | **Weiß nicht** |
|---|---|---|---|---|
| Liberale Marktanhänger | 14,1 | 78,1 | 1,6 | 6,2 |
| Kommunisten | 0,7 | 34,2 | 47,3 | 17,8 |
| Russische Nationalisten | 3,9 | 62,3 | 19,5 | 14,3 |
| Anhänger von „Jabloko“ | 5,5 | 72,4 | 5,5 | 16,6 |
| Anhänger der Kreml-nahen „Einheit“-Bewegung | 5,8 | 66,5 | 8,9 | 18,8 |

*Quelle: gesamtrussische RUFI-Befragung, Februar 2000 (2050 Befragte)*

Wie empirische Untersuchungen zeigen, ist es dabei zu einer noch vor einigen Jahren für unmöglich gehaltenen Übereinstimmung zwischen großen Teilen der Liberalen (die von einem „russischen Pinochet“ träumen, der eine marktwirtschaftliche Ordnung herstellt und rigoros durchsetzt) und traditionalistisch orientierten Schichten der russischen Gesellschaft gekommen. Selbst unter „Jabloko“-Anhängern ist die „Ordnungssehnsucht“ stärker vertreten als der Wunsch nach Beibehaltung von politischen Freiheiten (Tabelle 6).

Man muss jedoch hervorheben, dass es sich bei der „autoritären Tendenz“ im kollektiven Bewusstsein (zumindest bis jetzt) vor allem um den Aspekt der „Ordnung im Staat“ handelt. Nach wie vor gelten das Recht auf Privatleben, die Gewerbe-, Niederlassungs- und Informationsfreiheit und das freie Wahlrecht als positive Errungenschaften der letzten zehn Jahre russischer Geschichte. Wie die Angaben in Tabelle 7 zeigen, sind hier seit Mitte der 90er Jahre keine maßgeblichen Stimmungsveränderungen zu verzeichnen: Mehrheitlich bleiben die Russen der Überzeugung, dass demokratische Grundwerte nicht preisgegeben werden dürfen – selbst wenn es um eine schnelle Überwindung der Systemkrise gehen sollte.

*Tabelle 6: Autoritäre und demokratische Tendenzen innerhalb von Anhängern unterschiedlicher politischer Richtungen (in %)*

| **Politische Position** | **Für eine „eiserne Hand“** | **Für „politische Freiheiten“** |
|---|---|---|
| Liberale Marktanhänger | 50,0 | 50,0 |
| Kommunisten | 94,9 | 5,1 |
| Russische Nationalisten | 80,7 | 18,6 |
| Anhänger von „Jabloko“ | 52,9 | 47,1 |
| Anhänger der Kreml-nahen „Einheit“-Bewegung | 81,4 | 18,1 |

*Quelle: gesamtrussische RUFI-Befragung, Februar 2000 (2050 Befragte)*

*Tabelle 7: Welche Maßnahmen wären Sie bereit zu unterstützen, um dem Land aus der heutigen Krisensituation zu helfen? (in %)*

| | **Dafür** | | **Dagegen** | | **Schwer zu sagen** | |
|---|---|---|---|---|---|---|
| | *1995* | *2000* | *1995* | *2000* | *1995* | *2000* |
| Verbot von politischen Parteien und Medien, die gegen die gegenwärtige Führung auftreten | 10,6 | 12,3 | 68,4 | 63,0 | 21,0 | 24,7 |
| Verbot von Streiks und anderen Massenprotestaktionen | 18,0 | 12,2 | 60,7 | 68,6 | 21,3 | 19,2 |
| Einschränkung der Reisefreiheit | 10,3 | 12,5 | 74,5 | 70,3 | 15,2 | 17,2 |
| Keine Wahlen in den nächsten Jahren | 12,4 | 19,6 | 62,7 | 57,7 | 24,9 | 22,7 |
| Einsatz militärischer Gewalt in Konflikten, die die territoriale Einheit Russlands gefährden | 25,6 | 45,2 | 51,6 | 30,1 | 22,8 | 24,7 |
| Schließung der Duma für eine Übergangszeit und Konzentration aller Machtbefugnisse in der Hand von Präsident und Regierung | 18,1 | 17,2 | 50,6 | 49,9 | 31,3 | 32,9 |

*Quellen: Massenbewusstsein der Russen in der Transformationsperiode. Realität versus Mythen. Analyse des RUFI im Auftrag des Büros der Friedrich-Ebert-Stiftung in Moskau, Januar 1996 (2017 Befragte); Das 20. Jahrhundert in den Augen der Russen und ihre Erwartungen an das kommende Jahrhundert. Analyse des RUFI im Auftrag des Büros der Friedrich-Ebert-Stiftung in Moskau, Juni 2000 (Umfrage im Februar 2000, 2050 Befragte)*

Die Grundwerte der russischen Gesellschaft umfassen also, trotz eines stärker werdenden Bestrebens breiter Schichten der Basis (und der Eliten) nach autoritär durchgesetzten Spielregeln, wesentliche Elemente demokratischen Denkens. Zwar ist der Reifegrad dieser Demokratie ungenügend – es fehlt an wichtigen Momenten einer wirklichen Demokratie (mündige, dank Interessengruppen und anderen Keimzellen der zivilen Gesellschaft horizontal und vertikal agierende Bürgerinnen und Bürger, von denen ein substanzieller Teil über eigenständige Einkommensquellen verfügt; ein leistungsfähiges Parteiensystem; ein effizienter Staat als Hüter der öffentlichen Ordnung usw.). Doch berücksichtigt man, wie schwach die Traditionen waren, wie kurz die Periode des Systemwandels ist und mit wie starken und traumatischen Herausforderungen die Bevölkerung in den letzten Jahren konfrontiert war – dann muss der heutige Stand der Dinge eher positiv bewertet werden.

## Schlussfolgerungen

Die russischen Bürgerinnen und Bürger akzeptieren die Werte einer auf Markt und Demokratie beruhenden Gesellschaft – zumindest verbal. Das Bekenntnis zum Markt, zu Wettbewerb und Leistungsprinzip ist verbreitet, es fehlt aber an Institutionen einer demokratischen Gesellschaft und einer effizienten Rahmensetzung für den Markt. Unter diesen Umständen setzen viele auf einen starken Staat und einen starken politischen Führer. Dabei wirkt sich auch die Hypothek von 70 Jahren Zuteilungswirtschaft aus, die zu einer Gleichsetzung eines *starken* mit einem *interventionistischen* Staat führt. Zahlreiche Fehler in der Umsetzung der Reformen haben diese Vorurteile nicht beseitigt, sondern eher bekräftigt.

Derzeit ist noch nicht klar, in welche Richtung die Entwicklung geht. Manche Tendenzen der letzten zehn Jahre lassen jedoch vermuten, dass sich die eigenartige Konstellation von heute (ein autoritärer Konsens, der mit einer grundsätzlich demokratischen Grundstimmung einhergeht) schnell ändern kann. Wenn die Mehrheit der Gesellschaft begreift, dass diese Konzepte sich diametral widersprechen, wird sie versuchen, zu einer Auflösung des Widerspruchs zu kommen. Vieles spricht dafür, dass dann die Entscheidung der Mehrheit zugunsten der Werte von Demokratie und Marktwirtschaft fällt, die inzwischen recht stark verwurzelt sind. Die Eliten werden sich vermutlich ebenso vernünftig entscheiden.

# Das russische Bildungswesen im Spannungsfeld von Kontinuität und Umbruch

FRIEDRICH KUEBART

Die Transformationsprozesse im Bildungswesen Russlands verliefen seit dem Zerfall der Sowjetunion zwar ohne abrupte Brüche und scharfe Einschnitte, doch in der realen Bildungslandschaft sind inzwischen grundlegende Veränderungen zu verzeichnen, die von manchen geradezu als revolutionär empfunden werden. Die Entwicklungen im Bildungsbereich spiegelten – teilweise sehr unmittelbar – den Systemwandel auf der staatlichen und gesellschaftlichen Makroebene wider. Die Einführung marktwirtschaftlicher Strukturen, die Schaffung eines föderalen Staatsaufbaus und eines pluralistisch verfassten politischen Systems schufen neue Rahmenbedingungen auch für das Funktionieren und den Umbau des Bildungssystems. Vor allem hat die anhaltende Wirtschaftskrise tiefe Spuren im Bildungswesen hinterlassen und seine Entwicklungsmöglichkeiten und Transformationsrichtungen nachhaltig beeinflusst. Mit anderen Worten: Auf den verschiedenen Ebenen staatlicher Bildungspolitik wie – und hier besonders – auf der Ebene der einzelnen Schule oder Universität ging es während der 90er Jahre zumeist mehr um bloße Existenzsicherung als um eine systematische und konsequente Umsetzung von Reformkonzeptionen und -modellen.

Die politischen Umwälzungen, die mit dem Auflösungsprozess der Sowjetunion verbunden waren, hatten in Russland schon 1990 die Exponenten eines radikalen Reformkurses an die Schalthebel der staatlichen Bildungspolitik gebracht. Diese neuen Kräfte konnten sich auf konzeptionelle Vorarbeiten aus der Zeit der Perestrojka stützen, auf deren Basis nunmehr die Leitlinien für die grundlegende Umgestaltung des Bildungswesens formuliert wurden. Das ambitionierte Reformprogramm ist in seinen wesentlichen Grundpositionen ein Orientierungsrahmen für den Transformationsprozess geblieben, und auch die aktuelle Reformdiskussion bleibt ihm, direkt oder indirekt, in vielen ihrer Kernpunkte verpflichtet.[1]

## *Schwerpunkte und Widersprüche des Transformationsprozesses*

Die Reformer stellten die postsozialistische Transformation unter eine Reihe einprägsamer Leitprinzipien, in denen sich die Abkehr vom alten System ma-

[1] Zur Programmatik der Reform siehe Ben Eklof/Edward Dneprov (Hg.): Democracy in the Russian School. The Reform Movement in Education since 1984, Boulder u.a. 1994; Stephen L. Webber: School, Reform and Society in the New Russia, Basingstoke u.a. 2000; Gerlind Schmidt: Kontinuität und Wandel im Bildungswesen Rußlands, in: Die Deutsche Schule, 90. Jg. 1998, S. 231–247.

nifestierte und die als Orientierungsmuster für die Durchsetzung eines neuen Bildungsparadigmas fungieren sollten. Demokratisierung und Entideologisierung, Entstaatlichung und Diversifizierung, Dezentralisierung und Autonomie, Humanisierung und Individualisierung, so lauteten einige der konzeptionellen Zielwerte für die Umgestaltung des Bildungswesens. Ein erster wichtiger Meilenstein auf dem mühsamen Weg der bildungspolitischen Umsetzung des Reformkurses war das Bildungsgesetz von 1992, das zum einen das begonnene Reformwerk gegen revisionistische Bestrebungen rechtlich absichern und zum andern die weiteren Schritte der Umgestaltung des Bildungswesens programmatisch vorzeichnen sollte. Trotz mancher Zugeständnisse und Kompromisse gelang mit dem Gesetz eine Kodifikation der Reformprogrammatik, deren liberale Grundzüge – so etwa in den Bestimmungen zur Autonomie der Bildungseinrichtungen – internationale Aufmerksamkeit fanden.[2]

In der Praxis erwies es sich allerdings schon bald, dass die Gesetzesbestimmungen nur begrenzt im Stande waren, die Reformentwicklung zu steuern und voranzutreiben. Teils mangelte es ihnen an der nötigen Präzision, teils waren sie – insbesondere in finanzieller Hinsicht im Zeichen der sich verschärfenden Wirtschaftskrise – unrealistisch und wurden einfach von der Exekutive ignoriert, die ihre Prioritäten anderweitig setzte. Vielfach wurden die neuen Leitmaximen der Reform lediglich als stereotype Formeln adaptiert, mit denen das Festhalten an den alten Denkmustern und Handlungsweisen überdeckt werden konnte. Während sich zahlreiche Bestimmungen des Rahmengesetzes von 1992 schon bald als korrekturbedürftig erwiesen – eine Novellierung erfolgte 1996 –, kamen die geplanten Spezialgesetze mit detaillierten Regelungen für die einzelnen Teilbereiche des Bildungssystems kaum voran und sind mit Ausnahme des föderalen Hochschulgesetzes von 1996 vorerst im Dickicht des Gesetzgebungsverfahrens stecken geblieben.

Teils durch die staatlichen Reformstrategien angestoßen und auf den Weg gebracht, teils „von unten“ eigenwüchsig entwickelt, weist die Systemtransformation im russischen Bildungswesen unterschiedliche und auch extrem widersprüchliche Facetten auf.[3] Der entstehende Bildungsmarkt und die wirtschaftlichen Unsicherheiten haben nachhaltig zu den Erscheinungen eines schwer zu kontrollierenden Wildwuchses beigetragen. Geht man von den Leitprinzipien der staatlichen Reformstrategie aus, lassen sich jedoch einige wesentliche Entwicklungstrends skizzieren, an denen die eingetretenen Veränderungen abzulesen sind und vor deren Hintergrund zugleich die aktuellen Problemkonstellationen deutlicher werden.

2 Siehe z.B. Jan de Groof (Hg.): Comments on the Law on Education of the Russian Federation, Leuven/Amersfoort 1993.

3 Siehe dazu auch Webber (2000); Jeanne Sutherland: Schooling in the New Russia. Innovation and Change, 1984–95. Basingstoke, London 1999; Anne Hartmann (Hg.): Kraftproben. Zum russischen Hochschulwesen und Wissenschaftsbetrieb der neunziger Jahre, Bochum 2000.

Die zentralistische Bildungsverfassung der Sowjetunion wurde durch *dezentralisierte Kompetenzstrukturen* abgelöst, wobei vor allem die Trägerfunktionen für die Bildungseinrichtungen nach unten auf die Regionen, d.h. die sog. Föderationssubjekte, sowie auf die kommunale Ebene verlagert wurden. Den einzelnen Bildungseinrichtungen selbst wurden weitgehende Autonomierechte eingeräumt. Es kennzeichnet jedoch den unfertigen und begrenzten Charakter des russländischen Bildungsföderalismus, dass die Kompetenzabgrenzungen zwischen Regionen und Föderation teilweise unklar und widersprüchlich geblieben sind – das Mittel der Direktverträge zwischen dem föderalen Bildungsministerium und einer großen Anzahl von Föderationssubjekten war eher ein Notbehelf, der vielfach die bereits vorhandenen Unterschiede zwischen den Regionen festschrieb, anstatt sie abzubauen –, dass ferner der Finanzausgleich zwischen Regionen und Föderation nur unvollkommen funktioniert und die Bedürfnisse des Bildungswesens vielfach ignoriert und dass insbesondere auch keine politischen Instrumente für eine horizontale Abstimmung der Regionen untereinander in Grundfragen der Entwicklung des Bildungswesens entstanden sind.[4]

Unter *Demokratisierung der Bildung* verstanden die Reformer vor allem die Beseitigung des strukturellen und inhaltlichen Einheitscharakters der sozialistischen Bildung zugunsten der Möglichkeit, zwischen unterschiedlichen Bildungsangeboten entsprechend den individuellen Bildungsansprüchen und -interessen wählen zu können. Die durch die staatliche Bildungspolitik geförderten, aber kaum koordinierten *strukturellen Diversifizierungsprozesse* haben auf allen Ebenen des Bildungswesens die alten Einheitsstrukturen aufgebrochen und eine Vielzahl neuer Formen und Typen entstehen lassen.[5] Manche Schulen nutzten die Möglichkeit, innovativ-experimentelle Programme zu entwickeln, andere gaben sich ein betont leistungsorientiertes Profil, das die Einführung von Ausleseverfahren einschloss und mehr oder weniger explizit auf die Hochschulvorbereitung und Ausbildung einer neuen Elite zielte. Mit der sich rasch manifestierenden sozialen Exklusivität eines Teils des staatlichen Schulwesens stellte sich in aller Schärfe das Problem der Chancengleichheit im postsozialistischen russischen Bildungssystem.[6] Gleichwohl bescherte die anhaltende Nachfrage diesen Schulen eine rasche Expansion. Die neu entstandenen „Gymnasien“ und „Lyzeen“ – die Bezeichnungen beziehen sich in der Regel auf bestimmte inhaltliche Schwerpunkte – haben sich als eigenständige Schultypen fest etabliert und zusammen einen Anteil von rd. 6% an der Gesamtzahl der Schüler erreicht (1998/99).[7] Sie sind somit neben die

4 Vgl. dazu den Beitrag von Andreas Heinemann-Grüder in diesem Band.

5 Siehe dazu Friedrich Kuebart: Rußland, in: Oskar Anweiler u.a., Bildungssysteme in Europa, Weinheim/Basel [4]1996, S. 165–192.

6 Vgl. die kritische Bewertung dieser Entwicklung durch die OECD in dem Bericht: Review of National Policies for Education. Russian Federation, Paris 1998, S. 78ff.

7 Rossijskij statističeskij eženodnik 1999, Moskva 1999, S. 186f.

fortbestehenden „Mittelschulen“ getreten, die im Unterschied zu westlichen Gesamtschulmodellen alle elf Klassen des schulischen Ausbildungsgangs von der Grundschule bis zur Abiturstufe umfassen.

Die Politik der strukturellen Diversifizierung und der Pluralisierung des Bildungsangebots sollte vor allem auch dem rigide gehandhabten staatlichen Bildungsmonopol ein Ende setzen. Nachdem die rechtlichen Voraussetzungen für die Gründung von Bildungseinrichtungen in nichtstaatlicher Trägerschaft geschaffen waren, kam es in den 90er Jahren zu einer dynamischen Entwicklung eines *privaten Bildungssektors*. Als Alternativangebote zum staatlichen Bildungswesen verfolgen die privaten Schulen teilweise sehr unterschiedliche pädagogische und weltanschauliche oder ethnisch-kulturelle Zielsetzungen oder auch einfach kommerzielle Interessen. Von den Reformern als innovative Konkurrenz zu den staatlichen Schulen gesehen, wurden sie in der Öffentlichkeit wegen ihrer oft exorbitant hohen und für die absolute Mehrheit der Bevölkerung unerschwinglichen Schulgelder vorwiegend als Eliteeinrichtungen für die Kinder der „neuen Russen“ wahrgenommen. Quantitativ spielen die privaten Schulen mit rund 50 000 Schülern nur eine bescheidene Rolle, dennoch wurden sie vielfach als Speerspitze für eine weiter gehende Politik der Privatisierung der öffentlichen Bildungseinrichtungen verstanden. Erst ein gesetzliches Verbot der Privatisierung staatlicher und kommunaler Bildungseinrichtungen ließ diese Debatte abflauen. Weniger davon betroffen waren die privaten bzw. nicht-staatlichen Hochschulen, die sich auch quantitativ stärker durchsetzen konnten und einen Anteil von rd. 7% an der Gesamtzahl der Studierenden erreicht haben. Ebenso wie die Schulen müssen sie einen mehrstufigen Anerkennungsprozess bis hin zur staatlichen Akkreditierung durchlaufen, damit ihre Diplome den Studienabschlüssen im staatlichen System gleich gestellt werden.

Die Tendenzen der Diversifizierung und Regionalisierung des Bildungswesens bildeten zugleich den Hintergrund für eine *curriculare Differenzierung* des Bildungsangebots. Die neuen Autonomiespielräume ermöglichten es den Schulen, eigene inhaltliche Akzente zu setzen und spezielle Profile zu entwickeln. Die staatlichen „Bildungsstandards“ als eine Art Kerncurriculum sicherten nur noch einen Mindestbestand an inhaltlichen Gemeinsamkeiten und gaben bestimmte zeitliche Rahmennormen vor, die zu einem Teil von der regionalen Ebene und den Schulen selbst ausgefüllt werden konnten. Eigenwillige Regelungen in manchen Regionen, insbesondere unter ethnisch-kulturellen Vorzeichen,[8] ließen im Zentrum schnell Befürchtungen laut werden, der „einheitliche Bildungsraum“ Russlands sei bedroht und das Auseinanderdriften der inhaltlichen Anforderungen gefährde die Gleichwertigkeit

8 Siehe hierzu auch Gerlind Schmidt: Bildung und Nationalitätenfragen in der Russischen Föderation: Ein neues Paradigma nationaler Bildung in Rußland? In: Bildung und nationale Identität aus russischer und rußlanddeutscher Perspektive, hg. von Gerlind Schmidt/Marianne Krüger-Potratz, Münster/New York 1999, S. 3–43.

regionaler Bildungsabschlüsse. Daraus wurden wiederum Argumente für die Forderung abgeleitet, das Gewicht der zentralen Ebene in der Bildungspolitik und -administration künftig wieder stärker zur Geltung zu bringen.

## *Die Bildungsfinanzierung als Kernproblem*

Dass externe Faktoren wie insbesondere die katastrophale Wirtschaftsentwicklung in maßgeblicher Weise die Transformationsprozesse im Bildungswesen bestimmt haben, ist schon angedeutet worden. Die Krise der Staatsfinanzen[9] hat das Bildungswesen in einem dauernden Krisenzustand gehalten und einerseits Reformspielräume nachhaltig eingeengt, andererseits die Bildungspolitik wie auch die einzelnen Bildungseinrichtungen zur *Suche nach neuen Finanzierungsmustern* gezwungen. Der rapide Rückgang des Bruttoinlandsprodukts in den 90er Jahren um rund 50%, die Schrumpfung der Industrieproduktion bis hin zum Stillstand vieler Betriebe, hohe Inflationsraten und Steuerausfälle schränkten das Ausgabenvolumen des Staatshaushalts auf allen Ebenen massiv ein. Innerhalb des Etats der Föderation ging der Anteil der Aufwendungen für den Bildungsbereich nach offiziellen Angaben des Bildungsministeriums zwischen 1992 und 1998 von 5,8% auf nur noch 3,45% zurück.[10] Die staatlichen Aufwendungen pro Schüler in den allgemeinbildenden Schulen sanken, anderen Berechnungen zufolge, in den 90er Jahren um 38%.[11]

Die reale Entwicklung des Bildungsbudgets zeigte, dass die Transformationspolitik der Föderation in erheblichem Umfang zu Lasten des Bildungswesens (sowie der Ausgaben für den sozialen Sektor insgesamt) ging, und machte die in der Bildungsgesetzgebung verankerten Garantien für die Priorität des Bildungsbereichs in der staatlichen Ausgabenpolitik zur Makulatur. Oftmals wurden die ausgewiesenen Haushaltsansätze nicht erfüllt, wovon insbesondere das Lehrpersonal betroffen war. Die Lehrereinkommen gingen im Durchschnitt auf etwa zwei Drittel des mittleren Einkommens aller Beschäftigten zurück und sanken für die meisten Lehrerkategorien unter die Grenze des offiziell festgesetzten Existenzminimums ab.[12] Für die Lehrkräfte an allgemeinbildenden Schulen verschärfte sich die Situation in zahlreichen Regionen noch dadurch, dass ihre Gehälter mit erheblichen Verspätungen – Rückstände von neun Monaten oder einem Jahr waren keineswegs die Ausnahme – ausgezahlt wurden, da die regionalen Behörden in den auf Transferzahlungen der Föderation angewiesenen „Nehmerregionen“ die nicht zweckgebundenen

9 Zu den Problemen der Finanz- und Haushaltspolitik vgl. den Beitrag von Pekka Sutela in diesem Band.

10 Grigorij Balychin: S nadeždoj na budžet-2001, in: Poisk, Nr. 35, 1.9.2000, S. 3.

11 Belaja kniga rossijskogo obrazovanija. Moskva 2000, S. 34 (Proekt Tacis „Upravlenie obrazovaniem“).

12 Ebd., S. 35.

zentralen Mittelzuweisungen häufig für andere Zwecke verwendeten und föderale Kontrollmechanismen nicht zur Verfügung standen oder ohne Wirkung blieben.

Gegen drohende Verelendung und soziale Marginalisierung setzten viele der betroffenen Lehrkräfte sich durch Arbeitsniederlegungen zur Wehr, sodass es seit Mitte der 90er Jahre zu häufigen öffentlichen Demonstrationen und zu teilweise lang anhaltenden Lehrerstreiks kam. Teile der Lehrerschaft – und mehr noch Hochschullehrkräfte und Wissenschaftler – wanderten in andere, besser bezahlte Tätigkeitsfelder in den neu entstehenden Marktstrukturen oder ins Ausland ab. Die überwiegende Mehrzahl setzte jedoch – sei es aus Mangel an Alternativen, sei es aus pädagogischem Verantwortungsgefühl – ihre Arbeit im Rahmen des Möglichen fort und trug auf diese Weise entscheidend dazu bei, dass die Funktionsfähigkeit des Bildungssystems weitgehend erhalten blieb und sein in der öffentlichen Debatte häufig beschworener völliger Zusammenbruch nicht eingetreten ist.

Die Politik der Dezentralisierung im Bildungsbereich war zugleich auch mit einer Verlagerung der finanziellen Verantwortung auf die unteren Ebenen, die Kommunen sowie die einzelnen Bildungsinstitutionen selbst, verbunden. Aber fehlende, unvollständige oder einander widersprechende Regelungen in der Kommunal- und Steuergesetzgebung verhinderten, dass die Kommunen die erforderliche Finanzausstattung erhielten, um ihren Verpflichtungen gegenüber den in ihre Trägerschaft übergebenen Schulen nachkommen zu können. Angesichts chronischer Unterfinanzierung aus den öffentlichen Haushalten sahen die Bildungsinstitutionen sich zunehmend auf die Erzielung von zusätzlichen Einnahmen angewiesen, um ihr Überleben zu sichern, und mit dem liberalen Autonomiekonzept war in der Tat die Erwartung verbunden, dass sie als Akteure auf einem entstehenden „Bildungsmarkt" in zunehmendem Umfang Eigenmittel erwirtschaften würden. Zu diesem Zweck begannen Schulen und Hochschulen, Teile ihrer Gebäude und Grundstücke – bei nach wie vor rechtlich weitgehend ungeklärten Eigentumsverhältnissen – an private Firmen zu vermieten, in Lehrwerkstätten hergestellte Produkte zu verkaufen oder für ihre Bildungsangebote Gebühren zu erheben. Während Schulen angesichts des in der Verfassung verbrieften Rechts auf kostenlose Bildung nur beschränkte Möglichkeiten für eine Zusatzfinanzierung über Gebühren haben, hat bei den Hochschulen die Praxis weite Verbreitung gefunden, neben dem von der zentralen Ebene festgelegten Kontingent staatlich finanzierter Studienplätze weitere Studienplätze anzubieten, für die Gebühren zu entrichten sind und die zumeist von Studierenden besetzt werden, die an der Hürde des leistungsgesteuerten Wettbewerbsverfahrens beim Zugang zum Studium gescheitert sind. Inzwischen werden bis zu 40% der Studienplätze an Selbstzahler vergeben, und die daraus erzielten Einnahmen bescheren den Hochschulen ein erhebliches Maß an finanzieller Autonomie, in deren Rahmen zugleich zahlreiche Facetten einer in der Öffentlichkeit immer wieder angeprangerten Schattenwirtschaft gedeihen.

## Stabilisierung und Kontinuität statt neuer Reformimpulse

Um die Mitte der 90er Jahre zeichnete sich immer deutlicher ab, dass der Reformprozess im Bildungswesen ins Stocken geraten war und keine der anstehenden und im Bildungsgesetz vorgegebenen wesentlichen Reformaufgaben – von der Erstellung eines Föderalen Bildungsentwicklungsprogramms über die Organisations- und Finanzierungsreform bis hin zur Einführung neuer Curricula („Bildungsstandards") für die Schulen – entscheidend voran gebracht worden waren. Diese Stagnation war nicht allein auf die lähmende Abhängigkeit des Bildungsbereichs von makroökonomischen Faktoren und den Staatsfinanzen zurück zu führen, sondern konnte auch einer staatlichen Bildungspolitik angelastet werden, die einen klaren Kurs vermissen ließ und über politisch-bürokratischen Grabenkämpfen die längerfristigen Reformperspektiven aus den Augen verlor.[13]

Um dem Reformprozess neue Anstöße zu geben, wurden im Sommer 1997 durch gleich zwei Expertengruppen, hinter denen unterschiedliche Gruppierungen innerhalb und außerhalb des Bildungsministeriums standen, programmatische *Konzeptionsentwürfe für den Fortgang der Reformen* vorgelegt. In der kontroversen öffentlichen Debatte, die sie bewirkten, konnte sich indes keine der Konzeptionen durchsetzen, und auch einer eilends erstellten integrierten Version erging es nicht anders. Es waren vor allem ihre bildungsökonomischen Hauptakzente, die sehr rasch – bereits Anfang 1998 – ihr Scheitern zur Folge hatten, obwohl (oder weil) sie Vorgaben des Bildungsgesetzes und teilweise auch schon praktizierte Verfahren – wie Ergänzung einer staatlichen Grundfinanzierung durch erwirtschaftete Eigenmittel der Bildungsinstitutionen oder Förderung privater Bildungsinvestitionen u.a. durch verstärkte Eigenbeteiligung der Nutzer an den Kosten – aufgriff und festzuschreiben versuchte.

Damit traf sie auf massiven Widerstand sowohl im Duma-Ausschuss für Bildung und Wissenschaft als auch im Föderationsrat sowie beim Russischen Rektorenverband als Interessenvertretung der Hochschulen. Statt neuer Finanzierungsmechanismen forderte die bildungspolitische Opposition – zu der sich auch die Lehrergewerkschaft gesellte – von der Regierung die vorrangige Einhaltung der gesetzlich verankerten sozialen Garantien und Etatbestimmungen. Das Verschwinden des Reformplans von der politischen Tagesordnung mit dem Regierungswechsel im Frühjahr 1998 legte nicht nur die Reform der Bildungsfinanzierung auf Eis, sondern blockierte zugleich auch die übrigen Bestandteile des Reformpakets. Die neue Regierung Kirijenko setzte stattdessen offen auf ein einschneidendes Sparprogramm, das über Stellenkürzungen, Reduzierung der staatlichen Studienplatzfinanzierung und strukturelle Eingrif-

13 Vgl. z.B. die Kritik des ersten Bildungsministers unter Präsident Jelzin, unter dessen Ägide die Reformen eingeleitet wurden: Ėduard Dneprov: Tri istočnika i tri sostavnie časti krizisa školy, in: Narodnoe obrazovanie, 2000, Nr. 2, S. 232–248, hier S. 234.

fe vor allem den Hochschulbereich im Visier hatte und in der öffentlichen Wahrnehmung vollends als Beleg dafür interpretiert wurde, dass der Staat das Recht auf Bildung zur Disposition stellen und das Bildungswesen privaten Interessen ausliefern wolle.

Die Einsetzung der Regierung Primakow im Gefolge der Wirtschaftskrise vom August 1998 brachte mit dem langjährigen Rektor der auch international renommierten „Universität der Völkerfreundschaft“, Wladimir Filippow, einen Exponenten der Hochschulen in das Amt des Bildungsministers, der zunächst ostentativ den Schulterschluss mit den Opponenten des bisherigen Reformkurses suchte. Mit einer Politik pragmatischer Schritte zur Erhöhung des Bildungsbudgets und Rückzahlung der aufgelaufenen Gehaltsschulden gegenüber der Lehrerschaft war er um eine Stabilisierung der Lage im Bildungsbereich bemüht. Darüber hinaus ging es der neuen bildungspolitischen Koalition aber um eine grundsätzliche konzeptionelle Wende, die darauf abzielte, die Grundkonstanten und -werte des russischen Bildungswesens festzulegen, die als Ausdruck seines kulturellen Erbes und seiner nationalen Identität auf Dauer reformierenden Zugriffen entzogen bleiben sollten. Als Kernstück einer *konservativen Gegenstrategie gegen die bisherigen Reformpläne* wurde die Idee einer „Nationalen Doktrin für das russländische Bildungswesen“ aufgegriffen, die auf die seit Mitte der 90er Jahre diskutierte Vorstellung zurückging, die Formulierung einer neuen „nationalen Idee“ für Russland könne einen übergreifenden „patriotischen Konsens“ zur Ausfüllung des nach 1991 entstandenen ideologischen Vakuums schaffen.[14] Die Bildungsdoktrin sollte nach den Vorstellungen ihrer Befürworter nicht nur dem drohenden Verfall des Bildungssystems entgegen wirken und damit die geistige und kulturelle Einheit Russlands bewahren helfen, sondern sollte auch die Verpflichtungen des Staates gegenüber dem Bildungswesen in Gesetzesform – als eine Art Bildungs-Charta – festschreiben.[15]

Einen neuen Schub, aber auch eine neue Wendung erhielt die Vorbereitung der Doktrin mit der Ernennung Wladimir Putins zum Ministerpräsidenten im August 1999. Unmittelbar nach Amtsantritt ordnete er die beschleunigte Fertigstellung eines überarbeiteten Entwurfs an. Angesichts erstarrter bildungspolitischer Fronten und mit Blick auf die bevorstehenden Dumawahlen ging es ihm dabei um ein Konsensdokument, das Kompromisse und Ausgewogenheit erforderte. Auf der praktischen Ebene verfügte er zugleich eine Reihe von Maßnahmen zur Behebung der dringendsten Engpässe vor allem in der Bildungsfinanzierung und signalisierte damit erstmalig die Bereitschaft seiner Regierung zu einer verstärkten Förderung des Bildungsbereichs.

Die im Oktober 1999 veröffentlichte Entwurfsfassung der Doktrin spiegelte den ihr verordneten Kompromisscharakter wider. Von den Leitvorstel-

[14] Siehe dazu Schmidt, in: Die Deutsche Schule, 1998, S. 240ff.

[15] Siehe z.B. Oleg N. Smolin: Rossijskaja nacional’naja doktrina obrazovanija: razmyšlenija nad koncepciej, in: Pedagogika, 1999, Nr. 7, S. 3–14.

lungen der Unterfütterung einer „nationalen Idee" für Russland waren einige deklarative Formulierungen übrig geblieben, die die „Wiederherstellung des Status Russlands als Großmacht im Bereich der Bildung, Kultur, Wissenschaft, der Hochtechnologien und der Wirtschaft" forderten, und die Erziehungsziele orientierten sich am Bild eines patriotischen und angepassten Staatsbürgers. Andererseits fanden auch vielfach umstrittene Ergebnisse der Transformation im letzten Jahrzehnt wie die Vielfalt der Bildungsangebote und die Differenzierung der Bildungsgänge ausdrückliche Anerkennung, und das Gleiche galt für die Einführung neuer Finanzierungsverfahren. Ein besonderes Schwergewicht lag bei den „sozialen Garantien" des Staates gegenüber dem Bildungsbereich, von kostenlosem Zugang zu den Bildungseinrichtungen über die Anhebung der Lehrereinkommen und -pensionen bis hin zu konkreten und verbindlichen Vorgaben für das Finanzierungsvolumen des Bildungsbereichs.[16]

## *Das Programm der „Modernisierung" des Bildungswesens: Neuer Reformkompromiss unter Putin?*

Wer nun erwartet hatte, die mit großem Aufwand erarbeitete Doktrin würde alsbald auf den Weg der parlamentarischen Behandlung gebracht werden, sah sich rasch enttäuscht. Nachdem die Doktrin ihre Funktion als Signal des guten Willens gegenüber dem Bildungswesen und seinen Beschäftigten vorerst erfüllt hatte, bahnte sich in der Regierung ein Wandel in der bildungspolitischen Schwerpunktsetzung an, der mit der von Putin bereits Ende 1999 in Auftrag gegebenen Erarbeitung einer übergreifenden „Strategie für die Entwicklung Russlands bis 2010" verbunden war. Dem zu diesem Zweck im Dezember 1999 gegründeten „Zentrum für strategische Ausarbeitungen" unter Leitung von German Gref[17] gehörten in erster Linie Wirtschaftsexperten vorwiegend liberaler Ausrichtung an. Zur Erarbeitung des Abschnitts über die Strategie der Bildungsentwicklung wurden wiederum bildungsökonomisch ausgewiesene Fachleute aus dem Umkreis der renommierten Moskauer Hochschule für Ökonomie herangezogen, die bereits aktiv an den Reformprojekten des Jahres 1997/98 mitgewirkt hatten. Ebenso wurde aber auch von vornherein die Leitungsebene des Bildungsministeriums in die Arbeit des Zentrums eingebunden, die sich bis dahin für die Durchsetzung der Doktrin engagiert hatte.

Der von dem Strategiezentrum erarbeitete und der Öffentlichkeit Ende Mai 2000 präsentierte Entwurf des Reformprogramms räumt dem Bildungsbereich einen zentralen Stellenwert für eine zukunftsorientierte Entwicklung Russlands ein und macht es zu einem der Ecksteine in dem Strategiekonzept

16 Nacional'naja doktrina obrazovanija v Rossijskoj Federacii, in: Učitel'skaja gazeta, 19.10.1999, S. 12.

17 Siehe dazu: Tichij centr s vidom na Kreml, in: Moskovskie novosti, 15.–21.2.2000 (elektronische Version); Bernd Knabe: Putins „Strategiezentrum", Aktuelle Analysen des BIOst 27-2000.

für die Erneuerung von Wirtschaft und Gesellschaft.[18] Mit der durchgreifenden Modernisierung des Bildungswesens sollen die Voraussetzungen dafür geschaffen werden, dass es einer doppelten Aufgabe gerecht werden kann: Aufbau und Stärkung des Humankapitals für die Reformierung der Wirtschaft sowie Beförderung des Mentalitätswandels, der für das Funktionieren der Marktwirtschaft und des Rechtsstaats, aber auch für den Übergang von der Industrie- zur Informationsgesellschaft unumgänglich ist. Die Lösung dieser Zukunftsaufgabe für das Bildungswesen, die seine Qualifikations- ebenso wie seine Sozialisationsfunktion betrifft, erfordert erhebliche Investitionen, die freilich aus der Sicht des Zentrums nicht allein vom Staat geleistet werden können und die zudem in die Erneuerung und qualitative Weiterentwicklung des Bildungssystems fließen sollten statt in die Bewahrung und Stützung traditioneller Strukturen.

Das Modernisierungskonzept für das Bildungswesen setzt zwar sowohl bei strukturell-organisatorischen als auch bei inhaltlichen Innovationen an, stellt aber vor allem die umfassende Neuordnung der Finanzierungsmechanismen auf der Basis eines liberal-marktwirtschaftlich orientierten Regelungskonzepts in den Mittelpunkt. Zugleich haben sich in der Diskussion um das Strategiepapier erneut die gegensätzlichen bildungspolitischen Lager zu Wort gemeldet, deren Auseinandersetzungen die Realisierung von Reformvorhaben immer wieder blockiert haben. In grober Einteilung kann man dabei von einer konservativen, allerdings nicht grundsätzlich reformfeindlichen Richtung einerseits sprechen, die vor allem die Leistungsfähigkeit des als „bestes Bildungssystem der Welt" apostrophierten traditionellen Systems wieder herstellen will, sowie von radikalen Reformkräften andererseits, von denen einige die Übertragung marktwirtschaftlicher Prinzipien auf das Bildungswesen favorisieren, während andere stärker pädagogisch argumentieren und demokratische Bildungsreformen vor dem Hintergrund zivilgesellschaftlicher Ideale anstreben.[19]

Die heftigsten Auseinandersetzungen haben sich an den folgenden *Problempunkten des Modernisierungsprogramms* entzündet, die ihrerseits teilweise in einem sehr komplexen Wechselzusammenhang stehen:

1. Die organisatorische und inhaltliche Struktur des Schulwesens ist in erheblichem Maße durch die geplante *Einführung einer zwölfjährigen allgemeinbildenden Mittelschule* betroffen. Sie soll an die Stelle der bisher offiziell elfjährigen Schuldauer treten, die indes nur für einen Teil der Schüler reali-

18 Der Abschnitt über „Modernisierung der Bildung" (Modernizacija obrazovanija) aus dem Programmentwurf der Gref-Kommission ist abgedruckt in: Poisk, 2.6.2000, S. 7–10.

19 Zu differenzierteren Charakterisierungen unterschiedlicher Positionen siehe Janusz J. Tomiak: The Russian Federation in Transition, in: World Year Book of Education 2000: Education in Times of Transition, hg. von David Coulby/Robert Cowen/Crispin Jones, London 2000, S. 145–158; Jurij Gromyko: 12 let spustja: Nacional'naja doktrina obrazovanija, in: Narodnoe obrazovanie, 2000, Nr. 2, S. 203–210, hier S. 205ff.

siert ist, während die Mehrzahl aus einer dreijährigen Variante der Grundschule direkt in die fünfte Klasse übergeht und damit das gesamte Schulpensum einschließlich der zweijährigen Abiturstufe faktisch in nur zehn Jahren bewältigen muss. Die oftmals unerträgliche Überlastung der Schüler und zunehmende Gesundheitsschäden legten eine Ausweitung der Schuldauer ebenso nahe wie Vergleiche mit der internationalen Praxis und Probleme mit der Anerkennung russischer Schulabschlüsse im Ausland. Die Konzeption des Bildungsministeriums für die zwölfjährige Mittelschule sieht nun eine generelle vierjährige Grundschule, eine sechsjährige Mittelstufe bis zum Abschluss der Schulpflicht und eine zweijährige, nach Zügen mit unterschiedlichem Schwerpunktprofil differenzierte Abiturstufe vor.

In der Öffentlichkeit und besonders bei vielen Betroffenen selbst hat sich massiver Widerstand gegen diese Pläne formiert. Dem Argument des Bildungsministers, das zusätzliche Schuljahr könne angesichts des dramatischen Rückgangs der Schülerzahlen, der auf Grund der demographischen Entwicklung in den nächsten Jahren eintreten wird, kostenneutral eingeführt werden, wurde die Forderung entgegen gehalten, die knappen Finanzmittel sollten dafür verwendet werden, erst einmal das „normale" Funktionieren der Schule in ihrer bisherigen Form zu ermöglichen. Bezweifelt wurde auch die Fähigkeit der Schule, mit den Problemen einer generellen Vorverlegung des Einschulungsalters auf sechs Jahre (die Einschulung mit sieben Jahren ist bislang noch die Regel) pädagogisch und organisatorisch fertig werden zu können. Ansonsten reformorientierte Kritiker argwöhnen, dass das Ministerium lediglich kosmetische Veränderungen der Inhalte und der didaktischen Strukturen beabsichtige, hinter denen das sowjetisch geprägte Paradigma der Schulbildung und Unterrichtsgestaltung konserviert werden solle.

Ein weiteres und besonders emotional besetztes Argument dafür, am Status quo der Schulzeit nicht zu rütteln, ergibt sich aus der Rolle der Armee und des Wehrdienstes für die Schule bzw. die Schulabgänger. Die Reformpläne nähren die Befürchtung, die Armee werde den 18-jährigen Abiturienten keine Zeit zur Aufnahme eines Studiums und der damit verbundenen Zurückstellung vom Wehrdienst lassen, um ihren Rekrutenbedarf für den fortdauernden Krieg in Tschetschenien zu decken. In der Tat zeigen die Streitkräfte in dieser Frage keinerlei Entgegenkommen. Sie haben sich im Gegenteil mit Erfolg darum bemüht, wieder einen unmittelbaren Einfluss auf die Schule zu gewinnen, wie eine von Putin bereits am 31.12.1999 unterzeichnete Regierungsverordnung ausweist, in der die Wiedereinführung bestimmter Elemente eines vormilitärischen Unterrichts verfügt wird.[20] Angesichts der vielfältigen Widerstände gegen die Strukturreform will der Bildungsminister ihr zunächst ein Modellversuchsprogramm vorschalten, hält aber grundsätzlich an dem Projekt fest.

20 Položenie o podgotovke graždan Rossijskoj Federacii k voennoj službe, in: Rossijskaja gazeta, 13.1.2000, S. 3.

2. Grundlegende Veränderungen sieht das Modernisierungsprogramm für das *Verfahren der Schulabschlussprüfung und des Hochschulzugangs* vor. Zugleich sollen neue Methoden der externen Leistungsevaluation ein ständiges Qualitätsmonitoring auf der Ebene des Gesamtsystems und seiner Bestandteile ermöglichen. Einen radikalen Bruch mit der etablierten Praxis bedeutet vor allem die Absicht, auf die unabhängig voneinander, aber in kurzem zeitlichen Abstand durchgeführten schulischen Abiturprüfungen und Hochschuleingangsprüfungen zu verzichten, wobei bislang allein die Ergebnisse der letzteren über die Zulassung zum Studium entscheiden. Diese Prüfungen sollen durch ein einheitliches Examen ersetzt werden, dessen Durchführung in Form von landesweit gültigen Tests erfolgt und einem nationalen Testsystem übertragen wird, mit dessen Aufbau ansatzweise bereits begonnen worden ist. Von einem unabhängig von den Bildungseinrichtungen operierenden Examenssystem, bei dem westliche Vorbilder Pate gestanden haben, verspricht man sich eine größere Objektivität und Transparenz in der Beurteilung der schulischen Leistungen und einen erhöhten Ansporn, Leistungsunterschiede zwischen den Schulen, aber auch zwischen ganzen Regionen abzubauen. Zugleich will man damit den Wettbewerb um die staatlich finanzierten Studienplätze objektivieren und der ausufernden Praxis der Vorbereitung auf die Hochschulzugangsprüfung durch privaten Nachhilfeunterricht einen Riegel vorschieben. Da die Studiennachfrage in den vergangenen Jahren kontinuierlich gestiegen ist – im Durchschnitt kamen 1999 nahezu 2,7 Bewerber auf einen Studienplatz, bei attraktiven Studiengängen oder renommierten Hochschulen auch wesentlich mehr – sind die Chancen, die Zulassungshürden zu überwinden, zunehmend von den finanziellen Möglichkeiten der Studienbewerber abhängig geworden. Dabei sind die „Repetitoren" häufig Hochschullehrkräfte, die auch Einfluss auf die Prüfungsergebnisse nehmen können, sodass die damit verbundenen Möglichkeiten der Korruption das ganze Zulassungsverfahren in öffentlichen Misskredit gebracht haben.

3. Angesichts des enormen Finanzbedarfs für die Modernisierung des Bildungswesens fordern die Autoren des Programms einen *radikalen Umbruch des Finanzierungssystems*. Um die erforderlichen Mittel mobilisieren zu können, verfolgt das Programm eine Doppelstrategie: Zum einen wird anerkannt, dass die staatlichen Investitionen in diesen Bereich massiv gesteigert werden müssen, wofür im Zuge der wirtschaftlichen Entwicklung und der Verbesserung der Staatsfinanzen auch erweiterte Spielräume erwartet werden. Eine Verdoppelung der Haushaltsmittel auf der Föderationsebene für den Bildungsbereich innerhalb eines Jahrzehnts wird daher als realistisch angesehen. Zugleich soll der Finanzausgleich mit den Föderationssubjekten durch zweckgebundene Subventionen auf eine effizientere Basis gestellt werden. Zum andern setzt das Modernisierungsprogramm auf einen zunehmenden Anteil privater Bildungsinvestitionen, in erster Linie über die Beteiligung der Nutzer an den Kosten der Bildungsangebote. Viele Familien sind trotz der schwierigen Wirtschaftslage und kärglicher Einkommen bereit, die Ausbildung ihrer Kin-

der in beträchtlichem Umfang finanziell zu unterstützen, und das Programm geht von der Annahme aus, dass dieser Anteil sich in den kommenden Jahren noch steigern lässt.

Hinsichtlich der Finanzierungsmodalitäten greift das Programm auf das schon lange diskutierte Konzept der formelgebundenen Pro-Kopf-Finanzierung zurück: Nicht mehr die Bildungseinrichtung als solche wird staatlich finanziert, sondern der Bildungserwerb des Einzelnen, und zwar im Rahmen der Vorgaben des staatlichen Bildungsstandards und des daraus berechneten Kostenumfangs. Darüber hinaus gehende Bildungswünsche müssen individuell finanziert werden, sodass der Haushalt einer Bildungseinrichtung sich nach der Zahl der Nutzer sowie dem Umfang der zusätzlich wahrgenommenen Angebote bemisst. Für Studierende an Hochschulen sieht das Programm eine leistungsgesteuerte Abstufung der staatlichen Finanzierungsbeträge je nach dem Ergebnis des testbasierten Aufnahmeexamens vor. Auch das Stipendiensystem soll im Sinne einer stärkeren Leistungsorientierung umgestellt werden. Obwohl russische Bildungsinstitutionen auf Grund der wirtschaftlichen Entwicklung ein hohes Maß an finanzieller Eigenaktivität entfalten müssen, ergeben sich aus dem vorgeschlagenen Finanzierungskonzept weitreichende Konsequenzen für die Mittelallokation im Bildungsbereich, aber auch für den Zugang zu qualitativ anspruchsvollen und zugleich teureren Bildungsangeboten und damit für die Balance zwischen ökonomischer Effizienz und Chancengleichheit. Auch im Hinblick auf internationale Erfahrungen betritt die russische Bildungspolitik mit der Finanzierungsreform weitgehend Neuland.

In einem im Juli 2000 bekannt gegebenen „Aktionsplan“ für die Umsetzung des Modernisierungsprogramms für den Sozial- und Wirtschaftsbereich in den Jahren 2000 und 2001 hat die Regierung den schrittweisen Einstieg auch in die vorgesehenen Bildungsreformen verfügt.[21] Erste Resultate werden an den Haushaltsregelungen für das Jahr 2001 ablesbar sein, und es wird sich zeigen, ob unter Putins Präsidentschaft reale Entwicklungen in Gang gekommen sind, mit denen die bisherigen Blockaden überwunden werden, und die lang anhaltenden Debatten in praktische Lösungen münden. Obwohl der Bildungsminister jede neue „Schocktherapie“ vermeiden will, bleibt fraglich, ob es gelingt, die unterschiedlichen Positionen, wie sie sich noch einmal in der Doktrin und dem Modernisierungsprogramm manifestiert haben, zu einem übergreifenden bildungspolitischen Konsens zu bündeln.

21 Plan dejstvij Pravitel'stva Rossijskoj Federacii v oblasti social'noj politiki i modernizacii ėkonomiki na 2000–2001 gody, Verfügung Nr. 1072-r vom 26.7.2000, in: Rossijskaja gazeta, 5.8.2000, S. 3 und 7.

# Kulturelle Orientierungsmuster in Literatur und Film

Christine Engel

Die russische Gesellschaft hat inzwischen rund 15 Jahre einer intensiven und vor allem auch intensiv erlebten Umbruchszeit hinter sich, in der alte Orientierungsmuster und Diskurse ihre Gültigkeit verloren haben bzw. ins Wanken geraten sind. Hatte man Mitte der 80er Jahre noch geglaubt, dass die Richtung der Entwicklung von „*Glasnost*" absehbar sei und das „Andere" vor allem in der Form des alternativen Kanons der kritischen „Intelligencija" nun die erste Stelle im kulturellen Diskurs einnehmen würde, so wurde bald deutlich, dass der Diversifizierungsprozess wesentlich tiefgreifender war. Es galt Vieles aufzuarbeiten und zu verarbeiten, darunter auch die Vorstellung, dass die Literatur und die anderen Künste Prozesse seien, die unter einem einheitlichen Kulturbegriff zu fassen wären. Das brachte nicht nur eine Reflexion über die gesellschaftliche Bedeutung des Schriftstellers mit sich, dem bis dahin die Rolle eines Propheten, Lehrers und Weisen zugeschrieben worden war, sondern auch eine Reflexion der Rolle der Literatur, die als hierarchisch oberstes Diskurssystem bis dahin eine Stellvertreterfunktion für andere Diskurssysteme wie Soziologie, Ethik und Wirtschaft wahrgenommen hatte. Die einschneidenden personellen Veränderungen in Redaktionen und künstlerischen Verbänden sowie die drastischen Kürzungen in der Finanzierung beschleunigten diesen Prozess der Entmythisierung. Lesergunst und Leserwunsch mussten nun berücksichtigt werden, und es stellte sich heraus, dass auch das Publikum in seinem Geschmack wesentlich heterogener war, als es das ehemals monolithische Bild vom „lesefreudigsten Volk" (*samyj čitajuščij narod*) suggerierte.

## *Diskussionsforen*

In Form von Preisen sind neue Foren entstanden, die zu einer öffentlichen Diskussion über Literatur und deren Rolle in der russischen Gesellschaft führen.[1] Sie erfüllen diese Funktion selbst dann, wenn man mitbedenkt, dass sie natürlich auch ein Turnierplatz sind, um eigene Leute ins Gespräch zu bringen und eigenen Überzeugungen zum Durchbruch zu verhelfen. Der bekannteste (private) Literaturpreis ist der „*Buker*", der seit 1992 nach dem Vorbild des englischen Booker-Preises ausgelobt wird (dotiert mit 12 500 $, ursprünglich

1 Vgl. dazu die jährlich erscheinenden Beiträge zur russischen Literatur in der Zeitschrift *Osteuropa* von Karlheinz Kasper, wo regelmäßig ein Überblick über Preisverleihungen, Neuerscheinungen und deutsche Übersetzungen von russischer Literatur gegeben wird.

von englischen Firmen finanziert, seit 1999 von der Wodka-Firma Smirnoff). Bis 1996 wurden mit diesem Preis vor allem Schriftsteller bedacht, die bereits einen Namen hatten und dem liberal-sowjetischen Spektrum der 70er und 80er Jahre angehörten, sodass die Preise solcherart für den Erhalt des Systems und seiner literarischen Reputation eingesetzt wurden. Verliehen wurde der „Buker“ z.B. an Mark Charitonov, Bulat Okudžava, Georgij Vladimov. Als Reaktion auf die Vergabepraxis wurden 1996 der *„Anti-Buker“* und *„Pal'myra severa“* ins Leben gerufen, wobei inzwischen aber auch beim „Buker“ deutliche Veränderungen eingetreten sind: Altersschranken oder das Kriterium Hauptstadt/Provinz spielen keine entscheidende Rolle mehr. Andere Preise haben in diesen Diskussionen weniger die Rolle, neue Schriftstellerinnen und Schriftsteller ins Gespräch zu bringen, als vielmehr ideologische Positionen zu untermauern: Der *„Scholochow-Preis“* zeichnet Schriftsteller mit national-patriotischer Gesinnung aus (u.a. den serbischen Nationalisten Radovan Karadžič), und mit dem *„Staatspreis der Russischen Föderation“* wird die jeweilige kulturpolitische Richtung akzentuiert. Preise wie der *„Puschkin-Preis“*, *„Triumph“*, *„Andrej-Belyj-Preis“* oder *„Apollon-Grigor'ev-Preis“* tragen eher dazu bei, den Mythos von einer kulturellen Elite, die Attitüde des Erwähltseins, in der Gesellschaft zu untermauern.[2] Dazu kommt noch eine ganze Reihe von Spezialpreisen, die seit 1994 von den sog. dicken Zeitschriften gestiftet werden und die vor allem deren Autoren ins Gespräch bringen sollen. Daneben finden auch zahlreiche Literatur-Festivals mit Lesungen zeitgenössischer Schriftstellerinnen und Schriftsteller statt sowie „ratings“ von verschiedenen Zeitschriften, wie z.B. *Knižnoe obozrenie* (Bücher-Umschau).

Man kann heute feststellen, dass es den ehemals geachteten – wenn auch in vielen Einzelfällen überschätzten – Berufsstand des Schriftstellers praktisch nicht mehr gibt, dass aber dennoch vielfältige Literaturerzeugnisse angeboten werden, die unterschiedlichste Leserinteressen bedienen. Nach dem Zusammenbruch der großen sowjetischen Verlage ist es inzwischen einigen neuen Verlagen, wie z.B. „Vagrius“, gelungen, sich zu etablieren und jeweils ein bestimmtes Leserspektrum zu bedienen. Einige Verlage versuchen, durch die Publikation von Kriminal- und Abenteuerromanen Geld zu verdienen, um intellektuell anspruchsvolle Literatur veröffentlichen zu können und so ihr Renommee zu heben. Neben den Buchverlagen spielen die „dicken Zeitschriften“ mit ihrer literarischen und gesellschaftspolitischen Ausrichtung nach wie vor eine große Rolle. In diesem Bereich hatte bereits Ende der 80er Jahre eine Ausdifferenzierung des Spektrums nach politischen und weltanschaulichen Positionen stattgefunden, sodass die Leserschaft weiß, was sie jeweils erwartet. *Znamja*, *Družba narodov* und *Novyj mir* sind liberal orientiert und bieten nicht nur neuen Autoren und Autorinnen, sondern auch experimenteller Lite-

2 Vgl. Alexander Archangelskij: Literatur. Markt. Generationenwechsel: Literaturpreise als Mechanismen im Literaturbetrieb der Übergangszeit, in: Das neue Rußland in Politik und Kultur, hg. von der Forschungsstelle Osteuropa, Bremen 1998, S. 176–188, hier S. 177.

ratur Raum, wobei *Novyj mir* auch eine religiös und russophil orientierte Klientel bedient.[3] Daneben ist mit *Novoe literaturnoe obozrenie* eine Zeitschrift entstanden, deren Beiträge sich an literatur- und kulturwissenschaftlichen Standards orientieren. *Naš sovremennik* und *Moskva* sind dagegen ein Sammelbecken für national-patriotische Interessen und publizieren entsprechende Beiträge und literarische Werke.[4]

Die Trennlinien zwischen den höchst verschiedenen Weltanschauungen und Befindlichkeiten sind aber nicht immer so eindeutig zu ziehen. Sowohl Literatur als auch Literaturkritik zeigen deutlich, dass sie gleichzeitig auch ein Ort sind, um Wege der Zukunft Russlands zu diskutieren. Dieser Prozess gewann in den 90er Jahren eine zusätzliche Dynamik durch den „Zerfall des Reiches", d.h. der alten Sowjetunion, der von Vielen als „Zerfall der Identität" und als „Schnitt in das eigene Fleisch" erlebt wurde. Die Suche nach neuen Orientierungen ist auch in der massenmedialen Diskussion bei weitem noch nicht abgeschlossen und führt in der russischen Gesellschaft derzeit zu einer starken Ausrichtung an historischen Vorbildern, die offensichtlich ein Gefühl der Sicherheit für gültige, scheinbar tragfähige Handlungsmuster vermitteln.[5] Die Frage nach dem „wer sind wir?" wird quer durch alle Lager auch mit der Frage nach dem „woher kommen wir?" und „zu wem gehören wir?" verknüpft und lässt alte Debatten nach dem „spezifisch Russischen" wieder aufleben – Fragestellungen, die stilistisch und thematisch variantenreich auch Literatur und Film beschäftigen.

## Literatur

Das Interesse an einer Aufarbeitung der sowjetischen Vergangenheit, das vor allem in der Perestrojka dominiert hatte, ist inzwischen einem diffuseren Interesse an historischen Themen gewichen. Allein 1997 erschien eine ganze Reihe von historischen Romanen, die u.a. die Berufung der Rjurikiden[6], die Kirchenspaltung, Ivan III. und Alexander III. zum Thema hatten. Jurij Bujda greift mit seinem Roman *Boris und Gleb*[7] auf die Kiewer Zeit zurück und sieht im Brudermord das Grundmotiv der 1000-jährigen russischen Geschichte, wobei er den Bogen bis zur Perestrojka spannt.

Die zu Beginn der 90er Jahre auf staatlicher Ebene proklamierte „Wiedergeburt Russlands" und das Verdrängen der Verantwortung für das, was in den vorhergegangenen Jahrzehnten geschehen war, entwertete aber zugleich die

3 U.a. publiziert hier auch Alexander Solschenizyn, der inzwischen wenig schreibt und bei seiner bekannten Art und dem groben Raster der Figurenzeichnung geblieben ist.

4 U.a. auch neue Werke von den sog. „Dorfschriftstellern" wie Valentin Rasputin oder Vasilij Belov, die sich aber weder in ihren Positionen noch in ihrem Stil weiter entwickelt haben.

5 Vgl. dazu auch den Beitrag von Jutta Scherrer in diesem Band.

6 Älteste russische Herrscherdynastie (9.–16. Jahrhundert).

7 *Boris i Gleb*, in: Znamja, 1997, Nr. 1 u. 2.

Enthüllungen der Perestrojka. Seither werden die Fehlentwicklungen der russischen und sowjetischen Wirklichkeit nicht mehr in offenen Diskussionen ausgetragen, prägen aber unterschwellig das Lebensgefühl, was zu einer Wahrnehmung der eigenen Gegenwart als „Zwischenzeit", „Nachzeit" oder „Unzeit" führt.[8] Diese Einstellung verursacht eine Schwermut, die gewaltsamen Tod oder Selbstmord am Ende eines sinnlosen Lebens zu oft gewählten literarischen Motiven machen.[9] Davon nicht ausgenommen ist die Generation der Protagonisten, die zu Beginn der „neuen Zeit" erwachsen wurden und die neue Freiheit eher als „freien Fall" erleben[10] bzw. sich die Frage stellen, ob es sich denn gelohnt habe, bis hierher durchzuhalten. Vladimir Makanin, dem 1993 der „*Buker*" verliehen wurde, greift in seinem neuen Roman *Underground oder Ein Held unserer Zeit*[11] auf die Metapher des Untergrunds zurück und entwirft das Psychogramm eines Schriftstellers, der in den 60er Jahren in der Sowjetunion zu schreiben begonnen hatte und Mitte der 90er Jahre im Nichts zu enden droht. Der ehemalige Untergrundschriftsteller, der inzwischen nicht mehr schreibt, ist nun Mitte 50 und nach wie vor ein „Heimatloser", der sich ohne festen Wohnsitz immer am „Rande" bzw. im „Untergrund" aufhält (Asyl für Obdachlose, psychiatrische Klinik, Kursker Bahnhof). Makanin, der selbst in den 70er und 80er Jahren in realistischer Manier zu schreiben begonnen hat, schreibt zunehmend surrealistischer und lässt sich damit in die Reihe der Schriftstellerinnen und Schriftsteller einordnen, die die Gegenwart als grotesk, kafkaesk und absurd wahrnehmen.[12]

Die Frage, was denn nun eigentlich Realität ist, rückt dadurch in den Vordergrund und wird mit der Frage nach der Unsicherheit des sog. Normalen, nach der Verlässlichkeit von Wahrnehmungen und von individueller Identität verknüpft. Den Boden für solche Fragestellungen haben bereits in den 70er und 80er Jahren die Moskauer Konzeptualisten sowie Schriftsteller wie Venedikt Erofeev, Saša Sokolov oder Evgenij Popov bereitet. Sie haben das Interesse von der sozialen Realität auf deren diskursive Konstruiertheit verlagert und die zeichenhafte Bedingtheit von Vorstellungskomplexen dargestellt, bei der die Literatur und die ihr zugewiesene Funktion in der russischen und sowjetischen Gesellschaft eine entscheidende Rolle spielt. Das ist auch mit ein Grund dafür, dass theoretische Ansätze und literarische Verfahren der Postmoderne im Russland der 90er Jahre auf so fruchtbaren Boden fallen. Das Experimentieren mit Zeit und Raum und den damit verbundenen Fragen der

8 Vgl. Gassan Gussejnov: Facetten neuer Identität in der Mitte des Jahrzehnts. Ein Literaturbericht, in: Das neue Rußland in Politik und Kultur, S. 107–132, hier S. 111.

9 Z.B. Sergej Gandlevskij: *Trepanacija čerepa* (Die Schädelbohrung), in: Znamja, 1995, Nr. 1; Vjačeslav P'ecuch: *Ruka* (Die Hand), in: Družba narodov, 1995, Nr. 9.

10 Z.B. Michail Butov: *Svoboda* (Freiheit), in: Novyj mir, 1999, Nr. 1 u. 2.

11 *Andegraund, ili Geroj našego vremen*, in: Znamja, 1998, Nr. 1–4 u. Moskva 1998.

12 Vgl. Karlheinz Kasper: Das literarische Leben in Rußland 1998, in: Osteuropa, Jg. 49, 1999, Nr. 5, S. 452–469, hier S. 452f.

Wahrnehmung zeichnet z.B. die Werke von Boris Chazanov aus,[13] dessen Erzähler sich „frei durch den mythischen Raum der russischen Literatur, der von Gogol', Turgenev, Dostoevskij, Čechov, Bunin und Nabokov vorgeprägt wurde"[14], bewegen. Chazanovs Werke führen die Leserinnen und Leser in einem Spiel zwischen Realität und Fiktion in ein Labyrinth verwirrender Spiegelungen, in absurde Situationen absurder Figuren mit einer Reflexion der Absurditäten des sowjetischen Alltags. Auch Aleksej Slapovskij treibt in seinem Roman *Der Fragebogen. Geheimschrift mit offenem Text*[15] auf seine Art ein surrealistisches Spiel mit Realität und Fiktion. Der Lebensinhalt seines Protagonisten sind Kreuzworträtsel, die ihm das Leben ersetzen. Als er sich endlich entschließt, einen Beruf zu ergreifen und Milizionär zu werden, wird der umfangreiche Fragebogen für die Aufnahme in den Dienst sein bestimmender Lebenstext: Der Umstand, dass es für alles zwei Antworten und zwei Wahrheiten gibt, wird für ihn zur Obsession, die ihn schließlich seine Identität verlieren lässt.[16]

Viktor Pelevin, der derzeit meistgelesene Autor in Russland,[17] wirft mit seinem literarischen Spiel von Zeiten, virtuellen Räumen und Identitäten vor allem das Problem der Nichtzugänglichkeit eines verlässlichen Referenzzentrums auf. Dabei erteilt er den „großen Erzählungen" des Christentums, des Islam und der verschiedenen politischen Ideologien mit ihrer inhärenten Kausal- und Ziellogik eine Absage und wertet Ansätze des Buddhismus auf, die den Weg als Ziel sehen.[18] Das Spiel mit Versatzstücken aus der sowjetischen Realität erinnert vor allem im Roman *Buddhas kleiner Finger*[19] an das Spiel von Komar und Melamid, die seinerzeit in einem ihrer Bilder E.T. auf der Konferenz von Jalta teilnehmen ließen.[20] Die Figur des Čapaev[21] eröffnet dem

13 Z.B. *Posle naš potop* (Vögel über Moskau), in: Oktjabr', 1997, Nr. 6 u. 7; *Dalekoe zrelišče lesov* (Der ferne Anblick der Wälder), in: Oktjabr', 1998, Nr. 8.

14 Kasper (1999), hier S. 464.

15 *Anketa. Tajnopis' otkrytym tekstom*, in: Zvezda, Nr. 2 u. 3, 1997.

16 Vgl. Evgenija Livantovskaja: Žizn' kak anketa i kak sjužet, in: Novyj mir, 1998, Nr. 2, S. 198–201, hier S. 200.

17 1993 wurde Pelevin für seinen Erzählband *Sinij fonar'* (Die blaue Laterne) mit dem „Malyj Buker" ausgezeichnet.

18 Vgl. Christine Engel: Der Text als Vexierbild, oder: Wo steckt Big Brother? Viktor Pelevins Erzählung *Princ Gosplana*, in: Kultur als Übersetzung. Klaus Städtke zum 65. Geburtstag, hg. von Wolfgang Kissel/Franziska Thun/Dirk Uffelmann, Würzburg 1999, S. 335–348, hier S. 335.

19 *Čapaev i Pustota*, in: Znamja, Nr. 4 u. 5, 1996 u. Moskva 1996.

20 Vgl. Gerald McCauland: Victor Pelevin and the End of Sots-Art, in: Endquote. Sots-Art Literature and Soviet Grand Style, hg. von Marina Balina/Nancy Condee/Evgeny Dobrenko, Evanston, Ill. 2000, S. 225–237, hier S. 231.

21 Der Kosakenführer Vasilij Ivanovič Čapaev, der als historische Figur auf der Seite der Roten Armee im Bürgerkrieg gekämpft hatte, erfuhr durch Dmitrij A. Furmanov in dessen didaktisch angelegtem Roman *Čapaev* (1923) eine literarische Bearbeitung. Der gleichnamige

Autor ein weites kulturelles Feld, in dem die historische und die literarische Figur, vor allem aber der Mythos um die Filmfigur aus den 30er Jahren mit der Erzählgegenwart und fernöstlichen philosophischen Ansätzen in Beziehung gebracht werden. Sein Roman *Generation 'P'*[22] ist für die sog. 'P'-Leser (Pepsi-Cola, Pelevin, Perestrojka, Postmoderne, Public-relations) zu einem Kultbuch geworden, wobei auch hier der Text wie in einem Computerspiel mit psychedelischen Effekten generiert wird.[23]

Eine weitere Aufgabe, der sich die russische Literatur inzwischen zum Teil stellt, ist die künstlerische Gestaltung von Vorstellungskomplexen, die aus dem bisherigen Kulturbegriff, der in seiner stabilisierenden Funktion von Denkmustern das Gute, Wahre und Schöne dominant setzte, ausgegrenzt waren – als Mist, Müll und Minderwertiges. Il'ja Kabakov hat in seinen Texten und Installationen von Alltagskram, Vernachlässigtem und Weggeworfenem schon in den 70er und 80er Jahren wichtige Schritte in diese Richtung gesetzt. Im Vordergrund steht dabei weniger eine Aufwertung des bisher Ausgeschlossenen, sondern vielmehr das Bemühen, durch einen analytischen Blick Denkstrukturen des Alltäglichen und des Banalen freizulegen. Von Autoren wie Viktor Erofeev oder Evgenij Popov wird dabei die versteckte Brutalität des sog. „einfachen Denkens" und der „gewöhnlichen Sprache" dekonstruiert und das Volk – das in der Sowjetideologie und im Denkgebäude der liberaldemokratischen „Intelligencija" als das verborgene Gute figurierte – entmystifiziert. Lev Rubinštejn und Dmitrij Prigov machen auch in ihren neueren Werken die ideologisierte Zeichenschwemme der Sowjetzeit und der Gegenwart bewusst – eine Zeichenschwemme, die zwar im Alltag nicht mehr wahrgenommen wird, mit ihren Klischees aber umso nachhaltiger eine kritische Wahrnehmung verhindert.

Ausgegrenzt aus dem Diskurs der „anständigen" Literatur waren bisher vor allem auch Darstellungen von Sex, Gewalt und Exzess und die damit in einem Zusammenhang stehende Sprachschicht der sexuell denotierten Flüche des russischen *„mat"*. Das, was Henry Miller oder Pier Paolo Pasolini in den USA und Westeuropa in den 50er und 60er Jahren in dieser Hinsicht an Bewusstmachung geleistet haben, wird für die russische Gesellschaft erst jetzt zum Gegenstand eines Diskussionsprozesses, der kontrovers und voll Emotion geführt wird. An prominenter Stelle steht dabei Vladimir Sorokin, dessen Anliegen es ist, Machtstrukturen und Verführungspotenzial in ritualisierten Diskurspraktiken aufzuzeigen, die in Kultur, Literatur und Film geprägt und weiter gegeben werden. Sorokins Figuren sind „Sprachfiguren" im direktesten Sinn des Wortes und entsprechend als Produkte von historisch abgelagerten

Film (1934; Regie: Georgij und Sergej Vasil'ev) war einer der größten Publikumserfolge der sowjetischen Filmgeschichte und löste u.a. ganze Witzserien um Čapaev aus.

22 Moskva 1999.

23 Vgl. Karlheinz Kasper: Das literarische Leben in Rußland 1999 (II), in: Osteuropa 2000, Nr. 5, S. 520–536, hier S. 523f.

sprachlichen Konventionen und Diskursen zu sehen.[24] Der Autor setzt mithilfe einer „Ästhetik der Hässlichkeit“[25] Sprachmetaphern des „*mat*“ in Szenen um und stellt den Terror der Vernichtung des individuellen Körpers als Effekt der sowjetischen bzw. russischen Redewirklichkeit dar. In *Der himmelblaue Speck*[26] stehen die „russische Idee“ und, wie schon in früheren Werken, die russische Literatur im Zentrum des Kreislaufs von Terror und (sprachlicher) Gewalt, wobei wiederum das „Eindringen in den Körper“ und die inszenierten Metaphern des Ausscheidens und Einverleibens von Sperma und Fäkalien eine Schlüsselrolle spielen.

Der Zusammenhang von Sprache und Macht spielt auch in der Auseinandersetzung mit den Geschlechterverhältnissen eine Rolle. Schreckensvisionen einer eindimensional technisch entwickelten Gesellschaft mit der damit einhergehenden Instrumentalisierung von Körper und Sexualität werden als Produkte einer männlich dominierten Weltordnung identifiziert und dargestellt. Bei der Reflexion von Geschlechterverhältnissen wird das patriarchalische Frauenbild, wie es u.a. Viktorija Tokareva in ihren zahlreichen Romanen noch vertritt, zunehmend hinterfragt. Dabei ist inzwischen nicht mehr der soziologische Blickwinkel der 60er und 70er Jahre ausschlaggebend wie noch bei Natal'ja Baranskaja oder Irina Grekova. Identitätsfindung ist bei einer ganzen Reihe von Schriftstellerinnen auch mit einer Suche nach einer weiblichen Identität verbunden, die stilistisch, thematisch und von ihrem kritisch-emanzipatorischen Wert her eine große Bandbreite aufweist. Ein selbstbewusstes Frauenbild, das die alten Rollenklischees zurückweist, hat mit dem sog. „Frauenkrimi“ sogar in die Populärliteratur Eingang gefunden. Die bekannteste Vertreterin, Aleksandra Marinina mit ihrer Detektivin Nastja Kamenskaja, erfreut sich größten Leserzuspruchs und erreicht mit ihren bislang 20 Romanen eine Auflagenhöhe von ca. 15 Millionen.[27]

Vielen russischen Autorinnen geht es aber weniger um neue Rollenbilder, sondern um eine Beschreibung der Differenzmerkmale des Weiblichen: Das geschieht sowohl über den Körperdiskurs als auch über die Metapher des Weiblichen, die für bestimmte – aus der symbolischen Ordnung verdrängte – Arten des Wahrnehmens, Fühlens und Denkens steht. In der sprachlichen Gestaltung wird dabei häufig zu Ausdrucksformen wie Assoziativität, Polylogik und Paradoxalität gegriffen oder, wie bei Ljudmila Petruševskaja in *Slučai*

24 Vgl. Christine Engel: Sorokin im Kontext der russischen Postmoderne. Problem der Wirklichkeitskonstruktion, in: Wiener slawistisches Jahrbuch, Band 43, 1997, S. 53–66, hier S. 62f.

25 Dagmar Burkhart: Ästhetik der Häßlichkeit, in: Poetik der Metadiskursivität. Zum postmodernen Prosa-, Film- und Dramenwerk Sorokins, hg. von Dagmar Burkhart, München 1999, S. 9–20, hier S. 13f.

26 *Goluboe salo*, Moskva 1999. Vgl. dazu: Kasper (2000), S. 521f.

27 Vgl. Hartmute Trepper: Die neuen Frauenkrimis in Russland, in: Nord Ost Passagen, Nr. 2, hg. von Annelore Engel-Braunschmidt. Kiel 2000 (im Druck). Die Kriminalromane von Alexandra Marinina liegen inzwischen z.T. auch in deutscher Fassung vor.

(Vorfall), zu einer Gestaltung von „weiblichen" Kommunikationsformen wie Klatsch und Gerücht.[28]

Die Frage nach Differenzmerkmalen wird häufig mit der Suche nach anderen Möglichkeiten des Denkens und der Machtverhältnisse verknüpft. Eva Datnova zeigt in ihrer Erzählung *Dissidentenkinder*[29], wo das „Andere" zwar immer vermutet wurde, aber eigentlich so nicht zu finden ist – nämlich in der ehemaligen Dissidentenbewegung. Sie führt gewisse Analogien zwischen sowjetischen und dissidentischen Machtstrukturen vor Augen, die sich auch im Geschlechterverhältnis zeigen.[30] Einige Autorinnen suchen das „Andere" in der Hinwendung zum Privaten und Ideologiefernen wie z.B. Ljudmila Petruševskaja oder Marina Palej. Nina Sadur versucht in ihren Erzählungen und Kurzromanen die Strukturadäquatheit zwischen psychologischen und gesellschaftlichen Ordnungen zu dynamisieren und konstruiert statt scharfer Trennlinien einen Grenzbereich, der Übergänge ins Zentrum der Aufmerksamkeit rückt.[31] Trotzdem sind ihre weiblichen Figuren als Rächerinnen und Neiderinnen häufig eine Verkörperung des männlichen Prinzips und potenzieren diktatorische Muster patriarchalischer Strukturen. Das „Andere" im Sinne einer Bereicherung wird von Ljudmila Ulickaja in *Medea und ihre Kinder*[32] gestaltet. Valerija Narbikova sucht hingegen das „Andere" nicht im inhaltlichen Bereich, sondern in der sprachlichen Präsentation. Ihr Anspruch ist der einer totalen Bewusstseins- und Sprachumwälzung, die Konventionen und Traditionen durcheinanderwirbelt. Auch in ihren neueren Werken entwickelt sie einen erotischen Wortstrom, eine nur minimal gegliederte Textmasse, die dialogisiert, reflektiert, schimpft, klagt und dichtet und eine Annäherung von Liebe und Schreiben gestaltet.[33] Svetlana Vasilenko reflektiert die Situation der Frauen anhand von gesellschaftlichen Zwängen, denen sie über ihre Körperlichkeit ausgesetzt sind, und bietet als Lösung einen Anspruch auf innere Freiheit an, die weder männlich noch weiblich kodiert mit einem Aufbruch in neue (Denk-)Räume verbunden ist.

[28] Vgl. Karla Hielscher: Gerede – Gerücht – Klatsch. Mündlichkeit als Form weiblichen Schreibens bei Ljudmila Petruševskaja, in: Frauenbilder und Weiblichkeitsentwürfe in der russischen Frauenprosa, hg. von Christina Parnell, Frankfurt am Main u.a. 1996, S. 183–192, hier S. 183.

[29] *Dissidetočki*, in: Literaturnaja učeba, Nr. 6, 1994.

[30] Vgl. Christina Parnell: Weiblichkeit als Differenz. Erkundungen in der Prosa russischer Gegenwartsautorinnen, in: Frauen in der Kultur. Tendenzen in Mittel- und Osteuropa nach der Wende, hg. von Christine Engel/Renate Reck, Innsbruck 2000, S. 159–175, hier S. 163.

[31] Vgl. Christina Parnell: Zum Verständnis des *Anderen* in der ženskaja proza, in: Frauenbilder und Weiblichkeitsentwürfe, S. 277–292, hier S. 285.

[32] *Medeja i ee deti*, in: Novyj mir, 1996, Nr. 3 u. 4.

[33] Vgl. Ilma Rakusa: Das ausgereizte Paradox. Zum Stil von Valerija Narbikova, in: Frauenbilder und Weiblichkeitsentwürfe, S. 235–250, hier S. 237.

## Film/Kino

Ähnlich wie im Literaturbetrieb wurden auch im Bereich des Films Festivals und Preisverleihungen ins Leben gerufen mit dem Ziel, den heimischen Produktionen, die zu Beginn der 90er Jahre fast vollständig aus den Kinos verdrängt worden waren, Aufführungsmöglichkeiten zu bieten und sie in die öffentliche Diskussion zu bringen. Dabei avancierte das seit 1991 alljährlich im Frühsommer stattfindende „Offene Russische Festival *Kinotavr*" in Sotschi zum wichtigsten Treffunkt für Filmschaffende und Filmkritiker aus den GUS-Staaten. Neben kleineren, über das ganze Land verstreuten Festivals finden auch in den beiden größten Städten des Landes solche Veranstaltungen statt: in Moskau die seit den 80er Jahren fest etablierten internationalen Filmfestspiele und in St. Petersburg seit 1993 das „Festival der Festivals". Solche Festivals haben jedoch kaum Einfluss auf die Programmgestaltung in den Kinos, denn die Basis für die Finanzierung der Filmproduktion bildet seit einigen Jahren nicht mehr der Verleih, sondern der Videovertrieb und das Fernsehen – mit dem Effekt, dass die neueren russischen Spielfilme kaum mehr in die Kinos kommen und wenn, dann nur für kurze Zeit.

Eine Ausnahme macht in dieser Hinsicht der Film von Nikita Michalkov *Der Barbier von Sibirien*[34], der auch ein Jahr nach seiner aufwendig inszenierten Premiere im Kreml noch immer in den renommierten Kinos der großen Städte lief. Dem Regisseur und Vorsitzenden des russischen Filmverbandes gelang es mit diesem Film ein weiteres Mal, seine Popularität und seinen kulturpolitischen Einfluss zu vergrößern. Der enorme Erfolg des Films ist darauf zurückzuführen, dass sich Michalkov eines nationalen und kulturellen Patriotismus bedient, den er in der russischen Geschichte verankert und der durch die Interpretationsleistung der Zuschauerinnen und Zuschauer in der Gegenwart zu einem sinnstiftenden Abschluss gebracht wird. Neben einem Blick in das zaristische Moskau unter Alexander III. (1881–1894) und in die Weiten Sibiriens setzt der Film auf zwei gegensätzliche Liebesbeziehungen der männlichen Hauptfigur, eines russischen Eliteoffiziers aus dem Junkercorps: eine melodramatische Liebesgeschichte mit einer mondänen Amerikanerin und die Beziehung zu einem russischen Mädchen „aus dem Volk", das dem Helden in die Verbannung nach Sibirien folgt. Auf dieser Grundlage wird der historische Diskurs mit Fragen der kollektiven Identitätsfindung und der kulturellen Grenzziehung zwischen Ost und West verknüpft. Eigenbild und integrierter westlicher Blick transportieren dabei bekannte Klischees: Für die russische Seite wird die „russische Seele", gekennzeichnet durch Aufrichtigkeit, Verantwortung, Opferbereitschaft, männliche Ehre und Spontaneität,

34 *Sibirskij cirjul'nik*, 1998.

reklamiert. Dem Westen wird ein weiteres Mal Materialismus bescheinigt, der dazu führt, dass ihm Russland rätselhaft und unzugänglich bleiben muss.[35]

Michalkovs Film ist nur einer von vielen Filmen, die die kollektive Identitätssuche in ähnlich strukturierten Denkmustern vermitteln. Auch die beiden beliebten Komödien *Ein Fenster nach Paris*[36] oder *Besonderheiten der russischen Jagd*[37] – ein Film, der in Russland Kultstatus genießt – stilisieren das positiv besetzte Chaotische, nicht rational Zielgerichtete und Improvisierende als russische Eigenart und integrieren den westlichen Blick des Unverständnisses. Paradigmatisch an Michalkovs Film ist auch der Rückgriff auf Vergangenheitskonstruktionen der Zarenzeit. Gleb Panfilov präsentierte bei den Moskauer Filmfestspielen 2000 mit seinem Spielfilm *Die Romanows, eine gekrönte Familie*[38] ein Porträt des letzten Zaren und seiner Familie – ein nach wie vor in der russischen Gesellschaft heftig diskutiertes Thema. Die Darstellung bemüht sich um eine Ausgewogenheit der Standpunkte und um psychologische Komplexität, wobei die Person Nikolajs II. in die Nähe tschechowscher Helden gerückt wird. Auch die zahlreichen Literaturverfilmungen der 90er Jahre greifen auf Vorlagen des 19. Jahrhunderts zurück und vermitteln dem Publikum einerseits kulturelles Prestige und andererseits den attraktiven Lebensstil einer elitären Gesellschaft, was u.a. durch idyllische Landschaftsbilder und ästhetische Interieurs und Kostüme transportiert wird. Der Bogen spannt sich von *Die erste Liebe*[39] von Roman Balajan zu *Fräulein Bäuerin*[40] von Aleksej Sacharov bis zur neuesten, beim „*Kinotavr–2000*“ mehrfach ausgezeichneten Puschkin-Verfilmung *Der russische Aufstand*[41] von Aleksandr Proškin.

Die immer noch zahlreichen Filmproduktionen, die sich mit der Stalinzeit auseinandersetzen, zeigen sehr unterschiedliche Zugänge mit einer Bandbreite zwischen kritischer Reflexion und Nostalgie. Der junge Regisseur Petr Lucik konstruiert in *Peripherie*[42] eine Parodie auf die damaligen Mythen. Er aktiviert dabei Verfahren der Soc-art (eine Hybridbildung aus Pop-art und Soc-Realismus), einer Richtung in der inoffiziellen bildenden Kunst der 70er Jahre, deren Vertreter wie Vitalij Komar, Aleksandr Melamid, Erik Bulatov oder

35 Vgl. Jutta Scherrer: Nikita Michalkows nationales Filmmelodram „Der Barbier von Sibirien“ wird von der Wirklichkeit eingeholt, in: Die Zeit, 1999, Nr. 16; www.zeit.de, download 6.8.2000.

36 *Okno v Pariž*, Regie: Jurij Mamin, 1993.

37 *Osobennosti nacional'noj ochoty*, Regie: Aleksandr Rogožkin, 1995.

38 *Romanovy – vencenosnaja sem'ja*, 2000.

39 *Pervaja ljubov'*, 1994, nach Motiven der gleichnamigen Erzählung von Ivan Turgenev.

40 *Baryšnja-krest'janka*, 1995, nach Motiven der gleichnamigen Erzählung von Aleksandr Puškin.

41 *Russkij bunt*, 1999, nach Motiven von *Kapitanskaja dočka* (Die Hauptmannstochter) und *Istorija Pugačeva* (Die Geschichte Pugačevs) von Aleksandr Puškin.

42 *Okraina*, 1997.

Il'ja Kabakov das allgegenwärtige Zeichensystem des Kommunismus ironisch dekonstruierten und selber spielerisch fortsetzten. Der prononcierte Autorenfilmer Aleksej German geht in *Chrustalev, den Wagen!*[43] formal neue Wege in der Bewältigung dieses Themas und versucht durch Schwarz-Weiß-Ästhetik, durch Töne, zufällige Erinnerungsbruchstücke, Mikroerzählungen und Episoden, die inhaltlich nicht miteinander verbunden sind, ein Bild des Winters 1953, als Stalin kurz vor seinem Tod eine neue Terrorkampagne anlaufen ließ, zu rekonstruieren.[44] Valerij Ogorodnikov, der für seinen Film *Die Baracke*[45] denselben Zeitausschnitt wählt, präsentiert im Gegensatz dazu eine lyrische Erinnerung an gute alte Zeiten und stellt eine funktionierende multiethnische, schichtenübergreifende Gemeinschaft dar, die vom System politischer Macht nur äußerlich betroffen ist. Ogorodnikovs Zugang, der in psychologisierender Intention und für das Publikum leicht nachvollziehbar Handlungsweisen und Schicksale der Menschen aus der konkreten Situation heraus zu beurteilen versucht, ist kein Einzelfall und findet sich z.B. auch in *Der Dieb*[46], einem Melodrama von Pavel Čuchraj.[47]

Bei der filmischen Darstellung der gegenwärtigen Situation in Russland verlaufen die unterschiedlichen Blickwinkel entlang der Linien alte/neue Russen, Stadt/Land, Zentrum/Provinz. Stanislav Govoruchin, der schon in seinen Dokumentarfilmen während der frühen 90er Jahre gegen die Verflechtung von Kriminalität und Macht polemisierte und für Diskussionen sorgte, kann auch in seinem Spielfilm *Der Woroschilow-Schütze*[48] der Gegenwart nichts Positives abgewinnen und lässt einen wehrhaften Pensionisten sowjetischer Prägung gegen neureiche Jugendliche und im Kampf für mehr Gerechtigkeit antreten. Lidija Bobrova zeigt in *In jenem Land*[49] ein Dorf im Norden des Landes, in dem die Zeit seit Jahrzehnten, wenn nicht seit Jahrhunderten still zu stehen scheint. Der Kontrast zwischen Bobrovas Film und dem im selben Jahr entstandenen Mafiathriller *Land der Stille*[50] von Valerij Todorovskij ist so krass, dass der Eindruck entstehen mag, es handle sich um zwei verschiedene Länder.[51] Aleksej Balabanov, der mit seinem Mafiathriller *Der Bruder*[52] das kriminelle Großstadtmilieu der 90er Jahre für den Film ästhetisch erschloss,

43 *Chrustalev, mašinu!*, 1999.

44 Vgl. www.zhurnal.ru/kinoizm, download 6.8.2000.

45 *Barak*, 1999.

46 *Vor*, 1997.

47 Vgl. Eva Binder: Der Film des neuen Russland, in: Geschichte des sowjetischen und russischen Films, hg. von Christine Engel, Stuttgart 1999, S. 308–327, hier S. 319.

48 *Vorošilovskij strelok*, 1999.

49 *V toj strane*, 1997.

50 *Strana gluchich*, 1997.

51 Vgl. Oleg Kovalov: Rossija, kotoruju my pridumali, in: Seans [1999], Nr. 17/18, S. 202–209, hier S. 202.

52 *Brat*, 1997.

adressiert die Fortsetzung *Der Bruder 2*[53] an ein breiteres Publikum, indem er sich jener patriotischen Anklänge und der Gut-Böse-Schemata bedient, die die kollektive Identitätssuche bedienen.

Nicht nur die männliche Regiedomäne, sondern vor allem die für den russischen Film relativ neuen Genres des Action-, Thriller- und Mafiafilms lassen den Schluss zu, dass sich der russische Film verstärkt in Richtung eines „männlichen" Kinos bewegt und männliche Identifikationsmuster dominant setzt.[54] Gerade vor diesem Hintergrund stellt das Filmdebüt der Regisseurin Larisa Sadilova *Alles Gute zum Geburtstag*[55] eine Alternative dar, die zwar formalästhetisch bescheiden anmutet, international aber auf ein wohlwollendes Echo stieß. Sadilova berührt in ihrem Film, der in einer Gebärklinik spielt, nicht die „großen" Fragen der nationalen Identität, sondern stellt ein Gemeinschaftsgefühl her, das auf grenzüberschreitende, allgemein menschliche Erfahrungen aufbaut.

53 *Brat 2*, 2000.

54 Vgl. Eva Binder: Die Nebendarstellerin. Frauenrollen im russischen Film der neunziger Jahre, in: Frauen in der Kultur, S. 223–232, hier S. 229f.

55 *S dnem roždenija*, 1998.

# Zwischen Information und Macht: Die russische Medienlandschaft

ANJA KREISEL

„Was wir über unsere Gesellschaft, ja über die Welt, in der wir leben, wissen, wissen wir durch die Massenmedien.“ Mit dieser Erkenntnis, dass alles Wissen durch Medien vermittelt sei, leitete der 1998 verstorbene Soziologe Niklas Luhmann sein Buch „Die Realität der Massenmedien“ ein. Umso wichtiger ist es also, sich mit der Organisation und den Funktionsmechanismen der Medien auseinander zu setzen. Das gilt auch für Russland, wo sich innerhalb eines Jahrzehnts mit dem politischen System auch die Medienlandschaft grundlegend verändert hat. Unter Michail Gorbatschow setzte bereits im Laufe der Perestrojka- und Glasnost-Politik die Auflösung des zentralistisch organisierten Mediensystems ein. Nach 1991 trat dann an die Stelle zentralistischer Lenkung von Presse und Fernsehen sowie der staatlichen wie parteilichen Zensur ein heterogener Markt, der auf vielfältige Leser- und Zuschauerwünsche zu reagieren hatte. Parteihörigkeit wich professionellen Qualitäten wie Aktualität und Schnelligkeit. Journalisten mussten in eine neue Rolle schlüpfen und sich auf vielfältige Informationsbedürfnisse einstellen, statt als Agitatoren, Propagandisten und Organisatoren leninscher Prägung die Massen zu mobilisieren und im Sinne des kommunistischen Weltbilds zu erziehen.

## *Die aktuelle Mediensituation in Russland: Neue Möglichkeiten, neue Grenzen*

Ein wichtiger Schritt auf diesem Wege war das Gesetz der Russländischen Föderation über die Massenmedien, das am 8.2.1992 in Kraft trat. Es verbot die Zensur und garantierte Informationsfreiheit. Gleichzeitig wurden damit die Voraussetzungen für privates Unternehmertum in der Medienwelt geschaffen, der Weg für neue publizistische Aktivitäten war frei. Eine wichtige Voraussetzung für die Entpolitisierung der Medien und ihre Abkopplung vom Parteidiktat war aber neben der journalistischen die wirtschaftliche Freiheit.

Für den russischen Journalismus boten Kommerzialisierung und Privatisierung die Chance, sich von der staatlichen Bevormundung zu emanzipieren.[1] Medien spiegelten nun ein pluralistisches Meinungsspektrum wider und Journalisten genossen dem Gesetz nach ähnliche berufliche Freiheiten wie ihre Kollegen in Westeuropa. Vor allem die neu gegründeten privaten Medien

1 Slavko Splichal: From State Control to Commodification. Media Democratisation in East and Central Europe, in: Farrel Cocoran/Paschal Preston (Hg.): Democracy and Communication in the New Europe, New Jersey 1995, S. 51–66.

trugen mit ihrer Orientierung an einem westlichen Journalismusideal zu einer kritischen Berichterstattung bei. Sie setzten im ersten Tschetschenienkrieg der offiziellen staatlichen Propaganda ihre Eindrücke vom Ausmaß der Zerstörung und von den Opfern auf beiden Seiten entgegen und förderten damit die Antikriegsstimmung in der Bevölkerung. Die hohen professionellen Ansprüche eines Teils der Medien und die Zivilcourage zahlreicher Reporter täuschen jedoch nicht über strukturelle Defizite hinweg. So wurde immer wieder das Fehlen eines „Freedom of Information Act“ nach US-amerikanischem Vorbild bemängelt – eine Informationsfreiheit, die nicht nur von Journalisten aufgrund ihres Berufs beansprucht werden kann, sondern die jedem Bürger zusteht.[2] Darüber hinaus sind die Grenzen der neuen Freiheit vor allem wirtschaftlicher Natur: Der Markt für lukrative Fernsehwerbung blieb bislang vor allem auf Moskau und St. Petersburg beschränkt. Der daraus resultierende chronische Geldmangel hat die Medien verletzbar gemacht – für offene Korruption wie für die Unterordnung unter die Interessen der jeweiligen Geldgeber. Das Mediensystem Russlands wird durch eine Mischung aus kommerziellen wie paternalistischen Zügen bestimmt: Journalisten sehen sich nicht mehr einem staatlichen Nachrichtenmonopol gegenüber, sondern müssen sich in einem Machtgeflecht orientieren, in dem Wirtschaftsunternehmen und Staat jeweils eigene Interessen durchsetzen. Es stellt sich die Frage, ob Privateigentum und freie Märkte ausreichen, um demokratische Institutionen wie die Pressefreiheit zu garantieren.

In der Tat erwiesen sich schon in der zweiten Hälfte der 90er Jahre die rechtlichen Garantien als trügerisch. Redaktionen und einzelne Journalisten gerieten in steigendem Maß nicht nur in Abhängigkeit von Interessengruppen, sie waren auch der staatlichen Informations- bzw. Medienpolitik ausgeliefert und wurden darüber hinaus bei kritischer Berichterstattung zu potenziellen Zielscheiben krimineller Attacken. Bei Konfliktthemen regieren Geld und Gewalt, sodass die Medien – trotz des Zensurverbots – letztlich doch Beschränkungen unterliegen. Für Alexej Simonow vom „Fonds zum Schutz der Glasnost“ sind die modernen Zensurpraktiken inzwischen ebenso wirksam wie früher die Kontrolle der sowjetischen Behörden: Es gebe heute eine administrative Zensur, die wirtschaftliche, die kriminelle Zensur durch Gewaltandrohung und Gewalt, die durch die Redaktionspolitik ausgeübte Zensur, die Zensur in Form des redaktionellen „Geschmacks“ und die Selbstzensur.[3] Unabhängige Organisationen wie der „Fonds zum Schutz der Glasnost“

2 Spionagevorwürfe sind auch heute noch eine Bedrohung für Journalisten und Umweltschützer. Im Juli 1999 wurde der russische Armeejournalist Grigorij Pasko von einem Militärgericht in Wladiwostok wegen Amtsmissbrauchs zu drei Jahren Haft verurteilt, dank einer Amnestie jedoch sofort entlassen. Der ehemalige Marineoffizier war im November 1997 wegen des Verdachts auf Spionage verhaftet worden. Er hatte dem japanischen Fernsehsender NHK Informationen zugespielt, auf welche Weise die Pazifikflotte atomaren Müll entsorgt. RFE/RL Newsline 3:143:I (26.7.1999).

3 Alexej Simonow: Sechs Formen der Zensur, in: Večernjaja Moskva, 6.4.1996.

weisen ständig auf Eingriffe in die Freiheit der Berichterstattung hin.[4] Diese reichen von Einschüchterungsversuchen bis hin zu brutaler Gewalt und Mord. Aber auch die zahllosen Prozesse, die gegen Journalisten wegen Verleumdung und übler Nachrede angestrengt werden, zeugen von dem hohen Konfliktpotenzial, das offener Berichterstattung innewohnt.[5] Die Mediengesetzgebung, die dem spätsowjetischen Vorbild folgte, hat nicht unbedingt zur Erleichterung der Situation für Journalisten beigetragen: Obgleich die Tätigkeit der Medien unter besonderen Schutz gestellt wird, fehlt eine klare medienspezifische Definition der Verfügung über Eigentum. Zwar dürfen die Gründer von Medienbetrieben nicht ohne Weiteres in die redaktionelle Arbeit eingreifen. Doch meistens fehlt eine vertragliche Grundlage, die die innere Pressefreiheit schützt, sodass die Abhängigkeit von den Finanziers die redaktionelle Freiheit deutlich einschränkt. Wenn der Chefredakteur gleichzeitig Gesellschafter oder Vertreter der Geldgeber ist, sind dem Missbrauch Tür und Tor geöffnet. Dazu kommt noch ein mentales Erbe. In der Sowjetzeit verstanden sich Journalisten als Sprachrohr von Staat und Partei. Diesen obrigkeitlichen Auftrag gibt es heute nicht mehr, doch die jahrzehntelange Lenkung wirkt nach. Dass sich zahlreiche Reporter für politische Intrigen instrumentalisieren lassen und an gezielten Diffamierungskampagnen gegen politische Gegner mitwirken, zeigt, wie schwierig es in der postsowjetischen Gesellschaft ist, allgemein verbindliche berufsethische Standards zu entwickeln und durchzusetzen.

Diese Umstände haben zu einer *Repolitisierung* der Presse geführt, doch nicht etwa im Sinne kritischer politischer Berichterstattung, sondern im Sinne gezielter Instrumentalisierung der Medien für Wahlkampfpropaganda u.ä. Dennoch gilt die neuerliche Medienlenkung im Vergleich zu früher als geringeres Übel. Auf Basis einer Umfrage über die Glaubwürdigkeit der Medien stellte das Zentrum „Recht und Medien" fest: Die Befragten „bekräftigten, dass die Abhängigkeit der Medien von Finanzinteressen der Abhängigkeit von politischen Strukturen als feiner und zivilisierter vorzuziehen sei." [6]

## Die Entwicklung der Presselandschaft

Ungeachtet all dieser Beschränkungen hatte die gesetzliche Garantie der Pressefreiheit erstaunliche Folgen – sie löste einen Boom bei der Gründung über-

4 Für das Jahr 1998 listete der Fonds zum Schutz der Glasnost 450 Verstöße gegen die Pressefreiheit auf, darunter 114 kriminelle Angriffe auf Journalisten und Redaktionen (25,3%). Elf Journalisten wurden getötet. Insgesamt wurden 1077 medienrechtliche Konflikte registriert – 1997 waren es 774. Nach: Jahrbuch des Fonds zum Schutz der Glasnost. Ergebnisse von 1998, Moskau. Ein Symbol für die Gewaltbereitschaft gegen Journalisten ist die Ermordung des ORT-Generaldirektors Wladimir Listjew im März 1995. Hintergrund sollen Auseinandersetzungen über Werbeeinnahmen gewesen sein.

5 1998 wurden den Medien 627 Rechtsverstöße zur Last gelegt, davon 64,7% ehrverletzende Äußerungen.

6 Centr Pravo i SMI 1999: Naskol'ko možno doverjat' rossijskim SMI? In: Koncentracija SMI, No. 4–5/99.

regionaler Zeitungen aus: Zwischen 1990 und 1994 stieg die Zahl der Presseorgane mit nationaler Reichweite sprungartig von 43 auf 238 an.

Viele ehemalige sowjetische Zeitungen schwenkten auf Reformkurs ein. Die Wochenzeitung „Moskovskie Novosti" gehörte zu den Publikationen, die sich nach dem Putsch 1991 auf marktwirtschaftliche Bedingungen einließen und sich selbständig machten.[7] Andere Zeitungen wie „Trud", „Komsomol'skaja Pravda" und „Izvestija" profitierten Anfang der 90er zunächst noch von der staatlichen Subventionspraxis. Ökonomische Zwänge wirkten sich infolge der Zuschüsse noch nicht in vollem Maße aus. Gleichzeitig etablierten sich neue Publikationen wie die Wirtschaftszeitungen „Kommersant"[8], die 1990 gegründete „Nezavisimaja gazeta" (Unabhängige Zeitung), die „Obščaja gazeta" (Allgemeine Zeitung)[9] und die „Segodnja" (Heute) (1993). Im Schatten der demokratisch orientierten Presse suchte sich jedoch auch die nationalistische Publizistik ihre Nische auf dem Medienmarkt wie z.B. die Zeitung „Zavtra" (Morgen). Viele der ultrarechten Zeitungen berufen sich auf die Pressefreiheit, um offenen Antisemitismus zu verbreiten.

*Abbildung 1: Zahl der überregionalen sowjetischen/russischen Zeitungen 1970–1994*

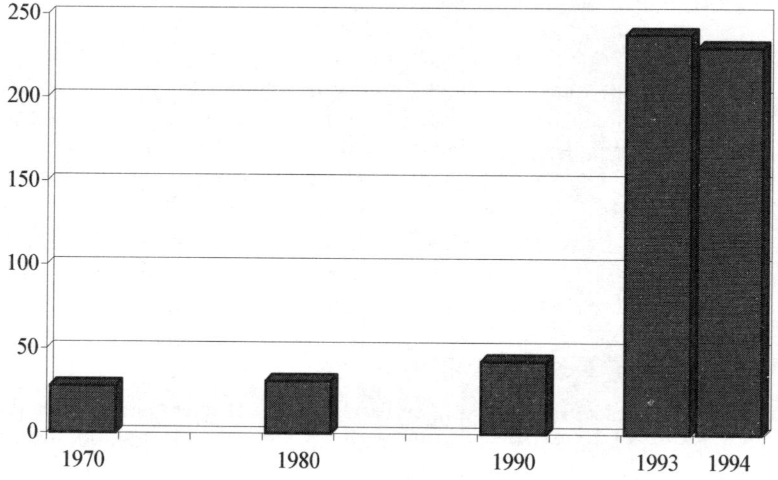


*Quelle: Jahrbuch des russischen Journalistenverbandes 1997*

7 Offizielle Auflage: 118 000 (August 2000).

8 Kommersant daily wurde 1990 als Wochenzeitung gegründet und ist seit 1992 eine Tageszeitung.

9 Die Obščaja gazeta wurde von dem früheren Chefredakteur der Moskovskie Novosti, Egor' Jakovlev, gegründet. Die Wochenzeitung erschien 1991 während des Putsches und nach langer Pause ab 1993. Galina Woronenkowa/Michail Woronenkow: Kontakte mit Rußland. Profile, Publikationen, Partner, Frankfurt/M. 1995.

Die Zahl aller Zeitungen – einschließlich der regionalen – stieg zwischen 1980 und 1990 allmählich von 4413 auf 4808, um nach dem Beginn der Markttransformation wieder langsam abzusinken. Auch die Gesamtauflage der Presse erreichte 1990 ihren Höhepunkt mit 165,5 Millionen (Einmalauflage). Drei Jahre später waren es – den offiziellen Angaben zufolge – bereits 40% weniger (vgl. Abb. 2)

Der Journalistenverband, der davon ausgeht, dass die tatsächlichen Auflagen eher niedriger sind, nimmt sogar an, dass die Auflagenhöhe der Zeitungen im Vergleich zu 1991 nur noch ein Achtel beträgt.

*Abbildung 2: Auflagen der russischen Zeitungen 1993–1998*

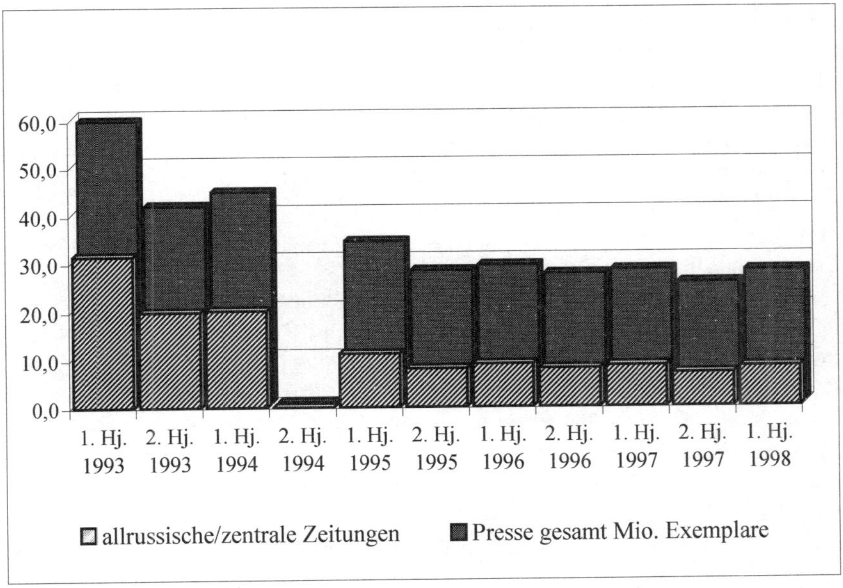


*Quelle: Jahrbuch des russischen Journalistenverbandes 1997*

Mitte der 90er Jahre war von der anfänglichen Euphorie und Aufbruchsstimmung in der Presse nichts übrig geblieben. 1995 galt in Moskau als Jahr der Zeitungsdepression. Hohe Vertriebs-, Personal- und Druckkosten in den nach wie vor staatlichen Druckereien sowie sinkende Leserzahlen führten selbst bei den republikweiten zentralen Zeitungen zu gewaltigen Auflagenverlusten. Noch 1999 war sogar wieder von Papiermangel die Rede, sodass die Verlagshäuser nach staatlicher Zuteilung riefen. Auf Rückhalt in der Bevölkerung durfte die Presse kaum noch hoffen: Die Mehrheit zog sich in die Passivität zurück, die Probleme der Medien weckten angesichts der allgemeinen sozialen Missstände kaum öffentliche Solidarität.

Seriöse politische Tageszeitungen, die sich an eine relativ dünne Bildungsbürgerschicht wandten, sind in dem stagnierenden Pressemarkt seither auf finanzkräftige Herausgeber angewiesen. Die „Nezavisimaja gazeta" und die „Novaja eždnevnaja gazeta" wurden vorübergehend eingestellt, und der Neustart gelang der „Nezavisimaja" nur mit Geldern des Finanztycoons Boris Beresowskij. Die „Novaja eždnevnaja" wurde unter anderem mit Zuwendungen des Ex-Präsidenten Michail Gorbatschow wieder zum Leben erweckt. Auch die „Izvestija", die 1996 noch eine Auflage von 600 000 Exemplaren vorweisen konnte und heute offiziell bei 232 400 angelangt ist, geriet massiv unter Druck. Letztlich konnten sich nur Boulevard-Blätter wie „Moskovskij komsomolec" oder die Wochenzeitung „Argumenty i fakty" (AiF)[10], die sich mit Beilagen zu Gartenbau, Sexualität und Astrologie an die Bedürfnisse eines Massenpublikums anpassten, eine überregionale Leserschaft sichern.

Publizistische Vielfalt beschränkt sich infolgedessen weitgehend auf die Großstädte, sodass ein gleichberechtigter Zugang zu den Informationsquellen für die gesamte russische Bevölkerung – unabhängig vom Wohnort – utopisch scheint. Die Regionalisierung scheint unaufhaltsam, denn das Publikum beschränkt sich heute auf das Abonnement der heimischen Presse. Die Auflagen der gesamtföderalen Ausgaben sank auf ein Viertel: 1998 entfielen von insgesamt 27,1 Millionen Exemplaren 8,3 Millionen auf die zentrale Presse.[11] Die einflussreichen Moskauer Zeitungen werden ihrer Rolle als überregionale Presse inhaltlich auch kaum gerecht. Die Journalisten schreiben für den „Gartenring". Innerhalb des Gartenrings – des Straßenrings, der die Moskauer Innenstadt umschließt – befindet sich alles, was in Russland Rang und Namen hat: Ministerien, Behörden, Unternehmenssitze und Banken, Regierung und Parlament. Die politische Tagespresse ist der Vermittler zwischen diesen Institutionen, über diese Plattform werden politische Konflikte ausgetragen und Intrigen initiiert. Das Fehlen eines regionalen Korrespondentennetzes trägt dazu bei, dass die Probleme der Nicht-Moskauer Bevölkerung in den zentralen Medien wenig Widerhall finden. Trotz allem sind die Moskauer Printmedien nach wie vor als Meinungsführer und *agenda setter* tonangebend für die russische Medienlandschaft. Die politische Bedeutung der Zeitungen steht in keinem Zusammenhang mit ihrer Auflage: Die „Nezavisimaja gazeta" hat eine Auflage von nur 48 000. Doch der Umstand, dass sie zu den Medien des Oligarchen Beresowskij gehört, garantiert ihr weithin Aufmerksamkeit.

Die Wirtschaftskrise im August 1998 leitete einen neuen Abschnitt in der Entwicklung der Presselandschaft ein. Der Konzentrationsprozess auf dem Pressemarkt schritt noch rascher voran, die Banken und die „Oligarchen" reduzierten ihr Engagement. Die Oneksim-Gruppe stellte den „Russkij Telegraf" aus Geldmangel ein Jahr nach der Gründung ein. Die Redaktion wechselte zur traditionsreichen „Izvestija". 1991 hatte diese mit der Ablösung von ihrem Herausgeber, dem Obersten Sowjet der Volksdeputierten, ihre erste

10 Mitte der 90er Jahre hatte AiF noch eine Auflage von über 6,5 Millionen, heute sind es 2,88 Millionen.

11 Anna Wostruchowa: Blick auf die russische Presselandschaft, in: Wostok, 2/1999, S. 80.

Zerreißprobe erlebt. 1997 stieg nach dem Ölkonzern LUKojl auch die ONĖKSIM-Bank bei der „Izvestija“ ein, die seither als Teil des ONĖKSIM-Imperiums gilt. Dieser Eindruck wurde noch verstärkt, als nach der August-Krise 1998 ein Bank-Manager die Chefredaktion übernahm. Auch das Flaggschiff des modernen russischen Journalismus, die von Wladimir Jakowlew gegründete Wirtschaftszeitung „Kommersant“, konnte sich dem Sog des finanzindustriellen Komplexes nicht entziehen. Die Zeitung mit einer Auflage von über 110 000 galt lange als Kaderschmiede für den jungen unabhängigen Journalismus. 1999 veräußerte Jakowlew aber die Kontrollmehrheit an eine unbekannte Investorengruppe. Tatsächlich steckte hinter dem Kauf der Finanzier Beresowskij, der im Zeichen der bevorstehenden Parlamentswahlen sein Medienimperium aufstockte.[12]

Auch die regionale Presse sieht sich unter Druck. Der russische Journalistenverband hat darauf hingewiesen, dass in jüngster Zeit vor allem die regionale und lokale Presse erneut unter die Kontrolle der örtlichen Behörden und Parlamente gerät. Demnach steht bereits hinter knapp einem Viertel der Regionalpresse eine staatliche Institution. Die Redaktionen würden häufig gegen ihren Willen den jeweiligen Behörden unterstellt, die nicht nur die Ausgaben kontrollierten. Diese Entwicklung sei umso ernster, als diese Zeitungen in vielen Gegenden die wichtigste Informationsquelle seien.[13] Als überregionales Medium dagegen hat die Presse ihre Rolle schon lange an das Fernsehen verloren.

## *Die Entwicklung der Fernsehlandschaft*

Dort, in den elektronischen Medien, vollzog sich die Entwicklung etwas anders als in der Presse. Fernsehsender gehörten in der Sowjetunion zu den am schärfsten kontrollierten und gelenkten Institutionen des Mediensystems. Eine unabhängige kritische Berichterstattung war nicht möglich, das Fernsehen sollte das ideologische Sprachrohr von Staat und Partei sein. Selbst als sich in Presse und Radio längst Anzeichen größerer politischer Freiheit zeigten, gehorchte das Fernsehen noch den alten Kontrollmechanismen. Erst mit dem Ende der Sowjetunion 1991 zerbrachen auch die zentralistischen Strukturen des Staatsfernsehens, und der einheitliche Informationsraum der früheren Sowjetstaaten zerfiel. Nach der Auflösung der staatlichen Strukturen von „Gosteleradio“ gingen dessen Leitungsfunktionen zunächst an das „Ministerium für Presse und Information“ über. 1993 wurde die „Föderale Kommission für Fernsehen und Rundfunksendungen in Russland“ (FSTR) gegründet, die Lizenzen vergab. Nach wie vor fehlt eine spezielle Rundfunkgesetzgebung, die den Lizensierungsprozess transparenter machen würde. Am 6. Juli 1999

12 http://www.russiatoday.com/news.php3?id=8343, EJC Media News of 5 August 1999.

13 Sojuz Žurnalistov Rossii: Professional'naja samostojatel'nost' redakcii. Kak ee obespečit'? Moskau 1999.

gründete Präsident Jelzin neuerlich ein „Ministerium für Presse, Fernsehen und Rundfunk". Seine Aufgabe sollte es in erster Linie sein, Medien zu registrieren und zu lizensieren. Dieser Schritt wurde aber als Teil der Wahlkampfstrategie des Kreml gewertet, mit dem man die zentrale Kontrolle über die staatlichen Medien wiederherstellen wollte. Zwar wurde bestritten, es solle ein Propaganda-Ministerium geschaffen werden, doch zugleich sprach die Regierung davon, das „ideologische Potenzial des Staates" konzentrieren zu wollen.[14]

In der Sowjetunion hatte das staatliche Zentralfernsehen „Gosteleradio" zu seinen Spitzenzeiten 83 000 Mitarbeiter. Es gab 124 Fernsehzentren, gesendet wurde in 48 Sprachen. Die alte Struktur von „Gosteleradio" war nach Republiken aufgeteilt. Nur die ersten beiden Programme hatten eine nationale Reichweite.[15] Das 1960 eingeführte erste Programm war ein Allunions-Kanal, auf dem Nachrichten und aktuelle Programme ebenso wie Unterhaltung, Dramen und Spielfilme gezeigt wurden. Der Moskauer Kanal (2. Programm) sendete für Moskau und Umgebung Dokumentar- und Kulturfilme. Außerdem sendeten 104 TV-Radio-Komitees ihr eigenes Programm in den Republiken und Regionen.[16] Live-Berichterstattung gab es im Sowjetfernsehen nicht – aus Furcht vor unerwünschten Informationen wurden Sendungen in der Regel aufgezeichnet und vor der Ausstrahlung kontrolliert. Russland blieben nach dem Ende der Sowjetunion 75 Fernsehzentren, 86 Radiohäuser und 199 städtische Radioredaktionen. Während man einerseits versuchte, ein öffentlich-rechtliches Rundfunkwesen aufzubauen, entwickelte sich auf der anderen Seite ein kommerzielles, werbefinanziertes Privatfernsehen, das häufig weit kritischer berichtete als die Staatskanäle. Gleichzeitig prägt der Wettbewerb um Werbeetats und um Einschaltquoten die Fernsehwelt in zunehmendem Maße.[17] Derzeit gibt es rund 500 nichtstaatliche Fernsehstationen in Russland. Jede größere Stadt hat mindestens einen nichtstaatlichen, kommerziellen Fernsehkanal.[18] Mit den neuen Sendern entsteht auch auf lokaler und regionaler Ebene Konkurrenz, und damit steigt auch die Chance für eine ausgewogene Berichterstattung und Meinungspluralismus. Obgleich das Fernsehen insgesamt 98,9% der Bevölkerung erreicht, können nur zwei Drittel drei und mehr Kanäle empfangen, sodass die Vielfalt nicht alle erreicht.

14 Associated Press, 6.7.1999. Nach Jamestown Foundation Monitor, 8.7.1999.

15 Reino Paasilinna: Glasnost and Soviet Television, Yleisradio (Finnish Broadcasting Company) 1995, S. 136.

16 Ellen Mickiewicz: Split Signals. Television and Politics in the Soviet Union, New York 1988, S. 9.

17 1997 (vor der Krise) wurde der gesamte russische Werbemarkt auf ca. 1,82 Milliarden Dollar geschätzt.

18 Ivan Sigal: A Survey of Russian Television, April 1997. Eine Studie für USAID. www.internews.ru.

Zwei große staatliche Unternehmen bestimmten zunächst maßgeblich das Fernsehgeschehen: ORT und RTR – der erste und der zweite Kanal. 1992 kam St. Petersburg–5. Kanal als eigenständige Gesellschaft mit einem überregional ausgestrahlten Programm hinzu. Daneben etablierten sich unter anderem NTV, TV-6 und TV-Centr sowie der Kulturkanal Kul'tura. Aus diesem Spektrum treten fünf Sender hervor, die politisch einen gewissen Einfluss ausüben.

*ORT*: Das Staatsfernsehen „Gosteleradio", das nach dem Putsch 1991 in „Ostankino" umbenannt wurde, strahlte ein allgemeines Informationsprogramm für Russland aus, das auch in anderen GUS-Staaten empfangen werden konnte. 1995 wurde Ostankino als Aktiengesellschaft „Obščestvennoe Rossijskoe Televidenie" (Öffentliches Russisches Fernsehen/ORT) neu gegründet. 51% gehören dem russischen Staat, der Rest befindet sich im Besitz verschiedener Banken und Konzerne. U.a. kontrolliert Beresowskij, einer der „Oligarchen", über Banken indirekt mindestens 16% von ORT – manche Beobachter schätzen sogar, dass sich sein Einfluss auf 49% erstreckt. Weil dem Staat lange das Geld für das Fernsehen fehlte, war ORT auf Investitionen der Minderheitsaktionäre angewiesen.

*RTR*: 1990 gründete der Oberste Sowjet das Russische Fernsehen als Gegenpol zu den anderen Republiksendern. Der offizielle Name lautet „Allrussische Staatliche Fernseh- und Radiogesellschaft" (VGTRK), zu der „Radio Rossii" sowie das Auslandsradio „Stimme Russlands" gehören. Der Fernsehkanal heißt RTR (Radio und Fernsehen Russlands). Die Finanzlage ähnelt der von ORT: 1996 soll nur ein Drittel der zugesagten staatlichen Gelder geflossen sein. RTR stand lange in dem Ruf, regierungskritischer als ORT zu sein.

*NTV*: Der erfolgreichste private Fernsehkanal Russlands ist der als kremlkritisch bekannte Sender NTV, gegründet 1993, der zur Holding „Media-Most" von Wladimir Gusinskij gehört. Im September 1993 startete NTV das Abonnementsfernsehen „NTV+", dessen Erfolg noch auf sich warten lässt. NTV teilte sich zunächst den 4. Kanal mit dem Programm „Russische Universitäten". 1996 ging der gesamte 4. Kanal per Präsidentenerlass an NTV – als Gegenleistung für die Unterstützung, die NTV dem Präsidenten 1996 im Wahlkampf leistete.

*TV-Centr*: Das ehrgeizige Fernsehprojekt des Moskauer Bürgermeisters Jurij Luschkow ging 1997 auf Sendung. Man vermutete, dass Luschkow mit dem Kanal seine Kandidatur bei den Präsidentenwahlen des Jahres 2000 vorbereiten wollte. Nach großzügigen Finanzspritzen in der Anfangszeit wurde mit der August-Wirtschaftskrise 1998 auch hier das Geld knapp.

*St. Petersburg – 5. Kanal/Kul'tura*: Seit 1992 strahlte der St. Petersburger Kanal als eigenständige – und einzige Nicht-Moskauer – Gesellschaft ein überregionales Programm aus. 1997 wurde er per Dekret wieder auf den Status eines Regionalsenders herabgestuft. Auf nationaler Ebene trat der Kultursender Kul'tura an seine Stelle. Bei der Privatisierung 1998 wurden viele Mitarbeiter des 5. Kanals entlassen, der Sender heißt seitdem „Peterburg".

Beim Fernsehen ist der Konzentrationsprozess offensichtlicher als in der Presse.[19] Viele der kleinen Sender sind allein nicht überlebensfähig und haben sich überregionalen Verbänden und Networks angeschlossen, die ihnen via Satellit Programme oder Programmteile zuspielen. Vorteile liegen in einer gemeinsamen Werbestrategie, außerdem lassen sich durch Kooperation qualitativ hochwertige Fernsehserien und -filme günstiger einkaufen. Es gibt sechs nichtstaatliche Sender, die versuchen, nationale Sendenetze aufzubauen. Die Lage der regionalen Fernsehsender gilt trotzdem als kritisch: Auf der einen Seite zeigt die Integration lokaler Sender in bestehende nationale Networks angesichts einheitlicher Standards und Teilhabe an den Marktpotenzialen positive Effekte. Andererseits wird bemängelt, dass die landesweiten Programme oft nur geringen Raum für Regionalfenster und lokale Inhalte lassen. Auch klagen die regionalen Sender, dass sie kaum die Möglichkeit haben, die nationalen Programme mit eigenen Inhalten zu beliefern. Ihre Ausstattung und das professionelle Niveau gelten nach wie vor als unterdurchschnittlich. Das Hauptproblem bleibt aber der Werbemarkt: Eine Werbewirtschaft kann sich nur dort entwickeln, wo die Bevölkerung über die notwendige Kaufkraft verfügt. Das Wirtschaftsgefüge der Regionen ist jedoch mehr als heterogen – und dementsprechend stagniert oder prosperiert die Entwicklung der lokalen Medien. Große Defizite bestehen nach wie vor bei den Inhalten: Die Fernsehproduktionen wie Spielfilme und Serien kommen größtenteils aus dem Ausland. Staatliche Mittel für Fernsehproduktionen sind längst versiegt, aufwendige kommerzielle Projekte werden nur zögernd gestartet.

### Entwicklungen im Rundfunk

Der Ausbau des Rundfunks war in der frühen Sowjetzeit vehement vorangetrieben worden. Er galt als ideales Massenmedium in einem Land, dessen ländliche Bevölkerung mit Pressemedien nur unzureichend versorgt wurde. Mit dem Aufkommen und der zunehmenden Verbreitung des Fernsehens verlor der Rundfunk an Bedeutung. Doch in den Perestrojka-Jahren erreichte das Radio, das lange Zeit nur noch als „Nebenbeimedium“ verstanden worden war, ein Comeback und kam zu neuer Popularität. Schon vor Gorbatschows Amtsantritt galt das Radio als selbstkritischer, interessanter und lebhafter als das schwerfällige und vorsichtigere Staatsfernsehen. Es hieß damals, das Radio habe die neue Politik schneller aufgenommen und verbreitet als das Fernsehen. Die Umgestaltung der Rundfunklandschaft hatte auch noch in anderer Hinsicht Konsequenzen: In der Sowjetunion galt das Radio als Medium für Hörer mit niedriger Schulbildung und geringem Einkommen. Die neuen privaten Radiosender in den Städten wenden sich dagegen inzwischen an ein junges, kaufkräftiges Publikum. Als wichtiges Nachrichtenmedium mit großem politischen Einfluss hat sich der Radio-Sender „Echo Moskvy“ aus dem Medienkonzern „Media-Most“ von Wladimir Gusinskij entwickelt.

19 Atlas Russkogo televidenija, Moskau 1997.

## Medien und Interessenverflechtung

Nachdem die Gehversuche der ersten unabhängigen Medien Mitte der 90er Jahre angesichts der schwierigen finanziellen Situation nicht von Erfolg gekrönt waren, stellte sich die Frage nach der künftigen Organisation der russischen Medienlandschaft. Es waren die Präsidentschaftswahlen des Jahres 1996, die eine Wende herbeiführten: In dem vom amtierenden Präsidenten Jelzin finanziell aufwendig betriebenen Wahlkampf wurde deutlich, dass sich durch eine Mischung aus informationeller und finanzieller Zuwendung an zentrale und lokale Medien ein großes Wählerpotenzial mobilisieren ließ. Es war daher kein Zufall, dass die wirtschaftlich angeschlagenen Medien der russischen Hauptstadt nach dem Wahlsieg von Boris Jelzin die Begehrlichkeit der Industriellen und Banken weckten. Gegenüber der Verlockung, über eine „Hauszeitung“, einen Sender und damit über Meinungsmacht zu verfügen, trat offenbar der Kostenfaktor, den ein unrentables Publikationsorgan darstellte, in den Hintergrund. Die „Oligarchen“ erkannten den Einfluss, den die Medien auf die politische Willensbildung ausübten, sahen in dem jungen Medien- und Werbemarkt jedoch weniger einen eigenständigen Wirtschaftsfaktor als vielmehr die Möglichkeit, sich ein Sprachrohr für Propagierung der eigenen wirtschaftlichen und politischen Ziele zu schaffen. Umgekehrt wurden vor allem die elektronischen Medien von den Erblasten der Sowjetzeit eingeholt: Die Sender kämpfen nicht nur mit finanziellen Engpässen und überhöhten Personaletats, sie müssen auch die Probleme überalterter Telekommunikations-Infrastruktur, Studio- und Sendetechnik lösen.[20] Bei den staatlichen Sendern schlug zu Buche, dass staatliche Finanzierung weitgehend ausblieb. ORT stand zwischenzeitlich vor dem Bankrott. Der Finanzbedarf der Medien, die einen modernen Sendebetrieb aus dem Boden stampfen müssen, ohne selbst über das notwendige Kapital zu verfügen, begünstigt die Einflussnahme durch große Finanzgruppen und letztlich auch die Medienkonzentration.

Dementsprechend zeigt die Berichterstattung häufig den Einfluss von Regierungsinteressen und Finanziers. Es wird offen davon gesprochen, dass sich Journalisten für Auftragsarbeiten von Dritten bezahlen lassen. Über ein Jahrzehnt nach Beginn der gorbatschowschen Perestrojka gilt Russland noch immer als Land mit eingeschränkter Pressefreiheit, weil trotz Einzug der Marktwirtschaft Staat und Medien in hohem Maße miteinander verflochten sind und partikulare Interessen aufgrund wirtschaftlicher Abhängigkeiten überdurchschnittlich in der Medien-Öffentlichkeit repräsentiert werden. Massenmedien sind die Relaisstationen, über die die Führungseliten des Landes ihren Informationsaustausch lenken und auf den politischen Prozess Einfluss zu nehmen suchen. Die russische Medienkritik greift die Instrumentalisierung von Zei-

20 Wie anfällig diese sowjetisch geprägte Infrastruktur ist, zeigte im August 2000 der Brand des Fernsehturms in Moskau. Weil sich das Sendegeschehen auf diesen zentralen Knotenpunkt konzentrierte, sollte es Wochen dauern, bis Ersatz geschaffen und die volle Sendekapazität wieder erreicht war.

tungen, Fernsehsendern und einzelnen Journalisten regelmäßig an. Russlands Journalisten sehen sich einem der Sowjetepoche nicht unähnlichen Manipulationsverdacht ausgesetzt und registrieren angesichts Diffamierungskampagnen hilflos den rasanten Verlust an Glaubwürdigkeit. Die Hoffnungen der späten 80er Jahre auf eine finanziell wie politisch unabhängige Presse als Vierte Gewalt haben sich nicht erfüllt. Das ist im Übrigen auch auf die schwach entwickelte medienrechtliche Grundlage zurückzuführen. Medienrechtler fordern deshalb einen Gesetzesentwurf zur Konzentrationskontrolle in den Medien.[21] Damit soll mehr Transparenz in der Medienwirtschaft durchgesetzt und die Unabhängigkeit der Redaktionen gegenüber den Eigentümern gestärkt werden.

Obgleich sich die Verflechtung von Wirtschafts- und Medieninteressen schon früher abzeichnete, wurden die einzelnen Beteiligungen erst um das Jahr 1995 in Holdings und Mediengruppen gebündelt, von denen die maßgeblichen auf der folgenden Seite aufgeführt sind.[22]

Als weitgehend eigenständig gelten u.a. die Zeitungen „Argumenty i fakty", „Moskovskie novosti" und „Moskovskij komsomolec".

Der Integrationsprozess der „zweiten informationellen Umverteilung"[23] vollzieht sich ingesamt auf vier Ebenen: Verlagshäuser wie „Kommersant" sind *horizontal* expandiert, indem sie versucht haben, ihre Produktpalette im Printbereich zu diversifizieren (neben der Tageszeitung „Kommersant daily" erscheinen die Zeitschriften „Kommersant vlast'", „Kommersant den'gi", „Avtopilot", „Domovoj" u.a.). Die Media-Most-Gruppe ist dagegen ein Beispiel für multimediale Integration, die sowohl Print- als auch elektronische Medien unter einem Dach vereint. Eine *„cross-sectoral"* Integration (auch im Sinne von *cross-ownership*) zeigt sich im Engagement von ursprünglich nicht-medial ausgerichteten Konzernen wie Gazprom. Diese Art der Integration scheint die Anfälligkeit für politisch gesteuerte Informationskampagnen zu erhöhen, da beispielsweise bei Gazprom, dem weltgrößten Erdgasproduzenten, der Staat im Aufsichtsrat das Sagen hat und über den Konzern Einfluss auf Zeitungen und Sender nehmen kann. Das Zusammenwachsen von Infrastrukturbesitzern und Programmanbietern in einer vertikalen Integration steht in Russland noch aus. Ein Grund ist, dass die Druckereien und technischen Sendeeinrichtungen nach wie vor in staatlicher Hand sind.

21 „Über die Grundlagen der Wirtschaftsbeziehungen im Bereich der Massenmedien", vgl. Zakonodatel'stvo i Praktika, Juni/2000. www.medialaw.ru

22 Nach Anna Wostruchowa: Blick auf die russische Presselandschaft, in: Wostok 2/1999, S. 80ff., Stand Ende 1999.

23 Vgl. E. Vartanova: Corporate transformation of the Russian media, in: Post Soviet Media Law & Policy Newsletter, issue 32, Sept. 1996.

| Politischer Akteur | Zeitungen/Zeitschriften | Fernsehen | Andere |
|---|---|---|---|
| Regierung/Präsidialverwaltung/Föderalversammlung | Rossijskaja gazeta[24], Rossijskie vesti, Parlamentskaja gazeta | ORT, RTR, Kul'tura | ITAR-TASS (Agentur), Radio Rossija, Radio Majak, Golos Rossii |
| Beresowskij | Nezavisimaja gazeta, Novye izvestija, Ogonjek, Kommersant | ORT, TV-6 | |
| OĖNKSIM, Wladimir Potanin | Izvestija (Kontrollpaket), Komsomol'skaja pravda, Antenna, AIDa, Ėkspert, inzwischen eingestellt: Russkij telegraf | | |
| Gruppe Media-Most, Wladimir Gusinskij | Segodnja, Itogi, 7 dnej, Karavan istorij | NTV, NTV+, Echo Moskvy | Verlagshaus Sem' dnej |
| Regierung Moskau, Jurij Luschkow | Literaturnaja gazeta, Večernaja Moskva, Kultura, Tverskaja 13, Moskovskij komsomolec (Subventionen), Moskovskaja pravda | TV-Centr | Verlagshaus Puškinskaja plošad', Moskovskoe Radio |
| Gazprom | Trud, Rabočaja tribuna, Sel'skaja žizn' | Beteiligung an NTV | |
| LUKojl | Anteile an Izvestija | REN-TV | |
| Kommunistische Partei | Pravda, Sovetskaja rossija, Pravda rossii, Zavtra | | |

Wenn es um Macht in den Medien geht, werden vor allem zwei Männer genannt: Wladimir Gusinskij und Boris Beresowskij. Wladimir Gusinskij hat sich einen Namen gemacht als Chef eines Finanzimperiums und als Generaldirektor einer Mediengruppe, die neben dem Fernsehsender NTV Radio und diverse Printmedien umfasst. Im Gegensatz zu konkurrierenden Gruppen wollte die 1997 gegründete Informationsholding „Most-Media" aber nicht nur Einfluss ausüben, sondern mit den Medienunternehmen Profit machen. Die regierungskritische Haltung von NTV während des ersten Tschetschenienkriegs förderte das Image eines unabhängigen, objektiven Senders. Dieses Image wurde allerdings im Präsidentschaftswahlkampf 1996 beschädigt. Nachdem NTV-Präsident Malaschenko dem Wahlkampfstab von Jelzin bei-

24 Rossijskaja gazeta (Russische Zeitung) und Rossijskie vesti (Russische Nachrichten) wurden 1990 gegründet.

getreten war, unterstützte der Sender in seiner Berichterstattung die Kandidatur des amtierenden Präsidenten und erhielt nach dem Wahlsieg den gesamten Sendeplatz des vierten Kanals. Media-Most ist mit dem Energiekonzern Gazprom verbunden, der sowohl an dem Sender NTV als auch an der Holding beteiligt ist. Angesichts horrender Schulden ist ungewiss, wie lange Media-Most noch eigenständig bleibt.

Das bisherige Kräfteverhältnis im Medienmarkt ist nach den Präsidentschaftswahlen im Jahr 2000 erneut ins Wanken geraten. Schien es zunächst so, als hätten die jeweiligen Gruppen den Moskauer Medienmarkt unter sich aufgeteilt, so zeichnet sich inzwischen ab, dass auch diese Struktur nicht von Dauer ist. Sowohl Gusinskijs Position als auch die Beresowskijs scheinen inzwischen angreifbar geworden zu sein. Nach dem Wechsel von Jelzin zu Präsident Wladimir Putin ist die Medienholding Media-Most wegen der Verschuldung unter Druck geraten. Geschäftsräume wurden durchsucht, Wladimir Gusinskij zeitweise festgenommen.[25] Sowohl Gusinskij als auch Beresowskij gerieten durch staatsanwaltliche Untersuchungen in Bedrängnis. In beiden Fällen steht die Kontrolle der Aktienmehrheit der beiden TV-Meinungsführer, ORT und NTV, auf dem Spiel. Bei ORT könnte der Kreml angesichts ausstehender Kredite die Kontrolle wieder an sich ziehen. Bisherige Berichte lassen vermuten, dass die Regierung in jedem Fall dabei ist, ihren Einfluss bei NTV und ORT zu vergrößern.

## *Die Medien in der Politik*

Boris Jelzin verdankte seinen Wahlsieg 1996 nicht zuletzt den Geschäftsmännern, die ihre Finanz- und Medienmacht geltend machten und so in einer kritischen Phase dafür sorgten, dass das Image des Präsidenten – und damit seine Wahlchancen – entschieden verbessert wurden. Die Medien rechtfertigten ihre Parteinahme mit dem Argument, sie seien für den Demokratisierungsprozess und die Entwicklung der freien Presse eingetreten. Die Wahl zwischen Jelzin und Sjuganow wurde gleichgesetzt mit der Grundsatzentscheidung, welchen Weg das Land nehmen sollte. Gleichwohl setzten die Medienverantwortlichen mit der offenkundigen Instrumentalisierung und Einflussnahme auf die Willensbildung ihren Anspruch als Vierte Gewalt aufs Spiel. „Die Positionen der nationalen Networks während der Wahlen zeigen, dass der politisierte Journalismus in Russland zur Norm geworden ist."[26]

Dem Druck der öffentlichen Meinung, in der eine von den Medien geschürte Antikriegsstimmung dominierte, wurde es zugeschrieben, dass Moskau 1996 den ersten Tschetschenienkrieg politisch beendete. 1999 allerdings

25 Gusinskij wurde vorgeworfen, er habe den Staat bei einer Privatisierung um umgerechnet 20 Millionen DM betrogen. Vgl. Sonja Margolina: Der Staat darf gerne Terror machen, in: FAZ, 8.6.2000.

26 Sigal (1997).

heizten die Medien die öffentliche Entrüstung mit Berichten über Angriffsaktionen tschetschenischer Aufständischer, Entführungen von Zivilisten und Terroranschläge an. Selbst als liberal bekannte politische Beobachter unterstützten den neuen Tschetschenienkrieg zunächst. Wie bemängelt wurde, fügten sich die meisten Medien nur allzu bereitwillig der Militärzensur. Die Mechanismen der Mediensteuerung, die hier wirkten, griffen auch bei den jüngsten Präsidentschaftswahlen. Tatsächlich wählte das Land den Präsidenten schon im Dezember: Die Duma-Wahlen waren ausschlaggebend für Putins Wahlsieg im Mai. Und die Medien, die sich für Schmutzkampagnen instrumentalisieren ließen und fast durchweg durch einseitige Berichterstattung auffielen, spielten dabei eine zentrale Rolle. Anders als 1996 ging es – so die Medienwissenschaftlerin Katschkajewa – bei dem Wahlkampf 1999/2000 um finanzielle Ziele, nicht um ideologische Auseinandersetzungen.[27] Anfang Juli 1999 hatte sich allmählich herausgestellt, wer im Jahre 2000 für die Präsidentschaft kandidieren werde. Putin, der im August 1999 als neuer Ministerpräsident und Nachfolger Jelzins angetreten war, musste die Frist bis zu den Wahlen nutzen, um selber an Popularität zu gewinnen und politische Gegner mit Hilfe der Medien zu schwächen. Die Militarisierung des Massenbewusstseins, die zu Beginn des neuen Tschetschenienkriegs durch die Berichterstattung der Medien geschürt wurde, war Putin nützlich, um sich als neuer starker Mann zu profilieren, ohne auf aufwendige Werbekampagnen zurückgreifen zu müssen. Im Herbst 1999 schossen Putins Popularitätswerte bei Meinungsumfragen nach oben. Den Sprung an die Spitze verdankte er deshalb nach Ansicht der Medienbeobachter zu einem großen Teil der starken Politisierung der Informationssphäre in Russland, die von den beschriebenen Verflechtungen über Jahre hinweg betrieben worden war.

Nach den Duma-Wahlen im Dezember 1999 beklagte der ehemalige Nachrichtendirektor von NTV, Oleg Dobrodejew, den Autoritätsverlust, den die Medien durch die Art der Wahlkampagne erlitten hätten. „All television channels", so Dobrodejew, „came out of this election campaign with huge losses to their reputation."[28] NTV selbst, der sich während der Duma-Wahlen als kremlkritischer Sender hervorgetan und im Gegensatz zu den staatlichen Sendern den Gegner der Jelzin-Mannschaft, den Block „Vaterland-Ganz Russland" unterstützt hatte, geriet in der Folge in das Visier der Wahlsieger. Die erwähnte Verhaftung von Wladimir Gusinskij wurde daher als Zeichen gedeutet, dass die neue Regierungsmannschaft das Medienmonopol der „Oligarchen" brechen will.

27 Anna Kačkaeva: Image Factory: Television as the Key Instrument for Creation of Political Myths, in: www.internews.ru/crisis/imagefactory.html. In: Professiya – Journalist, No. 1. 2000.

28 Zitiert nach: Andrei Zolotov: NTV Chief Leaves post Without Explanation, in: Moscow News, 21.1.2000.

# Religion und Kirche

Thomas Bremer

Kaum ein Bereich der russischen Gesellschaft ist durch den tief greifenden Wandel des letzten Jahrzehnts stärker betroffen worden als Religion und Kirche. Das spiegelt sich auch im öffentlichen Bewusstsein wider. Umfragen, die seit Beginn der 90er Jahre durchgeführt wurden, erbringen höchst bemerkenswerte Ergebnisse voller innerer Widersprüche. So glaubten etwa 1991 nach eigenem Bekunden 47% der Russen an Gott, während sich 53% als nicht gläubig bezeichneten. Von diesen „Atheisten" aber bezeichneten 58% die Kirche als eine Institution, in die sie Vertrauen hätten,[1] und 70% der Gesamtbevölkerung, also auch ein beachtlicher Teil der Atheisten, glaubte, die Russische Orthodoxe Kirche trage zur Hebung des moralischen Niveaus und der Erziehung der jüngeren Generation bei. Gleichzeitig aber waren ebenfalls 70% der Meinung, die Russische Orthodoxe Kirche habe viele Mängel, und nur 16% bezeichneten sich als orthodox, 52% aber als „Christen im Allgemeinen".[2]

Diese wenigen Angaben machen deutlich, dass sich auch fast zehn Jahre nach dem Ende der Sowjetunion das religiöse Leben in Russland noch nicht konsolidiert hat. Zwar gibt es jetzt keine offene oder verborgene Verfolgung von Religion mehr, doch hat auch die Hinwendung zur Religion, die sich bereits vor Beginn der Perestrojka abzuzeichnen begann, inzwischen wieder nachgelassen. Die unklare Situation betrifft jedoch nicht nur die Gläubigen und ihre Einstellungen zu Fragen der Religion, sondern auch die Religionsgemeinschaften, die sich plötzlich gezwungen sahen, auf das wachsende Interesse der Bevölkerung an Religion zu reagieren und die unter den neuen Bedingungen ihren Platz in Staat und Gesellschaft suchen mussten. Auch dieser Prozess ist ganz offensichtlich noch nicht abgeschlossen.

Von den Religionsgemeinschaften in Russland ist die Russische Orthodoxe Kirche nicht nur die größte nach der Zahl ihrer Mitglieder, sondern auch die historisch bedeutendste und die heute einflussreichste. Das *„Föderationsgesetz über Gewissensfreiheit und über Religionsgemeinschaften"*, das seit dem 1. Oktober 1997 in Kraft ist, spricht zwar auch von der „Achtung vor dem Christentum, Islam, Buddhismus, Judentum und den anderen Religionen,

1 Andrew Greeley: Religiöses Wiedererwachen in Russland (1994)?, in: Religiöser Wandel in den postkommunistischen Ländern Ost- und Mitteleuropas, hg. von Detlef Pollack/Irena Borowik/Wolfgang Jagodzinski, Würzburg 1998, S. 517–539, hier S. 522; 535. Nach neueren Umfragen ist die Zahl der Gläubigen zunächst konstant geblieben, 1999 aber auf 61% gestiegen.

2 Deutsche Zusammenfassung: D.J. Furman: Religion und Politik im postkommunistischen Rußland, in: Pollack/Borowik/Jagodzinski (1998), S. 501–516.

die nicht aus dem geistigen Erbe der Völker Russlands wegzudenken sind", hebt in seiner Präambel aber die „besondere Rolle der Orthodoxie in der Geschichte Russlands in Bezug auf dessen geistige und kulturelle Entstehung und Entwicklung" hervor.[3] Es ist also sinnvoll, der russischen Orthodoxie bei der Beschreibung von Religion in Russland einen besonderen Stellenwert zuzuerkennen.

### *Die Russische Orthodoxe Kirche*

Die Russische Orthodoxe Kirche (*Russkaja Pravoslavnaja Cerkov'*) ist nicht nur die größte Religionsgemeinschaft in der Russländischen Föderation, sondern auch die größte orthodoxe Kirche der Welt. Sie gehört zur Gemeinschaft der orthodoxen Kirchen (gemeinsam etwa mit dem Patriarchat von Konstantinopel, der Serbischen Orthodoxen Kirche, der Kirche von Griechenland und anderen), die sich gegenseitig anerkennen, aber jeweils selbstständig ihre inneren Angelegenheiten regeln.[4] Die ostslawischen Fürstentümer nahmen 988 das Christentum aus Konstantinopel, also in seiner östlichen Form, an. Bis ins 15. Jahrhundert blieb die russische Kirche von Konstantinopel abhängig, wo die leitenden Bischöfe ernannt wurden. Seither verwaltet sich die Kirche, die 1589 zum Patriarchat erhoben wurde, selbstständig. Zwischen 1721 und 1917 war das Amt des Patriarchen abgeschafft und durch ein kollektives Leitungsgremium, den Heiligen Synod, ersetzt, der vom Zaren kontrolliert wurde.

In der Sowjetära wurde die orthodoxe Kirche – wie alle Religionsgemeinschaften – zunächst auf das Schärfste verfolgt. Sie verlor in den Jahren zwischen der Revolution und dem Zweiten Weltkrieg durch Terror und Verfolgung einen großen Teil ihrer Priester und Bischöfe; über die Hälfte der Kirchenbauten wurde abgerissen oder anderen Zwecken zugeführt, die Gemeinden aufgelöst. Von den über 100 Bischöfen vor der Revolution waren zu Beginn des Zweiten Weltkriegs nur noch einige wenige im Amt, alle anderen waren tot oder befanden sich in Lagern. Die Situation änderte sich mit dem deutschen Überfall auf die Sowjetunion, als sich die Kirche sofort mit dem Sowjetstaat (der sie so grausam verfolgt hatte) solidarisierte und Stalin erkannte, dass er die Kirche für die Mobilisierung der Bevölkerung würde brauchen können. Noch während des Krieges und in den Jahren danach kam es zu einer langsamen Konsolidierung der kirchlichen Verhältnisse, allerdings unter starker Kontrolle des Staates. In einem sehr engen Rahmen hatte die Russische Orthodoxe Kirche seit dem Krieg wieder die Möglichkeit, theologische Literatur zu publizieren, für theologische Ausbildung zu sorgen und Kontakte mit Kirchen im Ausland zu pflegen, insbesondere im Rahmen der ökumenischen Bewegung.

3 Deutsche Fassung in: Osteuropa, 48. Jg., 1998, S. A274–A286, hier S. A274.

4 Zum Selbstverständnis der Orthodoxie vgl. jetzt Grigorios Larentzakis: Die Orthodoxe Kirche. Ihr Leben und ihr Glaube, Graz u.a. 2000.

Als 1988 mit staatlicher Unterstützung die Tausendjahrfeier der Christianisierung Russlands begangen wurde, deutete sich bereits die kommende Wende an. 1990 wurde ein erstes, sehr liberales Religionsgesetz verabschiedet, und seither herrschte praktisch Religionsfreiheit in Russland, die höchstens für die religiösen Minderheiten durch die konkrete Anwendung des aktuellen Gesetzes eingeschränkt wurde.

Die neuen Verhältnisse zeigen sich sehr eindrücklich an den Zahlen. Die Russische Orthodoxe Kirche hat heute 129 Bistümer, 1989 waren es noch 67. Die Zahl der Gemeinden ist von 6893 im Jahre 1988 auf über 20 000 gestiegen. Das Gleiche gilt für die Zahl der höheren theologischen Ausbildungsstätten, die von fünf (1988) auf 31 anwuchs. Außerdem wurden vor wenigen Jahren zwei orthodoxe Universitäten gegründet. Heute gibt es 545 Klöster, noch vor wenigen Jahren waren es gerade 18.

An der Spitze der Russischen Orthodoxen Kirche steht der „Patriarch von Moskau und der ganzen Rus'“, der dem „Heiligen Synod“, einem Gremium von zehn Bischöfen, vorsitzt. Der Synod leitet faktisch die Kirche zwischen den Bischofsvollversammlungen und den Landeskonzilien[5]. Die Kirche ist in Bistümer („Eparchien“) gegliedert, die vom jeweiligen Bischof geleitet werden. Da die Zahl der Bistümer in der Sowjetzeit begrenzt war und diese daher oft riesige Gebiete umfassten, wurden in den letzten Jahren zahlreiche neue Bistümer gegründet. Viele Bistümer befinden sich auch in den GUS-Staaten, vor allem in der Ukraine und in Weißrussland (die orthodoxen Kirchen dort genießen eine gewisse Autonomie), sowie im sonstigen Ausland.

Der wichtigste Indikator für die veränderte Lage der Kirche ist jedoch das gestiegene gesellschaftliche Ansehen der Orthodoxie. Die Präsenz des Patriarchen bei allen feierlichen staatlichen Anlässen, insbesondere bei der Inauguration des Präsidenten, ist nur ein Anzeichen dafür. Die Kirche und kirchliche Themen kommen in den Medien vor, Priester genießen hohes gesellschaftliches Ansehen, und umgekehrt bemühen sich Politiker auf allen Ebenen, ihre Religiosität durch Kirchenbesuch und Kontakt mit Kirchenvertretern zu dokumentieren, weil sie sich (wohl mit einigem Recht) davon Vorteile bei ihrer Wählerschaft erhoffen. Das hängt einerseits damit zusammen, dass die orthodoxe Kirche die einzige Organisation in Russland ist, die aus vorrevolutionärer Zeit stammt, unter den Kommunisten verfolgt wurde und dennoch die Sowjetzeit überlebt hat. Sie steht also für das Idealbild eines „unschuldigen“, vorkommunistischen Russland. Zum anderen ist die Russische Orthodoxe Kirche eine nationale Einrichtung, die das Russisch-Sein betont. Gerade in Zeiten, da mit Juden, Muslimen und Angehörigen westlicher Religionen Gefahren für Russland assoziiert werden, ist das ein wichtiger Faktor. Weiterhin ist eine offene Beziehung zu Religion und Kirche für viele Menschen Merkmal westlicher, demokratischer Gesellschaften. Daher stehen sowohl viele national eingestellte wie auch liberal-aufgeklärte Menschen dem Thema „Kir-

5 An Landeskonzilien nehmen auch Priester und Laien teil; sie finden aber nur sehr selten statt.

che" offen gegenüber. Das Phänomen, dass den Kirchen große Achtung entgegengebracht wird, ist aus diesen Gründen also fast allen Transformationsgesellschaften gemeinsam.

Die Menschen des nachsowjetischen Russland können jedoch nicht einfach nahtlos an die Zarenzeit anknüpfen (abgesehen von der Frage, ob das wünschenswert wäre). Gesellschaftlich sind viele Werte anerkannt, die sich in der orthodoxen Kirche nicht finden lassen. Ein Beispiel hierfür ist die Frage nach der Stellung der Frauen in der Kirche. Wie alle orthodoxen Kirchen lehnt auch die russische Orthodoxie die Ordination von Frauen zu kirchlichen Ämtern strikt ab. Frauen dürfen den Altarraum von Kirchen nicht betreten, und viele Gemeinden verlangen, dass sie während des Gottesdienstes ihr Haar bedecken und Röcke oder Kleider, aber keine Hosen tragen. Eine solche Haltung entspricht natürlich nicht der Stellung von Frauen in der russischen Gesellschaft, sodass viele Frauen sich nicht mit der Kirche identifizieren können. Andererseits gibt es auch Frauen in der Kirche, die emanzipatorischen Ideen ablehnend gegenüber stehen.

Die Russische Orthodoxe Kirche scheint häufig so zu agieren, als sei sie mit dem Ende des Kommunismus in der gleichen Situation wie vor der Revolution. Zu einer solchen Wahrnehmung trägt bei, dass sie gesellschaftlich hoch angesehen ist, wahrscheinlich mehr als jemals zuvor in ihrer Geschichte. Sie betrachtet die Orthodoxie als das für Russland einzig angemessene Glaubensbekenntnis und akzeptiert ihre bevorzugte Stellung mit einer gewissen Selbstverständlichkeit, die häufig den Anfragen der Moderne nicht genügend Raum bietet. Es fällt der Kirche oft sichtlich schwer, mit vielen Entwicklungen im politischen, gesellschaftlichen und wissenschaftlichen Bereich Schritt zu halten und entsprechend auf sie einzugehen. Die historischen Bedingungen und die konkreten Umstände haben dazu geführt, dass sich die Kirche bis August 2000 zu vielen wichtigen gesellschaftlichen Themen nicht geäußert hat. Da viele Gläubige modernen Tendenzen ablehnend gegenüber stehen, verlangen sie von der Kirche auch keine Reformen. Vielmehr spielen irrationale Ängste und einseitige Wahrnehmungen häufig eine wichtige Rolle. Im März 2000 etwa musste der Heilige Synod eine Erklärung abgeben, wonach computerlesbare Nummerncodes (wie sie von den Steuerbehörden an russische Bürger vergeben werden) nicht als Teufelswerk abzulehnen seien. Bei vielen Gläubigen hatte die immer häufigere Verwendung dieser Codes Unruhe hervorgerufen, da sie sie mit einer Vision aus der Apokalypse (Offb 13,16–18) gleichsetzten.[6]

6 Die Verse 16 und 17 lauten: „16. Und es bewirkt, dass alle, die Kleinen und die Großen und die Reichen und die Armen und die Freien und die Sklaven, dass sie sich ein Malzeichen auf ihre rechte Hand oder auf ihre Stirn machen 17. und dass niemand kaufen oder verkaufen kann als nur der, welcher das Malzeichen hat, nämlich den Namen des Tieres oder die Zahl seines Namens".

Das Verhältnis zu den anderen christlichen Kirchen ist in der Regel schlecht, da diese von der russischen Orthodoxie als Eindringlinge betrachtet werden, die historisch nicht nach Russland gehörten. Sie stehen immer unter dem Verdacht, der Russischen Orthodoxen Kirche Gläubige abwerben zu wollen. Man hat den Begriff vom „kanonischen Territorium“ der russischen Kirche geschaffen, wonach die Evangelisierung in Russland (und unter Russen) der Orthodoxie überlassen bleiben müsse. Andere Kirchen hingegen berufen sich auf das Prinzip der Religionsfreiheit. Da es tatsächlich oft dazu gekommen ist, dass sich Russen aus verschiedenen Gründen westlichen Konfessionen angeschlossen haben, ist es zu erheblichen zwischenkirchlichen Spannungen gekommen. Das hängt auch mit der engen Verbindung zwischen der nationalen und der religiösen Zugehörigkeit zusammen, die weiter unten thematisiert wird.

## *Die anderen Religionsgemeinschaften*

Alle übrigen Religionsgemeinschaften haben in Russland höchstens auf regionaler Ebene größere Bedeutung.[7] In einigen Subjekten der Republik ist der Islam vorherrschend; hier sind nur die dorthin zugezogenen ethnischen Russen orthodox. Das gleiche gilt für den Buddhismus, der bei Kalmücken und Burjaten stark ist. Juden gibt es heute in Russland nur noch in relativ geringer Zahl; Ursachen hierfür sind zunächst die Judenvernichtungspolitik der deutschen Besatzungsmacht im Zweiten Weltkrieg, in der Nachkriegszeit eine fortgesetzte Emigration, die angesichts der antisemitischen Stimmung in den letzten Jahren auch nach dem Zusammenbruch der UdSSR anhielt. Von den anderen christlichen Kirchen sind die Altgläubigen (besser: Altritualisten) zu nennen, eine Gruppe, die sich im 17. Jahrhundert von der orthodoxen Kirche getrennt hat, als die Liturgie reformiert wurde. Sie ist seither in eine Vielzahl weiterer Gruppen zerfallen, von denen die „Priesterlichen“ (popovcy), die ein kirchliches Amt anerkennen, heute am zahlreichsten sind. Zu den Lutheranern gehören vor allem Deutsche und Balten, deren Vorfahren entweder vor Jahrhunderten nach Russland eingewandert waren oder die in der Sowjetzeit aus ihrer Heimat (vor allem aus dem Baltikum) nach Sibirien verschleppt wurden. Die Lutheraner haben inzwischen eine eigene Kirchenorganisation gegründet, der etwa 370 Gemeinden angehören. Die größte Gruppe aus der reformatorischen Tradition sind jedoch die Baptisten, deren Gemeinden (wohl mehrere tausend) zwei verschiedenen, miteinander zerstrittenen Bünden zugehören. Schließlich seien noch die Katholiken genannt. Auch sie sind zum größten Teil Polen, Litauer, Ukrainer oder Deutsche bzw. deren Nachkommen. Es gibt heute vier von Bischöfen geleitete Apostolische Administraturen mit etwa

7 Angaben zu allen Religionsgemeinschaften mit historischen Erläuterungen finden sich in: Das Gute behaltet. Kirchen und religiöse Gemeinschaften in der Sowjetunion und ihren Nachfolgestaaten, hg. von Hans-Christian Diedrich/Gerd Stricker/Helmut Tschoerner, Erlangen 1996.

1200 Gemeinden. Während der Sowjetzeit gab es in Russland keine katholischen Bischöfe und nur einige wenige Gemeinden. Außerdem finden sich in Russland auch viele Sekten (traditionelle, die aus der orthodoxen Kirche stammen, und neuere, aus dem Westen bzw. aus Ostasien kommende) sowie einige wenige Anhänger der übrigen Weltreligionen. Sie spielen aber weder von der Zahl ihrer Anhänger noch von ihrem Einfluss her eine besondere Rolle (abgesehen von den Ängsten vor Sekten, die vor allem von der orthodoxen Kirche geschürt werden). Erwähnenswert ist noch die Entstehung von neuheidnischen Bewegungen in den letzten Jahren, die oft einen nationalistischen Hintergrund haben. Doch können auch sie zahlenmäßig vernachlässigt werden. Insgesamt ist zu sagen, dass verlässliche Zahlenangaben zu den Mitgliedern von Glaubensgemeinschaften nicht möglich sind. Es gab und gibt in Russland keine Religionsstatistik, sodass man auf Angaben der Religionsgemeinschaften und auf Schätzungen angewiesen ist.[8]

Die Verfolgungen der Sowjetzeit haben dazu geführt, dass vor allem Angehörige der nationalen Minderheiten, die nicht orthodox waren, auch in solche Gebiete verschleppt wurden, wo es vorher keine Protestanten bzw. Katholiken gegeben hatte. In der Sowjetunion war eine kirchliche Betreuung dieser Gläubigen kaum möglich. Seit dem Beginn der 90er Jahre jedoch haben sich die Kirchen darum bemüht, Geistliche (die zumeist Ausländer sind) zu ihren Gläubigen in diese Gebiete zu entsenden und kirchliche Strukturen aufzubauen. Auch haben sich zahlreiche Russen, die keine religiöse Verwurzelung mehr besaßen, diesen „westlichen“ Kirchen zugewandt. Die Russische Orthodoxe Kirche machte das den anderen Kirchen zum Vorwurf und verdächtigte sie des „Proselytismus“, also der bewussten Abwerbung von Gläubigen. Die ökumenischen Beziehungen sind daher äußerst gespannt, nicht nur in Russland, sondern auch auf internationaler Ebene zwischen orthodoxen und nicht orthodoxen Kirchen. Aufgrund dieser Schwierigkeiten zwischen den Kirchen gibt es heute eine wachsende Zahl von Menschen in Russland, die sich für das Christentum entscheiden, ohne aber einer konkreten Kirche beizutreten. Dieses „konfessionslose Christentum“ ist ein neues Phänomen in Russland.[9]

In der Regel werden die anderen christlichen Kirchen und auch die nichtchristlichen Religionen mit anderen Nationen verbunden, was ja auch historisch eine gewisse Berechtigung hat. Während der Islam besonders seit den beiden Tschetschenien-Kriegen allgemein als Bedrohung empfunden wird (obgleich die Kriege keinen religiösen Hintergrund hatten), gibt es schon seit langer Zeit Vorbehalte gegen Juden, die niemals ganz behoben wurden. Der

8 Das Justizministerium veröffentlicht zwar die Zahlen der registrierten Gemeinden. Diese Angaben sagen aber nichts über die Größe der einzelnen Gemeinden aus; außerdem gibt es Gruppen, die sich bewusst nicht registrieren lassen wollen.

9 Vgl. hierzu Georgij Tschistjakow: Konfessionsloses Christentum in Russland, in: Ost-West. Europäische Perspektiven Jg. 1, 2000, H. 4, S. 276–284.

Katholizismus wird als polnisch empfunden, und die historischen Belastungen gegenüber Polen spielen hier eine besondere Rolle. Die Krise in den ökumenischen Beziehungen zwischen der Orthodoxie und der katholischen Kirche auf Weltebene belastet auch die Situation der katholischen Kirche in Russland als einem orthodox geprägten Land. Die traditionellen protestantischen Gemeinschaften (Lutheraner, einige Freikirchen) werden ebenfalls als „unrussisch", zumeist als deutsch, empfunden und abgelehnt, obgleich sie seit vielen Jahrhunderten in Russland existieren. Neuere Gemeinschaften, die vor allem aus den Vereinigten Staaten gekommen sind, werden zumeist pauschal als Sekten gesehen und abgelehnt. Tatsächlich hat es zu Beginn der 90er Jahre eine vermehrte Missionierungstätigkeit amerikanischer Freikirchen und Sekten in Russland gegeben, die häufig über beträchtliche materielle und personelle Möglichkeiten verfügten. Von der Russischen Orthodoxen Kirche wurde das als unökumenisches Verhalten beurteilt: Statt der durch das kommunistische Regime beeinträchtigten orthodoxen Kirche zu helfen, die Menschen wieder zu ihrer traditionellen Religionszugehörigkeit zu bringen, hätten diese westlichen Kirchen die missliche Lage der Russischen Orthodoxen Kirche ausgenutzt und versucht, auf deren Kosten Anhänger in Russland zu gewinnen. Und die (Wieder-)Organisierung der katholischen Kirche wurde – auch im Kontext der Aussage des Papstes von der nötigen „Neuevangelisierung Europas" – ebenfalls als illegitimes Verhalten verstanden. Allerdings hat die Bischofsversammlung der russischen Kirche im Sommer 2000 einen Beschluss zu den ökumenischen Beziehungen gefasst, der die orthodoxen Grundsätze für Ökumene formuliert, dabei aber Wege für eine Verständigung mit den anderen Kirchen offen lässt.[10]

Obgleich diese nationalen Zuschreibungen heute faktisch nicht mehr stimmen, erleichtern sie doch die gesellschaftliche Ausgrenzung dieser Kirchen und lassen Russen, die ihnen beitreten, in den Augen vieler anderer zu nationalen Verrätern werden. Die Diskriminierung dieser Kirchen geschieht auch durch die konkrete Auslegung und Anwendung des Religionsgesetzes, dessen Bestimmungen im Folgenden erläutert werden.

## *Die rechtlichen Voraussetzungen*[11]

Das Religionsgesetz regelt vor allem die Beziehungen zwischen dem Staat und den Religionsgemeinschaften. Es unterscheidet zwischen religiösen Gruppen und religiösen Organisationen. Letztere müssen sich „registrieren" lassen, um als juristische Personen überhaupt agieren zu können. Das Gesetz ist so

10 Deutscher Text auszugsweise: „Grundlegende Prinzipien der Beziehung der Russischen Orthodoxen Kirche zu den Nicht-Orthodoxen", in: Orthodoxie Aktuell IV/9, September 2000, S. 6–15.

11 Vgl. hierzu Gerd Stricker: Das neue Religionsgesetz in Rußland, in: Osteuropa, 48. Jg., 1998, S. 689–709.

formuliert, dass es den ausführenden, insbesondere den lokalen Behörden zahlreiche Möglichkeiten für Willkürentscheidungen lässt.

Religiöse Gruppen müssen sich nicht registrieren lassen, können dann aber auch nicht den Status einer juristischen Person erhalten. Dies bedeutet z.B., dass sie keine Räume kaufen oder anmieten können, sodass ihre Angehörigen Räume und sonstige Mittel für Gottesdienst und Religionsunterricht (andere Tätigkeiten werden im Gesetz nicht genannt) privat zur Verfügung stellen müssen. Religiöse Organisationen hingegen, die wenigstens drei lokale Untergliederungen mit mindestens je zehn Personen haben müssen, sind mit ihrer Registrierung juristische Personen. Dann können sie zahlreiche Aktivitäten entwickeln, etwa im Bereich von Publikationen, karitativer und unternehmerischer Tätigkeit und Auslandskontakten.

Die Registrierung erfolgt jedoch nur dann, wenn nachgewiesen wird, dass die entsprechende Gruppe bereits seit 15 Jahren legal auf russischem Territorium agiert. Damit ist gesichert, dass sich nur solche religiöse Gruppen als Organisationen registrieren lassen können, die bereits in der UdSSR legal existierten. Für religiöse Gruppen, die sich erst nach der Sowjetära (d.h. nach dem Religionsgesetz von 1990) registrieren lassen konnten und die natürlich 1997 noch keine 15 Jahre legaler Existenz nachweisen konnten, wird in einer Übergangsregelung bestimmt, dass sie sich jährlich neu registrieren lassen müssen. Allerdings genießen sie in dieser Zeit die Rechte von religiösen Organisationen nur sehr eingeschränkt. Von den Kirchen und Religionsgemeinschaften, die in der Sowjetunion verboten waren (wie etwa einer der beiden Baptistenbünde) oder nur in einem halblegalen Status existierten (wie zahlreiche katholische Gemeinden), wurden diese Bestimmungen als besonders diskriminierend empfunden.

Die Praxis der vergangenen Jahre hat gezeigt, dass die Behörden die Bestimmungen des Gesetzes nicht immer so streng ausgelegt haben, wie ursprünglich befürchtet wurde. Die Pflicht zur jährlichen Registrierung aber ermöglicht es, durch Schikanen und peinliche Beachtung aller Vorschriften unliebsamen Gemeinschaften die Tätigkeit unmöglich zu machen oder jedenfalls erheblich einzuschränken. Vor allem für die Registrierung „ausländischer“ Religionsgemeinschaften werden zahlreiche Dokumente verlangt, die – wollte man den Gesetzestext streng auslegen – faktisch gar nicht beigebracht werden können, so z.B. ein staatlich bestätigtes Gründungsstatut der entsprechenden Religionsgemeinschaft. Allerdings scheint deutlich zu sein, dass die Behörden in der Regel der Russischen Orthodoxen Kirche in allen ihren Bedürfnissen entgegenkommen, anderen Religionsgemeinschaften jedoch bestenfalls neutral gegenüber stehen und zuweilen das Gesetz benutzen, um die Registrierung zu verweigern oder die Ausübung der Religion zu erschweren.[12] Solche Erscheinungen betreffen vorwiegend Kirchengemeinden der reformatorischen

12 Regelmäßige Berichte über solche Vorfälle finden sich vor allem in der Zeitschrift „Glaube in der 2. Welt“.

Tradition sowie Sekten, die seit dem Ende des kommunistischen Systems vermehrt in Erscheinung getreten sind.

### *Die Haltung der Russischen Orthodoxen Kirche zu Staat und Nation*

In bestimmten historischen und politischen Kontexten können Kirchen eine enge Bindung an einen Staat oder an eine Nation eingehen. Das gilt nicht nur für orthodoxe Kirchen, und es gilt auch nicht nur für den osteuropäischen Bereich.[13] Allerdings blickt die Orthodoxie auf eine Tradition der „symphonia", also eines fast symbiotischen Zusammenlebens von Staat und Kirche zurück, die bereits in der Antike ihren Ausgang genommen hat. In der russischen Geschichte hat sich diese Beziehung zwischen Staat und Kirche lange Jahrhunderte als bestimmend erwiesen. Die Großfürsten bzw. Zaren waren orthodox und haben sich als Schutzherren der Kirche empfunden, wobei sie es nicht selten vermochten, die Kirche in den Dienst ihrer Herrschaft zu stellen. Beide Seiten haben eine solche Beziehung als Vorteil empfunden. Mit den Ereignissen des Jahres 1917 änderte sich die Situation der Kirche jedoch völlig. Sie stand nun einem Staat gegenüber, der eine atheistische Ideologie vertrat und die Kirche zu beseitigen trachtete. Es ist bemerkenswert, dass die Tradition, dem Staat grundsätzlich positiv gegenüber zu stehen, dennoch ihre Wirkungen hatte: Obgleich die Bischöfe natürlich die Kommunisten ablehnten und die Verfolgungen mit äußerster Härte betrieben wurden, äußerte der führende Metropolit unter dem Druck der Umstände gerade zehn Jahre nach der Revolution seine Loyalität zum Sowjetstaat. Die Verfolgungen nahmen allerdings in den Folgejahren noch zu. Als die Sowjetunion 1941 von Deutschland angegriffen wurde, solidarisierte sich die Kirchenleitung ohne Zögern mit dem eigenen Land und damit auch mit der Regierung. Die Tradition der engen Beziehung zwischen Staat und Kirche wirkte hier also nach.

In der Gegenwart lässt sich das Bemühen der Kirche erkennen, ihre enge Verbundenheit mit dem russischen Staat zu demonstrieren. Hohe kirchliche Vertreter erscheinen bei offiziellen staatlichen Anlässen, und in staatlichen Einrichtungen wie Schulen, Gefängnissen und der Armee bemüht sich die Kirche – in der Regel mit Erfolg – um Präsenz und Wirkungsmöglichkeiten. Inzwischen wurde ein Vertrag über Militärseelsorge abgeschlossen, und im Juli 2000 wurde auf dem Gelände des Innenministeriums vom Patriarchen in Gegenwart des Präsidenten Putin und seines Vorgängers Jelzin eine Kapelle eingeweiht. Die Kirche hat auch mehrfach das Vorgehen der russischen Armee in Tschetschenien gerechtfertigt und steht damit nicht nur in enger Verbundenheit zum Staat, sondern auch in Übereinstimmung mit der großen Mehrheit der russischen Gesellschaft.

13 Vgl. Thomas Bremer: Erben einer langen Tradition. Die Bedeutung von Staat und Nation für die Orthodoxie, in: Herder-Korrespondenz, 54. Jg., 2000, S. 469–473.

Die Russische Orthodoxe Kirche hat aber nicht nur eine besondere Beziehung zum Staat, sondern auch zur russischen Nation. Das hängt mit der nationalen Färbung aller christlichen Bekenntnisse in der Russländischen Föderation zusammen. Die orthodoxe Kirche wurde als die Konfession der russischen Nation empfunden, die ja auch die Titularnation war. Heute wirkt sich dieser nationale Bezug der Russischen Orthodoxen Kirche besonders in Bezug auf ihre Gläubigen außerhalb Russlands aus. Vor allem in der Ukraine, in Moldova sowie in Estland hat es Konflikte um die kirchliche Zugehörigkeit der Orthodoxen gegeben. In der Ukraine gibt es inzwischen mehrere orthodoxe Kirchen, die sich gegenseitig nicht anerkennen, in Moldova ist der Konflikt zwischen der Russischen Orthodoxen Kirche und der Rumänischen Orthodoxen Kirche noch nicht gelöst, und auch in Estland scheinen die Probleme zwischen Russischer Orthodoxer Kirche und dem Patriarchat von Konstantinopel wieder neu aufzubrechen. Die Russische Orthodoxe Kirche sieht sich in allen diesen Fällen als die Interessenvertreterin der ethnischen Russen, die in diesen Staaten leben.

Hier stellt sich die Frage, ob eine solche nationale Identität für die Zukunft der Russischen Orthodoxen Kirche ausreichend sein kann, zumal sich für die Kirche ja andere Herausforderungen stellen werden, auf die neue Antworten gefunden werden müssen. Zum ersten Mal in ihrer Geschichte hat sich die Russische Orthodoxe Kirche im Sommer 2000 eine Soziallehre gegeben.[14] Damit soll ein theoretischer Untergrund für eine aktivere Beteiligung der Kirche am gesellschaftlichen Leben geschaffen werden. Dass sich bislang die soziale und sozialethische Tätigkeit der Russischen Orthodoxen Kirche auf einige karitative Projekte wie Krankenhäuser, Schulen und Suppenküchen erstreckte, hängt nicht nur mit der Geschichte der Sowjetzeit zusammen, als solche Tätigkeit völlig ausgeschlossen war, sondern auch mit der Tradition der Orthodoxie, die kein gesellschaftliches Engagement der Kirchen in der Weise kennt, wie es in den westlichen Kirchen der Fall ist. Das besondere Problem, mit dem sich die Russische Orthodoxe Kirche konfrontiert sieht, liegt darin, dass religiöse und kirchliche Fragen und Anliegen in Russland große gesellschaftliche Akzeptanz finden, dass aber die Kirche nicht adäquat darauf vorbereitet ist. Sie muss also gleichzeitig diese Situation bewältigen, obgleich sie eigentlich erst Ansätze entwickeln müsste, wie sie mit solchen Themen umgehen soll. Außerdem ist damit noch nicht gesagt, dass die „neuen" Gläubigen auch tatsächlich „kirchlich" orientiert sind. Sie erkennen eine wichtige gesellschaftliche Rolle der Kirche an, doch zeigen Umfragen auch, dass viele von ihnen grundlegende Glaubensaussagen der Orthodoxie nicht anerkennen und sich auch in ihrem Alltagsleben nicht an die kirchlichen Vorschriften halten. Dem wachsenden öffentlichen Einfluss der Kirche steht also eine sinkende

14 Auszüge aus dem umfangreichen Dokument in deutscher Übersetzung: „Die Grundlagen der Sozialkonzeption der Russischen Orthodoxen Kirche", in: Orthodoxie Aktuell IV/9, September 2000, S. 16–36.

Übereinstimmung der Kirchenmitglieder mit zentralen Aussagen des orthodoxen Glaubens gegenüber.

Damit ist auch angesprochen, worin die Perspektiven und die möglichen Gefahren für die Russische Orthodoxe Kirche in den nächsten Jahren liegen. Sie muss sich darauf einrichten, mehr gesellschaftliche Verantwortung zu übernehmen, und sie muss zugleich Mittel und Wege finden, den Menschen, die sich zu ihr bekennen, auch die Inhalte ihres Glaubens zu vermitteln. Die eingeschränkten personellen und auch materiellen Möglichkeiten der Russischen Orthodoxen Kirche und die Tatsache, dass viele Verantwortliche in der Kirche mehr Energie auf den Wiederaufbau von Kirchen und auf die Bekämpfung von vermeintlichen Feinden Russlands und der Orthodoxie verwenden, lassen jedoch vermuten, dass die Kirche auf Dauer ihren Einfluss wieder verlieren könnte und dass sie auch das erwachte Interesse an Fragen von Religion und Kirche nicht in genügendem Maße wird befriedigen können.

# Auf dem Wege zum Rechtsstaat?

## Das Rechtswesen der Russländischen Föderation

ALEXANDER TRUNK

Politische und wirtschaftliche Entwicklungen eines Landes haben stets einen rechtlichen Rahmen. Der Rahmen wird durch politische Entscheidung gesetzt, wirkt aber dann auf den gesellschaftlichen Entwicklungsprozess zurück. Die politischen Reformen in der UdSSR bzw. in Russland seit der Perestrojka der späten 80er Jahre waren stets auch Rechtsreformen: Abschaffung der verfassungsrechtlichen Verankerung der Einparteienherrschaft, stufenweise Demokratisierung des Wahlsystems, Wiederzulassung privater Unternehmertätigkeit, Verabschiedung der russischen Verfassung vom 12.12.1993.[1] Selbst Krisen haben eine rechtliche Dimension. Der Konflikt zwischen den zentralen Staatsorganen der UdSSR und Russlands in den Jahren 1990/91 („Krieg der Gesetze") und die mit Gewalt beendete Auseinandersetzung zwischen dem russischen Präsidenten und dem Obersten Sowjet Russlands in den Jahren 1992/93 entzündeten sich an verfassungsrechtlichen Streitfragen.[2] Weniger augenfällig, aber praktisch ebenfalls von großer Bedeutung ist die Rolle des Rechts als Instrument zur Abfederung oder Bereinigung wirtschaftlicher Krisen (z.B. russische Währungsreform 1997; Erlass von Bankeninsolvenzgesetzen und Anlegerschutzvorschriften nach der Währungskrise im August 1998).

Mit Wladimir Putin steht nach Lenin und Gorbatschow wieder ein Jurist an der Spitze Russlands.[3] Die programmatischen Aussagen Putins im Wahlkampf und nach seiner Amtseinführung lassen erwarten, dass die Ära Putin stark durch Themen der Rechtspolitik geprägt sein wird.

Der folgende Beitrag gibt zunächst einen Überblick über den Entwicklungsstand des Rechtsstaats in Russland. Danach werden die wichtigsten Teilgebiete des russischen Rechts vorgestellt. Der Schlussabschnitt versucht eine Prognose rechtspolitischer Schwerpunkte der Ära Putin.

1 Einen guten Überblick über den Verlauf der Rechtsreformen in Russland (und in anderen osteuropäischen Staaten) geben die jährlichen Berichte („Chronik") im Jahrbuch für Ostrecht und in der Zeitschrift „Recht in Ost und West" (bis 1998, danach in der Zeitschrift „Osteuropa Recht").

2 Zur juristischen Komponente dieser Auseinandersetzung s. etwa W.E. Butler: Russian Law, Oxford usw. 1999, S. 275ff.

3 W. Seiffert: Wladimir W. Putin – Wiedergeburt einer Weltmacht?, München 2000, S. 37ff.

## Russland – (k)ein Rechtsstaat?

Die Berichte über Russland in den deutschen Medien sind seit einiger Zeit überwiegend von düsteren Tönen gezeichnet. Nachrichten über den Krieg in Tschetschenien, gigantische Finanzskandale, unaufgeklärte Auftragsmorde, Umweltkatastrophen lassen die Frage, ob Russland ein Rechtsstaat ist, fast absurd erscheinen. Hinter den Katastrophenmeldungen steht aber eine differenziertere Wirklichkeit.

Unter dem Begriff des Rechtsstaates werden nach europäischer Tradition verschiedene Merkmale einer Staats- und Rechtsordnung zusammengefasst, durch die staatliche Macht begrenzt und die Grund- und Menschenrechte der Bürger gesichert werden sollen.[4] Hauptelemente eines Rechtsstaats sind die Trennung der staatlichen Gewalten (Legislative, Exekutive, Jurisdiktion), die Bindung des Staates an Recht und Gesetz sowie die Gewährleistung von Rechtssicherheit durch öffentlich zugängliche, inhaltlich klare Rechtsnormen. Auch die Garantie von Grund- und Menschenrechten wird dem Begriff des Rechtsstaats zugeordnet. Dabei kommt dem Grundrechtsschutz sowohl eine inhaltliche als auch eine verfahrensrechtliche Komponente zu (Grundrechtsschutz durch Verfahren). Zum Rechtsstaat gehört die entsprechende Ausgestaltung gesetzlicher Vorschriften, aber auch die Umsetzung rechtsstaatlicher Grundsätze in der Praxis.

Die Akzentuierung rechtsstaatlicher Elemente lässt dem Gesetzgeber viele Gestaltungsspielräume. Die neue Verfassung Russlands vom 12.12.1993 weist die zentralen Elemente eines rechtsstaatlichen Gemeinwesens auf, freilich in einer durch die russischen Gegebenheiten geprägten Form.[5] Die Verfassung enthält einen modernen Grundrechtskatalog. Die Grundrechte haben, anders als in der sozialistischen Epoche, unmittelbare Bindungswirkung. Zu ihrem Schutz ist eine besondere Verfassungsgerichtsbarkeit eingerichtet. Das Verfassungsgericht der Russischen Föderation entfaltet eine aktive Rechtsprechungstätigkeit.[6] Viele Entscheidungen ergehen aufgrund einer Verfassungsbeschwerde von Bürgern gegen verfassungswidrige Rechtsnormen.

Die russische Verfassung trennt zwar zwischen den drei Staatsgewalten, sieht aber vielfältige Überlagerungen ihrer Befugnisse vor. Besonders hervorstechend ist das (an die Kompetenzen des französischen Staatspräsidenten an-

4 Zur geschichtlichen Entwicklung und zum Inhalt des Rechtsstaatsbegriffs s. z.B. K. Stern: Das Staatsrecht der Bundesrepublik Deutschland, Bd. I, München $^{2}$1984, § 20.

5 Übersichtsanalysen der russischen Verfassung (= RV) unter verschiedenen Aspekten geben z.B. Schweisfurth: Die Verfassung Rußlands vom 12. Dezember 1993, EuGRZ 1994; S. 473ff, Trunk: Die neue Verfassung Rußlands als Wirtschaftsgrundgesetz, WiRO 1994, S. 33ff.

6 Übersetzung zivil- und wirtschaftsrechtlicher Entscheidungen des Verfassungsgerichts mit Kurzkommentar bei J.V. Kutter/T. Schröder: Die Rechtsprechung des russischen Verfassungsgerichts 1995–1999, Berlin 2000.

gelehnte) weitreichende Dekretrecht des russischen Präsidenten.[7] Zusammen mit einer Vielzahl weiterer Befugnisse – z.B. zur Einrichtung einer Präsidentschaftsverwaltung, zur Benennung des Ministerpräsidenten, zur Auflösung der Staatsduma – ergibt sich daraus eine außerordentlich starke Position des russischen Präsidenten mit einem nicht zu übersehenden Gefährdungspotenzial für den russischen Rechtsstaat.

Charakteristisch für das russische Recht ist die Vielzahl gesetzlicher und untergesetzlicher Rechtsnormen in allen Rechtsgebieten. Neben der Verfassung und sich häufig überlappenden Gesetzen (z.B. Zivilgesetzbuch und Spezialgesetze) bestehen nicht nur Dekrete (Ukaze) des Präsidenten, sondern auch Verordnungen der Regierung, einzelner Ministerien, Normativerlasse anderer föderaler Behörden, normähnliche Bekanntmachungen der Obersten Gerichtshöfe und, parallel dazu, Gesetze und untergesetzliche Vorschriften auf der Ebene der 89 Subjekte der Föderation (Bundesländer).[8] Diese Normenvielfalt ist häufig nur schwer zu durchschauen, zumal viele Vorschriften nur unvollkommen aufeinander abgestimmt sind. Das rechtsstaatliche Prinzip der Normenklarheit wird dadurch in Frage gestellt. Immerhin ist nach der Verfassung die Normenhierarchie (theoretisch) geklärt: Höherrangiges Recht geht niederrangigem vor. In der Praxis setzt sich allerdings doch häufig das niederrangigere „Recht“ durch, da die Beteiligten den Aufwand einer gerichtlichen Klärung scheuen.

Dies führt zu der Frage der Umsetzung rechtsstaatlicher Grundsätze in der russischen Praxis. Im Ausland, aber auch in der russischen Bevölkerung ist vielfach die Auffassung anzutreffen, Russland sei ein rechtloses Land, in dem sich nur der Stärkere durchsetze.[9] Diese Auffassung kann sich sicher auf viele Einzelbeobachtungen stützen. Gleichwohl dürfen auch die gegenläufigen Tendenzen nicht übersehen werden. Die Zahl der Gerichtsverfahren in Russland steigt seit Jahren kontinuierlich, z.T. sogar drastisch an.[10] Entsprechendes gilt für die Zahl der Einzelzwangsvollstreckungsverfahren und der Konkursverfahren. Dies zeigt, dass die Bevölkerung häufiger auf staatlichen Rechtsschutz vertraut. Hierzu mögen auch die voranschreitenden Reformen des russischen Justizsystems beitragen, zumal Streitbeilegung oder „Vollstreckungs-

7 Art. 90 RV; siehe dazu etwa A. Nußberger: Die Entwicklung des russischen Rechts im Zeichen von Rechts- und Sozialstaatsprinzip, Jahrbuch des öffentlichen Rechts NF Bd. 46, 1998, S. 105ff (116ff).

8 Vgl. dazu den Beitrag von Andreas Heinemann-Grüder in diesem Band.

9 S. etwa – aus journalistischer Sicht – Chr. Schmidt-Häuer: Rußland in Aufruhr – Innenansichten aus einem rechtlosen Reich, München 1993.

10 Nähere Angaben bei A. Trunk: The Legal Substructure of Market Reforms in Russia, in: Harter/Easter (Hg.), Shaping the Economic Space in Russia, Aldershot u.a. 2000, S. 35ff (42f).

hilfe" durch mafiaähnliche Strukturen für nichtkriminelle Beteiligte erhebliche Risiken bergen.[11]

Noch problematischer als die Lage der Justiz ist die Situation der russischen Verwaltung. Während die russischen Richter vergleichsweise gut bezahlt werden, sind die Gehälter in der Verwaltung zum Teil außerordentlich niedrig. Dies schafft erhebliche Anreize zu Korruption. Hinzu kommen die häufig unzureichende Ausbildung der Verwaltungsmitarbeiter und das Fehlen klarer rechtsstaatlicher Regeln über das Verwaltungshandeln. Anders als einige mittelosteuropäische Staaten hat Russland bislang kein allgemeines Verwaltungsverfahrensgesetz geschaffen, und auch die juristische Literatur zum Verwaltungsrecht steht, aus rechtsstaatlicher Sicht betrachtet, erst in den Anfängen.[12] In Teilbereichen sind jedoch auch hier Fortschritte zu verzeichnen, etwa in der Antimonopolverwaltung oder in einzelnen Regionen.

## *Einzelne Rechtsgebiete*

Das russische Rechtssystem ist seit mehreren Jahren einem tiefgreifenden Wandel unterworfen.[13] Die erste Welle der russischen Reformgesetze (ca. 1989 bis 1992) befasste sich – wie in den anderen Transformationsstaaten Osteuropas – mit der rechtlichen Umsetzung der Grundlagenentscheidungen über den politischen und wirtschaftlichen Systemwechsel. Dem dienten zum einen punktuelle Eingriffe in das geltende sowjetische Recht, andererseits wurde eine Reihe grundlegender, aber vergleichsweise grob geschnittener Reformgesetze erlassen (Unternehmensgesetz 1990, Privatisierungsgesetz 1991, Antimonopolgesetz 1991 u.a.).[14] Die Annahme der neuen Verfassung vom 12.12.1993 durch Volksabstimmung markiert, nach dem gewaltsam beendeten Verfassungskonflikt des Jahres 1993, den Beginn der zweiten Phase der Reformen der Ära Jelzin. Der Systemwechsel wurde nunmehr durch Neuregelungen in vielen Bereichen des Zivilrechts, des Öffentlichen Rechts und des Strafrechts rechtlich abgesichert. Die Reformgesetze der ersten Welle wurden überarbeitet, teilweise durch ganz neu formulierte Reformgesetze der zweiten Generation abgelöst.[15] Gleichzeitig führten die andauernde wirtschaftliche

11 Skoblikov: „Tenevaja justicija": formy projavlenija i realizacii („Schattenjustiz": Erscheinungs- und Realisationsformen), Rossijskaja Justicija 10/1998, S. 21ff.

12 Kozlov/Popov (Red.): Administrativnoe pravo, Moskva 1999; D.N. Bachrach: Administrativnoe pravo Rossii, Moskva 2000.

13 Einen umfangreichen Gesamtüberblick über das Russische Recht in seiner historischen Entwicklung gibt Butler: Russian Law (1999).

14 Laptev: Rechtliche Regelung der Unternehmertätigkeit in Rußland, RIW 1994, S. 371ff.

15 Die Zeitschrift Wirtschaft und Recht in Osteuropa (WiRO) veröffentlicht regelmäßig Übersetzungen (mit Einführungsaufsatz) neuer russischer Gesetze aus dem Bereich des Wirtschaftsrechts. Sie werden später i.d.R. in die Loseblattsammlung WiRO-Handbuch (Breidenbach, Hg.) aufgenommen. Eine über das WiRO-Handbuch z.T. hinausreichende Zusammenstellung von Übersetzungen russischer Gesetze findet sich ferner in der Loseblattsammlung WOS (Brunner/Schmid/Westen, Hg.).

Krise (Hyperinflation der Jahre 1993/94, ständiger Rückgang der Inlandsproduktion u.a.) und die fortbestehenden Spannungen zwischen Präsident Jelzin und der Mehrheit der Staatsduma zu einer Vernachlässigung der Rechtsanwendung. Chronische Unterfinanzierung der Verwaltung und der Gerichte bei gleichzeitiger politischer Duldung von Spekulationsprozessen und Missbräuchen insbesondere bei der Privatisierung haben die Entwicklung des Rechtsstaats in Russland beeinträchtigt. Die wirtschaftliche Schwäche des Zentrums führte teilweise zu Auflösungsprozessen in den Regionen; andererseits konnten aktive Regionen neue Spielräume für Entwicklung und Strukturreformen gewinnen.

### Verfassungsrecht

Trotz ihrer rechtsstaatlich bedenklichen Vorgeschichte hat sich die russische Verfassung vom 12.12.1993 als stabiler Rahmen für die politische und rechtliche Entwicklung Russlands in der Ära Jelzin erwiesen. Die nach der Verfassung nahezu unangreifbare Stellung des russischen Präsidenten, dessen Amtsausübung durch eine stark ausgebaute Präsidentschaftsadministration unterstützt wird, hat – bei weitgehendem Fehlen außenpolitischer Krisen – wesentlich dazu beigetragen, dass das politische System Russlands die langjährige physische Schwäche von Präsident Jelzin ohne größere Erschütterungen überstanden hat.

Über die Grundprinzipien der Verfassung – Demokratie, Rechtsstaatlichkeit, Sozialstaatsprinzip, föderalistische Struktur – besteht in der russischen verfassungsrechtlichen Diskussion heute weitgehend Einigkeit. Diskutiert wird vor allem über eine Einschränkung der Machtbefugnisse des Präsidenten sowie über die Machtbalance zwischen dem Zentrum und den 89 Regionen.[16] Seit dem Amtsantritt von Präsident Putin scheint diese Diskussion aber abzuflauen, zumal Putin darum bemüht ist, eine Stärkung der Kontrollfunktionen des Zentrums gegenüber den Regionen auf einfachgesetzlicher Ebene, d.h. ohne Verfassungsänderung, durchzusetzen.[17]

### Verwaltungsrecht

Das geltende Verwaltungsrecht Russlands ist zersplittert und lückenhaft. Grundfragen des Verwaltungshandelns, wie z.B. die Wirksamkeitsvoraussetzungen oder die Aufhebung von Verwaltungsakten, die Rechte des Bürgers im Verwaltungsverfahren, sind weithin ungeregelt. Ansatzpunkte für ein allgemeines Verwaltungsrecht finden sich in einigen bereichsübergreifenden Gesetzen (z.B. im Gesetz über die gerichtliche Beschwerde von Bürgern gegen

16 S. etwa den Bericht über die Konferenz „Rußlands Staat und Recht an der Jahrtausendwende“ in: Gosudarstvo i Pravo, 2000, H. 7, S. 5ff.

17 Heinemann-Grüder: Putins Reform der föderalen Strukturen. Vom Nachtwächterstaat zum Etatismus, Osteuropa 2000, S. 979ff. sowie den Beitrag desselben Autors in diesem Buch.

Rechtsverletzungen von 1993) und in Einzelregelungen bereichsspezifischer Normen. Die Rechtsprechung des russischen Verfassungsgerichts befasst sich regelmäßig mit Fragen des Verwaltungsrechts (Zulässigkeit von Konfiskationen, Kompetenzverteilung zwischen Bundes- und Regionalbehörden u.a.). Die verwaltungsrechtliche Literatur unterscheidet zunehmend zwischen einem „Allgemeinen" und einem „Besonderen" Teil des Verwaltungsrechts und bereitet damit dem Gesetzgeber den Boden für ein allgemeines Verwaltungsverfahrensgesetz.

Im Bereich des besonderen Verwaltungsrechts sind rechtsstaatliche Zugewinne durchaus spürbar. Die Tätigkeit der Miliz (Polizei) ist seit 1991 durch ein formelles Gesetz geregelt. Anders als in Deutschland ist die russische Miliz eine zentrale Behörde unter Leitung des russischen Innenministeriums; das Milizgesetz schließt Milizbehörden der Regionen aus. Eine ähnliche Zentralstruktur weist etwa die Staatsanwaltschaft auf, die in Russland traditionell umfassende Aufgaben der Rechtsanwendungskontrolle (nicht nur im Strafrecht) wahrzunehmen hat. Auch die Kernelemente des russischen Kommunalrechts sind föderationseinheitlich geregelt (Gesetz über Einheitliche Prinzipien der örtlichen Selbstverwaltung von 1995). Weite Teile des Wirtschaftsverwaltungsrechts haben eine spezialgesetzliche Regelung erfahren (z.B. die Bankenaufsicht im Bankengesetz von 1992/96; das Bauplanungsrecht im Städtebaukodex vom 1998; die Vergabe von Gewerbelizenzen im Lizenzierungsgesetz von 1998). Die Kapazität der Behörden und die Qualifikation der Mitarbeiter reichen allerdings nicht aus, um die gesetzlichen Anforderungen umzusetzen.

## *Zivilrecht*

Die wohl bedeutsamste Leistung des russischen Gesetzgebers in den vergangenen Jahren ist – abgesehen von der Verfassung – die Verabschiedung eines neuen Zivilgesetzbuchs. Das Zivilgesetzbuch enthält nach russischer Tradition eine umfassende Regelung aller privatrechtlichen Rechtsbeziehungen mit Ausnahme des Familienrechts (neu geregelt im Familiengesetzbuch von 1995) und des Arbeitsrechts. Das russische Recht kennt kein gesondertes Handelsgesetzbuch, sondern ordnet die handelsrechtlichen Rechtsbeziehungen, insbesondere das Gesellschaftsrecht, in das Zivilgesetzbuch ein.

Der Gesetzgeber hat 1994 und 1995 vier Hauptabschnitte des neuen Zivilgesetzbuchs verabschiedet (ZGB Teil 1 von 1994: Allgemeine Bestimmungen, Sachenrecht, Allgemeiner Teil des Schuldrechts; ZGB Teil 2 von 1995: Besonderer Teil des Schuldrechts).[18] Ein geplanter Dritter Teil des ZGB, der

[18] Teil 1 des ZGB ist ins Deutsche übersetzt von S. Solotych: Das Zivilgesetzbuch der Russischen Föderation, Erster Teil, Baden-Baden $^2$1997, sowie von H. Roggemann/W. Bergmann: Zivilgesetzbuch der Russischen Föderation (Erster Teil) von 1994, Berlin 1997. Teil 2 des ZGB ist übersetzt von Solotych in: Brunner/Schmid/Westen (Hg.), WOS Bd. II/1 Russische Föderation Teil I, Abschnitt IV.1.b.

das geistige Eigentum, das Erbrecht und das Internationale Privatrecht kodifizieren soll, steht noch aus.[19] Das Recht des geistigen Eigentums – Urheberrecht, Patentrecht, Marken- und Kennzeichenrecht – ist zur Zeit in Sondergesetzen geregelt. Für das Erbrecht gelten noch die restriktiven Vorschriften des Zivilgesetzbuchs von 1964, partiell überlagert durch die sog. Grundlagen der Zivilgesetzgebung der UdSSR von 1991.

Die in erstaunlich kurzer Zeit auf rechtsvergleichender Grundlage ausgearbeiteten neuen Abschnitte des Zivilgesetzbuchs[20] regeln eine Fülle von Rechtsbeziehungen, die das vom sozialistischen Wirtschaftssystem ausgehende Zivilgesetzbuch von 1964 entweder abgeschafft oder bis zur Unpraktikabilität verkürzt hatte (z.B. das Pfandrecht und andere Formen dinglicher Kreditsicherheiten; Grundtypen von Handelsgesellschaften; zahlreiche Vertragstypen wie z.B. den Werkvertrag oder den freien Dienstvertrag).[21] Im Bestreben, der russischen Rechtspraxis Rechtssicherheit zu verleihen, enthält das ZGB 1994/1995 auch Regelungen über moderne Vertragstypen, die in Deutschland ausschließlich durch die Rechtsprechung ausgeformt worden sind (z.B. Leasing- und Franchisingvertrag). Erleichtert wurde der rasche Erlass des neuen ZGB dadurch, dass der Gesetzgeber die systematischen Grundstrukturen des ZGB 1964 weithin beibehalten konnte. Das russische Zivilrecht ist Teil der kontinentaleuropäischen Zivilrechtsfamilie und weist viele Parallelen zum deutschen Recht auf.[22]

Das Zivilgesetzbuch erfasst zwar grundsätzlich alle privatrechtlichen Rechtsbeziehungen, ist aber nicht als abschließende Regelung konzipiert. Das Gesetzbuch verweist an einigen Stellen auf konkretisierende Spezialgesetzgebung, und der Gesetzgeber ist auch nicht gehindert, weitere Sonderregelungen zivilrechtlichen Gehalts zu erlassen. Daraus ergibt sich ein zum Teil kompliziertes Nebeneinander des Zivilgesetzbuchs und außenstehender Sonderregeln. Charakteristisch für das russische Recht ist auch die Existenz thematisch beschränkter Sonder„gesetzbücher", z.B. eines Boden-, Miet-, Wasser-, Wald- oder Luftkodex.[23] Diese Spezialkodizes schließen sowohl öffentlichrechtliche als auch zivilrechtliche Vorschriften ein und sind nicht immer auf das Zivilge-

19 Ein (Zwischen-)Entwurf der internationalprivatrechtlichen Bestimmungen des 3. Teils des ZGB ist übersetzt und kommentiert von Boguslawskij/Höfer: Neue Entwicklungen im russischen internationalen Privatrecht, IPRax 1998, S. 41ff.

20 Zur Entstehungsgeschichte des ZGB vgl. Arnold: Zivilgesetzbuch der Russischen Föderation im Entstehen, RIW 1995, S. 897ff.

21 Zum Ersten Teil des ZGB s. den Einführungsaufsatz von Solotych: Das Zivilgesetzbuch der Russischen Föderation – Erster Teil, 2. Aufl. 1997, S. 15ff; zum Zweiten Teil s. Bergmann/Glöckner: Der Zweite Teil des ZGB – ein neues Zivilrecht für Rußland, WiRO 1995, S. 445ff.

22 S. hierzu näher Solotych: Das neue russische ZGB aus rechtsvergleichender Sicht, in: F. Chr. Schroeder (Hg.), Die neuen Kodifikationen in Rußland, Berlin $^2$1999, S. 29ff.

23 Zusammenstellung aller Kodizes z.B. in Polnyj Sbornik Kodeksov Rossijskoj Federacii s izmenenijami i dopolnenijami na 1 janvarja 2000 goda, Moskva 2000.

setzbuch abgestimmt. Besonders brisant ist derzeit das Verhältnis zwischen dem Zivilgesetzbuch und dem Bodenkodex von 1991. Als Teil eines politischen Kompromisses wurde das In-Kraft-Treten der Bestimmungen des ZGB über das Immobiliarsachenrecht bis zur Verabschiedung eines neuen Bodenkodex hinausgeschoben.[24] Da dieser bislang – infolge von Meinungsunterschieden über die Privatisierung von Grund und Boden – nicht zu Stande gekommen ist, steht der Grundstücksverkehr in Russland zur Zeit auf rechtlich ungesicherter Grundlage. Privateigentum an Grund und Boden ist zwar zulässig, für seine Ausübung und Übertragung fehlt es aber an ausreichenden konkretisierenden Regeln.

## Wirtschaftsrecht

Wirtschaftsrecht als das Sonderrecht unternehmerischer Tätigkeit umfasst sowohl öffentlichrechtliche als auch privatrechtliche Regelungen.

Ausgangspunkt des *öffentlichen* Wirtschaftsrechts ist in einer marktwirtschaftlichen Ordnung der Grundsatz freier wirtschaftlicher Betätigung, der freilich im Interesse des Allgemeinwohls bestimmten Grenzen unterliegt. In Art. 34 der russischen Verfassung ist die Freiheit unternehmerischer Tätigkeit ausdrücklich gewährleistet. Das russische Recht trifft allerdings auf föderaler wie auf regionaler Ebene eine Vielzahl gewerberechtlicher Beschränkungen, z.B. in Gestalt von Lizenzierungspflichten. Einen deutlichen Gewinn an Rechtssicherheit brachte insoweit das Lizenzierungsgesetz von 1998, das u.a. eine umfassende Aufstellung der Lizenzierungspflichten enthält und die Grundzüge des Lizenzierungsverfahrens vereinheitlicht. Ein weiterer Schwerpunkt des öffentlichen Wirtschaftsrechts ist das Steuerrecht. Die Hauptsteuerarten des russischen Rechts – Körperschaftssteuer für Unternehmen, Einkommensteuer für natürliche Personen, Mehrwertsteuer – entsprechen internationalen Gepflogenheiten. Weithin kritisiert wird aber die Vielzahl zusätzlicher kleinerer Steuern und Abgaben, aus deren Zusammenwirken mit den großen Steuern sich eine von vielen Unternehmen als erdrückend empfundene Steuerlast ergibt. Hieraus ergeben sich erhebliche negative Anreize zu Steuerhinterziehungsstrategien, die zu Einnahmeausfällen des Staates bis an die Grenze des Staatsbankrotts führten. Die russische Regierung bemühte sich in den letzten Jahren der Ära Jelzin, die Steuereinnahmen durch Steuerverschärfungen und eine intensivere Steuerdurchsetzung zu erhöhen. Für den Fiskus führte dies zwar zu Teilerfolgen, gleichzeitig verschärfte sich aber die Ungleichbehandlung zwischen legal arbeitenden, steuerlich stark belasteten Unternehmen und dem weiten Bereich der Schattenwirtschaft.[25]

24 Breig: Kodifizierung des Bodenrechts in der Russischen Föderation, in: Schroeder (1999), S. 189ff.

25 Dolgopjatova/Simachev/Tambovcev/Jakovlev: Schattenwirtschaft in Rußland. Aktivitäten legaler russischer Unternehmen, Berichte des BIOst 37-1999.

Diskussionen über eine umfassende Steuerreform werden in Russland seit Jahren geführt. Ein erster bedeutsamer Schritt gelang im Jahr 1998 mit der Verabschiedung des Steuerkodex Teil 1, der das allgemeine Steuerrecht, d.h. die nicht auf Einzelsteuern bezogenen Vorschriften, vereinheitlicht.[26] Die im Dezember 1999 gewählte dritte Staatsduma hat, im Einklang mit dem wirtschaftlichen Programm von Präsident Putin, kurz vor der parlamentarischen Sommerpause 2000 auch den Steuerkodex Teil 2 verabschiedet, der eine Vereinfachung der Einzelsteuern und eine Verringerung der Gesamtsteuerbelastung anstrebt.[27]

Zentralnorm des *privaten* Wirtschaftsrechts ist, wie bereits erwähnt, das Zivilgesetzbuch von 1994/95. Neben Sondervorschriften über die Rechtsstellung des Individualunternehmers sowie über Handelsgeschäfte finden sich im ZGB u.a. die Grundlagen des russischen Gesellschaftsrechts. Zum Kapitalgesellschaftsrecht wurden darüber hinaus Spezialgesetze erlassen (Aktiengesetz 1995, GmbH-Gesetz 1998). Während das Aktiengesetz deutliche Anleihen beim US-amerikanischen Recht genommen hat, ist das GmbH-Gesetz am Modell des deutschen Rechts orientiert.[28] Der Schutz der Minderheitsgesellschafter und der Gläubiger ist jedoch im russischen Kapitalgesellschaftsrecht nur vergleichsweise schwach ausgestaltet.

Wirtschaftsrechtliche Regelungsmaterien im Schnittpunkt von öffentlichem Recht und Privatrecht sind das Wettbewerbsrecht und das Recht der Privatisierung. Die Privatisierung auf der Grundlage des Unternehmensprivatisierungsgesetzes von 1991 (später abgelöst durch das Privatisierungsgesetz von 1997) gab Anlass zu erheblicher Kritik, da staatliche Unternehmen zum Teil weit unter Wert an Insider (z.B. Manager der Unternehmen) oder Personen mit guten politischen Verbindungen übertragen wurden. Das Wettbewerbsrecht ist – in seinen beiden Komponenten: Kartellrecht und Recht des unlauteren Wettbewerbs – in Gesetzen von 1991 (Wettbewerb auf Warenmärkten) und 1998 (Wettbewerb auf Finanzmärkten) normiert. Das Kartellrecht ist deutlich vom Recht der Europäischen Gemeinschaft inspiriert. Die Umsetzung der gesetzlichen Vorgaben bereitet aber in einer noch stark von überkommenen Monopolstrukturen geprägten und zugleich krisengeschüttelten Wirtschaft erhebliche Schwierigkeiten.

## Strafrecht

Beim Beitritt Russlands zum Europarat (1996) stellte die russische Regierung eine Reform des russischen Straf- und Strafverfahrensrechts in Aussicht. In Erfüllung dieser Zusage wurde 1996 ein neues Strafgesetzbuch erlassen, das

26 S. hierzu die Einführung und Übersetzung von Ries/Knaul, WiRO 2000, S. 57ff.

27 Sobranie Zakonodatel'stva Rossijskoj Federacii (Russisches Bundesgesetzblatt) Nr. 32 v. 7.8.2000, Pos. 3340.

28 B.U. Klemm: Die Entwicklung des russischen Rechts der Kapitalgesellschaften, Berlin 1996.

die einzelnen Straftatbestände modernisiert (Diversifizierung der Vermögensdelikte, Einführung von Computerstraftaten etc.) und stärker am Individualrechtsschutz ausrichtet (Reduzierung der Straftaten gegen den Staat).[29] Die Todesstrafe blieb trotz der Einwendungen des Europarates erhalten, wurde aber auf schwere Straftaten gegen das Leben beschränkt. Nach einem Präsidialerlass von 1997 wird die Todesstrafe bis auf Weiteres nicht mehr vollstreckt. Nur teilnovelliert ist bislang der Kodex über administrative Rechtsverletzungen von 1985, in dem das Ordnungswidrigkeitenrecht („kleines Strafrecht") niedergelegt ist.

## Justiz

Während in den Jahren nach 1990 Reformen des materiellen Rechts im Vordergrund standen, hat in jüngster Zeit die Reform des Justizwesens besonderes Gewicht gewonnen. Mit dem Übergang zur Marktwirtschaft hat sich die Zahl der Wirtschaftssubjekte und damit auch der wirtschaftsrechtlichen Streitigkeiten vervielfacht. Die unmittelbare Geltung der Grundrechte nach der Verfassung vom 12.12.1993 lenkt zudem den Blick auf rechtsstaatliche Schwächen des Prozessrechts und der Prozesspraxis.

Die bereits durch einen Präsidialerlass von 1991 eingeleitete Justizreform konzentrierte sich zunächst auf eine Neuordnung der Justizorganisation. Von Bedeutung ist insbesondere die Umgestaltung der früheren Staatsarbitragen (Verwaltungsbehörden zur Streitentscheidung innerhalb des Staatssektors) in unabhängige Arbitragegerichte (Wirtschaftsgerichte) im Jahr 1991. Durch das Verfassungsgesetz über das Gerichtssystem von 1995 wurden sodann die Grundlagen der Gerichtsstruktur in Russland neu fixiert.[30] Die russischen Gerichte bleiben danach organisatorisch eine Einrichtung der Föderation. Lediglich Verfassungsgerichte der Regionen sowie die neu zu schaffenden Friedensrichter (Gerichte für Verfahren mit geringem Streitwert) sind Einrichtungen der Regionen.

Parallel zur Neuordnung der Gerichtsorganisation erfolgten Teilnovellen der Prozessordnungen, insbesondere der Strafprozessordnung von 1963 und der Zivilprozessordnung von 1965. Zur Entscheidung wirtschaftsrechtlicher Streitigkeiten durch Arbitragegerichte wurde eine gesonderte Arbitrageprozessordnung geschaffen (1991/95), die den Verfahrensbeteiligten größere Gestaltungsspielräume einräumt als die ZPO 1965.[31] Da die allgemein beklagte Malaise der russischen Zwangsvollstreckungspraxis auch auf ein veraltetes Vollstreckungsrecht zurückzuführen war, erließ der Gesetzgeber im Jahr 1997

29 Schroeder: Das neue russische Strafgesetzbuch, in: ders. (1999), S. 221ff.

30 Steininger: Der Gerichtsaufbau der Russischen Föderation, Osteuropa Recht 1997, S. 281ff; vgl. auch F. Chr. Schroeder: Recht und Rechtspflege in Russland nach dem Sozialismus, Jahrbuch für Ostrecht 1995/I, S. 9ff.

31 Bednarz: Die neue Arbitragegesetzgebung in Rußland, in: Schroeder (Hg.), Kodifikationen, S. 161ff.

ein Zwangsvollstreckungsgesetz, das zumindest einige gravierende Mängel des alten Rechts (z.B. die Vollstreckungsprivilegien staatlicher Unternehmen) behob. Völlig neu aufzubauen war auch ein Insolvenzrecht (Insolvenzgesetze 1992/1998).[32] Ein neuer Strafvollzugskodex von 1996 bemüht sich um eine – vom Europarat angemahnte – Humanisierung des Strafvollzugs. Die Umsetzung des neuen Rechts bricht sich aber häufig an tatsächlichen Umständen (fehlende Mittel zur Renovierung von Gefängnisgebäuden u.ä.).[33]

## *Internationales Recht*

Alle Themenkreise des nationalen Rechts können auch eine internationale Dimension haben. Auf staatsvertraglicher Ebene sind für das internationale Recht in Russland zur Zeit drei Schienen von besonderer Bedeutung: der Beitritt zum Europarat im Jahr 1996[34], der Abschluss des Partnerschaftsabkommens zwischen Russland und der Europäischen Union im Jahr 1994 (in Kraft seit 1997)[35] und die Mitgliedschaft in der Gemeinschaft Unabhängiger Staaten (seit 1992)[36]. Die Mitgliedschaft im Europarat und der daran anschließende Beitritt zu den Konventionen des Europarates (wie z.B. zur Europäischen Menschenrechtskonvention von 1950) ist für die rechtsstaatliche Entwicklung in Russland eine bewusst eingegangene, dauernde Herausforderung. Das Partnerschaftsabkommen zwischen der EU und Russland gibt einen Rahmen für die Entwicklung der Zusammenarbeit auch auf dem Gebiet des Rechts. Russland hat sich in diesem Abkommen sogar dazu verpflichtet, sein Recht nach Möglichkeit EU-kompatibel zu gestalten. Gleichwohl scheint die Zusammenarbeit zwischen der EU und Russland derzeit zu stocken, möglicherweise auch aufgrund eines gewissen Desinteresses oder politischer Bedenken der Europäischen Union.

## *Putinsche Reformen?*

Einige von Wladimir Putin im Präsidentschaftswahlkampf gebrauchte Schlagworte – wie etwa das der „Diktatur des Gesetzes“ – weckten im Ausland, aber teilweise auch in Russland gemischte Gefühle. Die allgemein beklagte

32 Trunk, in: Schroeder (Hg.), Kodifikationen, S. 85ff.

33 S. Lammich: Das neue russische Strafvollzugsrecht, in: Schroeder (Hg.), Kodifikationen, S. 303ff.

34 Zu den damit verbundenen Fragen und Problemen s. etwa die Zusammenstellung von Materialien in Human Rights Law Journal Bd.17, 1996, S. 184ff.

35 Zu den Beziehungen zwischen Russland und der EU vgl. Timmermann: Rußlands Politik gegenüber der EU, Osteuropa, Jg. 50 (2000), S. 750ff, S. 885ff.

36 Zentrale Rechtsdokumente der GUS sind übersetzt bei Brunner (Hg.), Verfassungs- und Verwaltungsrecht der Staaten Osteuropas – VSO – (Loseblattsammlung, 1999 eingestellt). Zu Tätigkeiten der GUS im Bereich der Rechtsangleichung s.a. Trunk: Osteuropa – Westeuropa: Rechtsangleichung als Integrationsinstrument, in: Kieler Ostrechts-Notizen Nr. 5, Nov. 1999.

Rechtsunsicherheit und ein verbreitetes Empfinden der Rechtlosigkeit stützen Forderungen nach einem „starken Staat". Demgegenüber betonen andere, dass der durch die Verfassung gewährleistete Schutz des Einzelnen nicht verloren gehen dürfe. In diesem Spannungsfeld bewegen sich auch die von Putin angekündigten oder schon realisierten Reformschritte.

Das wirtschaftliche Programm des Präsidenten läuft auf eine Fortsetzung und Intensivierung der liberalen Wirtschaftspolitik Präsident Jelzins hinaus. Da Putin, im Unterschied zu Jelzin, aufgrund der Ergebnisse der Wahlen zur dritten Staatsduma mit einer kooperativ gesinnten Parlamentsmehrheit rechnen kann,[37] sind Ergebnisse in dieser Richtung wahrscheinlich. Ein erster großer Erfolg ist die Verabschiedung des Zweiten Teils des Steuergesetzbuchs im Juli 2000, der zu einer deutlichen Vereinfachung des Einkommensteuerrechts sowie der Sozialabgaben und insgesamt zu einer Verringerung der Steuer- und Abgabenlast führen soll. Weitere Steuergesetze mit entsprechender Zielrichtung sollen in das Steuergesetzbuch eingearbeitet werden. Ob sich die damit verbundene Hoffnung – Anregung zu höherer Steuereffizienz durch Steuervereinfachung und Steuerentlastung – verwirklichen lässt, hängt wohl nicht zuletzt davon ab, ob die Entlastung so deutlich ausfällt, dass eine nennenswerte Zahl von Unternehmen zu einer Rückkehr aus der Schattenwirtschaft angeregt wird.

Im Zivilrecht ist möglicherweise mit einer Verabschiedung des Bodengesetzbuchs zu rechnen. Bereits im Januar 2000 ist ein neues Katastergesetz in Kraft getreten, und nach einem Regierungserlass vom September 2000 soll die Einrichtung eines Grundstückskatasters nunmehr in Russland flächendeckend vorangetrieben werden. Dies schafft die Voraussetzungen zur Einrichtung eines Grundbuchs, das an die (Nicht-)Eintragung von Rechten an dem Grundstück Legitimations- oder Gutglaubenswirkungen knüpft und damit den Grundstücksverkehr erleichtert.

Weniger wahrscheinlich ist demgegenüber die Verabschiedung eines neuen Arbeitsgesetzbuchs. Die Staatsduma plant die erste Lesung mehrerer Entwürfe des Arbeitsgesetzbuchs im Dezember 2000, doch wird bis zu einer abschließenden dritten Lesung noch mit erheblichem Diskussionsbedarf gerechnet.

Im Bereich der Justizreform kann nach dem Gewicht, das Präsident Putin diesem Thema bei vielen Gelegenheiten zukommen lässt, wohl mit einer Intensivierung der Arbeiten gerechnet werden. Dies betrifft zunächst die tatsächliche Einrichtung von Friedensgerichten, durch die eine wesentliche Ent-

[37] Analyse der Duma-Wahlergebnisse bei Schneider: Wahlen in Rußland, Osteuropa 2000, S. 492ff. Die Gesetzgebungsplanung der Staatsduma ist im Internet über die Homepage der Duma ersichtlich (z.T. mit Wiedergabe des Volltexts von Gesetzesentwürfen). Weitere Gesetzentwürfe sowie geltende Vorschriften finden sich auf den Homepages russischer Behörden, Fachzeitschriften oder Datenbanken. Zugang z.B. über die Link-Sammlung des Instituts für Osteuropäisches Recht der Universität Kiel, http://www.uni-kiel.de/eastlaw/.

lastung der anderen Gerichte erzielt werden soll. Dringlich wäre auch die Verabschiedung einer neuen Zivilprozessordnung, verbunden mit einer Überarbeitung des Zwangsvollstreckungsrechts. Allerdings ist erst im August 2000 eine recht weitgehende Novelle der ZPO ergangen (u.a. Einführung von Vorschriften über das Verfahren vor Friedensrichtern).[38]

Im Straf- bzw. Strafprozessrecht beabsichtigt die Duma im zweiten Halbjahr 2000 die zweite Lesung der neuen StPO[39] und die dritte Lesung des Kodex über administrative Rechtsverletzungen. Beide Gesetzesvorhaben sind überfällig. Die Verabschiedung des Kodex über administrative Rechtsverletzungen fügt sich darüber hinaus in die zweite Komponente der von Präsident Putin erklärten Reformschwerpunkte ein: die Verstärkung der ordnenden Rolle des Staates.

Diesem Ziel dienen vor allem drei Gesetze, die die beiden Kammern des Russischen Parlaments (Staatsduma und Föderationsrat) auf Drängen des Präsidenten noch vor der parlamentarischen Sommerpause 2000 verabschiedet haben: das Gesetz vom 5.8.2000 über das Verfahren der Bildung des Föderationsrates, das Gesetz vom 29.7.2000 zur Änderung der allgemeinen Organisationsprinzipien der Leitungsorgane der Subjekte der Föderation sowie das Gesetz vom 4.8.2000 über Änderungen des Gesetzes über die allgemeinen Grundlagen des Kommunalrechts.

Das erste Gesetz soll den Föderationsrat dadurch „professionalisieren", dass die Gouverneure der Regionen künftig nicht mehr selbst im Föderationsrat vertreten sind, sondern lediglich deren bestellte Vertreter.[40] Offenbar wird dadurch eine Schwächung des Einflusses der Gouverneure angestrebt; die Regelung stieß auf heftigen Widerstand des Föderationsrates. Ob sich aus der Nichtpräsenz der regionalen politischen Führer längerfristig nicht eine Schwächung des Föderationsrates und eine Verstärkung zentrifugaler Tendenzen ergeben wird, bleibt abzuwarten. Der durch Präsidialdekret vom 1.9.2000 eingerichtete Staatsrat, in dem auch Gouverneure vertreten sein sollen, hat lediglich Beratungsbefugnisse.

Die beiden anderen genannten Gesetze ermöglichen künftig die Absetzung von Gouverneuren oder Bürgermeistern von Kommunen, wenn diese bzw. die von ihnen geleiteten Einheiten in gravierender Weise gegen höherrangiges Recht, insbesondere gegen die russische Verfassung verstoßen. Eine Berechtigung kann diesen Gesetzen sicherlich nicht abgesprochen werden. Gleichwohl bergen sie das Risiko, als politisches Instrument missbraucht zu werden. Immerhin sehen die Gesetze verschiedene Vorkehrungen gegen einen Missbrauch vor, insbesondere das Erfordernis einer gerichtlichen Feststellung, dass

38 Sobranie Zakonodatel'stva Nr. 33 v. 14.8.2000, Pos. 3346.

39 Einen Zwischenbericht über den Stand der Vorarbeiten für die StPO-Reform gibt Fincke in: Schroeder (Hg.), Kodifikationen, S. 231ff.

40 Vgl. den Beitrag von Andreas Heinemann-Grüder in diesem Band.

die Region bzw. die Kommune in gravierender Weise gegen Recht verstoßen haben.

Nach derzeitigem Informationsstand ist in der Ära Putin wohl mit einer Intensivierung der wirtschaftlich-liberalen Reformpolitik zu rechnen, wobei gleichzeitig der ordnungspolitische Rahmen einer solchen Politik verstärkt wird. Eine solche Tendenz der russischen Gesetzgebung kann aus ausländischer Sicht uneingeschränkt unterstützt werden.

Risiken ergeben sich in zweierlei Hinsicht: Reformvorhaben können an der Umsetzung scheitern, und die Stärkung des ordnungspolitischen Rahmens kann freiheitsgefährend eskalieren. Die Ernennung von Mitarbeitern oder ehemaligen Mitarbeitern des Geheimdienstes zu Vertretern des Präsidenten in den Regionen hat entsprechende Befürchtungen hervorgerufen. Ob sich diese bestätigen werden, lässt sich derzeit noch nicht abschätzen. Einiges spricht jedoch dafür, dass die Ära Putin rechtspolitisch vorwiegend durch die wirtschafts- und justizreformbezogenen Anliegen geprägt sein wird.

# Korruption und organisierte Kriminalität

Heiko Pleines

## *Was können wir wissen?*

Für viele – sowohl in Russland als auch im Westen – sind Korruption und organisierte Kriminalität zu Synonymen für die postsowjetische Transformation Russlands geworden. Anstelle von „Demokratie und Marktwirtschaft", den ursprünglich unterstellten Zielen der russischen Reformen, ist seit Mitte der 1990er Jahre zunehmend von „Räuberkapitalismus" und „Systemmafia" die Rede. Viele Darstellungen zum Thema basieren jedoch vorrangig auf einer unkritischen Wiedergabe der Berichterstattung russischer Boulevardmedien und führen so zu heftigen Spekulationen. Eine fundierte Analyse sollte jedoch immer die Zuverlässigkeit – d.h. in diesem Fall die extreme Unzuverlässigkeit – der benutzten Quellen in Betracht ziehen. Selbst offizielle Informationen einschließlich der amtlichen Statistiken sind im russischen Fall nur sehr begrenzt aussagefähig.

Die Unzuverlässigkeit russischer Kriminalitätsstatistiken hat eine Reihe von Ursachen. Die zeitlich und regional unterschiedliche Intensität von Kampagnen gegen Korruption und Kriminalität führt zu verzerrten Statistiken, da die Zahl der entdeckten (und damit registrierten) nicht notwendigerweise die Zahl der tatsächlich begangenen Verbrechen anzeigt. Auch die Tatsache, dass viele Straftaten der Polizei gar nicht gemeldet werden, da das Vertrauen in deren Fähigkeiten sehr gering ist, mindert die Zuverlässigkeit der entsprechenden Daten. Die Schätzung von Dunkelziffern ist in Russland besonders schwierig, da die postsowjetische Erfahrung noch sehr begrenzt ist und die Gesellschaft erheblichen Veränderungen unterworfen ist, die die Annahme einer über mehrere Jahre stabilen Dunkelziffer fragwürdig erscheinen lassen.

Hinzu kommt, dass die relevanten Gesetze regelmäßig grundlegend geändert werden. Wenn eine bisher gesetzlich nicht erfasste Aktivität für illegal erklärt wird, so führt dies zu einem Anstieg der Kriminalitätsrate, ohne dass es zu einer realen Verhaltensänderung in der Bevölkerung gekommen ist. Die unterschiedliche Definition ein und desselben Straftatbestandes im Rahmen von Gesetzesänderungen oder auch durch eine geänderte Rechtsprechung erschwert außerdem eine vergleichende Untersuchung der Häufigkeit bestimmter Straftaten im Verlauf der Zeit.

Ein weiterer Aspekt, der die Zuverlässigkeit der russischen Kriminalitätsstatistik mindert, ist seine Instrumentalisierung für politische Zwecke. Vor allem das russische Innenministerium scheint dazu zu neigen, durch aufsehenerregende Schreckensmeldungen zusätzliche Finanzmittel einfordern zu wollen. In Wahlkampfzeiten hingegen wird von offizieller Seite oft auf einen gerade einsetzenden Trend zur Abnahme der Kriminalität hingewiesen. Mehr noch gilt das Problem der politischen Instrumentalisierung bei der Berichterstattung über einzelne Fälle von Korruption oder Kriminalität. Im sog. „Kampf der Kompromate[1]" spielen Politiker immer wieder Journalisten Informationen über angebliche Verfehlungen ihrer politischen Gegner zu. Berichte der russischen Medien über Korruption und Kriminalität sind deshalb oft eher als Ausdruck politischer Machtkämpfe denn als ernsthafte Auseinandersetzung mit der Problematik zu verstehen.

Trotz dieser Einschränkungen ist aber offensichtlich, dass die Korruption in Russland ein Ausmaß besitzt, das erhebliche negative Konsequenzen sowohl für die wirtschaftliche als auch die politische Entwicklung des Landes hat. Bei internationalen Umfragen unter Unternehmen und bei Einschätzungen von Experten wird Russland immer wieder als eines der weltweit korruptesten Länder genannt. Auch die Existenz der russischen organisierten Kriminalität kann, bei allen Zweifeln an konkreten Zahlenangaben, nicht ernsthaft bestritten werden. Beide Phänomene sollen im Folgenden unter Beschränkung auf einigermaßen gesicherte Fakten dargestellt werden.

## *Zum Begriff Korruption*

Korruption wird allgemein definiert als bewusster Missbrauch öffentlicher Macht und/oder öffentlicher Ressourcen zum persönlichen Vorteil. Zum besseren Verständnis der russischen Umstände erscheint es sinnvoll, eine weite Interpretation des Begriffs „Missbrauch" zu verwenden. Korruption meint dann nicht nur den direkten Austausch von Bestechungszahlung und „Gegenleistung", sondern beinhaltet auch eine Beziehung gegenseitigen Vertrauens und eine grundsätzliche Korrumpierbarkeit vieler Staatsbeamter. Die Betroffenen wissen, „an wen sie sich wenden können", und sie können sich darauf verlassen, dass ein einmal geleisteter „Gefallen" die Möglichkeit eröffnet, in Zukunft einen „Gegengefallen" zu verlangen. Korruption kann so nicht nur als Summe einzelner Bestechungsakte, sondern als Organisationsprinzip innerhalb einer Gesellschaft analysiert werden.[2]

Gleichzeitig ist es häufig hilfreich, im Hinblick auf die beteiligten Akteure zwei Formen von Korruption zu unterscheiden. Alltagskorruption erfasst die Kontakte von Privatpersonen und Kleinunternehmern zu korrumpierten Staatsbediensteten. Politische Korruption bezeichnet die entsprechenden Verflechtungen zwischen Großunternehmen und Politikern.

1 Im Russischen geläufige Kurzform für „kompromittierende Materialien".

2 Eine ausführlichere Darstellung bietet: Heiko Pleines: Geregelte Regelverletzung. Korruption und informelle Netzwerke in Rußland, in: Eine unterschätzte Dimension? Zur Rolle wirtschaftskultureller Faktoren in der osteuropäischen Transformation, hg. von H.-H. Höhmann, Bremen 1999, S. 177–192.

## Alltagskorruption

Bereits in der Sowjetunion war Alltagskorruption weit verbreitet. Informelle Kontakte, im Russischen als *blat* bezeichnet, dienten vor allem dazu, zusätzliche Konsumgüter zu erhalten und die eigene berufliche Karriere zu fördern. Nachdem mit dem Ende der Planwirtschaft Konsumgüter auf dem freien Markt gehandelt werden, ist blat zunehmend zu einer Überlebensstrategie russischer Kleinunternehmer geworden.[3]

Unabhängige Untersuchungen haben wiederholt gezeigt, dass große Teile der russischen Staatsbürokratie nur gegen Bestechungsgelder bereit sind, ihre Aufgaben wahrzunehmen. In Umfragen der Weltbank unter russischen Unternehmen (1994 und 1996) erklärte fast die Hälfte, dass sie für wesentliche Geschäftstätigkeiten „inoffizielle" Zahlungen leiste. Im Schnitt kostete so die Registrierung des Unternehmens „zusätzlich" knapp 300 US$, jede Importlizenz 130 US$ und jede Exportlizenz sogar 650 US$. 1997 und 1998 durchgeführte repräsentative Umfragen ergaben, dass 20% der russischen Unternehmer regelmäßig und weitere 45% von Zeit zu Zeit von Staatsbediensteten zu Bestechungszahlungen aufgefordert werden. Dabei wurde gleichzeitig festgestellt, dass die Verbreitung von Korruption zwischen unterschiedlichen Wirtschaftsbranchen erheblich variiert.[4] Insgesamt lässt sich damit festhalten, dass in Russland Alltagskorruption ein etabliertes System ist, mit dem viele Unternehmer deutlich reibungsloser arbeiten können als mit der regulären Staatsverwaltung.

## Politische Korruption

Politische Korruption beschreibt die Bestechung von Politikern durch Wirtschaftsunternehmen. Die Unternehmen hoffen, sich auf diese Weise Vorteile für ihre Geschäftstätigkeit zu verschaffen. Die Politiker wollen sich entweder persönlich bereichern oder die Gelder zur Finanzierung ihres Machterhalts verwenden.

Bereits in der Sowjetunion gab es eine ausgeprägte politische Korruption, die vor allem in der Amtszeit Gorbatschows aufgearbeitet wurde. Die Medien wandten sich aber schnell den Skandalen des neuen Russland zu. Dabei waren sie von Anfang an auch ein Instrument in der Auseinandersetzung zwischen rivalisierenden politischen Lagern. Hier nur einige Beispiele:

1993 berichteten dem damaligen Präsidenten Boris Jelzin nahestehende Medien, dass sein Widersacher Alexander Ruzkoj auf ein Schweizer Konto illegale Zahlungen russischer Firmen erhalte. 1995 vermuteten viele Beobachter dann den „klassischen" Fall von politischer Korruption in Jelzins Russ-

3 Das Standardwerk zu *blat* ist: Alena Ledeneva: Russia's economy of favours, Cambridge 1998.

4 Vadim Radaev: Corruption and Violence in Russian Business in the late 1990s, in: Economic Crime in Russia, hg. von A. Ledeneva/M. Kurkchiyan, Den Haag 2000, S. 63–82.

land. Im Rahmen von extrem manipulierbaren Auktionen wurden Ende 1995 staatliche Anteile an bedeutenden Unternehmen sehr billig an russische Großbanken übergeben. Im Gegenzug – so die häufige, aber nicht zu beweisende Argumentation – hätten die Großbanken im Frühjahr 1996 Jelzins Wahlkampf finanziert. 1999 konzentrierten sich Vorwürfe aus dem Bereich der politischen Korruption auf den Moskauer Bürgermeister Jurij Luschkow, der Wladimir Putins wesentlicher Herausforderer im Wahlkampf um das Präsidentenamt zu sein schien. Gleichzeitig wurde Personen aus dem engsten Kreis um Jelzin im „Metabex-Skandal" vorgeworfen, Bestechungsgelder in der Schweiz gewaschen zu haben.

Der klassische *rent-seeking*-Ansatz, bezogen auf die Wirtschaftspolitik in demokratischen Systemen, geht davon aus, dass Unternehmen Zahlungen (entweder legal als Wahlkampfspenden oder illegal als Bestechungsgeld) an Politiker leisten, um von diesen Vergünstigungen zu erhalten. Die Politiker benötigen Gelder aus der Wirtschaft zur Finanzierung ihres Wahlkampfes, stehen jedoch vor dem Dilemma, dass Zugeständnisse an die Forderungen der Wirtschaft ihre Wähler enttäuschen können. Die Politiker müssen also genau den Punkt erkennen, wo weitere Zugeständnisse an die Wirtschaft mehr Wähler verprellen, als zusätzliche Wahlkampfausgaben Wähler gewinnen helfen. Dieser Punkt definiert im Rahmen des rent-seeking-Ansatzes die Grenze der Käuflichkeit von Politikern.

Angewandt auf Russland spricht dieser Ansatz für eine starke Käuflichkeit der politischen Führung. Aufgrund des bisher unterentwickelten Parteiensystems existiert in Russland eine große Zahl von Wechselwählern, die durch einen professionell geführten Wahlkampf gewonnen werden können. Gleichzeitig hat die weitverbreitete Enttäuschung mit dem Verlauf der postsowjetischen Reformen die Ansprüche der Wähler an die Aufrichtigkeit von Politikern und die Glaubwürdigkeit von Programmen stark schrumpfen lassen. Wie der Sieg Jelzins bei der Präsidentschaftswahl 1996 oder der Erfolg der dem damaligen Ministerpräsidenten und jetzigen Präsidenten, Wladimir Putin, nahestehenden Partei „Jedinstwo" bei den Parlamentswahlen 1999 gezeigt haben, können auch unpopuläre bzw. weitgehend unbekannte Politiker Wahlen für sich entscheiden, wenn sie über ausreichende finanzielle Mittel verfügen, um einen effizienten Wahlkampf zu führen.

Geld scheint damit, trotz der Einführung demokratischer Grundregeln, die entscheidende Quelle von Macht im postsowjetischen Russland zu sein. Den Politikern ist es in der Ära Jelzin nur begrenzt gelungen, ihre Macht selbstständig zu legitimieren oder in ausreichendem Umfang eigene Geldquellen zu erschließen. Präsident Putin hingegen könnte eine geldunabhängige Legitimierung der eigenen Macht gelingen. Wenn er Wahlen aufgrund seiner eigenen Popularität gewinnen kann, auch ohne einen teuren Wahlkampf zu führen, ist er auf die finanzielle Unterstützung der Wirtschaft nicht mehr angewiesen.[5]

## Gesamtgesellschaftliche Folgen weitverbreiteter Korruption

Weitverbreitete Korruption hat im Rahmen von Demokratie und Marktwirtschaft eine Reihe negativer Folgen, die sich wie folgt zusammenfassen lassen:[6]

- *Antidemokratischer Effekt*: Politische Korruption verhindert eine demokratische Entscheidungsfindung, da politische Entscheidungsträger „gekauft" werden können. Auch die rechtlichen Rahmenbedingungen in der Gesellschaft sind unklar, da sie durch Korruption außer Kraft gesetzt werden können.
- *Politisch diskreditierender Effekt:* Die ausführliche öffentliche Berichterstattung über Korruptionsfälle vor allem aus dem Bereich der politischen Korruption, die mit der Liberalisierung des Mediensystems einsetzte, diskreditiert die politische Führung und ihren politischen Kurs.
- *Negativer gesamtwirtschaftlicher Effekt*: Die enge Verflechtung von Staat und Wirtschaft sowohl durch politische als auch durch Alltagskorruption verhindert die Entwicklung von Wettbewerb, verringert die Effizienz der staatlichen Wirtschaftspolitik und bedeutet vor allem für kleinere Unternehmen eine beachtliche finanzielle Belastung. Infolge von Korruption werden zum Beispiel staatliche Fördermittel fehlgeleitet. Öffentliche Aufträge werden nicht an den günstigsten Anbieter vergeben, sondern an den mit den besten Beziehungen. Die staatlichen Steuer- und Zolleinnahmen werden verringert. In Staatsverwaltung und Staatsbetrieben machen nicht die besten, sondern die korruptesten Angestellten Karriere. Die Erpressung von Bestechungsgeldern durch korrupte Beamte belastet private Unternehmen finanziell und erhöht die Kosten unternehmerischer Tätigkeit.
- *Umverteilungseffekt:* Bei einem hohen Grad an Korruption werden staatliche Leistungen und Privilegien regelmäßig nicht von ihrer Dringlichkeit, sondern von der Höhe des Bestechungsgeldes abhängig gemacht. Das heißt, einkommensschwache Bevölkerungsschichten und Kleinunternehmer haben zu bestimmten Dienstleistungen und Privilegien, die ihnen eigentlich zuständen, keinen oder nur sehr begrenzten Zugang. Zahlungskräftige Unternehmer hingegen können sich auf Staatskosten weiter bereichern. Gleichzeitig können bestimmte Staatsbedienstete durch Korruption ihr reales Einkommen erheblich ausweiten.

5 Eine umfassendere Erörterung der politischen Korruption in Russland findet sich bei: Heiko Pleines: Korruptionsnetzwerke in der russischen Wirtschaft, in: Kultur als Bestimmungsfaktor der Transformation in Osteuropa, hg. von H.-H. Höhmann, Bremen 2000.

6 Eine ausführlichere Darstellung unter Diskussion möglicher positiver Effekte von Korruption bietet: Leslie Holmes: Funktionen und Dysfunktionen der Korruption und ihrer Bekämpfung in Mittel- und Osteuropa, in: Politische Korruption, hg. vom Zentrum für Europa- und Nordamerika-Studien, Opladen 2000, S. 117–184.

- *Kriminalisierungseffekt:* Nach dem Wegfall der staatlichen Repressionen hat vor allem der hohe Grad an Alltagskorruption auch zu einer dramatischen Ausweitung der organisierten Kriminalität geführt.

## Organisierte Kriminalität

In der wissenschaftlichen Literatur meint organisierte Kriminalität in der Regel Gruppen, die sich mit dem Ziel der Durchführung von Straftaten dauerhaft zusammengeschlossen haben[7] und die eine derartige Größe erreicht haben, dass es innerhalb der Gruppe zur Arbeitsteilung kommt; d.h. bestimmte Mitglieder sind spezialisiert auf bestimmte Straftaten, andere sind verantwortlich für die Planung, für Kontakte zu korrupten Staatsbediensteten oder für die „Wäsche" der illegalen Einkünfte. Häufig wird auch unterstellt, dass organisierte Kriminalität zumindest in Teilbereichen durch hierarchische Strukturen gekennzeichnet ist.

Diese wissenschaftliche unterscheidet sich von der in der russischen Gesetzgebung vorgesehenen Definition, nach der bereits kleinste kriminelle Gruppen, wie z.B. jugendliche Straßengangs, die auf eigene Faust Taschendiebstähle durchführen, der organisierten Kriminalität zugerechnet werden. Dies führt zum einen zu einer Verzerrung der Statistik über das Ausmaß der organisierten Kriminalität im Vergleich mit anderen Ländern. Zum anderen wird eine Analyse der organisierten Kriminalität erschwert, da unterschiedliche Phänomene unter diesem Begriff subsumiert werden. Hier soll deshalb die wissenschaftliche Definition von organisierter Kriminalität verwendet werden.

In den osteuropäischen Transformationsländern schufen vor allem der schleppende Übergang zu einer postkommunistischen Rechtsordnung und die weitverbreitete Korruption die Voraussetzungen für ein Anwachsen der organisierten Kriminalität, die ihre Wurzeln in den sozialistischen Straflagern und den Schwarzmärkten hat. Auch die Tätigkeitsfelder der organisierten Kriminalität wurden durch den Transformationsprozess geprägt. Wesentliche Einnahmequellen der russischen organisierten Kriminalität sind:

- *Schutzgelderpressung:* Diese klassische Aktivität der Mafia wird in Russland durch das Fehlen eines verlässlichen Rahmens für unternehmerische Aktivität und die daraus resultierende umfangreiche Schattenwirtschaft erleichtert.
- *Schmuggel:* Mit der schrittweisen Liberalisierung des russischen Außenhandels wurde vor allem der Schmuggel von im Inland subventionierten Rohstoffen profitabel. Durch das Ende der strengen Grenzkontrollen entwickelte sich

[7] Dieses Ziel unterscheidet die organisierte Kriminalität von Korruptionsnetzwerken. Auch bei Korruptionsnetzwerken kann es sich um arbeitsteilige Zusammenschlüsse handeln, die – aufgrund der Strafbarkeit von Korruption – illegal sind. Während Korruption von der organisierten Kriminalität zur Begehung und Vertuschung von Straftaten benutzt wird, dient sie Korruptionsnetzwerken aber zur Erlangung von staatlicher Unterstützung, einem an sich legalen Ziel.

Russland gleichzeitig zu einem Haupttransitland für Drogen aus dem Mittleren Osten.

- *Videopiraterie:* Die späte Einführung und der folgende weitgehende Verzicht auf die Anwendung des Urheberrechts haben den Vertrieb illegaler Kopien von Videofilmen, aber auch von Musikträgern und Computer-Software, zu einem Geschäft mit einem geschätzten Jahresumsatz von über 1 Mrd. DM gemacht.
- *Prostitution:* Aufmerksamkeit hat hier vor allem die oftmals gewaltsam erzwungene Prostitution russischer Frauen im Ausland hervorgerufen.
- *Privatisierungskriminalität:* Durch Kontakte zu korrupten Staatsbediensteten, aber auch durch Drohungen und Auftragsmorde erwarb die organisierte Kriminalität im Zuge der Privatisierung ehemaligen Staatsbesitz.

Zwei dieser Tätigkeiten sollen im Folgenden beispielhaft näher betrachtet werden. Die Schutzgelderpressung ist dabei von besonderer Bedeutung, weil sie am ehesten eine negative Auswirkung auf die gesamtwirtschaftliche Entwicklung des Landes hat. Am Fall der Drogenmafia lassen sich internationale Kontakte der russischen organisierten Kriminalität aufzeigen. Auch soziale Folgen organisierter Kriminalität werden hier offensichtlich.

## Schutzgelderpressung

Die einzige einigermaßen zuverlässige Quelle für Informationen über das Ausmaß von Schutzgelderpressung sind Umfragen unter Unternehmen. Diese kommen zu einer Reihe von interessanten Ergebnissen. Es zeigt sich, dass kleine Unternehmen stärker betroffen sind als große. Gleichzeitig bestehen erhebliche regionale Unterschiede. Im Extrem hatten 86% der Kleinunternehmer in Moskau Kontakt zu Schutzgelderpressern, davon knapp 50% regelmäßig. Gleichzeitig halten jedoch nur 3% aller befragten Unternehmer Schutzgelderpressung für ein großes Problem.

Dies lässt sich dadurch erklären, dass die organisierte Kriminalität für viele Kleinunternehmer, gerade im Bereich der Schattenwirtschaft, staatliche Funktionen übernommen hat. Schutzgelderpresser garantieren – ähnlich wie der Staat – stabile Rahmenbedingungen für Geschäftstätigkeit und lösen Konflikte zwischen Unternehmern. Dafür verlangen sie – auch ähnlich wie der Staat – eine Abgabe. Schutzgeld wird so von vielen Kleinunternehmen als zusätzliche oder auch alternative Steuer verstanden.

Diese Situation hat jedoch negative Folgen für die betroffenen Unternehmer. Schutzgelderpresser sind in der Regel gewaltbereiter und unberechenbarer als staatliche Behörden. Sie haben zudem einen kürzeren Zeithorizont, d.h. sie wollen an schnellen Gewinnen teilhaben, nicht aber langfristige wirtschaftliche Entwicklungspläne mittragen. Schutzgelderpresser „schützen" ihre

Unternehmen auch oft vor Konkurrenz und setzen damit marktwirtschaftlichen Wettbewerb außer Kraft.[8]

## Die Drogenmafia

Die traditionelle Route für Drogen aus dem „Goldenen Halbmond“ (Pakistan, Afghanistan, Iran) nach Westeuropa verlief über die Türkei. Nach verschiedenen Schätzungen kamen Anfang der 1990er Jahre etwa 70% aller Drogen für den westeuropäischen Markt über Istanbul. Da die bewaffneten Konflikte auf dem Staatsgebiet des ehemaligen Jugoslawien und folgende UN-Sanktionen den Drogenschmuggel über den Balkan aber erheblich erschwerten, bot sich seit der Öffnung der Grenzen die ehemalige Sowjetunion als neuer Transitweg an. Die Drogenmafia in Russland, der Ukraine und Polen erzielt dadurch jährlich Einnahmen, die auf etwa 15 Mrd. DM geschätzt werden.

Die Drogenmafia operiert dabei aber nicht als einheitliche Organisation. Vielmehr bestehen etliche unabhängige Gruppen, die für die Verarbeitung bzw. jeweils für einen Teil der Transportstrecke zuständig sind. Gleichzeitig sind viele Gruppen nicht auf das Drogengeschäft spezialisiert. Die Moskauer „Solncevo-Bande“ zum Beispiel, eine der größten bekannten Gruppen der russischen organisierten Kriminalität, war ursprünglich im Bereich der Schutzgelderpressung und Geldwäsche aktiv und hat erst später den Drogenschmuggel als lukrative Einnahmequelle hinzugefügt.

Die Ausbreitung der Drogenmafia in Russland hat gleichzeitig dazu geführt, dass viele Russen erstmals in Kontakt mit illegalen Drogen gekommen sind. Nach einer Schätzung der UNO liegt die Zahl der Drogenkonsumenten in Russland derzeit bereits bei über 3 Millionen. Weitverbreitete Unkenntnis und schlechte hygienische Bedingungen führen außerdem dazu, dass Drogenabhängige stark von Infektionskrankheiten wie Hepatitis und AIDS betroffen sind.[9]

## Gesamtgesellschaftliche Folgen der organisierten Kriminalität

Die umfangreichen Aktivitäten der organisierten Kriminalität wirken auf die russische Gesellschaft in dreierlei Hinsicht. Erstens haben sie negative wirtschaftliche Folgen. Vor allem die Schutzgelderpressung erschwert die Entwicklung kleiner und mittlerer Unternehmen. Die wirtschaftliche Erholung des Landes wird so gebremst. Gleichzeitig verringern Schattenwirtschaft,

8 Dazu ausführlich: Alexandra Quiring: Informelle Institutionalisierung von Eigentumsrechten, Arbeitspapier des Osteuropa-Instituts der FU Berlin 27-2000; Vadim Volkov: Organized Violence, Market Building, and State Formation in Post-communist Russia, in: Economic Crime in Russia, hg. von A. Ledeneva/M. Kurkchiyan, Den Haag 2000, S. 43–63.

9 Ausführlich dazu: Guido Houben: Drogen in Rußland, Untersuchungen des FKKS (Universität Mannheim) 21-1999; Andreas Heinrich/Heiko Pleines: Die Drogenmafia in der GUS, in: Osteuropa, Jg. 47, 1997, Nr. 1, S. 63–70.

Schmuggel und Privatisierungskriminalität die Einnahmen des Staatshaushaltes deutlich. Die Handlungsfähigkeit des Staates wird dadurch geschwächt.

Zu beachten ist aber, dass die organisierte Kriminalität wahrscheinlich einen viel geringeren Teil der russischen Wirtschaft tatsächlich kontrolliert, als häufig unterstellt wird. Zu oft wird von Kontakten mit kriminellen Gruppen direkt auf Dominanz durch kriminelle Gruppen geschlossen. Häufig scheinen aber vielmehr legale Unternehmen „ihre" Gruppe der organisierten Kriminalität zu dominieren und gezielt für bestimmte Zwecke wie Geldwäsche, Schmuggel oder Schuldeneintreibung einzusetzen.

Zweitens ist organisierte Kriminalität auch mit Problemen im sozialen Bereich, wie Drogenabhängigkeit, Prostitution und Jugendkriminalität, verbunden. Zu diesen Problembereichen gibt es zwar auch im russischen Fall einige Studien; die Rolle der organisierten Kriminalität als Mitverursacher, Verstärker oder auch Folge dieser Probleme wird aber – mit Ausnahme der Drogenproblematik – kaum thematisiert.

Drittens haben die Aktivitäten der organisierten Kriminalität – genau wie die politische Korruption – einen politisch diskreditierenden Effekt. Die Reformfeindlichkeit und weitverbreitete Angst vor Kriminalität innerhalb der Bevölkerung haben ihre Ursache zu einem Teil auch in der mittlerweile zum Mythos gewordenen russischen Mafia.

Eine systematische Einflussnahme organisierter krimineller Gruppen auf die russische Politik ist allerdings nicht erkennbar. Ausgehend vom hier verwendeten Verständnis von organisierter Kriminalität und nicht vom in der russischen Öffentlichkeit verwendeten extrem weiten Mafia-Begriff, der politische Korruption einbezieht, stellt sich auch die Frage, mit welchem Ziel Politik beeinflusst werden sollte. Da sich Kriminelle per definitionem außerhalb des Gesetzes bewegen, haben sie weniger ein Interesse an gesetzlichen Regelungen als vielmehr an persönlichem Schutz vor Strafverfolgung.

## *Fragen ... Antworten ... Fragen ...*

Angesichts der ebenso offensichtlichen wie vielfältigen negativen Folgen von Korruption und organisierter Kriminalität ist oft gefragt worden, warum es Russland nicht gelingt, die Übel wenigsten in Ansätzen mit Erfolg zu bekämpfen. Hierzu gibt es zwei mögliche Antworten.

Die erste Antwort basiert auf der Annahme, dass Korruption ein fester Bestandteil der russischen Staatskultur ist. Über Jahrhunderte seien Staatsbedienstete in ein korruptes System integriert worden. Die daraus resultierenden Verhaltensmuster seien fest in den Köpfen der derzeitigen Bürokraten verankert, die alle Bemühungen der politischen Führung zur Bekämpfung der Korruption pervertieren würden. Um Korruption deutlich zu verringern, müsste die komplette Bürokratie ausgetauscht werden oder eine umfassende, nicht korrumpierbare Kontrolle jedes bürokratischen Aktes erfolgen, beides erscheint unmöglich. Da sich Kriminelle von korrupten Staatsbediensteten

Schutz erkaufen können, ist auch eine effektive Bekämpfung der organisierten Kriminalität nicht möglich.

Die zweite Antwort geht davon aus, dass die politische Führung Korruption gar nicht bekämpfen will. Sie profitiere offensichtlich von der politischen Korruption, die ihr den Machterhalt erleichtere. Gleichzeitig könne Alltagskorruption dazu beitragen, eine starke Bürokratie in das politische System zu integrieren. Erstens biete Korruption den Bürokraten eine zusätzliche Einkommensquelle und mindere somit ihre Unzufriedenheit. Zweitens mache Korruption die Bürokraten zu Mittätern. Eine öffentliche Kritik könnten sie sich deshalb im Eigeninteresse nicht leisten. Drittens verschaffe Korruption der politischen Führung belastendes Material über fast jeden Bürokraten. Die politische Führung habe damit immer einen guten Vorwand, um unliebsame Personen zu entlassen.

Die beiden Antworten schließen sich in keiner Weise gegenseitig aus. Im Gegenteil: Die Schwierigkeit, Korruption zu bekämpfen, und die Möglichkeit, Korruption zum eigenen Vorteil zu nutzen, dürften sich in ihrer Wirkung auf die staatliche Politik vielmehr gegenseitig verstärken. Bei der organisierten Kriminalität verhält sich dies aber nicht so einfach. Ein direkter Vorteil für die politische Führung durch eine Unterstützung der organisierten Kriminalität ist im russischen Fall nicht erkennbar, und ernsthafte Beweise für eine derartige Verbindung liegen nicht vor. Es scheint vielmehr so zu sein, dass weitverbreitete Korruption eine wirksame Bekämpfung der organisierten Kriminalität ohne Rückgriff auf polizeistaatliche Mittel unmöglich macht.

Zusammenfassend lässt sich festhalten, dass eine erfolgreiche Bekämpfung von Korruption und organisierter Kriminalität in Russland schwer zu realisieren und deshalb in absehbarer Zeit kaum zu erwarten ist. Dies ist zugegebenermaßen ein wenig hoffnungsvolles Resümee. Korruption und organisierte Kriminalität sind ein ernst zu nehmendes Problem in Russland wie auch in anderen Ländern. Journalistische Sensationshascherei trägt allerdings nicht zum besseren Verständnis des Problems und damit auch nicht zu seiner Lösung bei. Stattdessen sind seriöse Analysen sowohl von Seiten der (internationalen) Strafverfolgungsorgane als auch von Seiten der Wissenschaft erforderlich.

# SCHLUSSBETRACHTUNG

# Von außen gesehen: Russische Entwicklungen, westliche Perzeptionen

WOLFGANG EICHWEDE

## *Stimmungslagen*

Auch zehn Jahre nach der Epochenwende tut sich der Westen schwer mit Russland und Russland schwer mit dem Westen. Dabei ist die neue Freundschaft in unzähligen Verträgen ratifiziert und mit der Entschlossenheit zu Protokoll gegeben worden, die historische Chance zum Ausgleich nutzen zu wollen: Russland und Europa haben *eine* Geschichte, sind aufeinander verwiesen und bekennen sich zu gemeinsamen Werten. Offizielle Verlautbarungen lassen keinen Zweifel zu. Und in der Tat: Grundlegendes hat sich gewandelt. Die Vernetzungen aller Art haben von der hohen Politik bis hinunter zu den Graswurzel-Initiativen der „civil society" eine Dichte erreicht, die selbst im 19. Jahrhundert, als die Fürstenhäuser ihre Kinder verheirateten und sich die gute Gesellschaft auf der Promenade von Baden-Baden traf, ohne Beispiel war. Aus den Chefetagen der Banken und großen Unternehmen ist zu hören, dass Russland als lohnender Markt der Zukunft lockt. Die Warenströme sind nicht gering. Martialische Feindbilder gehören der Vergangenheit an. Von dem Osten in kompaktem Rot, das als tödliche Gefahr für unsere Zivilisation noch die Landkarten meiner Schulzeit geprägt hat, ist keine Rede mehr.

Eine neue Welt hat längst an Kontur gewonnen. Ihre Anfänge wurden in den frühen 90er Jahren euphorisch gefeiert und von Visionen einer globalen Demokratisierung begleitet. Mit dem Ende der kommunistischen Diktaturen in Europa rückte die *one world* in greifbare Nähe. Die Wirklichkeit überholte die kühnsten Träume. Das war 1989 und 1991. In der Zwischenzeit sind die Stimmungen vielfach umgeschlagen, Enttäuschungen und Fehlschläge fordern ihren Tribut. Dem überschwänglichen Optimismus des ersten Aufbruchs ist ein zeitweise apokalyptischer Pessimismus der (unvermeidbaren) Abstürze und (unerwartet hohen) Kosten gefolgt. Heute wiederum stützen ökonomische Daten noch vage Spekulationen auf eine Wende zum Besseren bei spürbarer Distanz zur westlichen Außenwelt. Was Not tut, ist, den Wechselbädern der Gefühle zu entkommen und einen Wirklichkeitssinn zu entwickeln, der sich Rechenschaft gibt über Interessen, die in ihm stecken.

In der öffentlichen Meinung Deutschlands weckt Russland zwei Stimmungslagen, die sich in ihrer Konsequenz gegenseitig ausschließen, oft jedoch unsortiert nebeneinander her laufen – Aufgeschlossenheit und Sympathie einerseits, Sorgen und Ängste andererseits. Wurde früher die Stärke des Reiches gefürchtet, so nun seine Schwäche. Die Fülle der Ressourcen lockt, die Größe der Probleme mahnt zur Vorsicht. Die Geschichte des Landes fasziniert, die

Undurchdringlichkeit der Macht stößt ab. Die Kultur Russlands zieht viele in ihren Bann, die unklaren Rechtsverhältnisse wirken als Abschreckung. Die Weite der Räume beflügelt Fantasien und scheint doch unbeherrschbar. Krieg und Teilung des Kontinents haben getrennt, die Einigung Deutschlands zusammengeführt. Was an Erfahrungen und Traditionen, Zerwürfnissen und Verklammerungen tief in die vergangenen Jahrhunderte zurückreicht, wirkt bis in die Gegenwart fort. Zur politischen Philosophie der heutigen Bundesrepublik und Europas zählt, dass die Zusammenarbeit mit Russland und der Aufbau eines dichten Netzes gemeinsamer Strukturen ohne Alternative sind. Den proklamierten Prinzipien jedoch stehen noch immer institutionelle Mängel und Reserven gegenüber: Wie viel Russland verträgt das in Institutionen definierte Europa, und wie viel von diesem Europa will das um seine Identität ringende Russland? Die Verantwortung für viele der offenen Fragen liegt auf beiden Seiten.

## *Ratschläge und Rechthabereien*

Der Westen hat über die 90er Jahre hin nicht mit Ratschlägen gespart. Während die sowjetischen Diktaturen an ihren inneren Dysfunktionen und Blockaden zerbrachen, liefen die liberalen Ökonomien auf technologische Innovationen mit hohen Wachstumsschüben zu. Was lag näher, als den „Newcomern" im Reich von Markt, Demokratie und Eigentum zu sagen, wo es lang geht? Ganze Heerscharen machten sich auf den Weg, um dem „Osten" zu zeigen, wie man zum „Westen" wird. Top-Ökonomen entwarfen Transformationspfade. Manche von ihnen avancierten gar zu Präsidenten-Beratern. Den verwirrend vielfachen Angeboten stand eine brennende Nachfrage gegenüber, dem Überlegenheitsgefühl des Westens ein dramatischer Bedarf des Ostens. Nicht, dass die eine Seite die andere gegen deren Willen überschwemmt hätte. Diese rief 1992/93 nach Wissen und Kapital, sah sich nicht unter Druck, sondern im Sog der atlantischen Welt. Die Projekte einten ungleiche Partner. In dem Gefälle jedoch steckten Abhängigkeiten, die schnell umschlagen konnten in Gefühle von Bitterkeit. Ökonomische Imperative der Weltbank und des Internationalen Währungsfonds (IWF) trafen auf ein krisengeschütteltes Russland, dessen Selbsteinschätzungen ein Bild der Zerrissenheit boten. Von einem nationalen Konsens – wie im übrigen Osteuropa – konnte keine Rede sein. Jelzins Regierung mochte anfangs noch hoffen, die Härte der Reformen durch die Schnelligkeit positiver Effekte abfedern zu können. Weit gefehlt. Je höher die Erwartungen, umso weiter reichend die Desillusionierung. Zur Enttäuschung kam die Scham, als gebeugte Großmacht auf Hilfs- und Stützungsprogramme angewiesen zu sein. Zweifel an sich selbst wie an den Partnern waren die unvermeidliche Folge. Bürgerkriegsszenarien machten die Runde. Zeitweise schien die russische Politik am Ende ihrer Steuerungsfähigkeit. Ökonomische Notwendigkeiten brachen sich an der institutionellen Schwäche des jungen Staates mit seinem Ballast aus alten Kadern. Er schien zum Spielball undurchschaubarer Interessen – sei es der Präsidentenfamilie, der „Oligarchen", sei es privatisierter Nomenklatura-Fragmente oder des neuen Business mit schmutzigen Händen – zu werden. An Wahlterminen jedoch wurde nicht gerüttelt.

Westliche Regierungen und internationale Institutionen, Geldgeber und Berater wirkten dem sozialen Elend ebenso wie den politischen Verwerfungen gegenüber hilflos. Weder die Stimmungslagen im Volke vermochten sie rechtzeitig zu erfassen noch die Überforderung und Chaotisierung der russischen Politik angemessen einzuschätzen. Gleichwohl erweckten sie immer wieder den Eindruck zu wissen, wo es langzugehen habe. Das Einklagen von Reformen drohte zur Worthülse zu werden, adressiert an Realitäten und Machtkonstellationen, die geeignet waren, die Reformen selbst in Misskredit zu bringen. Im Zirkelschluss wurde der Westen verantwortlich gemacht für Verlusterfahrungen, die die Transformation in all ihren Brüchen und Ungereimtheiten mit sich brachte. Seine Ausstrahlungskraft schmolz zusammen.

An Irrtümern fehlte es dabei in den europäischen und amerikanischen Planungsstäben nicht. So forsch Rezepte formuliert und der Ex-Weltmacht in ihrem freien Fall verabreicht wurden, so häufig auswärtige Regierungen dazu neigten, innenpolitische Vorgänge in Moskau mit erhobenem Zeigefinger zu kommentieren und sich mit bestimmten Gruppierungen vor Ort zu liieren – oft genug erwiesen sich die Empfehlungen als realitätsfern. Reformmodelle, die in der reinen Theorie überzeugten, taugten nur wenig dazu, die geschichtlichen Voraussetzungen, auf denen sie aufzubauen hatten, und die gesellschaftlichen Folgen, die sie auslösten, hinreichend ins Kalkül zu nehmen. Allzu simpel wurden Gleichheitszeichen zwischen Markt und Demokratie gesetzt, allzu gerne übersehen, dass aus dem Ringen um Demokratie in der europäischen Sozialgeschichte die Kritik am Marktgeschehen gar nicht wegzudenken ist. Monetaristische Philosophien drohten zur dominanten oder gar alleinigen Messlatte für Fortschritte in der Transformation zu werden. Liberale Denkschulen predigten Zwänge in der Ökonomie, um die Frage der sozialen Akzeptanz auszublenden. Härte wurde angemahnt, eine Politik des Ausgleichs unter Verdacht gestellt. Worum unter Reformern im Lande selbst erbittert gestritten wurde, erfuhr von außen einseitige Parteinahmen. Währenddessen strömten (billige und doch überteuerte) Massenartikel aus Europa, Japan und Amerika nach Russland hinein, die eigene, in Technologie und Management hoffnungslos veraltete Industrie aber brach dramatisch ein. Der Westen erschien in seinen Ratschlägen als Nutznießer der russischen Misere. Erst nach und nach zeigten sich die hochdekorierten Experten und „consulting agencies" bereit, Fehleinschätzungen einzuräumen und zu ahnen, dass Ludwig Erhard als ein Anatolij Tschubajs niemals zum Markenzeichen sozialer Liberalität hätte werden können, ja dass der Vater des deutschen Wirtschaftswunders zu großen Teilen das Gegenteil dessen tat, was nun von Russland verlangt wurde. Gerne hatte man suggeriert, dass die Ursachen für die ausbleibenden Erfolge nicht in den Maßgaben selbst, sondern in deren fragmentarischer, mangelhafter Umsetzung zu suchen seien.

### *Personifizierungen von Politik (oder: Präsidenten-Bindungen)*

Russlands Wahrnehmung im Westen vollzieht sich in Paradoxien. Während Strukturen geschaffen werden sollen, ist man fixiert auf Personen. Da mag ein historischer Wandel von noch so gewaltigen Dimensionen zu bewältigen sein – die Epochen werden nach den Generalsekretären und Präsidenten benannt, die Politik in Spitzenfiguren definiert. Autoritäre Züge der Präsidialverfassung und gravierende Defizite in der institutionellen Architektur des Landes spielen sich gegenseitig in die Hände. Die „internationale Gemeinschaft" setzt auf das Zentrum, weil sie – so banal ist das – nur das Zentrum kennt. In der Größe des Reiches überschaut sie weder die Potenziale (etwa der Regionen) noch mögliche Alternativen – sie wüsste auch nicht mit ihnen umzugehen. Dass sie sich dabei in riskante Abhängigkeiten begibt, wird ihr immer erst zu spät bewusst. Vor 15 Jahren war es *Michail Gorbatschow*, der zum Hoffnungsträger einer ganzen Welt avancierte. Alle standen in seinem Bann und hielten noch an ihm fest, als die Regierungsmacht zu Hause schon längst seinen Händen entglitten war. Fast nahtlos gingen die Projektionen auf *Boris Jelzin* über, dessen legendäre Popularität Anfang der 90er Jahre mehr Durchschlagskraft versprach. Dass „sein" System die Reformen oder das, was so etikettiert wurde, bald dem Verdacht aussetzte, primär dem Eigennutz der Machteliten zu dienen, ja dass er das Land 1994 in den Kaukasuskrieg trieb, focht den amtlichen Westen in seiner (hilflos wirkenden) Orientierung auf ihn nicht an. Wie augenfällig er auch altern mochte, wie sehr er sich in Intrigen verstrickte – er galt als Koloss, der das Land zusammenhielt. Einen anderen „Anker" sah man nicht.

Mit *Wladimir Putin* trat ein Wechsel ein. Selten wurde ein „neuer Mann" von der westlichen Öffentlichkeit verächtlicher mit Kommentaren bedacht als er. Ein „nobody" sei er, eine Kreatur des KGB, ein Machwerk Jelzins und der „Oligarchen", Brandstifter und Nutznießer des Krieges gegen Tschetschenien. Was an Vorurteilen über Russland im Umlauf war, fand sich im Urteil über Putin wieder. Nach seinen Wahlsiegen freilich hatte man Eile, Korrekturen einzuleiten und sich mit ihm zu arrangieren. Immerhin hatte dieser „Niemand" etwas zu Wege gebracht, was kein Beobachter im Westen für möglich gehalten hatte: die Regelung der Jelzin-Nachfolge in gelenkten Bahnen. Vorausgesagt waren wilde Machtkämpfe, unwägbare Konstellationen zwischen Russlands hässlichem Kapitalismus und national aufgeheizten Kommunisten, Chaos-Jahre an der Moskwa. Im technischen Sinne der Macht eindrucksvoll in Szene gesetzt, nicht frei von Zügen der Manipulation, hatte die Operation des reibungslosen Übergangs ihren Preis. Vergegenwärtigt man sich, wie der neue Mann im Kreml noch vor Jahresfrist als „quantité négligeable" eingestuft wurde, so bleibt nur die Feststellung, dass das versammelte Wissen der professionellen „Experten" und Diplomaten gehörig daneben gelegen hat. Die Stimmungslagen und Machtkonstellationen im Lande hätten sie etwas anderes lehren können. Von September bis November 1999 hatte Putin seine Akzeptanz in der russischen Bevölkerung von 4 auf 40, dann auf 50 Prozent steigern können. Heute, ein Jahr nach den Wahlen, liegen seine Werte quer durch alle

Schichten bei annähernd 58 Prozent. Ihm scheint es mit sichtbarem Erfolg zu gelingen, Ruhe auszustrahlen und dem Wunsch nach Konsolidierung oder – in den Worten eines großen liberalen Blattes – den Hoffnungen „auf eine starke Hand, auf Jugendlichkeit der Macht, auf Ehrlichkeit und Wiedergeburt" nachzukommen. Die Hauptstädte der Welt haben sich zwar auf die Person eingestellt, besitzen aber kein Gesamtbild der gewandelten Machtstrukturen. Dabei wäre es so unklug, den Slalomlauf der Fehldiagnosen zu vergessen; wie töricht, die alten Muster zu wiederholen und sich allein oder ausschließlich auf den Nachfolger Jelzins zu beziehen.

## *Der Westen zwischen Demokratie-Export und Stabilitätsinteressen*

Im Zuge nur eines Jahrzehnts wähnten westliche Kanzleien das neue Russland mehr als einmal in der Gefahr, nicht aus den Fängen seiner kommunistischen Vergangenheit herauszufinden. Dann wiederum sah man das Land im Griff eines ungebremsten Nationalismus als Ersatzideologie für das verlorene Imperium, um fast zur gleichen Zeit die Dominanz zentrifugaler Kräfte und den Wildwuchs regionaler Egoismen zu diagnostizieren. Sich gegenseitig ausschließend, von einem in das andere Extrem springend, jonglierten selbst seriöse Analysen mit katastrophischen Untermalungen. In den westlichen Medien avancierte die „russische Mafia" zu einem festen Topos, Staatsstreichgerüchte fanden schnell Gehör, diktatorische Optionen schienen ebenso plausibel wie die Auflösung von Ordnung überhaupt. Über Defizite im Lande ließ sich attraktiver berichten als über das eigene Unvermögen, Gerüchte angemessen einzuordnen. Währenddessen beschworen die Kommuniqués von Staats- und Regierungstreffen Markt und Demokratie als Allheilmittel, um Russland seine Stabilität zurückzugeben.

Prozesse der ursprünglichen Kapitalisierung bringen in der Geschichte immer und überall Zerreißproben der Gesellschaft mit sich. Kometenhafte Aufstiege stehen neben steilen Abstürzen, wenige Gewinner stoßen auf viele Verlierer, bis Dynamiken freigesetzt werden, die bei anhaltender Ungleichheit Mehrheiten binden. Demokratische Verfahren können in dieser Inkubationsphase des Kapitals gar der ökonomischen Logik zuwider laufen, Wahlen zur bloßen Fassade werden. Wie verbindliche Spielregeln noch immer fehlen, fügen sich die Wirklichkeiten von Verlockung und Bedrohung nicht zusammen. Statt Reformen zu definieren und Ordnung zu verbürgen, trieb die Präsidialmacht unter Jelzin in ein Zwielicht hinein, das als Versagen des Staates erscheinen musste. Terroranschläge lösten Entsetzen aus. *Wladimir Putin* wurde zur Gegeninjektion. Sollte er ursprünglich nur das Arrangement der Macht sichern, ist er längst auf Distanz zu seinen Königsmachern gegangen. Dem Ehrgeiz der Oligarchen stellt er nicht ohne Geschick den Vorrang des Staates gegenüber. Wirtschaftliche Daten im Aufwärtstrend kommen ihm zugute. Stabilität und Ordnung werden zu „Überbegriffen", die den bürgerlichen Freiheiten erst ihren Platz zuweisen. Reform zielt auf „Gesundung" und Lenkung, nicht auf Freisetzung von Pluralität. Dass dem neuen Präsidenten dabei die eigenen Sicherheitsdienste eine Stütze sind, wird in Teilen der russischen Bevölkerung mit weniger Bedenken wahrgenommen als im Westen. Im Hintergrund aller Machtspiralen steht die gesellschaftliche Schwäche demokratischer Kräfte bei gleichzeitiger Härte des unabweisbaren Wandels. Die fehlende Basis schraubt die Bürden in die Höhe und verringert die Akzeptanz. Als Ausweg erscheint der „starke Staat".

Putin wirbt für einen *„russischen Weg"*. Schon Jelzin hatte ein Preisausschreiben veranstaltet, um eine griffige Staatsidee zu finden. Nun soll das Land in der Betonung seiner Spezifik neues Selbstbewusstsein gewinnen. Nicht frei von Idealisierungen werden die höhere Steuerbarkeit sozialer Prozesse und ein „Mehr" an gesellschaftlicher Solidarität als historisches Erbe reklamiert, Staatlichkeit als Rettung. Nur: Abhilfe soll bringen, was selbst Hilfe braucht. So zwingend es ist, das institutionelle Defizit zu beheben und staatliche Handlungsfähigkeit neu zu etablieren, so groß ist die Gefahr, dass mit dem Rekurs auf Russlands „Sonderweg" ein Staatsverständnis zelebriert wird, das in der Geschichte auf Machtanhäufung und bürokratischer Kontrolle basierte, nicht auf Funktionstüchtigkeit und ökonomischer Rationalität. Putins Staatlichkeit spielt mit Klischees zur eigenen Legitimation, aber muss, um wirtschaftliche Effizienz initiieren zu können, Realitäten herstellen, die die Klischees korrigieren. Sein „russischer Weg" meint „ideologische" Abgrenzungen zum Westen, will aber keine politische Abschottung. Der Kritik am (vermeintlichen) Kult des Egoismus in der westlichen Werte-Hierarchie stehen ungebrochen glitzernde Konsumerwartungen und die Reize eines schönen Lebens gegenüber. „McDonald's" und „Coca Cola" haben auch im putinschen Russland ihre Attraktivität nicht eingebüßt. Zur Machtorientierung gesellt sich Pragmatismus.

Die Wirkung der neuen Administration aber reicht tiefer. Dort, wo Jelzin die Gesellschaft gespalten hat, sucht Putin sie zusammenzuführen. Historische Versöhnung statt Konfrontation als Konzept. Glaubt man Meinungsforschern, attestieren dem Präsidenten zwar nur Minderheiten konkrete Erfolge in seiner Amtszeit, doch zeigt sich eine überwältigende Mehrheit überzeugt, dass er das Land aus der Krise führen werde. Stil und Denkweise Putins seien wie ein „Abziehbild" weit verbreiteter Sehnsüchte – mit einer Ausnahme: In seinem Plädoyer für Marktbeziehungen folge er einer Minorität, auf deren Unternehmungsgeist er in seinem Modernisierungskurs nicht verzichten könne.[1] Tiefen Respekt verlange auch seine „schon europäische Pünktlichkeit" und Arbeitsintensität. So gelingt es ihm, Vertrauen nahezu aller Gesellschaftsschichten und sich bekämpfender Politikströmungen auf sich zu ziehen. Sowohl Verlierer der Reform, die nichts mehr zu gewinnen, als auch Gewinner, die schon etwas zu verlieren haben, setzen auf das Versprechen von staatlichem Schutz. Die Duma als Widerpart hat ausgespielt, Kommunisten und Nationalisten sind

1 Vgl. dazu: Levada, Ju.: 2000 god: razočarovanija i nadeždy, in: Moskovskie Novosti Nr. 51; sowie Oreškin, Dm.: Puškin, Putin, Pinočet, in: ebd.

ins Abseits gedrängt. An Opposition bleiben nur wenige Liberale. In gleichem Sinn versucht Putin, die zerrissene Geschichte seines Landes im Namen der Nation zu glätten und Streitpunkte der Vergangenheit zu entschärfen. Die Kombination aus Sowjethymne (mit neuem Text), Trikolore und Zarenadler ist ein signifikantes Symbol. Darin eine Resowjetisierung des heutigen Russlands zu vermuten (wie vielfach getan), geht an den Intentionen vorbei. Viel eher handelt es sich um eine Russifizierung der Sowjetunion oder Einvernahmung dessen von ihr, was Stärke und Sicherheit ausgestrahlt hat. Brüche werden relativiert in der Hoffnung, Kontinuitäten zu entwerfen, die über Schwächeanfälle hinweghelfen. Mit Putin kommt aber auch eine jüngere Generation zum Zuge. Der Austausch von Führungseliten geht weiter. Insofern ist er Ausdruck sozialer Umschichtungen, die schon stattgefunden haben, und gleichzeitig Katalysator in der Konstruktion einer neuen Etappe der nachsowjetischen Geschichte.

## *Die internationalen Beziehungen: Visionen und Konflikte*

*Russland als gescheiterte Weltmacht*: befreit von imperialen Bürden oder betrogen um seine Rolle, die ihm in der Welt zusteht? Zunächst war die friedliche Auflösung des sowjetischen Imperiums allseits bewundert worden. Das Jahr 1989 als Highlight der europäischen Geschichte, errungen durch die Völker Mitteleuropas, doch akzeptiert von der einstigen Supermacht, die nicht zu den Waffen griff. Es war, als hätte der Kontinent eine neue Stufe der Zivilisation erreicht. Fortan würde das Land, so die zeitgenössischen Expertisen, seine Stärke nicht länger in territorialem Zugewinn suchen, sondern in der „Ökonomisierung seiner Ökonomie“. Nicht ohne ernst gemeinte Ironie rief 1992 der französische Politikwissenschaftler Dominique Moisi den russischen Teilnehmern eines Streitgesprächs zu: „Sie haben ein Weltreich verloren und die Freundschaft Frankreichs gewonnen. Ist das nicht ein guter Tausch?“

Seither ist viel geschehen. Wenngleich Russland weiterhin als großes Land respektiert wird, lässt man es dennoch wissen, dass es keine Weltmacht mehr ist. Seine Fähigkeiten zu überregionaler Einflussnahme haben spürbar abgenommen, die Ansprüche der Bipolarität sich als Überanstrengung erwiesen. Die nuklearen Depots verlangen eher Hilfsprogramme als Abwehrsysteme, ihr Drohpotenzial im Sinne von Machtpolitik ist limitiert. Dass das heutige Russland militärisch schwächer ist als die alte UdSSR, wird in dem nordatlantischen Bündnis mit Erleichterung registriert, mag die Moskauer Generalität auch der Illusion nachhängen, noch immer Maß an den USA nehmen zu müssen. Selbst die Erweiterung des Weltwirtschaftsgipfels um Russland von den „G7“ auf die „G8“ hat eher symbolischen Charakter. Auch die ersten Anzeichen einer wirtschaftlichen Erholung haben noch nicht die Gefahr gebannt, dass die Prozesse der Globalisierung und der Entwicklungssprung der modernen Technologien an dem Land als Ganzes vorbeigehen, sie dort vielleicht konsumiert, aber nicht mitgestaltet werden.

Während der 90er Jahre waren es vor allem drei strittige Fragen der internationalen Politik, die in der westlichen Haltung zu Russland den Mix aus Eigeninteressen, Kooperationswillen und besorgter Distanz veranschaulicht haben.

- Nicht Moskau allein nimmt auf die Zielformulierungen des Westens in Osteuropa Einfluss. Polen und Ungarn, die Tschechische Republik und die baltischen Staaten haben ihr eigenes Gewicht. Als 1990 der Warschauer Pakt zerfiel, wurden allseits die Chancen einer europäischen Sicherheitsarchitektur im Konsens gefeiert – Gorbatschows Vision des „einen europäischen Hauses" war kein Traum mehr. Heraus kam die *Osterweiterung der NATO*, flankiert von der „Partnership for Peace" für den Rest unter Einschluss Russlands, dessen besondere Rolle freilich in einer eigenen Rechtsform in Brüssel institutionalisiert wurde. So sehr auch der Westen bemüht war, die Ausdehnung des Bündnisses für Russland erträglich zu machen, so offensichtlich blieb der Schritt eine einseitige Entscheidung. Moskau hatte nicht nur die Rechte anderer Völker (die dringend den Beitritt verlangten) zu akzeptieren, sondern auch die Grenzen seiner Wirkungsmöglichkeiten. Das Gesetz des Handelns lag im Westen. Nicht gegen Russland gerichtet, aber doch von der Kraft geprägt, auch ohne russische Zustimmung agieren zu können. Die NATO organisierte ihre Stabilität, Russland wurde eingeladen, nach definierten Kriterien mitzuspielen.
- Auf dem *Balkan* waren die Karten anders verteilt. Hier besaß die russische Diplomatie in Serbien einen traditionellen Partner, der ihm Mitsprache in der Region sicherte. Für die westlichen Regierungen freilich gestaltete sich die Rolle des Kreml über Jahre hin mehr als ambivalent: ärgerlich, indem er das Regime in Belgrad stützte, erwartungsvoll, da er den Diktator vielleicht doch disziplinieren konnte und versprach, angesichts entfesselter Leidenschaften ein Element von machtpolitischer Rationalität zu bleiben. Mitunter erhoffte sich der Westen mehr, als Russland zu leisten vermochte. Im Rahmen der „Fünfer-Kontaktgruppe" kam es dennoch über weite Strecken hin zu einer konstruktiven Kooperation. An den Rand einer Katastrophe sah sich die russische Politik durch das NATO-Bombardement gegen Serbien gebracht. Den Westen scharf anklagend, aber auch Distanz zu Miloševič wahrend, suchte man verzweifelt, nicht in Zugzwänge hineingerissen zu werden. Die Luftangriffe der NATO wurden als Verletzung der auf Konsens beruhenden Weltordnung, als Diktat und Arroganz der Macht gegeißelt, Bomben zum Schutz der Menschenrechte unter Verdacht gestellt, den hegemonialen Zielen der Brüsseler Allianz zu dienen. Hatte die Osterweiterung des Bündnisses nur die politische Elite Russlands in Erregung versetzt, waren die Luftangriffe auf Belgrad dazu angetan, Empörung in allen Schichten und sämtlichen politischen Strömungen des Landes auszulösen. Kein Bürgerrechtler, der nicht seine Stimme erhoben hätte gegen die „Verwilderung" der internationalen Sitten. Was der Westen auf dem Balkan militärisch gewinnen mochte, büßte er auf lange Zeit an moralischer Autorität in der russischen Öffentlichkeit ein. Menschliche Entrüstung als Motivation der NATO war in Moskau nicht vermittelbar. Man fühlte sich als Macht zweiter Klasse bloßgestellt und degradiert. Immerhin bemühte sich eine

Reihe europäischer Regierungen schließlich doch, Moskau in das Krisenmanagement einzubauen und an einer Konfliktlösung zu beteiligen. Die Schadensbegrenzung auf der diplomatischen Bühne gelang leidlich, Entfremdungen blieben.

- Was dem Westen vorschwebt, ist ein Kooperationsmodell zu eigenen Bedingungen. Weltbank- und IWF-Angebote an Russland (an denen es nicht mangelt) haben den wirtschaftlichen Umbau dort im Auge, spiegeln jedoch in gleichem Zuge die reduzierte Machtstellung des Landes wider. Seine Schwächeperiode freilich ist nicht die einzige Erklärung für zeitweise Reserven in der westlichen Politik. Nichts hat das Bild des Landes in seiner postsowjetischen Epoche so tief beschädigt wie die Bomben auf *Grosny im Winter von 1994 auf 1995*. Dabei fehlte es zunächst nicht an Verständnis, dass die Föderation „ihr" Territorium zusammenhalten wollte und gegen separatistische Bestrebungen Front machte. Russland wurde eine Ordnungsrolle zugestanden. Aber was es schuf, war keine Ordnung. Jelzins erster Kaukasuskrieg hinterließ ein zerstörtes Land, noch weniger regierbar, als es zuvor schon war. In den Ruinen der tschetschenischen Hauptstadt zerbrach bei vielen in Europa der Glaube an ein neues Russland. Mochten die Regierungen auch bemüht sein, den Schaden in Grenzen zu halten und nicht an Sanktionen zu denken, konnten sie doch die Isolierung Moskaus in der europäischen Öffentlichkeit, ja, seine Selbst-Abkoppelung nicht verhindern. Tschetschenien war zwar keine Frage der NATO, aber dazu angetan, die Eigendynamik von NATO-Entscheidungen ohne ein Vetorecht Dritter zu befördern. Dass es nicht Kommunisten oder Nationalisten waren, die hier bombten, sondern Reformkräfte, die der Westen jahrelang unterstützt hatte, zeigte die Möglichkeit einer nationalen Aufladung des noch jungen, aber ungezügelten russischen Kapitalismus an, auf die man in Washington, Paris oder Bonn auf keine Weise vorbereitet war. Dennoch nahm man bei den Präsidentenwahlen 1996 unverhohlen für Jelzin Partei und feierte seinen Sieg als Entscheidung für die Demokratie. Die westliche Politik klammerte sich an liebgewordene Images, um an Konsistenz zu verlieren. Im Vorfeld des zweiten Tschetschenienkrieges erschütterten Bombenanschläge mit Hunderten von Opfern die russische Metropole. Sie gaben dem Feldzug in der verstörten Bevölkerung eine bis dahin nicht gekannte Legitimation. Was im Westen als grobe Verletzung humanitärer Standards gebrandmarkt wurde, erschien in den russischen Medien als „antiterroristische Operation". Europas und Russlands Sichtweisen kollidierten ein weiteres Mal.
- Umso erstaunlicher sind die neuerlichen Wendungen in den ersten Monaten der Präsidentschaft Putins. Sorgenvolle Kommentare in der europäischen Öffentlichkeit sind geblieben, ein Rätselraten um den jungen Kremlchef auch. Dennoch ist ihm gelungen, die Außenbeziehungen seines Landes in ruhigere Fahrwasser zu bringen. Dass sich die Moskauer Führung unüberhörbar, aber behutsam bemüht, ihrer Stimme von Tokio bis Havanna, von Peking bis Neu Delhi in der internationalen Politik mehr Gehör zu verschaffen und gar Kontakte mit Staaten intensiviert, die Washington ein Dorn im Auge sind, wird ohne Aufregung zur Kenntnis genommen. Als ungewöhnlicher Akzent erscheint, dass Putin nicht auf die USA fixiert ist (wo allerdings Wahlkampf

war), sondern stärker *nach Europa* blickt, sei es, weil die tatsächlichen Bindungen dorthin ungleich dichter sind, sei es, weil die Vereinigten Staaten in ihrer Überlegenheit einfach zu erdrückend wirken. Selbst amerikanische Spitzenpolitiker rufen Moskau zu, seine Zukunft liege einzig und allein in Europa. Als regionale Großmacht hätte Russland hier seinen adäquaten Partner. Herausragende Unternehmer Deutschlands teilen die Vision, in wirtschaftlichen Interessen, nicht in geopolitischen Kategorien rechnend. Für die nächste Zukunft freilich muten Integrationsstrategien utopisch an. Die Europäische Union ist in ihrer eigenen Erweiterungsdynamik bis hin zu den baltischen Staaten gefangen, Russland mit der Bewältigung von Krise und Reform gebunden. Und doch wachsen die Interessen aufeinander zu. So falsch die Botschaft an den östlichen Nachbarn wäre, den Westen kopieren zu sollen, so richtig ist, dass Europa von vielen Wegen lebt. Russische Varianten zählen dazu. Dass Russland als eigener „Kontinent" (Fernand Braudel) auch Perspektiven hat, die in Asien liegen, auch „asiatische" Komponenten trägt, sollte aus der negativen Annotation herausgenommen werden, die ihr manche Kommentare geben. Zuordnungen dieser Art verlieren in einer Welt, die sich „globalisiert", ihren Sinn. Der Blick über Europa hinaus ist Teil der europäischen Geschichte. Die Handlungsmuster pragmatisieren sich, ohne einen Diskurs auszuschließen, der kontroverse Fragen nicht scheut.

## *Inszenierungen*

Seit dem Einsturz der Sowjetordnung wechselten Russlands politische Szenarien in schneller Folge. Konflikte lösten einander ab, noch ehe sie zum vollen Ausbruch kamen. Beobachter hingegen waren gerade im Begriff, ihren Countdown zu prognostizieren. Einzelne Konfrontationen drohten Land und Gesellschaft zu zerreißen. In ihrer Vielzahl und Überlagerung aber vermochten sie sich gar wechselseitig zu neutralisieren oder Frontbildungen durcheinander zu wirbeln. Binnen weniger Wochen stiegen Personen zu Schlüsselfiguren auf, um ebenso abrupt wieder abzustürzen. Andere, die sich über Jahre hielten, änderten mehrfach ihr Gesicht. Fehlwahrnehmungen waren die fast unvermeidliche Folge. Und dies umso mehr, als zu Russlands Wandel ganze Welten von Inszenierungen gehören, die das Bild des Landes weithin prägen.

Das „bürgerliche" Russland ist noch immer ein gewagtes und höchst umstrittenes Projekt. Gesetzeswerke hängen in der Luft. Vokabeln und Begriffswelten sind in aller Munde, ohne Entsprechungen in der Realität. Was ein Markt ist mit all seinen Implikationen und was Eigentum mit seinen Verantwortlichkeiten, gewinnt nur schemenhaft an Kontur, in der russischen Wirklichkeit oftmals stärker geprägt durch Regelverstöße als durch Regelsysteme. Während in Rubeln bezahlt werden muss, wird in Dollar gerechnet. Sorgen und Nöte der Bevölkerung haben nur wenig Chancen, sich in institutionalisierten Bahnen zu artikulieren. In breiten Schichten hält sich der Eindruck, Politik sei gar keine Politik, sondern werde nur simuliert, ein Spiel für sich. Umso spannender ist der Putin-Effekt. Als er vor eineinhalb Jahren ins politische Rennen geschickt wurde, schien er geradezu eine virtuelle Konstruktion,

Inbegriff von Inszenierung überhaupt. Gleb Pawlowskij, ein ebenso blitzgescheiter wie wendiger Analytiker, hatte damals geschrieben, man brauche eine populistische „Transplantation" des Liberalismus, eine Führungsfigur von nationalem Rang, um den Wandel voranzubringen. Nun wird Putin bescheinigt, er – der künstlich geschaffene Präsident – habe die Gabe, Brücken zu schlagen zwischen den auseinanderklaffenden Welten des Landes. Inszenierungen vermögen Realität zu werden und Glaubwürdigkeitslücken zu verkleinern.

Wer vom internationalen Airport Scheremetjewo ins Zentrum Moskau fährt, kommt durch ein dichtes Spalier großflächiger Werbespots, die die russische Metropole an das globale Business anschließen. Was in Mode, High Tech und Massenkonsum einen Namen besitzt zwischen Singapur und New York, putzt sich auch im Straßenbild rund um den Kreml heraus. Die Werbung, auch die russische, im abendlichen Fernsehen ist so aufdringlich wie überall. Noch ehe der Markt funktioniert, greifen Vermarktungsstrategien schon tief in das soziale Leben aller Schichten ein. Inszenierungen eilen der Wirklichkeit voraus. Während noch über ihre Wünschbarkeit gestritten wird, haben sie längst den visuellen Raum erobert. Dem Vorgriff steht ein Rückgriff gegenüber. Die Vergangenheit wird nicht weniger in den Glanz der Scheinwerfer geholt als die Zukunft. Visionen des Konsums hier, Präsentationen der Geschichte dort. Zaristische Symbole mischen sich mit sowjetischen Stilelementen – ihr Fokus ist die Größe Russlands. Hatten bis Anfang der 90er Jahre Enthüllungen über den stalinistischen Terror im Mittelpunkt der öffentlichen Debatte gestanden, sind es nun die heroischen Seiten, die nach vorne treten. Auf „Glasnost" folgt der Glimmer. Moskaus Panorama hat mit dem Wiederaufbau der Christus-Erlöser-Kirche neue Goldkuppeln erhalten. Der in Bronze gegossene Marschall Schukow hoch zu Pferde zwischen dem Roten Platz und den Nobelpassagen der Manege-Untertunnelung soll das Herz ebenso höher schlagen lassen wie Surab Zeretellis bombastische Peter-Figur auf der Moskwa.

Die Inszenierungen sind nicht aus einem Guss. Bunt nebeneinander stehend, produzieren sie einen Pluralismus voller Paradoxien. Welten von „morgen" neben Welten von „gestern", dazwischen ein „heute", das vor einem Jahr noch zerbrechlicher schien als gegenwärtig. Kapital und Machtinsignien fließen längst zusammen. Weder Reformen allein noch Nostalgien gewähren Stabilität, die sich alle ersehnen. Vielleicht jedoch bahnt sie sich untergründig einen Pfad: Indem die Rede vom „russischen Weg" hilft, die gegenwärtigen Erschütterungen auszuhalten, während die (rasante) Individualisierung der Gesellschaft einer autoritären Variante letztlich keine tragfähige Perspektive gibt. Schmerzhafte Konflikte werden unvermeidlich bleiben. Der Westen hat dabei nur begrenzte Einflussmöglichkeiten. Immerhin aber kann er Fehler vermeiden und deutlich machen, dass zu seinem Profil der Schutz der Gesellschaft ebenso zählt wie die Entwicklung des Marktes. Und: dass er in Russland einen Partner sieht mit eigenen Interessen, nicht ein Land, das ihm nachtraben muss.

# ANHANG

# Zeittafel: Russland 1990–2000

| | |
|---|---|
| 16.5.–22.6.1990 | 1. Kongress der Volksdeputierten der RSFSR. |
| 29.5.1990 | Wahl Jelzins zum Vorsitzenden des Obersten Sowjets der RSFSR. |
| 12.6.1990 | Russischer Kongress der Volksdeputierten erklärt die Souveränität der RSFSR. |
| 2.–13.7.1990 | XXVIII. Parteitag der KPdSU. |
| 12./13.7.1990 | Delegierte der „Demokratischen Plattform“ (u.a. Jelzin) verlassen die KPdSU. |
| 28.3–4.4.1991 | 3. Kongress der Volksdeputierten der RSFSR. In Moskau kommt es am Eröffnungstag zu Massendemonstrationen, die sich gegen Gorbatschow wenden. |
| 12.6.1991 | Jelzin wird von der Bevölkerung zum russischen Präsidenten gewählt. |
| 19.–21.8.1991 | Der Putsch einer konservativen Junta scheitert. |
| 28.10.1991 | Jelzins Reformrede vor dem Russischen Kongress der Volksdeputierten. |
| 1.11.1991 | Russischer Kongress der Volksdeputierten gewährt Jelzin außerordentliche Vollmachten zur Durchführung der Wirtschaftsreformen. |
| 6.–8.11.1991 | Einsetzung einer Reformregierung mit Gajdar an der Spitze. Tschubajs wird Leiter des neu gegründeten Staatskomitees der RSFSR zur Verwaltung des Staatsvermögens (GKI). |
| 8.12.1991 | Abkommen von „Beloweshska Pustscha“. Gründung der GUS durch Russland, Belarus, Ukraine. |
| 21.12.1991 | Treffen in Alma-Ata. Erweiterung der GUS auf 11 Staaten. Georgien und die drei baltischen Republiken treten nicht bei. |
| 25.12.1991 | Umbenennung der RSFSR in Russländische Föderation. Gorbatschow tritt als Präsident der UdSSR zurück. |
| 31.12.1991 | Die UdSSR wird offiziell für aufgelöst erklärt. |
| 2.1.1992 | Freigabe der Preise. In der Konsequenz schnellen die Preise nach oben. Ihr Zuwachs gegenüber dem Vormonat beträgt im Januar 245%. |
| 31.3.1992 | Föderationsvertrag zwischen der Russländischen Föderation und 18 früheren autonomen Republiken. |
| 7.5.1992 | Dekret des Präsidenten über die Gründung von Streitkräften der Russländischen Föderation, in die die ehemaligen sowjetischen Truppen auf russischem Territorium und die Verbände der Streitkräftegruppen im Ausland eingehen sollen. |
| 15.5.1992 | Vertrag von Taschkent über kollektive Sicherheit. Unterzeichner: Armenien, Kasachstan, Kirgisien, Russische Föderation, Tadschikistan und Usbekistan. Es fehlen: Aserbaidschan, Belarus, Ukraine, Turkmenistan, Moldova und die Nichtmitglieder der GUS. |
| 19.5.1992 | Veröffentlichung der Grundlagen einer Militärdoktrin Russlands. |
| 11.6.1992 | Oberster Sowjet verabschiedet Privatisierungsprogramm für 1992. Gemäß Privatisierungsgesetz wird Tschubajs qua Amt als GKI-Chef auch Stellvertretender Ministerpräsident. |

| | |
|---|---|
| Oktober 1992 | 148 Mio. Privatisierungsschecks (Vouchers) zum Nominalwert von 10 000 Rubel werden an die Bevölkerung verteilt. Die Ausgabe wird Ende Januar 1993 abgeschlossen. |
| 5.11.1992 | Durch Präsidialerlass wird der 1989 aus Betrieben des Erdgasministeriums gebildete staatliche Gaskonzern Gazprom in eine offene Aktiengesellschaft umgewandelt: RAO Gazprom. |
| 1.–14.12.1992 | 7. Kongress der Volksdeputierten der Russländischen Föderation. Konfrontation zwischen Jelzin und den Abgeordneten. |
| 12.12.1992 | Entlassung Gajdars als amtierender Ministerpräsident. |
| 14.12.1992 | Tschernomyrdin wird vom Obersten Sowjet zum Ministerpräsidenten gewählt. |
| 31.1.1993 | Ende der Voucher-Ausgabe. 144 Mio. Personen, d.h. 97% der Berechtigten, haben ihren Voucher erhalten. |
| 10.–13.3.1993 | 8. Kongress der Volksdeputierten der Russländischen Föderation. Konflikt mit Jelzin. Dieser verliert einen Teil seiner Vollmachten. |
| 21.9.1993 | Jelzin erklärt den Russischen Kongress der Volksdeputierten und den Obersten Sowjet per Dekret für aufgelöst. |
| 3./4.10.1993 | Unruhen in Moskau. Der Angriff von Unterstützern des Parlaments auf den Fernsehsender Ostankino veranlasst das Militär zum Eingreifen auf Seiten des Präsidenten. Am 4.10. wird das „Weiße Haus“, der Sitz des Parlaments, beschossen und gestürmt. |
| 2.11.1993 | Verabschiedung der Grundlagen der Militärdoktrin durch den Sicherheitsrat. |
| 12.12.1993 | Bestätigung einer neuen Verfassung durch Referendum (57% Ja, 40,6% Nein). Wahlen zur Staatsduma und zum Föderationsrat. Reformnahe Parteien erleiden eine Niederlage. Stärkste Partei wird die LDPR (22%) vor Russlands Wahl (15,5%) und der KPRF (12,4%). |
| 14.1.1994 | Das Trilaterale Abkommen zwischen Russland, der Ukraine und den USA regelt die Abgabe der auf ukrainischem Territorium stationierten Atomwaffen an Russland. |
| Juni 1994 | Ende der Voucher-Privatisierung; ca. 70% aller großen und mittleren und 80% der Kleinunternehmen sind privatisiert. Jelzin verkündet per Dekret die „Zweite Phase“ der Privatisierung, in der insbesondere Staatsanteile an großen Unternehmen gegen Geld verkauft werden sollen; das Geld soll sowohl den Unternehmen selbst als auch dem Staatshaushalt zufließen. |
| 11.10.1994 | „Schwarzer Dienstag“. Der Rubelkurs fällt um 27%. |
| 11.12.1994 | Einmarsch russischer Streitkräfte in Tschetschenien. |
| 31.12.1994 | Beginn des Angriffs auf Grosny, der zunächst unter hohen russischen Verlusten scheitert. |
| 14.6.1995 | Tschetschenische Guerillakämpfer unter Dschamil Bassajew besetzen Teile des Ortes Budjonnowsk, Region Stawropol, und nehmen ca. 1000 Geiseln. |
| 31.8.1995 | Präsident Jelzin ordnet die Durchführung von Pfandauktionen zur Gewährung von Krediten an den Staatshaushalt an („loans for shares“). |
| 17.12.1995 | Wahlen zur Staatsduma. Bei den Listenwahlen überwinden von 43 Parteien nur KPRF (22,3%), Jabloko (6,89%), NDR (10,13%) und LDPR (11,18%) die 5%-Hürde. |

| | |
|---|---|
| 9.1.1996 | Jelzin entlässt Außenminister Kosyrew und ersetzt ihn durch Primakow, bisher Chef des Auslandsnachrichtendienstes. |
| 16.1.1996 | Tschubajs verliert seine Regierungsämter. |
| 1.2.1996 | Eröffnung des „World Economic Forum" in Davos. Eine Gruppe dort anwesender russischer Finanzmagnaten tritt zusammen und beschließt angesichts der katastrophalen Umfrageergebnisse, Jelzins Wahlkampf zu unterstützen. Tschubajs wird mit der Koordination des Wahlkampfs beauftragt. |
| 16.6.1996 | Präsidentschaftswahlen, 1. Wahlgang: Jelzin (35,28%) und Sjuganow (32,02%) kommen in den 2. Wahlgang. Unter den anderen Kandidaten: Lebed (14,52%), Jawlinskij (7,34%), Schirinowskij (5,7%), Gorbatschow (0,51%). Luschkow gewinnt die Bürgermeisterwahlen in Moskau mit 89% der Stimmen gegenüber 5% für den kommunistischen Kandidaten. |
| 20.6.1996 | Jelzin entlässt Korschakow, Soskowez und Barsukow, nachdem Korschakow zwei Wahlhelfer Jelzins, die große Geldsummen bei sich trugen, hat verhaften lassen. |
| 28.6.1996 | Jelzin sagt ein Treffen mit Landwirtschaftsvertretern ab. Angeblich ist seine Stimme überstrapaziert. Tatsächlich ist er schwer erkrankt. |
| 3.7.1996 | 2. Wahlgang. Jelzin (53,82%) setzt sich gegen Sjuganow (40,31%) durch. |
| 15.7.1996 | Tschubajs wird an Stelle von Jegorow Chef der Präsidialadministration. |
| 3.9.1996 | Lebed, Maschadow und Guldiman unterzeichnen ein Abkommen über die Beendigung des Krieges in Tschetschenien. |
| 17.10.1996 | Jelzin entlässt Lebed als Sekretär des Sicherheitsrates. |
| 5.11.1996 | Jelzin unterzieht sich einer Bypassoperation. |
| 11.3.1997 | Jelzin ersetzt Tschubajs als Chef der Präsidialadministration durch Jumaschew. Tschubajs wird zum Ersten Stellvertretenden Ministerpräsidenten ernannt. |
| 12.5.1997 | Friedensvertrag zwischen Tschetschenien und Russland. |
| 27.5.1997 | Jelzin, NATO-Generalsekretär Solana und die Staatsoberhäupter der 16 NATO-Staaten unterzeichnen in Paris die NATO-Grundlagenakte (Founding Act on Mutual Relations, Cooperation and Security between NATO and the Russian Federation). |
| 30.6.1997 | Jelzin ernennt seine Tochter Tatjana Djatschenko zur Imageberaterin. |
| 1.7.1997 | Privatisierung bei Svjaz'invest. Dabei kommt es zu Konflikten zwischen der ONĖKSIM-Bank und anderen interessierten Finanzgruppen. Der „Bankenkrieg" signalisiert den endgültigen Zerfall der Koalition, die Jelzins Wahl ermöglicht hat. |
| 23.3.1998 | Jelzin entlässt Ministerpräsident Tschernomyrdin. Zum amtierenden Ministerpräsidenten wird der bisherige Energieminister Sergej Kirijenko ernannt. |
| 24.4.1998 | Kirijenko wird im dritten Anlauf von der Staatsduma als Ministerpräsident bestätigt. |
| 25.7.1998 | Putin wird zum Direktor des Inlandsgeheimdienstes FSB ernannt. |
| 17.8.1998 | „17. August". Abwertung des Rubel. Finanzkrise. Jelzin entlässt eine Woche später Ministerpräsident Kirijenko und ernennt Tschernomyrdin zum neuen „amtierenden" Ministerpräsidenten. |

| | |
|---|---|
| 11.9.1998 | Wahl Primakows zum neuen Ministerpräsidenten. |
| 20.11.1998 | Die Dumaabgeordnete Galina Starowojtowa wird in St. Petersburg ermordet. |
| 29.3.1999 | Jelzin ernennt Putin zum neuen Sekretär des Sicherheitsrates. |
| 12.5.1999 | Jelzin entlässt Ministerpräsident Primakow. |
| 15.5.1999 | Der Versuch, Jelzin per Impeachment abzusetzen, scheitert in der Duma. |
| 19.5.1999 | Innenminister Sergej Stepaschin, den Jelzin als Ministerpräsidenten vorgeschlagen hat, wird im ersten Wahlgang von der Duma bestätigt. |
| 7.8.1999 | Tschetschenische Guerillakämpfer unter Führung von Bassajew und Chottab besetzen mehrere Dörfer in Dagestan. Russland entsendet gegen diese Gruppe Streitkräfte. |
| 9.8.1999 | Jelzin entlässt Stepaschin und ernennt Wladimir Putin. |
| 16.8.1999 | Putin wird von der Duma im 1. Wahlgang als Ministerpräsident bestätigt. |
| 5.9., 8.9., 13.9.1999 | Bombenattentat auf eine Wohnanlage der russischen Streitkräfte in Bujnaksk (Dagestan) sowie auf Wohnhäuser in Moskau. |
| 1.10.1999 | Russische Streitkräfte überschreiten die Grenze der Republik Tschetschenien und dringen langsam vor. |
| 19.12.1999 | Wahlen zur Staatsduma. Die KPRF wird mit 24% stärkste Partei. Medved' (Einheit), Ende September neu gegründet, erhält 23%, Vaterland – Ganz Russland 12%, Union der Rechten Kräfte 8%, Jabloko und der Block Schirinowskij je 6%. |
| 31.12.1999 | Jelzin erklärt in der Neujahrsansprache seinen Rücktritt und benennt für die Zeit bis zu den Neuwahlen Ministerpräsident Putin als amtierenden Präsidenten. Die Amtsübergabe erfolgt um 12.00 Uhr Moskauer Zeit. |
| 31.12.1999 | Als eine der ersten Amtshandlungen garantiert Putin Jelzin Freiheit von Strafverfolgung. Putin nimmt Umbesetzungen in der Präsidialverwaltung vor. Woloschin wird als Leiter der Administration zwar bestätigt, erhält aber zwei neue Stellvertreter. |
| 3.1.2000 | Tatjana Djatschenko wird aus ihrer Position als Imageberaterin des Präsidenten entlassen. |
| 18.1.2000 | Eröffnungssitzung der 7. (3.) Staatsduma. |
| 7.2.2000 | Grosny befindet sich in der Hand der russischen Truppen. |
| 20.2.2000 | Der ehemalige Bürgermeister von St. Petersburg, Anatolij Sobtschak, stirbt an einem Herzanfall. |
| 26.3.2000 | Im 1. Wahlgang der vorgezogenen Präsidentenwahlen setzt sich Wladimir Putin mit absoluter Mehrheit der abgegebenen Stimmen (52,94%) durch. Sjuganow erhält 29,21%, Jawlinskij 5,8%, Tulejew 2,95% und Schirinowskij 2,7%. Wahlbeteiligung 68,64%. |
| 6.4.2000 | Der Europarat beschließt, Russlands Mitgliedschaft zu suspendieren, wenn es die Menschenrechtsverletzungen in Tschetschenien nicht einstellt. Gleichzeitig wird den 18 russischen Europaratsabgeordneten das Stimmrecht entzogen, die daraufhin ausziehen. |
| 14.4.2000 | Die Duma ratifiziert den START II-Vertrag mit 288 gegen 131 Stimmen. |
| 7.5.2000 | Amtseinsetzung des neuen Präsidenten. |

| | |
|---|---|
| 13.5.2000 | Durch Präsidialdekret werden 7 Großregionen geschaffen (Zentrum, Nordwest, Nordkaukasus, Wolga, Ural, Sibirien, Fernost). In jeder soll ein Vertreter des Präsidenten residieren, der die Politik der zugeordneten Föderationssubjekte überwacht. Die Präsidentenvertreter in den 89 Föderationssubjekten werden abgeschafft. |
| 17.5.2000 | Die Duma wählt den von Putin vorgeschlagenen Kandidaten Michail Kasjanow mit 322 gegen 55 Stimmen bei 15 Enthaltungen zum neuen Ministerpräsidenten. |
| 13.6.2000 | Wladimir Gusinskij, der Vorsitzende der Holding Media-Most, wird nach einem Verhör vorläufig festgenommen. |
| 30.6.2000 | Putin unterzeichnet ein neues außenpolitisches Konzept. |
| 10.7.2000 | Durch Präsidialerlass werden die Renten mit Wirkung vom 1. August um durchschnittlich 125–140 Rubel erhöht. |
| 19.7.2000 | Die Duma verabschiedet mit 361 gegen 35 Stimmen (bei 8 Enthaltungen) ein Gesetz, das dem Präsidenten erlaubt, Gouverneure zu entlassen, die föderale Gesetze verletzt haben. |
| 19.7.2000 | Der Finanzmagnat Boris Beresowskij teilt der Duma offiziell mit, dass er sein Mandat niederlegt. |
| 21.–23.7.2000 | Wladimir Putin nimmt am G8-Treffen in Okinawa teil. |
| 28.7.2000 | Auf Anregung von Boris Nemzow lädt Putin 21 Wirtschaftsführer zu einer Aussprache ein. |
| 7.8.2000 | Der Präsident unterzeichnet das neue Steuergesetz. Die Bestimmungen treten Anfang 2001 in Kraft. Sie sehen eine Verminderung der Steuerbelastung vor und sollen so unternehmerische Aktivitäten ermutigen, aber auch zu größerer Steuerdisziplin führen. |
| 8.8.2000 | Bei einem Bombenanschlag in der Metrostation Puschkinplatz im Zentrum Moskaus werden 13 Personen getötet und über 90 verletzt. Eine zweite Bombe kann rechtzeitig entschärft werden. |
| 12.8.2000 | Nach einer schweren Havarie sinkt das russische Atom-U-Boot „Kursk" rund 180 km nordöstlich des Hafens Murmansk in der Barentssee. Zur Rettung der 118 Mann starken Besatzung leitet die russische Marine mit eigenen Mitteln eine Bergungsoperation ein, die aber erfolglos verläuft. |
| 14.8.2000 | Die Bischofskonferenz der russisch-orthodoxen Kirche beschließt, den Zaren Nikolaj II. und seine Familie, die 1918 ermordet wurden, heilig zu sprechen. Ferner verabschiedet sie eine Sozialdoktrin, die u.a. Homosexualität, Abtreibung, den Organhandel sowie das Klonen von Lebewesen verurteilt. |
| 20.8.2000 | In Tschetschenien finden Nachwahlen für die russische Staatsduma statt. Nach russischen Angaben beträgt die Wahlbeteiligung 50%. Gewählt wird Aslanek Aslachanow, früher Generalmajor im russischen Innenministerium. |
| 27.8.2000 | Der Moskauer Fernsehturm, mit 540 m das zweithöchste Gebäude der Welt, gerät in Brand. Erst am 28.8. gelingt es, das Feuer zu löschen. Drei Personen kommen während des Brandes um. Aufgrund des Ausfalls der technischen Anlagen können die landesweiten Fernsehprogramme zeitweise nicht ausgestrahlt werden. |

| | |
|---|---|
| 1.9.2000 | Putin unterzeichnet den Erlass zur Bildung eines „Staatsrats der Russländischen Föderation“. Dieser ist als Beratungsorgan konzipiert, dem die Oberhäupter der 89 Föderationssubjekte angehören. |
| 4.9.2000 | Das russische Außenministerium informiert die anderen GUS-Staaten, dass Russland das Abkommen über visafreien Verkehr innerhalb der GUS aufkündigt. |
| 6.9.2000 | Rede Putins vor der Generalversammlung der UN in New York. Darin kritisiert er u.a. die Militarisierung des Weltraums und plädiert für wirksamere Maßnahmen gegen die Verbreitung von Massenvernichtungswaffen. |
| 9.9.2000 | Die „Moscow Times“ legt die Ergebnisse einer Analyse der Präsidentenwahlen vor. Danach ist es zu schwerwiegenden Fälschungen gekommen. Die Analyse beruht auf Berichten aus mehr als zehn Regionen. |
| 20.9.2000 | Putin besucht den Schriftsteller und Nobelpreisträger Alexander Solschenizyn und führt ein dreistündiges Gespräch mit ihm. Am folgenden Tag äußert sich Solschenizyn in einem Fernsehinterview ausgesprochen positiv über Putin. |
| 25.9.2000 | Bundeskanzler Schröder trifft sich mit Putin in Moskau. |
| 26.10.2000 | In einem Interview mit der Zeitung „Le Figaro“ erklärt Putin, dass der Staat durchaus in der Lage sei, hart gegen die „Oligarchen“ vorzugehen, wenn diese sich ihm weiter in den Weg stellten. |
| 31.10.2000 | 6. EU-Russland-Gipfel in Paris. U.a. wird die Beteiligung Russlands an einer schnellen Eingreiftruppe der EU behandelt. |

## Kurzbiografien[1]

**Alekperow, Wagit [Alekperov, Vagit Jusufovič]**

*1.9.1950 in Baku, Erdölingenieur, 1990 Generaldirektor von Kogalymneftegaz, 1990–91 Stellvertretender Minister für Öl- und Gasindustrie, 1991 Präsident des Mineralölkonzerns LUKojl. Verliert im Januar 2000 den Vorsitz im Direktorenrat von LUKojl.

**Beresowskij, Boris [Berezovskij, Boris Abramovič]**

*23.1.1946 in Moskau. 1983 Doktor (habil.) der physikalisch-mathematischen Wissenschaften, Professor, 1991 korrespondierendes Mitglied der Akademie der Wissenschaften, Abteilung Informatik, Rechentechnik und Automatisierung. Seit 1973 Zusammenarbeit mit dem Automobilkonzern AvtoVAZ, dort Aufbau der automatisierten Projektierung und Programmversorgung. 1989 Gründer und Generaldirektor von LogoVAZ. Seit Dezember 1994 Erster Stellvertretender Vorsitzender des Direktorenrates des Fernsehsenders ORT. Frühjahr 1996 aktive Unterstützung der Wahlkampagnen Jelzins und Lebeds. Oktober 1996–November 1997 Stellvertretender Sekretär des Sicherheitsrates. April 1999 Haftbefehl wg. Betrugs, der kurz danach aufgehoben wird. Dezember 1999 Dumaabgeordneter. Legt im Mai 2000 das Mandat aus Protest gegen die Politik Putins nieder. Die Forbes-Liste zählte B. 1997 zu den 100 reichsten Männern der Welt.

**Djatschenko, Tatjana [D'jačenko, Tat'jana Borisovna]**

*17.1.1960 in Swerdlowsk als Tochter von Boris Jelzin. 1978–83 Studium an der Moskauer Staatsuniversität (Fakultät für Informatik und Kybernetik). 1983–94 Programmiererin. 1996 Mitglied des Wahlkampfstabs von Boris Jelzin, in dem sie ein wichtiges Verbindungsglied zwischen Beresowskij, Gusinskij und Tschubajs auf der einen und ihrem Vater auf der anderen Seite darstellt. Juni 1997 Imageberaterin des Präsidenten. November 1997 Staatsvertreterin beim Fernsehsender ORT, Februar 1998 Mitglied des Direktorenrats von ORT. Im Januar 2000 aus ihren Funktionen in der Präsidialverwaltung und im ORT entlassen.

**Gajdar, Jegor [Gajdar, Egor Timurovič]**

*19.3.1956 in Moskau. Studium der Wirtschaftswissenschaften an der Moskauer Staatsuniversität. 1980 Promotion. 1987 Leitung der Abteilung Wirtschaft der Zeitschrift „Kommunist", 1990 Wirtschaftsredakteur der „Prawda". Frühjahr 1991 Gründer und Direktor des Instituts für Wirtschaftspolitik bei

[1] Quellen: Gipertekstovaja baza dannych „Labirint". Vlast', partii, lidery Rossii, Moskva: Panorama, Juni 2000 (CD); A. Amirov/V. Pribylovskij (Hrsg.): Rossijskie biznesmeny i menedžery, Moskva 1997; A. Amirov/V. Pribylovskij (Hrsg.): Rossijskie biznesmeny i menedžery, Moskva 1998; O.L. Klimaševskaja: Vozroždennaja ėlita rossijskogo biznesa, Moskva 1994; O. Prochanov (Hrsg.): Kto est' kto v Rossii, Moskva 1998.

der Akademie für Volkswirtschaft der UdSSR. November 1991 Wirtschafts- und Finanzminister und Stellvertretender Vorsitzender der russischen Regierung. Anfang 1992 leitet G. mit der Freigabe der Preise den Übergang zum Markt ein. Dezember 1992 nicht im Amt bestätigt. G. wird Direktor des Instituts für ökonomische Probleme der Übergangsperiode und wirtschaftspolitischer Berater des Präsidenten.

**Gref, German [Gref, German Oskarovič]**

*8.2.1964 im Pawlodarer Gebiet der Kasachischen Unionsrepublik. 1982–1984 Militärdienst. 1985–90 Studium der Rechtswissenschaften an der Staatsuniversität Omsk. 1991–94 Rechtsberater, später Vorsitzender des Komitees für Wirtschaftsentwicklung und Eigentum des Stadtbezirks Petrodworez in St. Petersburg. 1994 Promotion. 1994 Direktor der Immobilienabteilung des Petersburger Komitees für Staatseigentum, 1997 Erster Stellvertretender Vorsitzender, dann Vorsitzender und Vizegouverneur. August 1998 Stellvertretender Minister für Staatseigentum der Russischen Föderation. 18.5.2000 Ernennung zum Minister für Wirtschaftsentwicklung und Handel.

**Gusinskij, Wladimir [Gusinskij, Vladimir Aleksandrovič]**

*6.10.1952 in Moskau. 1973–75 Militärdienst. Studium am Lunatscharskij-Staatsinstitut für Theaterkunst, Abschluss 1981. Arbeit als Theaterregisseur in der Provinz und in Moskau. Gründet 1986–88 mehrere Genossenschaftsfirmen. 1989 gründet er gemeinsam mit einer amerikanischen Partnerfirma das Unternehmen „Most“, dessen Generaldirektor er wird. Oktober 1989 Präsident der Most-Bank. 1992 Zusammenfassung der Most-Gruppe in einer Holding. Januar 1996 einer der Gründer und Präsident des Russischen Jüdischen Kongresses. 1997 Präsident der Medienholding Media-Most, die NTV, den größten unabhängigen Fernsehsender, betreibt. Januar 2000 Vizepräsident des Jüdischen Weltkongresses. Juni 2000 Verhaftung unter dem Vorwurf des Betrugs und der Veruntreuung. Ende Juli wird das Verfahren eingestellt und G. aus der Haft entlassen. Als die Verfolgung kurz darauf wieder aufgenommen wird, befindet sich G. bereits im Ausland.

**Illarionow, Andrej [Illarionov, Andrej Nikolaevič]**

*16.9.1961 in Leningrad. 1983 Abschluss als Ökonom und Lehrer für politische Ökonomie. 1987 Promotion. 1983–84 und 1987–90 Assistent am Lehrstuhl für internationale Wirtschaftsbeziehungen. 1990–92 Mitarbeiter im St. Petersburger Finanzwirtschaftlichen Institut. 1992–93 Stellvertretender Direktor des Arbeitszentrums für Wirtschaftsreformen bei der Regierung der Russischen Föderation. 1993–94 Wirtschaftsberater von Ministerpräsident Tschernomyrdin. Direktor des Instituts für Wirtschaftsanalyse. Seit 12.4.2000 Berater von Präsident Putin. Mai 2000 Vorsitzender der Interministeriellen Kommission zur Mitarbeit Russlands bei den G8. Vertreter des russischen Präsidenten bei den G7.

**Iwanow, Igor [Ivanov, Igor' Sergeevič]**

*23.9.1945 in Moskau. Seit 1973 im diplomatischen Dienst, u.a. in der sowjetischen Botschaft in Spanien, in der 1. Europäischen Abteilung, im Beraterstab des Außenministers. 1989–91 Büroleiter der Außenminister Schewardnadse, Bessmertnych und Pankin. 1991–93 Botschafter in Spanien. 1993 Erster stellvertretender Außenminister. Seit 11.9.1998 Außenminister. Auf diesem Posten durch Putin bestätigt (18.5.2000).

**Jawlinskij, Grigorij [Javlinskij, Grigorij Alekseevič]**

*10.4.1952 in Lwow (Ukraine). Schulabbruch trotz bester Zeugnisse. Arbeitete bei der Post, in verschiedenen Unternehmen, zuletzt (1968–69) als Elektriker in einer Glasfabrik. Schulabschluss auf der Abendschule. 1969–73 Studium der Ökonomie am Moskauer Plechanow-Institut. 1978 Promotion. 1976–89 Wissenschaftlicher Mitarbeiter und Sektionsleiter in verschiedenen Forschungsinstituten. 1984–85 an Tbc erkrankt. 1989 Abteilungsleiter und Sekretär der Staatskommission des Ministerrats der UdSSR für Wirtschaftsreform („Abalkin-Kommission"). 1990 maßgeblich an der Formulierung des „400-Tage-Programms" für Russland beteiligt. 16.7.1990 Ernennung zum Vorsitzenden der russischen Staatskommission für Wirtschaftsreform und zum Stellvertretenden Vorsitzenden des Ministerrats der RSFSR. Maßgeblich beteiligt an der Formulierung des „500-Tage-Programms" für die Sowjetunion. 17.10.1990 Rücktritt von seinen Posten. Gründung des EPIzentr, eines wirtschaftspolitischen Analyse- und Beratungszentrums. Oktober 1993 Mitgründer der politischen Bewegung „Jabloko". 1993, 1995 und 1999 zum Abgeordneten der Staatsduma gewählt. Kandidat bei den Präsidentenwahlen 1996 (7,4%) und 2000 (5,8%).

**Jelzin, Boris [El'cin, Boris Nikolaevič]**

*1.2.1931 in Butka (Gebiet Swerdlowsk). 1949–55 Studium an der Baufakultät der Polytechnischen Hochschule in Swerdlowsk. 1955–68 Tätigkeit in der Swerdlowsker Bauindustrie. 1968 Wechsel in die Parteiarbeit als Leiter der Abteilung für Bauwesen im Swerdlowsker Gebietsparteikomitee. 1976 Erster Sekretär des Gebietsparteikomitees. 1981 Mitglied des ZK der KPdSU. 1985 Leiter der Abteilung für Bauwesen im ZK der KPdSU. Dezember 1985 Erster Sekretär des Stadtparteikomitees von Moskau. Nachdem J. die Parteiführung wegen des langsamen Tempos der Perestrojka öffentlich heftig kritisiert, wird er im Dezember 1987 in die Staatsbaukommission abgeschoben. 1989 Wahl zum Abgeordneten des Volkskongresses der UdSSR, 1990 zum Abgeordneten des Volkskongresses der RSFSR. Dieser wählt ihn im Mai 1990 zum Vorsitzenden. 1990 verlässt J. die KPdSU. 12.6.1991 Direktwahl zum Präsidenten der RSFSR. Während des konservativen Putsches 19.–20.8.1991 leitet J. den Widerstand des russischen Parlaments. In den folgenden Monaten erzwingt er durch Bildung der „Gemeinschaft Unabhängiger Staaten" (GUS) die Auflösung der UdSSR und setzt gleichzeitig ein radikales Wirtschaftsprogramm durch. 1992–93 Konflikt mit dem Parlament, den J. durch Auflösung des Parlaments und Einführung einer neuen Verfassung entscheidet. 1996 als Präsident wiedergewählt. Zwischen den Wahlgängen erleidet er einen schweren Herzanfall. 5.11.1996 Herzoperation. 31.12.1999 Rücktritt vom Amt des Präsidenten.

**Kasjanow, Michail [Kas'janov, Michail Michajlovič]**

*8.12.1957 in Solnzewo (Moskauer Gebiet). 1976–78 Militärdienst. 1978–80 Techniker, dann Ingenieur in einem Forschungsinstitut für Industrietransport. 1981–90 Staatsplanbehörde der UdSSR. 1990 Unterabteilungsleiter für Außenwirtschaft bei der russischen Staatsplanbehörde. 1991 Wechsel ins russische Wirtschaftsministerium, dort Aufstieg bis zum Abteilungsleiter Ausländische Kredite und Auslandsverschuldung. 1995 Stellvertretender Finanzminister. 1999 Erster Stellvertretender Finanzminister. 19.8.1999 Ernennung zum Finanzminister. 10.1.2000 Erster Stellvertretender Ministerpräsident in der Regierung Putin. 17.5.2000 bestätigt Duma K.s Ernennung zum Ministerpräsidenten.

**Kirijenko, Sergej [Kirienko, Sergej Vladilenovič]**

*26.7.1962 in Suchumi (Abchasien). Studium am Institut für Wasserverkehrsingenieure in Gorkij (heute: Nischnij Nowgorod). 1984–86 Militärdienst. 1987 Komsomolsekretär im Schiffbaukonzern „Krasnoe Sormovo". 1989–91 Zweiter Sekretär des Gebietsparteikomitees des Komsomol. 1991 Generaldirektor einer neu gegründeten Aktiengesellschaft „Aktien-Jugend-Konzern". 1991–93 Fernstudium. Fach: Finanzen und Bankwesen. 1993–96 Vorstandsvorsitzender der Bank „Garantija". 1996 Präsident der Mineralölfirma NORSI-ojl. Mai 1997 Erster Stellvertretender Minister für Brennstoff und Energie. November 1997 Minister. April–August 1998 Ministerpräsident. Dezember 1998 Gründung der wirtschaftsliberalen Bewegung „Neue Kraft", die im Herbst 1999 in den Wahlblock „Union der Rechten Kräfte" (URK) eingeht. Dezember 1999 Abgeordneter der Staatsduma. 18.5.2000 Ernennung zum Bevollmächtigten des Präsidenten im Wolga-Föderalbezirk.

**Lebed, Alexander [Lebed', Aleksandr Ivanovič]**

*20.4.1950 in Nowotscherkassk (Gebiet Rostow am Don). 1969 Eintritt in die Streitkräfte. Ausbildung an der Offiziersschule der Luftlandetruppen in Rjasan. 1972 Mitglied der KPdSU. 1973–81 Zug- und Kompanieführer an der Luftlandeschule Rjasan. 1981–82 Kommandeur eines Luftlandebataillons in Afghanistan. 1982–85 Frunse-Akademie. 1985–88 Führungspositionen bei Luftlandeeinheiten in Rjasan, Kostroma und Pskow. 1988–91 Kommandeur der Luftlandedivision in Tula. In dieser Zeit mehrfach Einsätze bei Unruhen und interethnischen Konflikten innerhalb der UdSSR. 17.2.1990 Ernennung zum Generalmajor. 1991–92 Stellvertretender Kommandeur der Luftlandetruppen. Juni 1992 Ernennung zum Befehlshaber der 14. Armee in Transnistrien. Tritt im April 1995 der rechts orientierten Bewegung „Kongress russischer Gemeinden“ (KRO) bei. 1995 auf eigenen Wunsch Entlassung aus den Streitkräften. Dezember 1995 Abgeordneter der Staatsduma. 1996 Präsidentschaftskandidat. Juli–Oktober 1996 Sekretär des Sicherheitsrats. 10.8.1996 Bevollmächtigter des Präsidenten für Tschetschenien. In dieser Eigenschaft erreicht er die Unterzeichnung eines Abkommens über Einstellung der Kampfhandlungen (Chasawjurt, 31.8.1996). 26.4.1998 im 1. Wahlgang zum Gouverneur von Krasnojarsk gewählt.

**Luschkow, Jurij [Lužkov, Jurij Michajlovič]**

*21.9.1936 in Moskau. 1968–91 KP-Mitglied. Seit 1958 Mitarbeiter im Forschungsinstitut für Plastik. 1964–74 Leiter der Abteilung Automatisierung im Staatskomitee für chemische Industrie der UdSSR. 1974–86 Leitende Funktionen in Forschungseinrichtungen der Petrochemie. 1986–87 Leiter der Verwaltung Wissenschaft und Technik im Ministerium für chemische Industrie. 1987–90 Stellvertretender Vorsitzender des Exekutivkomitees des Moskauer Stadtsowjets. 1990–91 Vorsitzender dieses Gremiums. 1991–Juni 1992 Vizebürgermeister von Moskau, ab Juni 1992 Bürgermeister. 1996 mit einer Mehrheit von 88,5% der Stimmen wiedergewählt. 1999 eine der Führungspersonen im Wahlblock „Vaterland – Ganz Russland“. Dezember 1999 Wiederwahl als Bürgermeister mit 69,9% der Stimmen.

**Potanin, Wladimir [Potanin, Vladimir Olegovič]**

*3.1.1961 in Moskau. Studium an der ökonomischen Fakultät der Hochschule des Außenministeriums MGIMO. 1983–90 Tätigkeit bei Außenhandelsunternehmen. 1991 Gründer und Präsident der Industrieholding Interros. 1992–93 Vizepräsident der Bank MFK, seit 1993 Präsident der ONĖKSIM-Bank. August 1996–März 1997 Erster Stellvertretender Ministerpräsident. Mitglied in einigen Regierungskommissionen zu Bank- und Finanzwesen und russischer Vertreter bei internationalen Organisationen (u.a. G7). Juni 1998 Wechsel von der Spitze der ONĖKSIM-Bank in den Vorsitz der Holding „Interros“.

**Primakow, Jewgenij [Primakov, Evgenij Maksimovič]**

*29.10.1929 in Kiew. 1948–53 Studium am Moskauer Institut für Orientalistik. Fach: Arabistik. 1956 Promotion im Fach Ökonomie an der Moskauer Staatsuniversität (MGU). 1956–62 Korrespondent, Redakteur und Chefredakteur für Auslandssendungen beim Staatlichen Rundfunk (Gostelradio). 1959 Mitglied der KPdSU. 1962–69 Mitarbeiter der „Prawda“. 1966–70 Korrespondent der „Prawda“ im Nahen Osten. 1969 Habilitation mit einer Arbeit über die soziale und wirtschaftliche Entwicklung Ägyptens. Dezember 1970–1977 Stellvertretender Direktor des Instituts für Weltwirtschaft und internationale Beziehungen (IMĖMO). 1977–85 Direktor des Instituts für Orientalistik der Akademie der Wissenschaften. Seit 1979 Professor an der Diplomatischen Akademie des Außenministeriums. Führender Experte des ZK für den Nahen Osten, das ihn wiederholt mit Sonderaufträgen in diesen Raum entsendet. 1985–89 Direktor des IMĖMO. 1986–89 Kandidat des ZK der KPdSU,

1989 Mitglied des ZK, 1989–90 Kandidat des Politbüros. Dezember 1991–Januar 1996 Direktor des russischen Auslandsnachrichtendienstes (SVR). 10.1. 1996 Außenminister. 11.9.1998–12.5.1999 Ministerpräsident. 17.12.1999 Abgeordneter des Blocks „Vaterland – Ganz Russland". 17.1.2000 Fraktionsvorsitzender.

**Putin, Wladimir [Putin, Vladimir Vladimirovič]**

*7.10.1952 in Leningrad. 1970–75 Studium an der Leningrader Staatsuniversität (LGU). Fach: Jura, Internationales Recht. Während des Studiums Eintritt in die KPdSU. 1975–84 Mitarbeiter in der Leningrader Abteilung des KGB. 1984–85 Ausbildung an der KGB-Hochschule Nr. 1 (Andropow-Institut). Spezialisierung auf deutschsprachige Länder. 1985 Abordnung in die DDR als Direktor des Hauses für deutsch-sowjetische Freundschaft in Dresden. 1990 Rückkehr nach Leningrad. 1990–91 Assistent des Rektors der LGU für internationale Fragen. 1991 unter Sobtschak Vorsitzender des Komitees für Außenbeziehungen des Petersburger Bürgermeisteramtes. In dieser Eigenschaft beteiligt an der Gründung der Petersburger Valutenbörse und der Zulassung einer Filiale der Dresdner Bank. 1992 Stellvertretender Bürgermeister unter Beibehaltung des bisherigen Aufgabengebietes. März 1994 Erster Stellvertretender Vorsitzender der Stadtregierung. Mai 1995 Leiter des Organisationskomitees der Partei „Unser Haus Russland" (NDR). 1996 Promotion am Petersburger Bergbauinstitut mit einer wirtschaftswissenschaftlichen Arbeit. Juni 1996 Stellvertretender Leiter der Allgemeinen Verwaltung in der Präsidialadministration, verantwortlich für den außenwirtschaftlichen Bereich. 26.3. 1997 Stellvertretender Leiter der Präsidialadministration. 25.5.1998 Erster Stellvertretender Leiter. 25.7.1998 Direktor des Inlandsgeheimdienstes (FSB). 29.3.1999 Sekretär des Nationalen Sicherheitsrates unter Beibehaltung der Position im FSB. 16.8.1999 Wahl zum Ministerpräsidenten. 31.12.1999 Ernennung zum amtierenden Präsidenten der Russischen Föderation. 26.3.2000 Wahl zum Präsidenten der Russischen Föderation.

**Schirinowskij, Wladimir [Žirinovskij, Vladimir Vol'fovič]**

*25.4.1946 in Alma-Ata (Kasachstan). 1964–70 Studium am Institut für orientalische Sprachen der Moskauer Staatsuniversität (MGU). Studienrichtung: Türkisch. 1967 wird ihm die Aufnahme in die KPdSU verweigert. 1970–72 Militärdienst im Transkaukasischen Militärbezirk in einer Stabsfunktion. 1972–75 Tätigkeit in der Westeuropa-Abteilung des Sowjetischen Komitees zur Verteidigung des Friedens. 1975–77 Mitarbeiter im Dekanat der Wirtschaftswissenschaftlichen Fakultät der Hochschule der Gewerkschaftsbewegung (Betreuung ausländischer Studenten). Parallel dazu Fernstudium der Rechtswissenschaften an der MGU, Abschluss 1977. 1977–83 Mitarbeiter im sowjetischen Justizministerium. Wegen Annahme von Bestechung entlassen. 1983–90 Rechtskonsultant des Verlages „Mir". Beteiligung an verschiedenen Versuchen, politische Organisationen zu gründen (Sozialdemokratische Partei, Jüdische Kulturgesellschaft). 13.12.1989 Gründung der Liberal-Demokratischen Partei Russlands (LDPR). S. wird Parteivorsitzender. Ab November 1990 hauptberuflich in der LDPR tätig. 1993, 1995, 1999 Abgeordneter der Staatsduma. Kandidat bei den Präsidentenwahlen 1996 und 2000, scheitert jeweils im 1. Wahlgang (5,76%).

**Selesnjow, Gennadij [Seleznev, Gennadij Nikolaevič]**

*6.11.1947 in Serow (Swerdlowsker Gebiet). 1968–70 Komsomolsekretär einer polytechnischen Schule, Instrukteur des Wyborger Rayonkomsomolkomitees. 1970 Eintritt in die KPdSU. 1970–74 Abteilungsleiter im Wyborger Rayonkomsomolkomitee, Stellvertretender Abteilungsleiter im Leningrader Gebietskomitee des Komsomol. 1974–80 Stellvertretender Chefredakteur, dann Chefredakteur der Leningrader Komsomolzeitung „Smena". 1980–81 Erster Stellvertretender Leiter der Abteilung für Agitation und Propaganda des ZK des Komsomol. 1981–88 Chefredakteur des Zentralorgans des kommunistischen Jugendverbandes „Komsomolskaja gazeta". 1988–Februar 1991 Chefredakteur der Lehrerzeitung „Učitel'skaja gazeta". 1990 ZK-Mitglied. 1991–1993 Erster Stellvertretender Chefredakteur, dann Chefredakteur der „Prawda". 1993, 1995, 1999 Abgeordneter der KPdSU in der Staatsduma. Januar 1995 Mitglied des ZK der KPRF, Sekretär des ZK der KPRF. 17.1.1995 Wahl zum Vorsitzenden der Duma. 18.1.2000 als Vorsitzender der Staatsduma wiedergewählt.

**Sergejew, Igor [Sergeev, Igor' Dmitrievič]**

*20.4.1938 in Werchnij (Woroschilowgrader Gebiet, Ukraine). 1955–60 Studium an Militärhochschulen. 1971–83 in verschiedenen Führungsstellen der Raketentruppen. 1973 Abschluss an der Dserschinskij-Akademie. 1980 Abschluss der Generalstabsakademie. Habilitation über „Systeme der Gefechtslenkung". 1983–89 Führungspositionen im Hauptstab der Raketentruppen. 1985–89 Erster Stellvertretender Chef des Stabes der Raketentruppen. 1989–92 Stellvertretender Oberbefehlshaber der Raketentruppen. 1992–97 Oberbefehlshaber der Raketentruppen. 22.5.1997 Ernennung zum Verteidigungsminister. 21.11.1997 Ernennung zum Marschall der Russischen Föderation.

**Sjuganow, Gennadij [Zjuganov, Gennadij Andreevič]**

*26.6.1944 in Mymrino (Gebiet Orjol). 1963–66 Militärdienst. 1966 Eintritt in die KPdSU. 1966–69 Studium Physik und Mathematik. 1969–70 Dozent am Pädagogischen Institut Orjol. Seit 1967 Arbeit im Kommunistischen Jugendverband (Komsomol). 1972–74 Erster Sekretär des Gebietskomitees des Komsomol in Orjol. 1974–83 Zweiter Sekretär des Stadtkomitees der KPdSU in Orjol, 1983–89 Instrukteur, später Stellvertretender Abteilungsleiter in der Abteilung Propaganda des ZK der KPdSU. 1990–91 Stellvertretender Leiter der Ideologischen Abteilung des ZK der KPdSU. Juni 1999 Mitgründer der russischen Kommunistischen Partei (KP RSFSR). 1992–94 parallel zu seiner Tätigkeit in der KP RSFSR Aktivität in rechtsextremen Bewegungen. Anfang

1993 Wahl zum Vorsitzenden des Exekutivkomitees der russischen Kommunistischen Partei (jetzt: KPRF). 1993, 1995, 1999 Abgeordneter der Staatsduma, Fraktionsvorsitzender der KPRF. Kandidat bei den Präsidentenwahlen 1996 und 2000.

**Sobtschak, Anatolij [Sobčak, Anatolij Aleksandrovič]**

*10.8.1937 in Tschita. Studium der Rechtswissenschaften an der Leningrader Staatsuniversität (LGU). 1959–62 Advokat und Rechtskonsultant in Stawropol. 1973–81 Dozent an der LGU. 1982–89 Professor. 1987 Eintritt in die KPdSU. 1988 Direktor der juristischen Konsultationsgenossenschaft „Juristische Hilfe" Frühjahr 1989 Wahl in den Kongress der Volksdeputierten der UdSSR. Leitete u.a. die Kommission, die die Vorfälle beim militärischen Einsatz gegen Demonstranten in Tiflis/Georgien am 9.4.1989 untersuchte. 1990 Mitglied des Büros des Leningrader Gebietskomitees der KPdSU. 12.6.1991 Wahl zum Bürgermeister („Maire") von St. Petersburg. Am 2.6.1996 wird S. nicht wiedergewählt. 20.2.2000 Tod durch einen Herzinfarkt, während er in der Region Kaliningrad Wahlkampf für Putin macht.

**Strojew, Jegor [Stroev, Egor Semenovič]**

*25.2.1937 in Dudkino (Gebiet Orjol). 1958–63 Agronom in der Kolchose „Progress". 1958 Eintritt in die KPdSU. Sekretär der Parteizelle. Ab 1963 hauptamtlich im Parteiapparat tätig, u.a. als Leiter der ideologischen Abteilung und als Sekretär verschiedener Rayonkomitees der KPdSU. 1973–84 Sekretär des Gebietskomitees der KPdSU in Orjol. 1984–85 Inspekteur des ZK der KPdSU. 1985–89 Erster Sekretär des Gebietskomitees der KPdSU in Orjol. 1989–91 Sekretär des ZK der KPdSU (zuständig für Agrarfragen). 1990 Mitglied des ZK der KPdSU. Nach dem August 1991 Rückkehr nach Orjol. 11.4.1993 mit Unterstützung der KPRF Wahl zum Chef der Verwaltung des Gebiets Orjol. 12.12.1993 Wahl zum Abgeordneten des Föderationsrates für Orjol. Januar 1996 Wahl zum Vorsitzenden des Föderationsrates. 26.10.1997 Wiederwahl als Gouverneur in Orjol (97% der Stimmen).

**Tschernomyrdin, Viktor [Černomyrdin, Viktor Stepanovič]**

*9.4.1938 in Tschernij Ostorg (Gebiet Orenburg). 1957 Arbeit als Schlosser im Orsker Mineralölverarbeitungswerk. 1957–60 Militärdienst. 1962–66 Studium am Polytechnischen Institut in Kujbyschew. 1967–73 Führungspositionen im Orsker Stadtparteikomitee. 1973–78 Direktor des Orenburger Gasverarbeitungswerks. 1978–82 Instrukteur der Abteilung Schwerindustrie im ZK der KPdSU. 1982 Stellvertretender Minister für Öl- und Gasindustrie der UdSSR. 1985–89 Minister für Öl- und Gasindustrie der UdSSR. 1986–90 Mitglied des ZK der KPdSU. 1989 wird auf Basis des Ministeriums der staatliche Erdgaskonzern „Gazprom" geschaffen. T. wird Leiter dieses Unternehmens. 14.12.1992–23.3.1998 Ministerpräsident. 15.2.1999 Staatlicher Vertreter bei „Gazprom". 30.6.1999 Wahl zum Vorsitzenden des Direktorenrates von „Gazprom". Dezember 1999 Abgeordneter der Staatsduma. Schließt sich der Fraktion „Jedinstwo“ an. Wird im Mai 2000 auf dem Gründungskongress von „Jedinstwo“ Mitglied des Aufsichtsrats der Partei.

**Tschubajs, Anatolij [Čubajs, Anatolij Borisovič]**

*16.6.1955 in Borisow (Belarus). Studium am Leningrader Ingenieur-Ökonomischen Institut (LIEI). 1977–82 Ingenieur, Assistent am LIEI. 1980 Eintritt in die KPdSU. 1982–90 Dozent an der LIEI. 1983 Promotion. 1984–87 „Spiritus rector“ eines informellen Kreises junger Ökonomen. 1987 Mitgründer des Klubs „Perestrojka“. Aus diesen Zirkeln und Gruppen gingen in der Folge zahlreiche der führenden Wirtschaftsreformer hervor. 1990 Austritt aus der KPdSU. 1990–91 Stellvertretender, später Erster Stellvertretender Vorsitzender des Exekutivkomitees des Leningrader Sowjets. November 1991 Vorsitzender des Staatskomitees zur Verwaltung des Staatseigentums (GKI). 1992 Stellvertretender Ministerpräsident. Juni 1993 Gründungsmitglied des Blocks „Russlands Wahl“. Dezember 1993 Abgeordneter. 5.11.1994–16.1.1996 Erster Stellvertretender Ministerpräsident. Frühjahr 1996 Eintritt in Jelzins Wahlkampfstab. 15.7.1996–7.3.1997 Leiter der Präsidialadministration. März 1997 Ernennung zum Ersten Stellvertretenden Ministerpräsidenten und Finanzminister. Vertreter Russlands beim Internationalen Währungsfonds und der Weltbank. November 1997 Absetzung als Finanzminister. 23.3.1998 Entfernung aus allen Regierungsämtern. April 1998 Ernennung zum Vorsitzenden des Stromkonzerns EĖS Rossii.

**Wjachirew, Rem [Vjachirev, Rem Ivanovič]**

*23.8.1934 in Bolschaja Tschernigowka (Gebiet Kujbyschew). Studium am Polytechnischen Institut in Kujbyschew. 1961–63 Meister, Abschnittsleiter im Mineralölunternehmen „Kujbyševneft’“. 1963–65 Direktor der Bauabteilung an der Öllagerstätte Kulesch. 1965–70 Direktor eines Mineralölwerks. 1970–82 Leiter der Gasindustrie-Verwaltung in Dedurowo, Chefingenieur, Stellvertretender Leiter und Leiter verschiedener Mineralöl- und Erdgasbetriebe im Raum Orenburg. 1983–85 Stellvertretender Minister der Gasindustrie der UdSSR, zugleich Leiter der Produktionsvereinigung „Tjumen’gazprom“. 1986–89 Erster Stellvertretender Minister der Gasindustrie der UdSSR. 1989–92 Stellvertretender Vorsitzender des staatlichen Erdgaskonzerns „Gazprom“. 1993 Vorsitzender.

## Weiterführende Literatur

H. Adomeit, Russische Sicherheits- und Verteidigungspolitik unter Putin: Neue Akzente oder gewohnte Großmachtnostalgie?, Stiftung Wissenschaft und Politik, SWP – S434, September 2000.

R. Allison; C. Bluth (Hrsg.): Security Dilemmas in Russia and Eurasia, London 1998.

A.G. Arbatov; K. Kaiser; R. Legvold (Hrsg.): Russia and the West, Armonk, N.Y./ London 1999.

A. Aslund: How Russia Became a Market Economy, Washington, D.C. 1995.

P.K. Baev: The Russian Army in a Time of Troubles, London u.a. 1996.

K. v. Beyme, Rußland zwischen Anarchie und Autokratie, Opladen 2000.

J.R. Blasi; M. Kroumova; D. Kruse: Kremlin Capitalism. The Privatization of the Russian Economy, Ithaca, N.Y./London 1997.

M. Boycko [Bojko]; A. Shleifer; R. Vishny: Privatizing Russia, Cambridge, Mass. 1996.

E. Cheauré (Hrsg.): Kultur und Krise. Rußland 1987–1997, Berlin 1997.

M. Cox (Hrsg.): Rethinking the Soviet Collapse, London/New York 1998.

M. Ellman; V. Kontorovich (Hrsg.): The Destruction of the Soviet Economic System, Armonk, N.Y. 1998.

Forschungsstelle Osteuropa an der Universität Bremen (Hrsg.): Rußland. Fragmente einer postsowjetischen Kultur, Bremen 1996.

D. Geyer: Osteuropäische Geschichte und das Ende der kommunistischen Zeit, vorgetragen am 28. Oktober 1995, Heidelberg 1996.

G. Gill (Hrsg.): Elites and Leadership in Russian Politics, Houndmills u.a. 1998.

R. Götz; U. Halbach: Politisches Lexikon GUS, München [3]1996 .

G. Gorzka; P.W. Schulze (Hrsg.): Rußlands Weg zur Zivilgesellschaft, Bremen 2000.

J.G. Jassin [E.G. Jasin]: Die Wirtschaft Rußlands. Zwischen Talfahrt und Hoffnung, Berlin 1997.

H.P. Haarland; H.-J. Niessen (Hrsg.): Der Transformationsprozeß in Rußland, Bonn 1997.

S. Harter; G.M. Easter (Hrsg.): Shaping the Economic Space in Russia, Aldershot u.a. 2000.

A. Heinemann-Grüder: Der heterogene Staat. Föderalismus und regionale Vielfalt in Rußland, Berlin 2000.

J.S. Hellman: Winners Take All. The Politics of Partial Reform in Postcommunist Transition, in: World Politics 50 (1998), S. 203–234.

W. Iwanow: Rußland und das Christentum, Frankfurt/M. 1995.

G. Jawlinskij [G.A. Javlinskij]: Reform von unten – Die neue Zukunft Rußlands: Strategien und Optionen für Europa, Gütersloh 1994.

S.A. Karaganov: Russia – the State of Reforms, Gütersloh 1993.

D. Lane (Hrsg.): Russia in Transition: Politics, Privatisation and Inequality, London 1995.

N. Malcolm; A. Pravda; R. Allison; M. Light: Internal Factors in Russian Foreign Policy, Oxford 1996.

M. Mommsen: Wohin treibt Rußland? Eine Großmacht zwischen Anarchie und Demokratie, München 1996.

M. Mommsen; E. Bos; S. v. Steinsdorff (Hrsg.): Demokratie-Experimente im Postkommunismus. Politischer und institutioneller Wandel in Osteuropa, Münster/Hamburg 1995.

E. Mickiewicz: Changing Channels. Television and the Struggle for Power in Russia, New York 1997.

S. Nieman: Vom Staatsfernsehen zur Vierten Gewalt. Die russischen Fernsehanstalten im politischen Transformationsprozeß, Münster 1999.

A. Nußberger; M. Mommsen (Hrsg.): Krise in Rußland, Berlin 1999.

A. Rahr: Wladimir Putin. Der „Deutsche" im Kreml, München 2000.

R. Rose; W. Mishler; C. Haerpfer: Democracy and its Alternatives. Understanding Post-Communist Societies, Cambridge 1998.

Die Russische Orthodoxe Kirche, hrsg. von Metropolit Pitirim von Volokolamsk und Jurjev, Berlin/New York 1988.

R. Sakwa: Russian Politics and Society, London, New York $^{2}$1996.

E. Sandschneider: Stabilität und Transformation politischer Systeme. Stand und Perspektiven politikwissenschaftlicher Transformationsforschung, Opladen 1995.

J. Scherrer: Requiem für den Roten Oktober: Rußlands Intelligencija im Umbruch 1986–1996, Leipzig 1996.

C. Schmidt-Häuer: Rußland im Aufruhr. Innenansichten aus einem rechtlosen Reich, München 1993.

P.W. Schulze; H.-J. Spanger (Hrsg.): Die Zukunft Rußlands, Frankfurt/M. 2000.

L. Shevtsova [L.F. Ševcova]: Yeltsin's Russia. Myths and Reality, Washington, D.C.: Carnegie Endowment for International Peace 1999.

V. Shlapentokh; C. Vanderpool; B. Doktorov (Hrsg.): The New Elite in Post-Communist Eastern Europe, College Station, TX 1999.

A. Shleifer; D. Treisman: Without a Map. Political Tactics and Economic Reform in Russia, Cambridge, Mass. 2000.

E. Siehl: Privatisierung in Rußland. Institutioneller Wandel in ausgewählten Regionen, Wiesbaden 1998.

J. Stadelbauer: Die Nachfolgestaaten der Sowjetunion, Darmstadt 1996.

F. Walter, Wie in Rußland Militärpolitik „gemacht" wird, in: Osteuropa, 50 (2000), Nr. 1, S. 41–55; ders., Zur Entwicklung der russischen Streitkräfte, in: Osteuropa 50 (2000), Nr. 2, S. 131–143; ders., Rußlands Militärdoktrin 2000, in: Osteuropa 50 (2000), Nr. 7, S. 779–798.

S. White: Russia's New Politics. The Management of a Postcommunist Society, Cambridge 2000.

# Internetadressen

ZUSAMMENGESTELLT VON SUSANNE OEHLSCHLÄGER

| **Allgemeines** | |
|---|---|
| Osteuropa.ch. Virtueller, nichtkommerzieller Informations- und Pressedienst aus der Schweiz; mit Linksammlung. Deutsch | http://www.osteuropa.ch/oegslav_1.htm |
| Moskau online. Informationen aus und über Moskau. Deutsch | http://www.moskva.net/moskau/index2.html |
| Moskau.ru. Virtuelles Stadtjournal; Informationen zu Moskau. Nachrichten und Servicetips. Deutsch | http://www.moskau.ru |
| The Moscow Expat site. Informationen für Ausländer in Moskau. Englisch | http://www.expat.ru/ |
| Internet Resources for Russian Studies. Slavic Research Center, Hokkaido University. Sehr umfangreiche Linksammlung für Russland und die frühere Sowjetunion zu allen Themengebieten. Englisch | http://src-home.slav.hokudai.ac.jp/eng/server-e-fr1.html |
| Deutsche Gesellschaft für Osteuropakunde | http://unix.berlin.iz-soz.de/gesis-as/extern/dgo/ |
| Forschungsstelle Osteuropa an der Universität Bremen | http://www.forschungsstelle.uni-bremen.de/ |
| Deutsch-Russisches Forum. Deutsch und Russisch | http://www.deutsch-russisches-forum.de/ |
| British Association for Slavonic and East European Studies. Mit umfangreicher Linksammlung. Englisch | http://www.gla.ac.uk/External/basees/ |
| **Suchmaschinen** | |
| Russia on the net. Englischsprachige Suchmaschine; Möglichkeit, gleichzeitig die russischsprachige Version zu durchsuchen | http://www.ru/ |
| Jandex. Russische Suchmaschine. Engl. Version | http://www.yandex.ru/index_engl.html |
| Rusline: Russian Internet Directory. Englischsprachiger Webkatalog; Ergebnisse überwiegend in Russisch | http://www.rusline.com/data/contentdata.htm |
| **Geografie und Bevölkerung** | |
| CIA World factbook – Russia. Angaben zu Geografie, Bevölkerung, Regierung, Wirtschaft etc. Russlands im Überblick. Englisch | http://www.odci.gov/cia/publications/factbook/geos/rs.html |

| | |
|---|---|
| Landkarten von Russland und den früheren Sowjetrepubliken; Perry-Castañeda Library, University of Texas, Austin. Englisch | http://www.lib.utexas.edu/Libs/PCL/Map_collection/commonwealth.html |
| Statistische Daten und Karten zu Topografie und Klima, Demographie und Bevölkerung in Russland, Handel und Umwelt, Gesundheitswesen, Politik und Wirtschaft in den russischen Regionen; von Rusline. Englisch | http://www.rusline.com/rustoday/tabcont.html |
| **Geschichte** | |
| Russian history on the Web. Umfangreiche kommentierte Zusammenstellung mit Links zu relevanten Bibliotheken, Datenbanken und Quellen; von Marshall Poe. Englisch | http://www.russianhistory.org/ |
| Russian History Home Page. Histor. russ. Texte in engl. Übersetzung: Geschichte vor 1800, 1801–1991 und 1905–1930; von John Slatter | http://www.dur.ac.uk/~dml0www/Russhist.html |
| Politischer Wandel in der UdSSR und Russland 1964–2000. Deutschsprachige Chronologie von Jörn Grävingholt und Hans-Henning Schröder; wird fortlaufend aktualisiert | http://www.biost.de/new/chronol.htm<br>Wird ab Frühjahr 2001 weitergeführt über die-Forschungsstelle Osteuropa an der Universität Bremen (s.o. unter „Allgemeines"). |
| **Politisches System** | |
| Verfassung der Russischen Föderation. Englische Version | http://www.departments.bucknell.edu/russian/const/constit.html |
| MeOme-Guide für Politik Russland-GUS. Deutschsprachiges Portal | http://www.meome.de/kreml |
| Offizieller Server der Staatsorgane der Russischen Föderation. Überwiegend in Russisch mit wenigen Informationen in Englisch | http://www.gov.ru/ |
| **Präsident** | |
| Präsident der Russischen Föderation. Russisch | http://president.kremlin.ru/ |
| Wladimir Putin zur Präsidentschaftskandidatur. Einzelinformation in Englisch | http://www.putin2000.ru/07/ |
| Inoffizielle Page von Wladimir Putin. Informationen über Putin mit vielen Bildern. Englisch | http://www.geocities.com/CapitolHill/Parliament/5160/Putin/index.html |
| **Regierung** | |
| Homepage der russischen Regierung. Englische Version | http://www.pravitelstvo.gov.ru/english/ |
| Mitglieder des Kabinetts. Profile erstellt vom EastWest Institute. Englisch | http://www.iews.org/rrrabout.nsf/pages/cabinet+page |
| Russ. Botschaft, Berlin. Deutsch und Russisch | http://www.russische-botschaft.de/ |

| | |
|---|---|
| **Ministerien** | |
| Außenministerium. Englische Version | http://www.mid.ru/mid/eng/bod.htm |
| Wirtschaftsministerium. Englische Version | http://www.economy.gov.ru/MinEc/english/index.html |
| Landwirtschaftsministerium. Englische Version | http://www.aris.ru/WIN_E/ |
| Ministerium für Industrie, Wiss. u. Technologie | http://www.minprom.ru/ |
| Ministerium für Bildung | http://www.informika.ru/text/goscom/ |
| Finanzministerium | http://www.minfin.ru/ |
| **Parteien** | |
| Zusammenstellung der Parteien und Bewegungen von Labirint (Panorama). Russisch | http://www.panorama.ru:8100/works/vybory/spisok3.html |
| Demokratičeskij vybor Rossii/Demokratische Wahl. Russisch | http://www.dvr.ru/ |
| Kommunističeskaja Partija Rossijskoj Federacii/Kommunistische Partei der Russländischen Föderation (KPRF). Russisch und Englisch | http://www.kprf.ru/ |
| Liberal'no-Demokratičeskaja Partija Rossii/Liberal-demokratische Partei Russlands (LDPR). Russisch | http://www.ldpr.ru/ |
| Naš Dom Rossija/Unser Haus Russland. Russ. | http://www-win.convey.ru/ndr |
| Otečestvo/„Vaterland". Ältere Version. Russisch | http://www.otechestvo.org/ |
| Otečestvo/„Vaterland". Neue Version. Russisch | http://www.luzhkov-otechestvo.ru/ |
| Pravoe Delo/„Gerechte Sache". Russisch | http://www.pravoedelo.spb.ru |
| Vsja Rossija/„Ganz Russland" | http://allrussia.kzn.ru/ |
| Dokumente. Jeweils nur russisch | http://allrussia.kzn.ru/docs.htm |
| Jabloko. Russisch | http://www.yabloko.ru/ |
| **Regionen** | |
| Minimale Angaben zu den russischen Regionen. Mittelstandsförderungszentrum in Zusammenarbeit mit dem Ost-Ausschuss der Deutschen Wirtschaft und dem Kooperationsbüro der Deutschen Wirtschaft. Deutsch | http://russia.uralonline.ru/ |
| Russian Regional Report. EastWest Institute. Wöchentlicher Newsletter mit Informationen zu den aktuellen politischen und sozialen Trends in den Regionen. Englisch | http://www.iews.org/rrrabout.nsf/pages/rrr+page |
| Russian regional WWW servers. Englisch | http://www.ras.ru/map_list.html |

| **Wirtschaft** | |
|---|---|
| Foreign Investment Center. Englisch | http://www.fipc.ru/fipc/ |
| Russian Investment Events Review. Russisch | http://www.fipc.ru/fipc/news.html |
| RosBusinessConsulting (RBC). Agentur für polit., finanzielle und wirtsch.Information. Englisch | http://www.rbcnews.com/ |
| Föderale Wertpapierkommission. Engl. Version | http://www.fcsm.ru/fcsm/ewelcome.html |
| AK & M. Informationsagentur: Wirtschaftsinformationen, Analysen, Aktienindizes etc. Englische Version | http://www.akm.ru/default.stm |
| Verband der Deutschen Wirtschaft in der Russischen Föderation. Deutsch und Russisch | http://www.vdw.ru |
| **Banken** | |
| Zentralbank der Russischen Föderation. Englische Version | http://www.cbr.ru/eng/ |
| MIC. Moscow Information Center. Englisch und Russisch | http://www.mic.ru |
| Most-Bank. Russisch | http://www.most.ru/ |
| Sberbank RF. Englische Version | http://www.sbrf.ru/def-eng.htm |
| United Financial Group. Englische Version | http://www.ufg.ru |
| BOFIT – Bank of Finland Institute for Economies in Transition. Mit vielen Publikationen zum Stand der Wirtschaft in Russland und den ehemaligen Ostblockstaaten. Englisch und Finnisch | http://www.bof.fi/env/fin/it/index.htm |
| **Firmen** | |
| RosUgol. Russ. Kohlenindustrie. Engl. Version | http://www.rosugol.ru/eng/index.html |
| LUKojl. Russ. Mineralölkonzern. Engl. Version | http://www.lukoil.com/ |
| Gazprom. Russischer Erdgaskonzern. Informationen in Russisch und Englisch, teilweise auch Deutsch, Französisch und Spanisch. | http://www.gazprom.ru/ |
| **Forschungsinstitute** | |
| Institute for the Economy in Transition; Gajdar-Institut. Englische Version | http://www.iet.ru/index2.htm |
| Leontief Centre – The International Centre for Social and Economic Research. Engl. Version | http://www.leontief.ru/engl/pro2en.htm |
| Nikkolo M – Center for Political Consulting. Englische Version | http://www.nikkolom.ru/english.htm |
| Fond Obščestvennoe Mnenie. Engl. Version | http://english.fom.ru/ |

| | |
|---|---|
| **Medien** | |
| RUFO. Deutsch-russische Nachrichtenagentur in Moskau. Deutsch und Russisch | http://www.russland-news.de/ |
| SMI.ru. Nachrichtensuchmaschine mit Links zu den entsprechenden Zeitungen. Russisch | http://www.cmi.ru/ |
| Elektronische Nationalbibliothek. Verzeichnis von Informationsagenturen, Zeitungen und Zeitschriften, TV, Radio etc. mit Adressen und Links zu den jeweiligen Websites. Russisch | http://nel.nns.ru/ |
| Gazeta.ru. Russischsprachige Internetzeitung | http://www.gazeta.ru/ |
| Moscow Times. Englisch | http://www.themoscowtimes.com/ |
| Nezavisimaja gazeta. Russisch | http://www.ng.ru/ |
| Obščaja gazeta. Russisch | http://www.og.ru/ |
| The Russia Journal. Englisch | http://www.russiajournal.com/start/index.htm |
| Russia today. Englisch | http://www.russiatoday.com/ |
| The St. Petersburg Times. Englisch | http://www.sptimes.ru/ |
| Vladivostok news. Englisch | http://vlad.tribnet.com/2000/current/front.html |
| **Recht** | |
| Linksammlung/Vorlesungsskripten zum osteuropäischen Recht. Website Institut für Osteuropäisches Recht, Uni Kiel. Deutsch | http://www.uni-kiel.de/eastlaw/ |
| Linksammlung zum osteurop. Recht. Website Lehrstuhl Prof. Fincke, Uni Passau. Deutsch | http://www.jura.uni-passau.de/fakultaet/lehrstuehle/Fincke/homepage.html |
| **Religion** | |
| Russisch-Orthodoxe Kirche. Englische Version | http://www.russian-orthodox-church.org.ru/en.htm |
| **Bildung** | |
| Russian institutions and universities. Linkliste. Englisch | http://www.useic.ru/rus_univ/ |
| Russische Akademie der Wissenschaften. Russ. | http://www.ras.ru |
| Staatliche Universität Moskau. Engl. Version | http://www.msu.ru/english/ |
| Staatliche Universität St. Petersburg. Englische Version | http://www.spbu.ru/e/ |
| Staatliches Institut für Informationstechnologie und Telekommunikation. Englische Version | http://www.informika.ru/eng/ |
| Wissenschaftliche elektronische Bibliothek. Russisch | http://www.library.intra.ru |

| | |
|---|---|
| **Literatur** | |
| Russische Dichtung in englischer Übersetzung | http://kulichki.rambler.ru/poems/ |
| Lib.ru. Virtuelle Bibliothek mit vielen Werken im Volltext. Russisch | http://lib.ru/ |
| Anton Pawlowitsch Tschechow. Englische Übersetzung seiner Werke (Eldritch Press) | http://eldred.ne.mediaone.net/ac/chekhov.html |
| Iwan Turgenjew. (Eldritch Press). Englisch | http://eldred.ne.mediaone.net/ist/turgenev.htm |
| URSS Publishers. Online-Buchhandel russ. wissenschaftl. Literatur in verschiedenen Sprachen | http://urss.ru/ |
| Russia today/Verzeichnis russischer Bücher mit Online-Bestellmöglichkeit bei Amazon.com. Englisch | http://www.russiatoday.com/books/books.php3 |
| **Kunst** | |
| Russische Museen. Englische Version | http://www.museum.ru/defengl.htm |
| Die Eremitage in St. Petersburg. Engl. Version | http://www.hermitagemuseum.org/html_En/index.html |
| Berühmte russische Gemälde. Englisch | http://www.museum.ru/paintings/ |
| Orthodoxe Ikonen. Englisch | http://www.ocf.org/OrthodoxPage/icons/icons.html |
| Marc Chagall. Russisch | http://w3.vitebsk.by/rus/vitebsk/chagall/ |
| Wassily Kandinsky. Englisch | http://www.oir.ucf.edu/wm/paint/auth/kandinsky/ |
| El Lissitzky. (Eldritch Press). Englisch | http://eldred.ne.mediaone.net/el/el.html |
| **Musik** | |
| Klassische Musik in Russland. Engl. Version | http://classical.music.ru:8080/ |
| Links to Russian and NIS music resources. Umfangreiche Linksammlung zu allen Musikrichtungen. Englisch | http://users.aimnet.com/~ksyrah/ekskurs/music.html |
| Russische Pop-Musik; von Wladimir Pekkel. Englisch | http://russia.uthscsa.edu/Music/Pop/ |
| Wladimir Wyssozki. Russisch | http://www.vysotsky.hobby.ru/ |
| Wladimir Wyssozki; von Vladimir Pekkel. Englisch | http://russia.uthscsa.edu/Music/Artists/Visotsky/ |
| Alla Pugatschowa. Russisch und Englisch | http://www.alla.net/ |
| Maschina wremeni. Russische Popgruppe. Russisch | http://www.mashina.ru/ |

# Tabellen

## *Russische Föderation: Föderationssubjekte*

| *Verwaltungseinheit* | | *Fläche* | *Bevölkerung* | *Bevölkerungsdichte* | *Hauptstadt* |
|---|---|---|---|---|---|
| *Deutsche Bezeichnung* | *Russische Bezeichnung* | *(1000 $km^2$)* | *(in 1000, am 1.1.2000)* | *(Personen/ $km^2$)* | *Deutsche Schreibweise* |
| Russische Föderation | Rossijskaja Federacija | 17 075,4 | 145 559 | 8,52 | Moskau |
| **Republiken/Respubliki (21)** | | | | | |
| Republik Adygeja | Respublika Adygeja | 7,6 | 448 | 58,95 | Maikop |
| Republik Altai | Respublika Altaj | 92,6 | 204 | 2,20 | Gorno-Altajsk |
| Republik Baschkortostan | Respublika Baškortostan | 143,6 | 4110 | 28,62 | Ufa |
| Republik Burjatien | Respublika Burjatija | 351,3 | 1032 | 2,94 | Ulan Ude |
| Republik Dagestan | Respublika Dagestan | 50,3 | 2142 | 42,58 | Machatschkala |
| Republik Inguschetien | Ingušskaja Respublika | 3,2 | 315 | 98,44 | Nasran |
| Republik Kabardino-Balkarien | Kabardino-Balkarskaja Respublika | 12,5 | 431 | 34,48 | Naltschik |
| Republik Kalmykien | Respublika Kalmykija – Chal'mg Tangč | 76,1 | 315 | 4,14 | Elista |
| Republik Karatschajewo-Tscherkessien | Karačaevo-Čerkesskaja Respublika | 14,1 | 670 | 47,52 | Tscherkessk |
| Republik Karelien | Respublika Karelija | 172,4 | 765 | 4,44 | Petrosawodsk |
| Republik Komi | Respublika Komi | 415,9 | 1137 | 2,73 | Syktywkar |
| Republik Mari El | Respublika Marij Él | 23,2 | 759 | 32,72 | Joschkar-Ola |
| Republik Mordwinien | Respublika Mordovija | 26,2 | 929 | 35,46 | Saransk |
| Republik Sacha (Jakutien) | Respublika Sacha (Jakutija) | 3103,2 | 989 | 0,32 | Jakutsk |
| Republik Nordossetien | Respublika Severnaja Osetija – Alanija | 8,0 | 768 | 96,00 | Wladikawkas |
| Republik Tatarstan | Respublika Tatarstan | 68,0 | 3782 | 55,62 | Kasan |
| Republik Tuwa | Respublika Tyva | 170,5 | 311 | 1,82 | Kysyl |
| Republik Udmurtien | Udmurtskaja Respublika | 42,1 | 1629 | 38,69 | Ischewsk |
| Republik Chakassien | Respublika Chakasija | 61,9 | 579 | 9,35 | Abakan |
| Republik Tschetschenien-Itschkerija | Čečenskaja Respublika-Ičkerija | 16,1 | 786 | 48,82 | Grosny |
| Republik Tschuwaschien | Čuvašskaja Respublika – Čavaš respubliki | 18,3 | 1359 | 74,26 | Tscheboksary |

| | | | | | |
|---|---|---|---|---|---|
| **Bezirke/kraja (6)** | | | | | |
| Bezirk Altai | Altajskij kraj | 169,1 | 2654 | 15,69 | Barnaul |
| Bezirk Krasnodar | Krasnodarskij kraj | 76,0 | 5007 | 65,88 | Krasnodar |
| Bezirk Krasnojarsk | Krasnojarskij kraj | 2339,7 | 3051 | 1,30 | Krasnojarsk |
| Bezirk Primorje | Primorskij kraj | 165,9 | 2172 | 13,09 | Wladiwostok |
| Bezirk Stawropol | Stavropol'skij kraj | 66,5 | 2660 | 40,00 | Stawropol |
| Bezirk Chabarowsk | Chabarovskij kraj | 788,6 | 1506 | 1,91 | Chabarowsk |
| **Gebiete/oblasti (49)** | | | | | |
| Gebiet Amur | Amurskaja oblast' | 363,7 | 998 | 2,74 | Blagowest-schensk |
| Gebiet Archangelsk | Archangel'skaja oblast' | 587,4 | 1459 | 2,48 | Archangelsk |
| Gebiet Astrachan | Astrachanskaja oblast' | 44,1 | 1016 | 23,04 | Astrachan |
| Gebiet Belgorod | Belgorodskaja oblast' | 27,1 | 1495 | 55,17 | Belgorod |
| Gebiet Brjansk | Brjanskaja oblast' | 34,9 | 1438 | 41,20 | Brjansk |
| Gebiet Wladimir | Vladimirskaja oblast' | 29,0 | 1604 | 55,31 | Wladimir |
| Gebiet Wolgograd | Volgogradskaja oblast' | 113,9 | 2677 | 23,50 | Wolgograd |
| Gebiet Wologda | Vologodskaja oblast' | 145,7 | 1319 | 9,05 | Wologda |
| Gebiet Woronesch | Voronežskaja oblast' | 52,4 | 2455 | 46,85 | Woronesch |
| Gebiet Iwanowo | Ivanovskaja oblast' | 21,8 | 1219 | 55,92 | Iwanowo |
| Gebiet Irkutsk | Irkutskaja oblast' | 767,9 | 2742 | 3,57 | Irkutsk |
| Gebiet Kaliningrad | Kaliningradskaja oblast' | 15,1 | 948 | 62,78 | Kaliningrad |
| Gebiet Kaluga | Kalužskaja oblast' | 29,9 | 1079 | 36,09 | Kaluga |
| Gebiet Kamtschatka | Kamčatskaja oblast' | 472,3 | 389 | 0,82 | Petropawlowsk-Kamtschatskij |
| Gebiet Kemerowo | Kemerovskaja oblast' | 95,5 | 2982 | 31,23 | Kemerowo |
| Gebiet Kirow | Kirovskaja oblast' | 120,8 | 1590 | 13,16 | Kirow |
| Gebiet Kostroma | Kostromskaja oblast' | 60,1 | 781 | 13,00 | Kostroma |
| Gebiet Kurgan | Kurganskaja oblast' | 71,0 | 1096 | 15,44 | Kurgan |
| Gebiet Kursk | Kurskaja oblast' | 29,8 | 1312 | 44,03 | Kursk |
| Gebiet Leningrad | Leningradskaja oblast' | 85,9 | 1666 | 73,66 | St. Petersburg |
| Gebiet Lipezk | Lipeckaja oblast' | 24,1 | 1240 | 51,45 | Lipezk |
| Gebiet Magadan | Magadanskaja oblast' | 461,4 | 239 | 0,52 | Magadan |
| Gebiet Moskau | Moskovskaja oblast' | 47,0 | 6464 | 319,17 | Moskau |
| Gebiet Murmansk | Murmanskaja oblast' | 144,9 | 1001 | 6,91 | Murmansk |

| | | | | | |
|---|---|---|---|---|---|
| Gebiet Nischnij Nowgorod | Nižegorodskaja oblast' | 76,9 | 3663 | 47,63 | Nischnij Nowgorod |
| Gebiet Nowgorod | Novgorodskaja oblast' | 55,3 | 727 | 13,15 | Nowgorod |
| Gebiet Nowosibirsk | Novosibirskaja oblast' | 178,2 | 2740 | 15,38 | Nowosibirsk |
| Gebiet Omsk | Omskaja oblast' | 139,7 | 2164 | 15,49 | Omsk |
| Gebiet Orenburg | Orenburgskaja oblast' | 124,0 | 2219 | 17,90 | Orenburg |
| Gebiet Orjol | Orlovskaja oblast' | 24,7 | 897 | 36,32 | Orjol |
| Gebiet Pensa | Penzenskaja oblast' | 43,2 | 1530 | 35,42 | Pensa |
| Gebiet Perm | Permskaja oblast' | 160,6 | 2956 | 18,41 | Perm |
| Gebiet Pskow | Pskovskaja oblast' | 55,3 | 801 | 14,48 | Pskow |
| Gebiet Rostow | Rostovskaja oblast' | 100,8 | 4341 | 43,07 | Rostow |
| Gebiet Rjasan | Rjazanskaja oblast' | 39,6 | 1285 | 32,45 | Rjasan |
| Gebiet Samara | Samarskaja oblast' | 53,6 | 3295 | 61,47 | Samara |
| Gebiet Saratow | Saratovskaja oblast' | 100,2 | 2709 | 27,04 | Saratow |
| Gebiet Sachalin | Sachalinskaja oblast' | 87,1 | 599 | 6,88 | Juschno-Sachalinsk |
| Gebiet Swerdlowsk | Sverdlovskaja oblast' | 194,8 | 4603 | 23,63 | Jekaterinburg |
| Gebiet Smolensk | Smolenskaja oblast' | 49,8 | 1128 | 22,65 | Smolensk |
| Gebiet Tambow | Tambovskaja oblast' | 34,3 | 1271 | 37,06 | Tambow |
| Gebiet Twer | Tverskaja oblast' | 84,1 | 1595 | 18,97 | Twer |
| Gebiet Tomsk | Tomskaja oblast' | 316,9 | 1068 | 3,37 | Tomsk |
| Gebiet Tula | Tul'skaja oblast' | 25,7 | 1740 | 67,70 | Tula |
| Gebiet Tjumen | Tjumenskaja oblast' | 1435,2 | 3237 | 2,26 | Tjumen |
| Gebiet Uljanowsk | Ul'janovskaja oblast' | 37,3 | 1463 | 39,22 | Uljanowsk |
| Gebiet Tscheljabinsk | Čeljabinskaja oblast' | 87,9 | 3667 | 41,72 | Tscheljabinsk |
| Gebiet Tschita | Čitinskaja oblast' | 431,5 | 1256 | 2,91 | Tschita |
| Gebiet Jaroslawl | Jaroslavskaja oblast' | 36,4 | 1412 | 38,79 | Jaroslawl |
| **Städte von föderaler Bedeutung (2)** | | | | | |
| Stadt Moskau | g. Moskva | k.A. | 8537 | | |
| Stadt St. Petersburg | g. Sankt-Peterburg | k.A. | 4661 | | |
| **Autonomes Gebiet/Avtonomnaja oblast' (1)** | | | | | |
| Jüdisches Autonomes Gebiet | Evrejskaja avtonomnaja oblast' | 36,0 | 197 | 5,47 | Birobidschan |
| **Autonome Bezirke/Avtonomnie okrugi (10)** | | | | | |
| Autonomer Bezirk der Burjaten von Aginsk | Aginskij Burjatskoj avtonomnyj okrug | 19,0 | 79 | 4,16 | Aginskoje |
| Autonomer Bezirk der Komi-Permjaken | Komi-Permjackij avtonomnyj okrug | 32,9 | 150 | 4,56 | Kudymkar |

| | | | | | |
|---|---|---|---|---|---|
| Autonomer Bezirk der Korjaken | Korjakskij avtonomnyj okrug | 301,5 | 30 | 0,10 | Palana |
| Autonomer Bezirk der Nenzen | Neneckij avtonomnyj okrug | 176,7 | 45 | 0,25 | Narjan-Mar |
| Autonomer Bezirk der Dolganen und Nenzen von Taimyr | Tajmyrskij (Dolgano-Neneckij) avtonomnyj okrug | 862,1 | 44 | 0,05 | Dudinka |
| Autonomer Bezirk der Burjaten von Ust-Ordinsk | Ust'-Ordynskij avtonomnyj okrug | 22,4 | 143 | 6,38 | Ust-Ordynsk |
| Autonomer Bezirk der Chanten und Mansen | Chanty-Mansijskij avtonomnyj okrug | 523,1 | 1382 | 2,64 | Chanty-Mansisk |
| Autonomer Bezirk der Tschuktschen | Čukotskij avtonomnyj okrug | 737,7 | 79 | 0,11 | Anadyr |
| Autonomer Bezirk der Ewenken | Évenskijskij avtonomnyj okrug | 767,6 | 19 | 0,02 | Tura |
| Autonomer Bezirk der Jamal-Nenzen | Jamalo-Neneckij avtonomnyj okrug | 750,3 | 504 | 0,67 | Salechard |

*Nach: Rossija v cifrach, Moskva 2000, S. 25, 34–43, ergänzt durch: R. Götz/U. Halbach: Politisches Lexikon Rußland, München 1994, S. 131, 300. Die Fläche der Städte St. Petersburg und Moskau ist in die Fläche des Leningrader bzw. Moskauer Gebiets eingeschlossen, die Fläche der autonomen Bezirke wird dem sie umgebenden Gebiet zugerechnet, aber zusätzlich gesondert angegeben. Die offiziellen Angaben über die Bevölkerung Tschetscheniens schließen die Kriegsflüchtlinge ein. Bei der Berechnung der Bevölkerungsdichte des Leningrader und des Moskauer Gebiets wird die Bevölkerung St. Petersburgs und Moskaus jeweils mit einbezogen.*

## Nationalitätenstruktur der russischen Bevölkerung 1989 und 1994

| *Nationalität* | *1989* | *1994* | *1989* | *1994* |
|---|---|---|---|---|
| | *in absoluten Zahlen* | | *in %* | |
| Russen | 119 865 946 | 122 763 512 | 81,53 | 82,95 |
| Tataren | 5 522 096 | 5 583 927 | 3,76 | 3,77 |
| Ukrainer | 4 362 872 | 3 470 530 | 2,97 | 2,35 |
| Tschuwaschen | 1 773 645 | 1 734 525 | 1,21 | 1,17 |
| Baschkiren | 1 345 273 | 1 385 252 | 0,92 | 0,94 |
| Belorussen | 1 206 222 | 979 740 | 0,82 | 0,66 |
| Mordwinen | 1 072 939 | 941 261 | 0,73 | 0,64 |
| Deutsche | 842 295 | 793 264 | 0,57 | 0,54 |
| Armenier | 532 390 | 717 785 | 0,36 | 0,49 |
| Kasachen | 635 865 | 572 748 | 0,43 | 0,39 |
| Juden | 536 848 | 396 632 | 0,37 | 0,27 |
| Andere | 9 325 478 | 8 657 825 | 6,34 | 5,85 |
| Gesamt | 147 021 869 | 147 997 000 | 100,00 | 100,00 |

*Nach: Vestnik Statistiki 1990, Nr. 10, S. 69–79; Rossijskij statističeskij ežegodnik 1995, Moskva 1995, S. 24. Die für 1999 geplante Zählung wurde verschoben.*

## Präsidentenwahlen 26.3.2000 (nach Zentrale Wahlkommission)

| | Stimmen | in % zu den gültigen Stimmen | in % zu den Wahlberechtigten |
|---|---|---|---|
| In die Wahlliste eingetragene Wahlberechtigte | 109 372 046 | | 100,00 |
| Abgegebene Stimmen | 75 070 776 | | 68,64 |
| Gültige Stimmen | 74 369 773 | 100,00 | 68,00 |
| Ungültige Stimmen insgesamt | 701 003 | 0,94 | 0,64 |
| *Kandidaten* | | | |
| Goworuchin | 328 723 | 0,44 | 0,30 |
| Dschabrailow | 78 498 | 0,11 | 0,07 |
| Schirinowskij | 2 026 513 | 2,72 | 1,85 |
| Sjuganow | 21 928 471 | 29,49 | 20,05 |
| Pamfilowa | 758 966 | 1,02 | 0,69 |
| Podbereskin | 98 175 | 0,13 | 0,09 |
| Putin | 39 740 434 | 53,44 | 36,34 |
| Skuratow | 319 263 | 0,43 | 0,29 |
| Titow | 1 107 269 | 1,49 | 1,01 |
| Tulejew | 2 217 361 | 2,98 | 2,03 |
| Jawlinskij | 4 351 452 | 5,85 | 3,98 |
| Gegen alle | 1 414 648 | 1,90 | 1,29 |

*Nach: http://www.fci.ru/prez2000/default.htm (java:pr_r00.htm), download 7.4.2000*

## Regierungssystem der Russländischen Föderation (Verfassung von 1993)

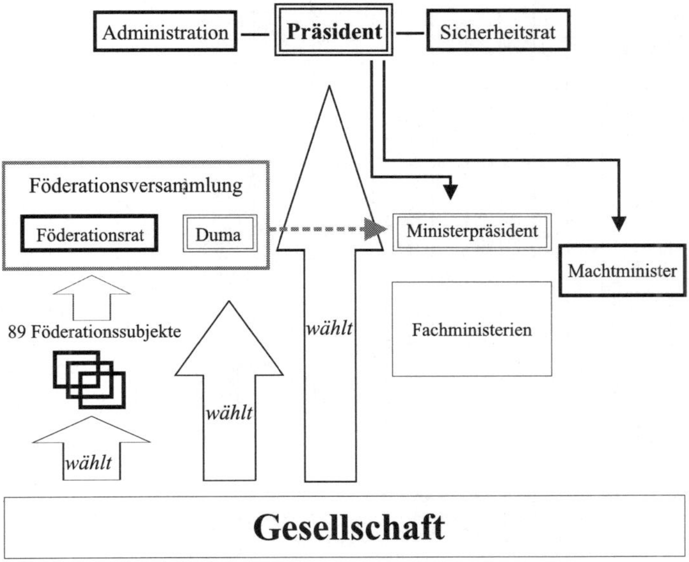

## *Ausgewählte Wirtschaftsindikatoren 1990–2000*

| | *Veränderungen gegenüber dem Vorjahr bzw. Anteile in %* | | | | | | | | | | |
|---|---|---|---|---|---|---|---|---|---|---|---|
| | *1990* | *1991* | *1992* | *1993* | *1994* | *1995* | *1996* | *1997* | *1998* | *1999* | *01–10/2000* |
| Bruttoinlandsprodukt | -3,0 | -5,0 | -14,5 | -8,7 | -12,7 | -4,2 | -4,9 | 0,8 | -4,9 | 3,2 | 7,0 |
| Industrieproduktion | -0,1 | -8,0 | -18,0 | -14,1 | -20,9 | -3,3 | -4,0 | 2,0 | -5,2 | 8,1 | 9,8 |
| Agrarproduktion | -3,6 | -5,0 | -9,0 | -4,0 | -12,0 | -8,0 | -5,1 | 1,3 | -13,2 | 2,4 | 3,7 |
| Bruttoanlageinvestitionen | 0,1 | -15,0 | -40,0 | -12,0 | -24,0 | -10,0 | -18,1 | -5,0 | -6,7 | 4,5 | 19,6 |
| Gütertransportvolumen | – | -7,4 | -13,9 | -11,5 | -14,2 | -1,0 | -4,6 | -3,4 | -3,4 | 5,2 | 5,0 |
| Einzelhandelsumsatz | 12,0 | -3,2 | -3,0 | 1,9 | 0,1 | -7,0 | -4,1 | 4,7 | -3,3 | -7,7 | 8,4 |
| Entgeltliche Dienstleistungen für Endverbraucher | 10,2 | -17,0 | -18,0 | -30,0 | -38,0 | 18,0 | -5,8 | 3,3 | -0,5 | 2,4 | – |
| Nominale Geldeinkommen pro Kopf der Bevölkerung | 18,0 | 120,0 | 750,0 | 1030,0 | 360,0 | 158,0 | 46,1 | 22,7 | 5,8 | 58,3 | 32,5 |
| Reale Geldeinkommen der privaten Haushalte | – | 7,5 | -50,5 | 11,2 | 13,0 | -15,0 | -0,8 | 6,3 | -16,9 | -15,8 | 9,4 |
| Nominallöhne und -gehälter | 15,0 | 81,0 | 994,0 | 878,0 | 276,0 | 114,0 | 57,3 | 20,2 | 10,6 | 43,4 | 49,2 |
| Reallöhne und -gehälter | – | -3,0 | -33,0 | 0,4 | -8,0 | -28,0 | 6,4 | 4,7 | -13,4 | -22,8 | 23,3 |
| Renten, real | – | – | -48,1 | 30,7 | -3,2 | -19,5 | 8,7 | -5,4 | – | -39,4 | – |
| Verbraucherpreise | 6,0 | 160,0 | 2510,0 | 840,0 | 215,0 | 131,0 | 21,8 | 11,0 | 84,4 | 36,5 | 20,1 |
| Industrielle Erzeugerpreise | 4,0 | 240,0 | 3280,0 | 895,0 | 233,0 | 175,0 | 25,6 | 7,5 | 23,2 | 67,3 | 35,5 |
| Warenexport (in US $) | – | – | – | 11,3 | 13,2 | 20,1 | 9,3 | 0,3 | -15,9 | 0,2 | 46,7 |
| Warenimport (in US $) | – | – | – | 3,1 | 14,0 | 20,6 | 12,9 | 7,0 | -19,8 | -30,5 | 9,0 |
| Arbeitslosenquote | – | – | 5,2 | 6,0 | 7,7 | 9,0 | 9,9 | 11,2 | 11,9 | 11,7 | 10,0 |

*Nach: Russlands Wirtschaftspolitik setzt auf Investitionen. Wochenberichte des DIW 15/2000 (http://www.diw.de/diwwbd/00-15-1.html, download 09.11.2000). Dort auch Einzelnachweise.*

## Bevölkerung und Bruttoinlandsprodukt 1997 zu Kaufkraftparitäten (nach World Bank, 1999 World Development Indicators)

| Land | Bevölkerung 1997 | Bruttoinlandsprodukt 1997 zu Kaufkraftparitäten | | |
|---|---|---|---|---|
| | | pro Einwohner | insgesamt | USA = 100 |
| | (Mio.) | (US-$) | (Mrd. US-$) | in % |
| USA | 267,60 | 29,08 | 7782 | 100 |
| China | 1227,20 | 3,07 | 3768 | 48 |
| Japan | 126,10 | 24,40 | 3077 | 40 |
| Deutschland | 82,10 | 21,17 | 1738 | 22 |
| Indien | 962,40 | 1,66 | 1598 | 21 |
| Frankreich | 58,60 | 22,21 | 1302 | 17 |
| Großbritannien | 59,00 | 20,71 | 1222 | 16 |
| Italien | 57,50 | 20,10 | 1156 | 15 |
| Brasilien | 163,70 | 6,35 | 1039 | 13 |
| Mexiko | 94,30 | 8,11 | 765 | 10 |
| Russland | 147,30 | 4,28 | 630 | 8 |
| Südkorea | 46,00 | 13,43 | 618 | 8 |
| Spanien | 39,30 | 15,69 | 617 | 8 |

*Nach: Rußlands Perspektiven. Kritische Faktoren und mögliche Entwicklungen bis 2010, Köln 1999 (= Berichte des BIOst 25-1999), S. 14.*

## Kriminalitätsentwicklung 1990–1998

| in 1000 | 1990 | 1991 | 1992 | 1993 | 1994 | 1995 | 1996 | 1997 | 1998 |
|---|---|---|---|---|---|---|---|---|---|
| Mord | 15,6 | 16,2 | 23,0 | 29,2 | 32,3 | 31,7 | 29,4 | 29,3 | 29,6 |
| Schwere Körperverletzung | 41,0 | 41,3 | 53,9 | 66,9 | 67,7 | 61,7 | 53,4 | 46,1 | 45,2 |
| Vergewaltigung | 15,0 | 14,1 | 13,7 | 14,4 | 14,0 | 12,5 | 10,9 | 9,3 | 9,0 |
| Plünderung (grabež) | 83,3 | 102,1 | 164,9 | 184,4 | 148,5 | 140,6 | 121,4 | 112,0 | 38,5 |
| Raubüberfall | 16,5 | 18,5 | 30,4 | 40,2 | 37,9 | 37,7 | 34,6 | 34,3 | 122,0 |
| Diebstahl | 913,1 | 1242,7 | 1650,9 | 1579,6 | 1314,8 | 1367,9 | 1207,5 | 1054,0 | 1143,0 |
| Drogenkriminalität | 16,3 | 19,3 | 29,8 | 53,2 | 74,8 | 79,9 | 96,8 | 186,0 | 190,0 |
| Hooliganismus | 107,4 | 106,9 | 120,9 | 158,4 | 190,6 | 191,0 | 181,3 | 130,0 | 131,0 |
| Verkehrsdelikte | 96,3 | 95,6 | 90,1 | 51,7 | 51,2 | 50,0 | 47,7 | 48,0 | 52,4 |
| davon: mit tödlichem Ausgang | 15,9 | 17,1 | 17,5 | 17,0 | 15,8 | 14,4 | 13,1 | 13,2 | 14,4 |
| Residuum | 519,1 | 499,3 | 565,6 | 604,6 | 685,1 | 768,3 | 829,0 | 734,8 | 806,9 |
| Alle registrierten Verbrechen | 1839,5 | 2173,1 | 2760,7 | 2799,6 | 2632,7 | 2755,7 | 2625,1 | 2397,0 | 2582,0 |

*Nach: Rossijskij statističeskij ežegodnik 1997, Moskva 1997, S. 269; Rossija v cifrach, Moskva 1999, S. 145.*

# Autorinnen und Autoren

Hannes Adomeit, Dr. phil., Wissenschaftlicher Mitarbeiter bei der Stiftung Wissenschaft und Politik, Berlin
<hannes.adomeit@swp-berlin.org>

Johannes Baur, Dr. phil., Historiker, München
<famille.baur@freeweb.de>

Klaus von Beyme, Prof. Dr. phil., em. Professor für Politikwissenschaft an der Universität Heidelberg

Ellen Bos, Priv. Doz. Dr. phil., Oberassistentin am Geschwister-Scholl-Institut für Politische Wissenschaft der Ludwig-Maximilians-Universität München
<ebos@gsi.uni-muenchen.de>

Thomas Bremer, Prof. Dr. theol., Universitätsprofessor für Ökumenik und Friedensforschung an der Katholisch-Theologischen Fakultät der Westfälischen Wilhelms-Universität Münster
<th.bremer@uni-muenster.de>

Hermann Clement, Dr. rer. pol., Stellvertretender Direktor des Osteuropa-Instituts München
<hclement@lrz.uni -muenchen.de>

Alexander Tschepurenko [Aleksandr Ju. Čepurenko], Prof. Dr. habil., Stellvertretender Direktor des Russischen Unabhängigen Forschungsinstituts für soziale und nationale Probleme (RUFI), Moskau
<snpi1@garnet.ru>

Wolfgang Eichwede, Prof. Dr. phil., Leiter der Forschungsstelle Osteuropa an der Universität Bremen
<eichwed@osteuropa.uni-bremen.de>

Christine Engel, Univ.-Prof. Dr. phil., Universitätsprofessorin am Institut für Slawistik der Leopold-Franzens-Universität Innsbruck
<christine.engel @uibk.ac.at>

Uwe Halbach, Dr. phil., Wissenschaftlicher Oberrat im FB I: Russland und GUS, Bundesinstitut für ostwissenschaftliche und internationale Studien, Köln
<research@biost.de> bzw. <uwe.halbach@swp-berlin.org>

Stefanie Harter, Dr., Diplom-Volkswirtin, Projekt-Managerin bei der Gesellschaft für Technische Zusammenarbeit (GTZ), Frankfurt
<stefanie.harter@altavista.net>

Andreas Heinemann-Grüder, Priv. Doz. Dr. phil., Projektleiter am Bonn International Center for Conversion (BICC)
<ahg1957@yahoo.de>

Hans-Hermann Höhmann, Prof. Dr. phil., Universität zu Köln, Projektbeauftragter der Forschungsstelle Osteuropa an der Universität Bremen
<apo12@uni-koeln.de>

Anja Kreisel, Diplom-Journalistin (Universität Dortmund), Redakteurin der Deutschen Presse-Agentur (dpa) in Frankfurt
<Kreisel@fkm.dpa.de>

Friedrich Kuebart, Dr. phil., Leiter der Arbeitsstelle Vergleichende Bildungsforschung an der Ruhr-Universität Bochum
<friedrich.kuebart@ruhr-uni-bochum.de>

Christian Meier, Diplom-Politologe, Wissenschaftlicher Oberrat, FB III: Außen- und Sicherheitspolitik der GUS-Staaten, Bundesinstitut für ostwissenschaftliche und internationale Studien, Köln
<research@biost.de> bzw. <christian.meier@swp-berlin.org>

Margareta Mommsen, Prof. Dr. phil., Universitätsprofessorin am Geschwister-Scholl-Institut für Politische Wissenschaft der Ludwig-Maximilians-Universität München
<Margareta.Mommsen@lrz.uni-muenchen. de>

Susanne Oehlschläger, Diplom-Bibliothekarin, Bundesministerium des Innern, Bibliothek (ehem. Webmasterin im BIOst)
<susanne.oehlschlaeger@koeln.netsurf.de>

Heiko Pleines, M.A., B.A., Wissenschaftlicher Mitarbeiter, Forschungsstelle Osteuropa an der Universität Bremen
<pleines@cityweb.de>

Sabine Rinck, Dr. rer. oec., Diplom-Ökonomin, M.A., Leiterin der Stabstelle des Oberkreisdirektors/Landrats in einer Kreisverwaltung
<Sabine.Rinck@ruhr-uni-bochum.de>

Jutta Scherrer, Prof. Dr. phil., Inhaberin des Lehrstuhls für Russische Geschichte an der École des Hautes Études en Sciences Sociales, Paris/Forschungsmitglied des Centre Marc Bloch, Berlin

Hans-Henning Schröder, Prof. Dr. phil., apl. Professor am Lehrstuhl für osteuropäische Geschichte der Ruhr-Universität Bochum
<rog01@uni-koeln.de>

Lilija Schewzowa [Lilija Fedorovna Ševcova], Prof. Dr. sc., Leitende wissenschaftliche Mitarbeiterin des Carnegie Endowment for International Peace, Moskau
<Homepage des Carnegie Endowment: http://www.carnegie.ru/>

Jörg Stadelbauer, Prof. Dr. phil. rer. nat. habil., o. Prof. und Direktor des Instituts für Kulturgeographie der Albert-Ludwigs-Universität Freiburg
<stadel@uni-freiburg.de>

Pekka Sutela, Dr., Leiter des Instituts für Wirtschaftliche Transformation der Bank von Finnland (Bank of Finland Institute for Economies in Transition – BOFIT), Helsinki
<http://www.bof.fi/env/fin/it/index.htm>

Alexander Trunk, Prof. Dr. iur., Direktor des Instituts für Osteuropäisches Recht der Universität Kiel
<atrunk@law.uni-kiel.de>